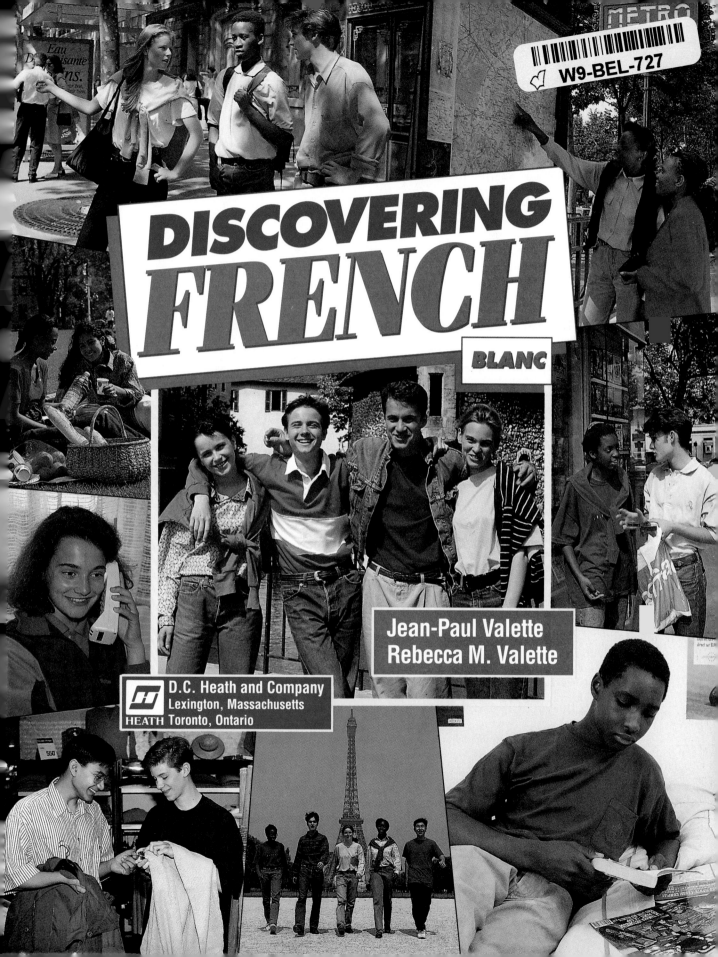

DISCOVERING FRENCH

BLANC

Jean-Paul Valette
Rebecca M. Valette

D.C. Heath and Company
Lexington, Massachusetts
HEATH Toronto, Ontario

claire steep
French (enriched)
416-487-1905

Contents

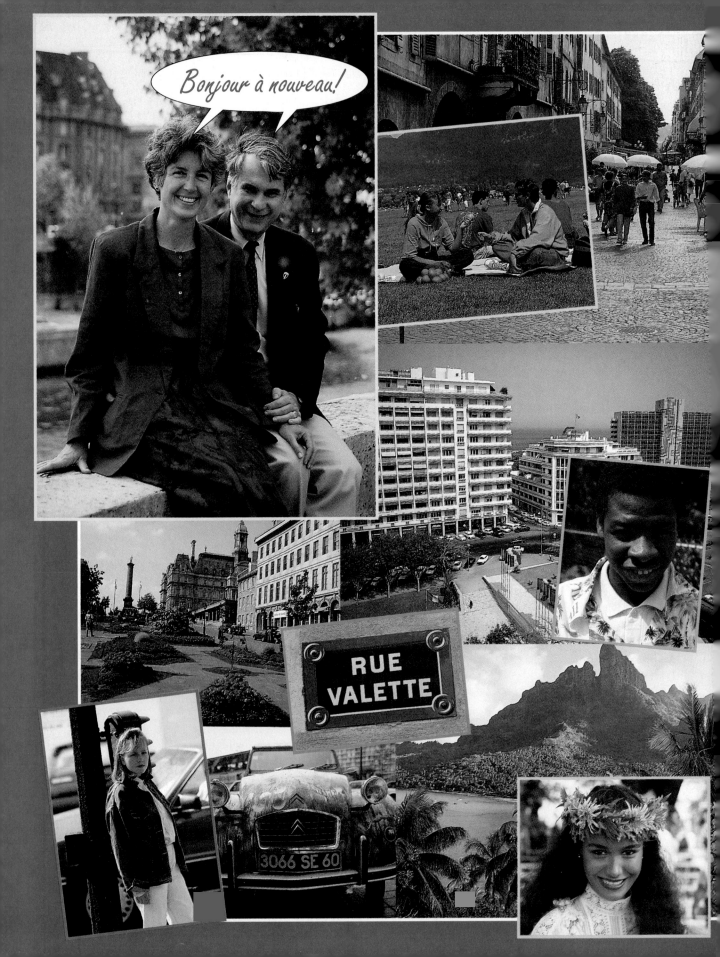

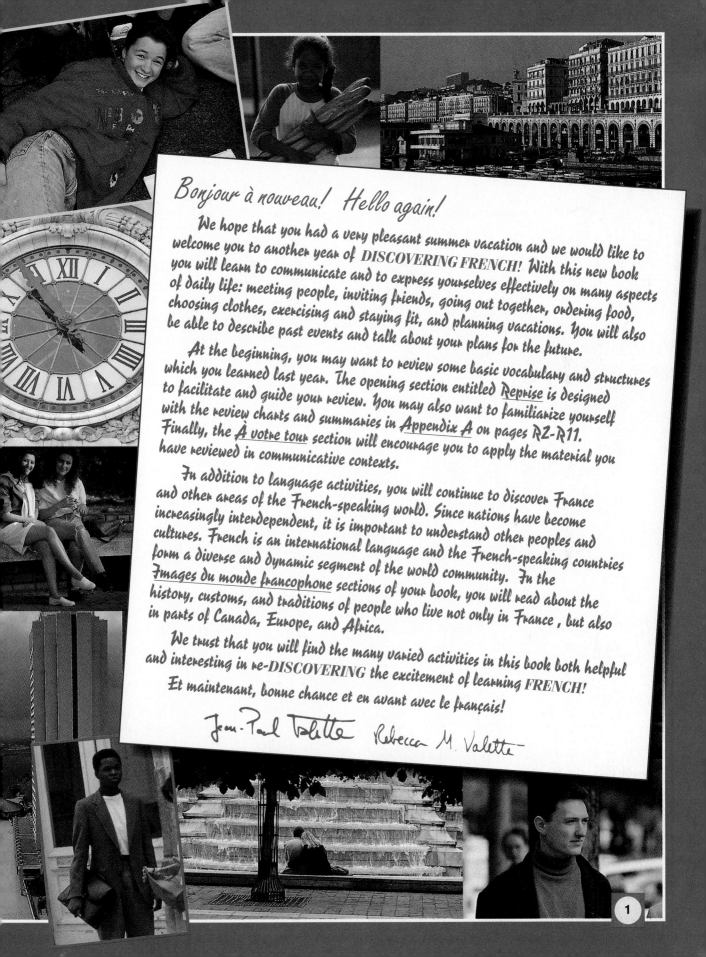

Bonjour à nouveau! Hello again!

We hope that you had a very pleasant summer vacation and we would like to welcome you to another year of DISCOVERING FRENCH! With this new book you will learn to communicate and to express yourselves effectively on many aspects of daily life: meeting people, inviting friends, going out together, ordering food, choosing clothes, exercising and staying fit, and planning vacations. You will also be able to describe past events and talk about your plans for the future.

At the beginning, you may want to review some basic vocabulary and structures which you learned last year. The opening section entitled Reprise is designed to facilitate and guide your review. You may also want to familiarize yourself with the review charts and summaries in Appendix A on pages R2-R11. Finally, the À votre tour section will encourage you to apply the material you have reviewed in communicative contexts.

In addition to language activities, you will continue to discover France and other areas of the French-speaking world. Since nations have become increasingly interdependent, it is important to understand other peoples and cultures. French is an international language and the French-speaking countries form a diverse and dynamic segment of the world community. In the Images du monde francophone sections of your book, you will read about the history, customs, and traditions of people who live not only in France, but also in parts of Canada, Europe, and Africa.

We trust that you will find the many varied activities in this book both helpful and interesting in re-DISCOVERING the excitement of learning FRENCH!

Et maintenant, bonne chance et en avant avec le français!

Jean-Paul Valette   Rebecca M. Valette

Reprise

Entre amis

Salut, les amis

FAISONS CONNAISSANCE!

RAPPEL **1** Les nombres, la date, l'heure et le temps

RAPPEL **2** Les choses de la vie courante

RAPPEL **3** Les activités

À VOTRE TOUR!

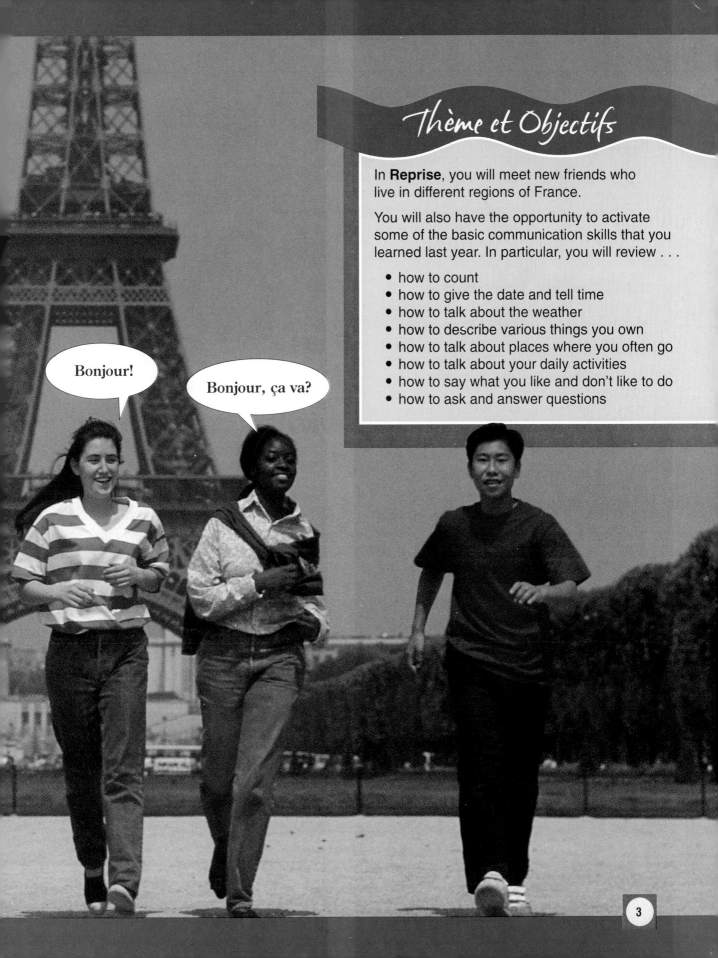

Thème et Objectifs

In **Reprise**, you will meet new friends who live in different regions of France.

You will also have the opportunity to activate some of the basic communication skills that you learned last year. In particular, you will review . . .

- how to count
- how to give the date and tell time
- how to talk about the weather
- how to describe various things you own
- how to talk about places where you often go
- how to talk about your daily activities
- how to say what you like and don't like to do
- how to ask and answer questions

Bonjour!

Bonjour, ça va?

Faisons *connaissance!*

À quelle école vas-tu?
Quelles sont tes matières préférées?
Qu'est-ce que tu fais quand tu n'études pas?
Quel rêve° est-ce que tu aimerais° réaliser?
   Nous avons posé° ces questions à quatre jeunes Français.
Voici leurs réponses.

Frédéric Chauveau, 16 ans

Je vais au lycée Schoelcher à Fort-de-France. Mes matières
préférées sont l'histoire et les langues. J'étudie l'anglais et
l'espagnol. J'étudie aussi la bio parce que je veux être médecin.°

   J'étudie beaucoup, mais je n'étudie pas tout le temps.° Quand
je n'étudie pas, j'écoute mes compacts. J'aime toutes° sortes
de musique: le rock, le rap, le jazz . . . et même° la musique
classique. Je joue de la guitare dans un orchestre de rock.

   Mon rêve? Faire un voyage autour du monde,° mais d'abord,°
je dois réussir mon bac!°

Stéphanie Delage, 14 ans

Je vais au collège Émile Zola à Toulouse. À l'école, j'aime tout°
sauf° les maths. (Le professeur est trop strict!)

   En dehors de° mes études, j'aime surtout° le sport. En hiver,
je fais du ski, généralement avec ma famille. En été, je fais
de la planche à voile et je joue au tennis. Je ne suis pas
une championne, mais je joue assez bien.

   Mon rêve? Aller au Tibet et faire l'ascension° de l'Himalaya.

Jean-Philippe Pons, 14 ans

Je vais au collège des Barattes à Annecy. Mes matières
préférées? Euh . . . je n'ai pas de matière préférée sauf le sport
et le dessin.

   J'aime sortir° avec mes copains. Le samedi on va au cinéma.
Quand il y a un concert à la Maison des Jeunes,° on va
au concert. Parfois° quelqu'un° organise une boum. Alors,
on va chez ce copain (ou cette copine) et on danse . . .

   Mon rêve? Gagner à «La roue° de la fortune»!

rêve *dream*	**aimerais** *would like*	**posé** *asked*	**médecin** *doctor*	**tout le temps** *all the time*	**toutes** *all*

rêve *dream*   **aimerais** *would like*   **posé** *asked*   **médecin** *doctor*   **tout le temps** *all the time*   **toutes** *all*
même *even*   **autour du monde** *around the world*   **d'abord** *first*   **bac** *high school diploma*   **tout** *everything*
sauf *except*   **En dehors de** *Outside of*   **surtout** *especially*   **l'ascension** *climb*   **sortir** *to go out*
Maison des Jeunes *Youth Center*   **Parfois** *Sometimes*   **quelqu'un** *someone*   **roue** *wheel*

Corinne Van Dinh, 15 ans

Je vais au lycée Saint-Grégoire à Tours. Je suis assez bonne en maths. J'aime aussi l'informatique et l'économie.

Qu'est-ce que je fais quand je n'étudie pas? Ça dépend! À la maison, j'aime jouer avec mon ordinateur. (C'est un cadeau° de mon oncle qui travaille dans une boutique d'informatique.) Le weekend, j'aime faire des promenades à vélo avec mes copines. J'aime aussi danser. Malheureusement,° mes parents sont assez stricts. Alors, je ne sors° pas très souvent.

Mon rêve? Visiter les États-Unis et passer six mois dans une famille américaine.

cadeau *present* **Malheureusement** *Unfortunately* **sors** *go out*

Vocabulaire: La vie scolaire *(School life)*

les écoles *(schools)*

un collège *junior high school*	**une école privée** *private school*
un lycée *(senior) high school*	**une école publique**

les études *(f.) (studies)*, les matières *(f.) (school subjects)*

un cours *class, course*	**une classe** *class*
les langues *(f.) languages*	**l'histoire** *(f.)*
le français	**la géographie (la géo)**
l'anglais *(m.)*	**l'économie** *(f.)*
l'espagnol *(m.)*	**l'instruction** *(f.)* **civique** *civics*
l'allemand *(m.) German*	
les maths *(f.)*	
les sciences *(f.)*	**la musique**
la physique	**le dessin** *art, drawing*
la chimie *chemistry*	
la biologie (la bio)	**le sport**
l'informatique *(f.) computer science*	**l'éducation** *(f.)* **physique**

➡ In casual speech, French people often shorten certain words. For example, they say:

la géo for **la géographie**	**la bio** for **la biologie**

F**LASH** d'information

1. Fort-de-France is the main city of Martinique, a French island in the Caribbean West Indies.

2. French schools are often named after famous people.
   • Victor Schoelcher (1804–1893) helped to abolish slavery in the French colonies (1848).
   • Émile Zola (1840–1902) was a writer and journalist known for his defense of civil liberties.

3. The **baccalauréat** (or **bac**) is awarded to students who pass a national examination at the end of their secondary school studies. This diploma allows students to enter the university.

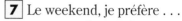

ET VOUS?

Maintenant, parlez de vous. Pour cela, complétez les phrases avec l'une des expressions suggérées, ou avec une expression de votre choix.

1 Je vais dans . . .
- un collège
- un lycée
- une école privée

2 Je vais à l'école . . .
- à pied *(on foot)*
- à vélo
- en voiture
- en car scolaire *(school bus)*
- en bus

3 Ma matière préférée est . . .
- le français
- l'anglais
- l'histoire
- les maths
- l'informatique
- le dessin
- la musique
- l'éducation physique
- ?

4 J'ai parfois *(sometimes)* des difficultés avec . . .
- le français
- les maths
- ?

5 En général, je pense *(think)* que les professeurs de mon école sont . . .
- sympathiques
- amusants
- intéressants
- patients
- stricts
- ?

6 À la maison, quand je n'étudie pas, je préfère . . .
- regarder la télé
- écouter mes cassettes
- téléphoner à mes copains
- ?

7 Le weekend, je préfère . . .
- rester chez moi
- aller en ville avec mes copains
- pratiquer mon sport favori
- ?

8 Quand je reste à la maison, je dois *(have to)* . . .
- étudier
- nettoyer *(clean)* ma chambre
- aider mes parents
- ?

9 Quand je suis en ville avec mes copains, je préfère . . .
- aller au cinéma
- aller dans les magasins
- aller au restaurant
- ?

QUELLE EST TA MATIÈRE PRÉFÉRÉE?

TU VOIS, C'EST LA CHIMIE!

10 Quand je suis à une boum, je préfère . . .
- danser
- manger
- parler avec mes copains
- écouter la musique

11 Quand je suis en vacances, je préfère . . .
- rester chez moi
- travailler pour gagner de l'argent
- voyager avec ma famille
- aller en colonie de vacances *(camp)*
- aller à la plage avec mes copains
- ?

12 Quand je vais au cinéma, je préfère voir *(see)* . . .
- un film d'aventures
- un film de science-fiction
- un film policier
- une comédie
- un drame psychologique
- ?

13 À la télévision, je préfère regarder . . .
- les sports
- les comédies
- les feuilletons *(soap operas, series)*
- les jeux télévisés *(game shows)*
- les clips *(music videos)*
- ?

14 Ma musique préférée est . . .
- le rock
- le rap
- la musique classique
- le jazz
- ?

15 Quand je suis à la plage, je préfère . . .
- nager
- jouer au volley
- faire du jogging
- bronzer *(get a tan)*
- ?

16 Mon sport préféré est . . .
- le basket
- le volley
- le football américain
- le tennis
- la natation *(swimming)*
- ?

17 Avec mon argent, je préfère acheter . . .
- des compacts
- des magazines
- des livres
- des albums de bandes dessinées *(comics)*
- des vêtements
- ?

18 Un jour, j'espère . . .
- gagner à «La roue de la fortune»
- faire un voyage autour du monde *(around the world)*
- avoir une voiture de sport
- ?

QUATRE-VINGT-SEPT.... QUATRE-VINGT-HUIT.... QUATRE-VINGT-NEUF.... QUATRE-VINGT-DIX.... QUATRE-VINGT-ONZE...

FLASH d'information

Note that in French script, the "1" is written with an upstroke, and the "7" is written with a bar across the stem.

1 11
7 77

RÉVISION

If you want to review French numbers, turn to Appendix A, p. R2.

1 C'est combien?

1. Le café coûte . . .
   - six francs
   - huit francs
   - dix francs

2. La limonade coûte . . .
   - douze francs
   - quinze francs
   - vingt francs

3. La glace coûte . . .
   - seize francs
   - dix-huit francs
   - quatre-vingts francs

4. Le stylo coûte . . .
   - vingt-cinq francs
   - trente-cinq francs
   - cinquante-cinq francs

5. La cassette coûte . . .
   - quarante francs
   - soixante francs
   - soixante-dix francs

6. Le livre coûte . . .
   - soixante-quinze francs
   - quatre-vingt-cinq francs
   - quatre-vingt-quinze francs

7. Le walkman coûte . . .
   - cent vingt-cinq francs
   - deux cent quinze francs
   - deux cent cinquante francs

8. L'appareil-photo coûte . . .
   - huit cent quarante francs
   - quatre-vingt-huit francs
   - huit cent quatre-vingts francs

2 Un jeu

Le professeur va choisir des nombres entre 0 et 100. Écoutez chaque nombre et indiquez si ce nombre est sur la carte A, sur la carte B, ou sur ni l'une ni l'autre *(neither)*.

▶ trois   **Oui, A.**
   trente   **Non.**
   onze   **Oui, B.**

A

76	*34*	*18*
51	*15*	*22* *3*
85	*93*	*27* *68*

B

11   *39*   *98* *82*
16   *45*   *84*   *6*
67   *42*   *71*

3 Les séries

Continuez chaque série en ajoutant deux nombres.

a. 4, 8, 12 . . .   c. 11, 22, 33 . . .   e. 110, 220, 330 . . .

b. 5, 10, 15 . . .   d. 50, 60, 70 . . .

4 Joyeux anniversaire!

1. L'anniversaire de Patrick, c'est . . .
2. L'anniversaire de Christine, c'est . . .
3. L'anniversaire de Sophie, c'est . . .
4. L'anniversaire de Jean-Claude, c'est . . .
5. L'anniversaire d'Isabelle, c'est . . .
6. L'anniversaire d'Aïcha, c'est . . .

RÉVISION

If you want to review dates and days of the week, turn to Appendix A, p. R2.

5 Questions personnelles

1. Quel jour est-ce aujourd'hui? Et demain?
2. Quel est ton jour préféré?
3. Quel est ton mois préféré?
4. Quand est-ce, ton anniversaire?
5. Quand est-ce, l'anniversaire de ton meilleur *(best)* copain ou ta meilleure copine?

janvier **12** Christine

avril **6** Patrick

octobre **1** Sophie

mars **1** Aïcha

juillet **18** Isabelle

août **23** Jean-Claude

FLASH d'information

French time is six hours ahead of New York time and nine hours ahead of California time.

RÉVISION

If you want to review how to tell time, turn to Appendix A, p. R3.

6 Quelle heure est-il?

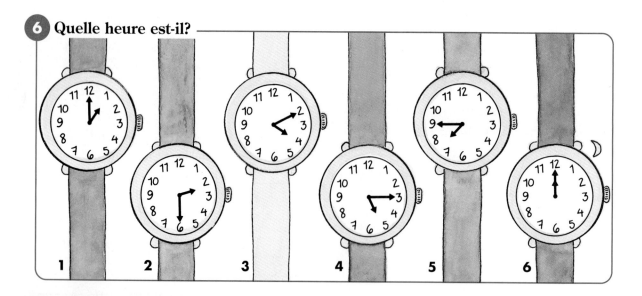

1
2
3
4
5
6

RÉVISION

If you want to review the seasons and the weather, turn to Appendix A, p. R3.

7 **Quel temps fait-il?**

1. Selon *(According to)* vous, quel est le mois?
2. Est-ce que c'est l'été ou l'automne?
3. Est-ce qu'il fait beau ou mauvais?
4. Est-ce qu'il fait chaud ou froid?

5. Selon vous, quel est le mois?
6. Est-ce que c'est l'hiver ou le printemps?
7. Est-ce qu'il fait chaud ou froid?
8. Est-ce qu'il pleut ou est-ce qu'il neige?

Rappel 2

Les choses de la vie courante

RÉVISION

If you want to review the definite and indefinite articles, turn to Appendix A, pp. R4 and R5.

1 Mes préférences

Dites ce que vous préférez.

▶ la gymnastique ou le jogging?
Je préfère le jogging. (Je préfère la gymnastique.)

1. le foot ou le basket?
2. le cinéma ou le théâtre?
3. l'histoire ou les sciences?
4. le rock ou la musique classique?

5. le jus d'orange ou la limonade?
6. les pizzas ou les hamburgers?
7. la glace à la vanille ou la glace au chocolat?
8. la cuisine chinoise ou la cuisine mexicaine?

RAPPEL! In French, the DEFINITE ARTICLE (**le, la, l', les**) is used with nouns taken in a general sense.

J'aime **les sports et la musique.**
I like **sports and music.**

RÉVISION

If you want to review the names of everyday objects and clothes, turn to Appendix A, pp. R4 and R5.

2 Qu'est-ce que c'est?

Identifiez les choses suivantes. Pour cela, complétez les phrases avec les noms de la liste.

C'est . . .

C'est . . . /
Ce sont . . .

un appareil-photo
un blouson
un bureau
des chaussures
une chemise
des lunettes de soleil
un manteau
une montre
un stylo
une voiture

3 Qu'est-ce qu'ils portent?

Décrivez les vêtements des personnes suivantes.

1. Aujourd'hui, je porte . . .
2. Le professeur porte . . .
3. L'élève à ma droite *(right)* porte . . .
4. L'élève à ma gauche *(left)* porte . . .

Qu'est-ce que c'est?

C'est un walkman.

Qu'est-ce que c'est?	*What's that? What is it?*	
C'est . . .	*That is . . .*	**C'est** un walkman.
Ce sont . . .	*Those are . . .*	**Ce sont** des cassettes.
Voici/voilà . . .	*This (Here) is . . .*	**Voici** ma maison et . . .
	These (Here) is/are . . .	**voilà** la maison de mon copain.
Qu'est-ce qu'il y a . . . ?	*What is there . . . ?*	**Qu'est-ce qu'il y a** dans le garage?
Il y a . . .	*There is (are) . . .*	**Il y a** une voiture.
Il n'y a pas . . .	*There is (are) no . . .*	**Il n'y a pas** de moto.
Est-ce qu'il y a . . . ?	*Is (Are) there . . . ?*	**Est-ce qu'il y a** des vélos?

4 **Qu'est-ce qu'il y a?** ————————————

Pour chaque illustration, nommez au moins quatre objets.

1. Sur le bureau, il y a . . .

2. Dans la chambre, il y a . . .

3. Dans la valise bleue, il y a . . .

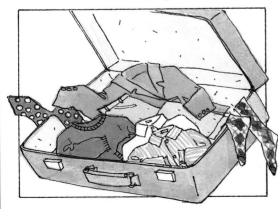

4. Dans la valise rouge, il y a . . .

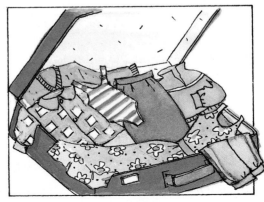

RAPPEL! In negative sentences, **un, une, des** become **de (d')**.

Le professeur porte **une** cravate.	Philippe **ne** porte **pas de** cravate.
Anne a **un** ordinateur.	Je **n'**ai **pas d'**ordinateur.
J'ai **des** amis à Paris.	Je **n'**ai **pas d'**amis à Québec.

5 Et vous?

Complétez les phrases suivantes avec une expression de votre choix.

1. J'ai . . . Je n'ai pas . . .
2. Pour mon anniversaire, je voudrais . . .
3. Dans ma chambre, il y a . . . Il n'y a pas . . .
4. Mon copain (ma copine) a . . . Il (elle) n'a pas . . .
5. Mes parents ont . . . Ils n'ont pas . . .
6. Dans la classe, il y a . . . Il n'y a pas . . .

RAPPEL! The DEFINITE ARTICLES **le** and **les** contract with **à** *(to, at)* and **de** *(of, from)*.

à + le → **au**	de + le → **du**
à + les → **aux**	de + les → **des**

> **RÉVISION**
> If you want to review contractions, turn to Appendix A, p. R6.

RAPPEL! There are two constructions with **jouer** *(to play)*.

jouer à + sport, game	Est-ce que tu **joues au tennis?**
jouer de + musical instrument	Mon cousin **joue de la clarinette.**

6 Qu'est-ce qu'ils font?

Paul	Christine et Sophie	Pauline	Monsieur Durand	Olivier et Christophe	Catherine

1. Est-ce que Paul va à l'école ou au café?
2. Est-ce que Christine et Sophie sont au stade ou à la piscine?
3. Est-ce que Pauline vient de la plage ou de la bibliothèque?
4. Est-ce que Monsieur Durand rentre du restaurant ou du supermarché?
5. Est-ce qu'Olivier et Christophe jouent au Nintendo ou aux cartes?
6. Est-ce que Catherine joue de la guitare ou du banjo?

> **RÉVISION**
> If you want to review the names of places, turn to Appendix A, p. R6.

7 Où vont-ils?

Dites où vont les personnes suivantes. Soyez logique.

▶ **Le docteur va à l'hôpital.**

le docteur		le stade
les élèves		la pharmacie
les touristes	va	le musée
la chimiste	vont	l'hôpital
la pharmacienne		le laboratoire
les athlètes		l'école

Reprise 14

sur — **devant** — **à gauche (de)***

sous — **derrière** — **à droite (de)*** — **près (de)***

dans — **entre** — **à côté (de)*** — **loin (de)***

Nous sommes devant le musée.

➡ The expressions marked with an asterisk* are used with **de** when followed by a noun.
Compare:

Le stade est **loin**.	*The stadium is **far (away)**.*
Le stade est **loin de** l'école.	*The stadium is **far from** the school.*

---

8 **Pas de chance** *(Bad luck)*

Décrivez la scène. Pour cela, complétez les phrases avec les expressions de lieu *(place)* qui conviennent.

1. L'homme est . . . la voiture.
2. Le chien est . . . la voiture.
3. La caravane est . . . la voiture.
4. Les vélos sont . . . la voiture.
5. L'agent de police est . . . la voiture.
6. Les outils sont . . . la voiture.

9 **En ville**

Vous visitez une petite ville française. Demandez à un(e) camarade où sont les endroits suivants. Il (Elle) va répondre en utilisant une expression de lieu.

▶ la bibliothèque? (l'église)
 —Pardon, monsieur (mademoiselle), où est la bibliothèque?
 —Elle est derrière l'église.
 —Merci.

1. la statue? (l'église)
2. le musée? (le Café des Artistes)
3. l'Hôtel du Parc? (le café et le supermarché)
4. le cinéma? (le supermarché)
5. le cinéma? (la bibliothèque)

RAPPEL! To express POSSESSION or relationship, we use POSSESSIVE ADJECTIVES, such as **mon, ma, mes,** etc.

RÉVISION

If you want to review the forms of the possessive adjectives, turn to Appendix A, p. R7.

10 Dialogue

Paul et Sophie parlent de leurs possessions. Avec un(e) camarade, jouez les deux rôles.

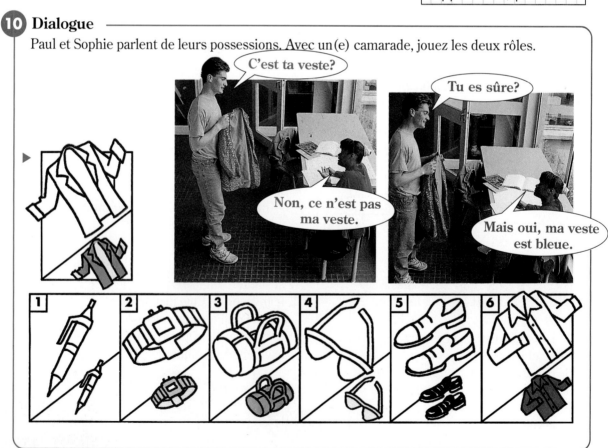

11 À qui est-ce? *(Whose is it?)*

Complétez les dialogues avec **son, sa** ou **ses.**

C'est la maison de Thomas?

Oui, c'est sa maison.

1. —C'est la maison de Claire?
   —Non, ce n'est pas . . . maison.
2. —C'est l'appareil-photo de Marc?
   —Oui, c'est . . . appareil-photo.
3. —Ce sont les cousines d'Éric?
   —Non, ce ne sont pas . . . cousines.
4. —C'est le copain de Thomas?
   —Oui, c'est . . . copain.
5. —C'est l'amie de Patrick?
   —Non, ce n'est pas . . . amie.
6. —Ce sont les livres du professeur?
   —Oui, ce sont . . . livres.
7. —C'est l'ordinateur de ta copine?
   —Oui, c'est . . . ordinateur.

12 Relations personnelles

On fait beaucoup de choses avec ses amis ou sa famille. Exprimez
cela en utilisant les adjectifs possessifs qui conviennent.

▶ Paul et Marc invitent / des copains **Paul et Marc invitent leurs copains.**

1. J'invite / une amie française
2. Nathalie invite / un cousin
3. Alice et Stéphanie vont au cinéma avec / un cousin
4. François et Thomas dînent avec / des amies
5. Nous téléphonons à / une grand-mère
6. Vous rendez visite à / un oncle
7. Nous voyageons avec / des parents
8. Vous jouez au foot avec / des copains

RAPPEL! To point out specific objects or people, the
French use DEMONSTRATIVE ADJECTIVES **(ce, cette, . . .).**
To ask about specific objects or people, they use
INTERROGATIVE ADJECTIVES **(quel, quelle, . . .).**

RÉVISION
If you want to review the
forms of **ce** and **quel,** turn
to Appendix A, p. R7.

13 Au grand magasin

Vous êtes dans un grand magasin
avec un(e) ami(e) français(e). Jouez
les dialogues d'après le modèle.

▶ —Combien coûte cette veste?
   —Quelle veste?
   —Cette veste-ci!
   —Elle coûte cinq cents francs.

500F

300F

150F

450F

80F

120F

375F

Rappel 3 — Les activités

1 Qu'est-ce qu'ils font?

1. Est-ce qu'elle mange une glace ou un croissant?
2. Est-ce qu'il achète une pizza ou un sandwich?
3. Est-ce qu'ils habitent à Québec ou à Paris?

TOULOUSE 14 km

4. Est-ce qu'ils visitent l'Italie ou la France?
5. Est-ce qu'ils voyagent en voiture ou en avion?
6. Est-ce qu'ils écoutent la radio ou un disque?

7. Est-ce qu'ils jouent au volley ou au tennis?
8. Est-ce qu'elle porte un short ou un maillot de bain?
9. Est-ce qu'il porte un survêtement ou un tee-shirt?

RAPPEL! To describe what people do, we use VERBS. Many French verbs end in **-er.**

RÉVISION

If you want to review common **-er** verbs and their forms, turn to Appendix A, p. R8.

2 Les voisins (Neighbors)

Décrivez les activités
des personnes suivantes.

1. Béatrice . . .
2. Les copains . . .
3. Vous . . .
4. Tu . . .
5. Les Thomas . . .
6. Tu . . .
7. Nous . . .
8. Vous . . .
9. Monsieur Carton . . .

RAPPEL To make a sentence NEGATIVE, use the following pattern:

ne + VERB + **pas** ↓ **n'** (+ VOWEL SOUND)	Je **ne** parle **pas** italien. Je **n'**habite **pas** en France.	Vous **ne** travaillez **pas.** Nous **n'**étudions **pas.**

3 Oui ou non?

Dites si oui ou non les autres personnes et vous faites les choses suivantes.

▶ Mes grands-parents . . .
 • habiter en France?

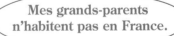

Mes grands-parents habitent en France.

Mes grands-parents n'habitent pas en France.

1. À la maison, je . . .
 • téléphoner souvent?
 • aider mes parents?
 • préparer le dîner?

2. En classe, nous . . .
 • écouter toujours le professeur?
 • parler français?
 • manger des sandwichs?
 • apporter nos disques?

3. Le weekend, je . . .
 • étudier?
 • rester à la maison?
 • retrouver *(meet)* mes copains?
 • acheter des vêtements?

4. Mon copain / Ma copine . . .
 • parler espagnol?
 • jouer au tennis?
 • danser bien?

5. Mes cousins . . .
 • habiter au Canada?
 • voyager souvent?
 • téléphoner tous les weekends *(every weekend)*?

6. Pendant les vacances, mes copains et moi, nous . . .
 • travailler?
 • nager?
 • organiser des boums?

7. En général, les jeunes Américains . . .
 • étudier beaucoup?
 • aimer la musique classique?
 • rester à la maison pendant les vacances?

8. En France, on . . .
 • parler anglais?
 • manger bien?
 • jouer au baseball?

Qu'est-ce que tu aimes faire?

J'aime le tennis mais je préfère le volley.

How to talk about what you like, want, can do, and must do:

Qu'est-ce que tu aimes faire?		**Qu'est-ce que tu peux faire?**	
J'aime . . .	I like . . .	**Je peux . . .**	I can, I am able to . . .
Je n'aime pas . . .		**Je ne peux pas . . .**	
Je préfère . . .	I prefer . . .		
Qu'est-ce que tu veux faire?		**Qu'est-ce que tu dois faire?**	
Je veux . . .	I want . . .	**Je dois . . .**	I must, I should, I have to . . .
Je ne veux pas . . .			
Je voudrais . . .	I would like . . .	**Je ne dois pas . . .**	

➡ Note the use of **je veux bien** as an answer to an invitation.

—Tu veux jouer au volley? —Oui, **je veux bien** (*I would, I'd like to*).

---

4 **Et toi?** ———————————

Indiquez vos préférences en complétant les phrases avec une expression de votre choix.

En général,
Avec mes amis,
Avec ma famille,
Le weekend,
Pendant les vacances,
Quand je suis seul(e) *(by myself)*,

j'aime . . .
je n'aime pas . . .
je préfère . . .

RAPPEL! The most common way to form a YES/NO QUESTION is to put **est-ce que** at the beginning of the sentence.

RÉVISION

If you want to review questions formed with **est-ce que,** turn to Appendix A, p. R10.

---

5 **Invitations** ———————————

Choisissez une activité et invitez vos camarades à faire cette activité avec vous. Ils vont accepter ou refuser. S'ils refusent, ils vont donner une excuse.

▶ —Est-ce que tu veux jouer au volley avec moi?
  —Oui, je veux bien.
  (Je regrette, mais je ne peux pas. Je dois rester à la maison.)

INVITATIONS	EXCUSES
dîner	**étudier**
jouer au foot	**travailler**
jouer au volley	**rentrer**
écouter des cassettes	**aider mon frère**
regarder la télé	**préparer le dîner**
acheter des compacts	**retrouver** *(meet)* **mon copain**
visiter le musée	**retrouver ma copine**
	rester à la maison

6 Conversations

Demandez à vos camarades s'ils font les choses suivantes.

Est-ce que tu organises souvent des boums?

Oui, j'organise souvent des boums.

▶ organiser souvent des boums?

1. parler italien?
2. jouer du banjo?
3. chanter dans une chorale?
4. rester à la maison le samedi?
5. travailler le weekend?

6. apporter ton walkman en classe? (Non, je n'organise pas souvent de boums.)
7. dîner souvent au restaurant?
8. manger à la cantine *(school cafeteria)*?
9. aimer marcher?

RAPPEL! To ask for SPECIFIC INFORMATION, use the following construction:

QUESTION WORD + **est-ce que** + rest of sentence
Où est-ce que tu habites?   *Where do you live?*

RÉVISION

If you want to review how to form questions with question words, turn to Appendix A, p. R10.

How to ask for information:

Qu'est-ce que vous achetez?

où?	*where?*	**Où** est-ce que ta mère travaille?
quand?	*when?*	**Quand** est-ce que vous jouez au foot?
comment?	*how?*	**Comment** est-ce que tu chantes? Bien ou mal?
pourquoi?	*why?*	**Pourquoi** est-ce que tu étudies le français?
à quelle heure?	*at what time?*	**À quelle heure** est-ce qu'on dîne?
qui?	*who(m)?*	**Qui** est-ce que tu invites à la boum?
à qui?	*to whom?*	**À qui** est-ce que Marc téléphone?
avec qui?	*with whom?*	**Avec qui** est-ce que tes amis jouent au basket?
qu'est-ce que	*what?*	**Qu'est-ce que** vous achetez?
de quoi?	*about what?*	**De quoi** est-ce que tu parles?

➡ To ask WHO DOES SOMETHING, the construction is **qui** + VERB:

Qui téléphone?   **Qui** parle espagnol?

---

7 Conversations

Posez des questions à vos camarades sur leurs activités.

▶ rentrer à la maison (comment?)
  —**Comment est-ce que tu rentres à la maison?**
  —**Je rentre à la maison en bus (à vélo, à pied . . .).**

1. habiter (où?)
2. rentrer à la maison (à quelle heure?)
3. dîner (à quelle heure?)
4. jouer au volley (avec qui?)
5. regarder la télé (quand?)
6. acheter tes vêtements (où?)
7. retrouver *(meet)* tes copains (quand?)
8. voyager (avec qui?)

8 Au téléphone

Complétez la conversation suivante avec les expressions interrogatives qui conviennent. Ensuite, jouez cette conversation avec un(e) camarade.

▶ —<u>À quelle heure</u> est-ce que tu dînes aujourd'hui? —À huit heures.

1. —Et . . . tu vas manger?
—Euh, une omelette.
2. —Dis, . . . tu fais samedi soir?
—Je vais aller à une boum.
3. —Oh? . . . organise la boum?
—C'est ma cousine Corinne.

4. —. . . est-ce que tu invites à la boum?
—J'invite Christine.
5. —Et . . . est-ce que tu vas danser?
—Avec toutes *(all)* mes copines.

6. —. . . est-ce que tu ne vas pas au concert le weekend prochain?
—Parce que je n'ai pas de billet *(ticket)*.

9 Qui?

Répondez aux questions en donnant le nom de la personne.

| Mme. Caron | M. Lemaigre | M. Laplanche | Véronique | Jean-Pierre | Alice |

1. Qui entend le téléphone?
2. Qui vend des glaces?
3. Qui choisit une veste?
4. Qui répond au téléphone?
5. Qui attend un taxi?
6. Qui grossit?

RAPPEL! A few French verbs end in **-ir** and **-re.** Many of these verbs follow a regular pattern.

RÉVISION
If you want to review **-ir** and **-re** verbs, turn to Appendix A, p. R10.

10 Quel verbe?

Complétez les phrases suivantes avec les verbes de la liste. Soyez logique.

1. Hélène travaille dans un magasin. Elle . . . des cassettes.
2. Tu joues mal. Tu . . . ton match.
3. Vous étudiez beaucoup. Vous . . . toujours aux examens.
4. Nous sommes au régime *(on a diet)*. Nous . . .
5. Éric et Marc sont en vacances. Ils . . . à leurs grands-parents.
6. Madame Leduc est à l'arrêt de bus *(bus stop)*. Elle . . . l'autobus.
7. Philippe achète des vêtements. Il . . . un pantalon bleu.
8. Ces personnes mangent trop *(too much)*. Elles . . .
9. Je suis dans ma chambre. Je . . . mes devoirs et après je regarde la télé.
10. S'il te plaît, parle plus fort *(louder)*. Mon grand-père n' . . . pas très bien.
11. Nous sommes de bons élèves. Nous . . . toujours aux questions du professeur.
12. Les vacances commencent en juin. Elles . . . en septembre.

choisir
finir
grossir
maigrir
réussir

attendre
entendre
perdre
rendre visite
répondre
vendre

When we talk to or about others, or about ourselves, we use PRONOUNS. Review the forms of SUBJECT and STRESS PRONOUNS in the sentences on the right.

SUBJECT PRONOUNS	STRESS PRONOUNS	
je (j')	moi	**Moi, je** parle français.
tu	toi	**Toi, tu** étudies l'espagnol.
il	lui	**Lui, il** habite en France.
elle	elle	**Elle, elle** aime voyager.
nous	nous	**Nous, nous** jouons bien au tennis.
vous	vous	**Vous, vous** chantez mal.
ils	eux	**Eux, ils** aiment danser.
elles	elles	**Elles, elles** ne voyagent pas souvent.

➡ Stress pronouns are used:

- in sentences with no verb — Qui parle français? **Moi! Pas toi!**
- after **c'est** and **ce n'est pas** — **C'est lui. Ce n'est pas moi.**
- to reinforce the subject — **Eux, ils** voyagent souvent.
- before and after **et** and **ou** *(or)* — **Eux et moi,** nous sommes amis.
- after prepositions such as:
  - **pour** *(for)* — Je travaille **pour lui.**
  - **avec** *(with)* — Vous étudiez **avec eux.**
  - **chez** *(home, at home;* — Tu ne vas pas **chez toi.**
    to or at someone's house) — Tu vas **chez nous.**

---

11 Questions et réponses

Répondez aux questions en utilisant des pronoms.

▶ Patrick dîne avec Corinne? (non)
   Non, il ne dîne pas avec elle.

1. Marc étudie avec Caroline? (oui)
2. Alice danse avec François? (non)
3. Paul joue au tennis avec sa copine? (oui)
4. Philippe voyage avec ses parents? (non)
5. Michèle dîne chez ses cousines? (oui)
6. Hélène travaille pour Monsieur Moreau? (non)
7. Thomas travaille pour son oncle? (oui)
8. Monsieur Denis travaille pour ses clients? (oui)

12 L'orage *(The storm)*

Il y a un orage et tout le monde reste à la maison. Exprimez cela en utilisant la construction **chez** + pronom accentué.

▶ je / dîner
   Je dîne chez moi.

1. tu / étudier
2. nous / dîner
3. Monsieur Leblanc / travailler
4. vous / regarder la télé
5. Patrick et Marc / jouer au ping-pong
6. mes copines / préparer l'examen
7. je / écouter la radio
8. Florence / jouer au Nintendo

RAPPEL! To make SUGGESTIONS or to give ADVICE or ORDERS, we use the IMPERATIVE form of the verb.

> **RÉVISION**
>
> If you want to review the forms of the imperative, turn to Appendix A, p. R11.

RAPPEL! Note the use of **moi** in affirmative commands:

Téléphone-moi!   *Call me!*

Apporte-moi ce livre!   *Bring me that book!*

13 S'il te plaît

Vous êtes dans les circonstances suivantes. Demandez à un(e) camarade de faire certaines choses pour vous.

▶ J'ai soif. (donner de la limonade)

1. J'ai des difficultés avec le problème de maths. (aider)
2. Je suis seul(e) ce weekend. (inviter à ta boum)
3. Je voudrais téléphoner à ton cousin Alain. (donner son numéro de téléphone)
4. J'ai faim. (apporter un sandwich)
5. Je suis seul(e) *(alone)* ce soir. (téléphoner)

14 Bons conseils *(Good advice)*

Donnez des conseils ou des ordres aux personnes suivantes. (Vos conseils peuvent être affirmatifs ou négatifs.)

1. Votre copain va jouer au tennis.

   ▶ • jouer bien
      • gagner ton match
      • perdre

2. Il pleut et vos deux petits frères sont dehors *(outside)*.

   ▶ • rester dehors
      • jouer au basket
      • rentrer à la maison

3. Votre copine a un examen important demain.

   • étudier
   • regarder la télé
   • écouter tes cassettes

4. Vous faites du baby-sitting pour les enfants des voisins.

   • manger vos spaghetti
   • finir votre dîner
   • jouer avec les allumettes *(matches)*

15 C'est le weekend

Proposez à un(e) camarade de faire les choses suivantes. Il (Elle) va accepter.

▶ visiter le musée

1. jouer au basket
2. jouer au tennis
3. inviter des copains
4. rendre visite à nos amis
5. dîner au restaurant
6. organiser une boum

1 Situations

Imagine you are in the following situations. Your partner will take the other role and answer your questions.

1. You meet a friend at the tennis club. Ask your friend . . .
   - if he / she likes tennis
   - how well he / she plays
   - if he / she wants to play with you

2. You want to give a party for the members of the French Club, but you need help. Ask a friend . . .
   - if he / she has a boom box
   - if he / she can bring some cassettes
   - if he / she wants to organize the party with you

3. You meet a French student on the bus. Ask this student . . .
   - where he / she lives
   - if he / she studies English at school
   - if he / she likes to travel
   - which cities he / she wants to visit

4. You are new at school. Ask another student . . .
   - if he / she likes his / her teachers
   - where the library is
   - at what time the French class ends

5. You are new in the neighborhood and don't know your way around. Ask your neighbor . . .
   - if there is a shopping center
   - in which store he / she buys his / her clothes
   - what his / her favorite restaurant is

6. You are hosting a French exchange student at your home. Ask this student . . .
   - at what time he / she wants to have dinner
   - if he / she wants to eat a pizza
   - what he / she wants to watch on TV after **(après)** dinner

7. Your French pen pal is visiting you this summer. Ask your pen pal . . .
   - if he / she likes to swim
   - if he / she has a swimming suit
   - if he / she has sunglasses
   - if he / she wants to go **(aller)** to the pool with you

2 L'horaire des classes

Write out your class schedule in French. Give the following information:

- the days of the week
- the periods and their times
- your classes and other school activities

	lundi	mardi			
8 h 15 – 9 h 05	anglais				

3 En vacances en France

You are going to go to France this summer. Make a list of eight things (clothes or other items) that you want to take along.

mes lunettes de soleil
mon appareil-photo

4 Mes préférences

Write five things you like to do and four things you do not like to do.

J'aime   Je n'aime pas

5 Une lettre à Christine

Write a letter to your French pen pal, Christine, telling her about yourself. (You might even try to contact your pen pal by Minitel or on the Internet!)

➡ Give the date.
➡ Tell Christine . . .
  - your name
  - where you live
  - what school you go to
  - what subjects you study
  - what sports you play
  - what other things you like to do

le 7 mai
Chère Christine,
Je m'appelle

Qui suis-je?

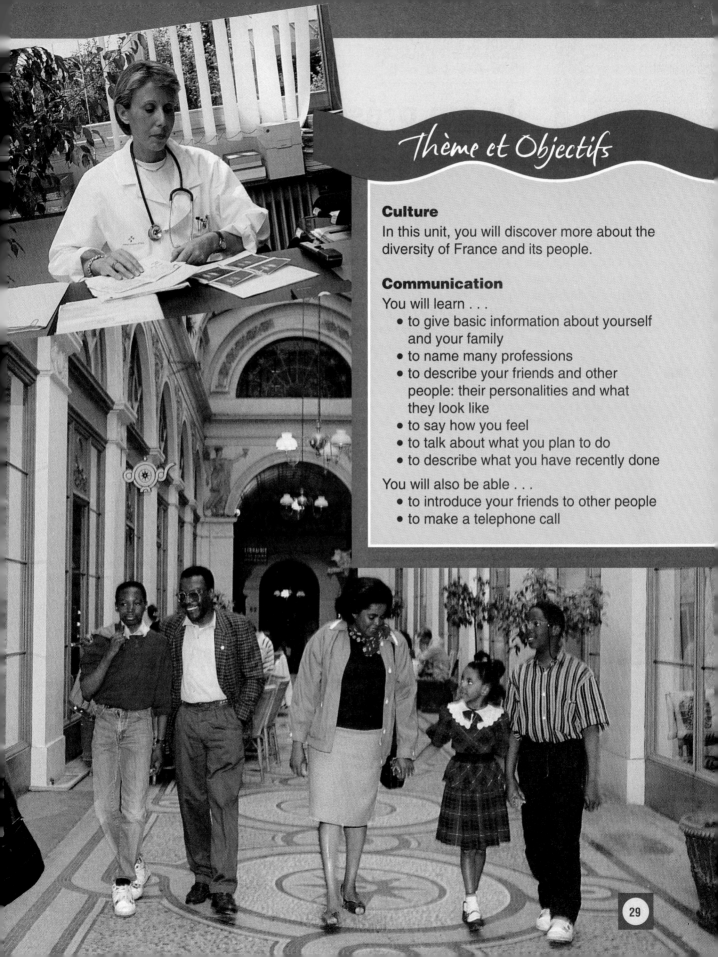

Thème et Objectifs

Culture

In this unit, you will discover more about the diversity of France and its people.

Communication

You will learn . . .
- to give basic information about yourself and your family
- to name many professions
- to describe your friends and other people: their personalities and what they look like
- to say how you feel
- to talk about what you plan to do
- to describe what you have recently done

You will also be able . . .
- to introduce your friends to other people
- to make a telephone call

LE FRANÇAIS
PRATIQUE

Je me présente

Aperçu culturel . . . **Qui suis-je?**

La France a une population de 57 millions d'habitants. Les Français sont d'origines très diverses. La majorité sont d'origine européenne, mais beaucoup sont d'origine africaine et asiatique. La France a aussi un grand nombre d'immigrés. Ces immigrés viennent principalement d'Afrique du Nord (Algérie, Maroc, Tunisie), et aussi d'autres pays européens (Portugal, Italie, Espagne, Turquie).

   La majorité des Français habitent dans les villes, mais 20 pour cent de la population habitent à la campagne ou dans des villages de moins de 2 000 habitants.

1. **Vincent Dulac** habite à Bergerac, une petite ville de 30 000 habitants dans le sud de la France. Son père travaille dans un supermarché. Sa mère est comptable.

2. **Mylène Boudjema** est née en France, mais ses parents sont d'origine algérienne. Elle habite avec sa famille dans la banlieue de Lyon, la deuxième ville française.

3. **Juliette Weil** a dix-neuf ans. Elle est originaire de Strasbourg où sa famille habite depuis des générations. Elle habite maintenant à Paris où elle est étudiante à l'Académie Julian, une école d'art.

4. **Jean-François Dumas** a 21 ans. Il habite à Montpellier où il est étudiant en médecine. Il est originaire de la Guadeloupe où il compte retourner après ses études.

5. **Jérôme de Missolz** est cinéaste. Il fait des films documentaires pour la télévision. Il est marié et père de deux enfants. Sa femme est artiste.

6. **Inès de la Fressange** est mannequin. Elle a aussi sa propre marque de vêtements. En France, elle est très célèbre pour une autre raison: elle a été choisie pour être le modèle de Marianne, symbole de la République française.

7. **Monsieur Nguyen** habite à Paris dans le quatorzième arrondissement. Il est originaire du Vietnam. Il possède un restaurant (vietnamien, bien sûr!) où il travaille avec sa femme et ses enfants.

8. **Monsieur et Madame Laroche** ont une ferme à Artenay, un petit village de 2 000 habitants, près d'Orléans. Leurs enfants et leurs petits-enfants habitent en ville, mais ils viennent chez eux pendant les vacances pour profiter de l'air de la campagne.

A. L'identité

le PRÉNOM et le NOM	Comment t'appelles-tu?	*Je m'appelle Véronique Tessier.*
la NATIONALITÉ	Quelle est ta nationalité? De quelle nationalité es-tu?	*Je suis française.*
le DOMICILE	Où habites-tu? Quelle est ton adresse? Quel est ton numéro de téléphone?	*J'habite à Tours. J'habite 45, rue Jeanne d'Arc. C'est le 47. 54. 36. 09.*
l'ÂGE	Quel âge as-tu?	*J'ai quinze ans.*
le LIEU et la DATE de NAISSANCE	Où es-tu né(e)? Quand es-tu né(e)?	*Je suis née à Paris. Je suis née le 18 août 1978.*

le prénom: *first name*	**le numéro de téléphone:** *phone number*	**la date:** *date*
le nom: *name, last name*		**la naissance:** *birth*
l'adresse: *address*	**le lieu:** *place*	**je suis né(e):** *I was born*

1 **Et vous?**
Présentez-vous à la classe. Donnez votre nom et votre prénom, votre nationalité, votre adresse et votre âge.

2 **Le club français**
Vous êtes secrétaire du club français. Choisissez un(e) camarade et demandez-lui les renseignements *(information)* suivants:

- son nom
- son âge
- son lieu de naissance
- sa date de naissance

RÉPUBLIQUE FRANÇAISE

SOUS-PRÉFECTURE DE CHINON
37500 (INDRE ET LOIRE)

CARTE NATIONALE D'IDENTITÉ

Valable dix années à partir de la date d'émission

N° 74/2375

RT90192

Le club français
FORMULAIRE D'INSCRIPTION

Nom: _____
Prénom: _____ Âge: _____
Lieu de naissance: _____
Ville: _____
Code Postal: _____ Téléphone _____

J'ai une copine canadienne.

Vocabulaire: La nationalité

J'ai un copain (une copine) . . .

anglais(e)	**belge** *(Belgian)*	**canadien (canadienne)**
français(e)	**suisse** *(Swiss)*	**italien (italienne)**
	russe *(Russian)*	
américain(e)		**israélien (israélienne)**
mexicain(e)	**espagnol(e)** *(Spanish)*	**égyptien (égyptienne)**
cubain(e)	**allemand(e)** *(German)*	
portoricain(e)		**vietnamien (vietnamienne)**
		cambodgien (cambodgienne)
japonais(e)		**indien (indienne)**
chinois(e)		**coréen (coréenne)** *(Korean)*

3 **Au club international**

Il y a beaucoup de jeunes de nationalités différentes au club international.
Faites la connaissance des personnes suivantes d'après le modèle.

▶ Erika (Berlin)

Comment t'appelles-tu?

Je m'appelle Erika.

Où habites-tu?

J'habite à Berlin.

Tu es allemande?

Oui, je suis allemande.

1. Nicole (Genève)

2. David (Tel Aviv)

3. Silvia (Rome)

4. Michiko (Tokyo)

5. Lin (Beijing)

6. José (San Juan)

7. Luísa (Acapulco)

8. Olga (Moscou)

Tu as des frères
et des soeurs?

Oui, j'ai
une soeur.

B. La famille et les amis

—Tu as des frères et des soeurs?
   Non, je suis **enfant unique.**
   Oui, j'ai un frère./J'ai une soeur.

| **un(e) enfant unique:** *only child* |

—Comment s'appelle-t-il/elle?
   Il s'appelle Philippe.
   Elle s'appelle Véronique.

—Est-ce qu'il/elle est **plus jeune** que toi?
   Non, il/elle est **plus âgé(e).**

| **plus jeune:** *younger* **plus âgé(e):** *older* |

—Quel âge a-t-il/elle?
   Il/Elle a dix-sept ans.

—Est-ce que ton oncle est **marié?**
   Non, il est | **célibataire.**
             | **divorcé.**

| **marié:** *married* **célibataire:** *single* **divorcé:** *divorced* |

Vocabulaire: Les gens

La famille
un parent *(parent, relative)*   **un enfant** *(child)*

le père	**la mère**	**le frère**	**la soeur**
le beau-père	**la belle-mère**	**le demi-frère**	**la demi-soeur**
(stepfather, father-in-law)	*(stepmother, mother-in-law)*	*(stepbrother, half brother)*	*(stepsister, half sister)*
le mari *(husband)*	**la femme** *(wife)*	**le fils** *(son)*	**la fille** *(daughter)*
le grand-père	**la grand-mère**	**le petit-fils** *(grandson)*	**la petite-fille**
l'oncle	**la tante** *(aunt)*	**le cousin**	**la cousine**
		le neveu *(nephew)*	**la nièce**

Les amis
un ami	**une amie**	**le meilleur** *(best)* **ami**	**la meilleure amie**
un copain	**une copine**	**le meilleur copain**	**la meilleure copine**
un camarade	**une camarade**		
un voisin *(neighbor)*	**une voisine**		

Les personnes
une personne   **les gens** *(people)*

➡ **Une personne** is always feminine.
   Des gens is masculine plural.

---

4 Questions personnelles

1. Est-ce que tu es enfant unique?
2. Est-ce que tu as des frères et des soeurs? Combien? Comment s'appellent-ils/elles? Quel âge ont-ils/elles?
3. Comment s'appelle ton meilleur copain? Es-tu plus jeune ou plus âgé(e) que lui? Es-tu plus jeune ou plus âgé(e) que ta meilleure copine?
4. As-tu des oncles et des tantes? Est-ce qu'ils sont mariés, célibataires ou divorcés?
5. As-tu des cousins et des cousines? Est-ce qu'ils habitent près d'ici? Est-ce que tu vas chez eux pendant les vacances?
6. Où habitent tes grands-parents? Quel âge a ton grand-père? Et ta grand-mère?
7. Est-ce que tes voisins ont des jeunes enfants? Est-ce que tu fais du baby-sitting pour eux?

5 La famille Moreau

Lisez le texte suivant. Puis, sur une feuille de papier, établissez l'arbre généalogique de la famille Moreau.

Albert Moreau a 66 ans.
Sa femme Monique a 58 ans.
Ils ont deux enfants, Françoise (32 ans) et Jean-Pierre (41 ans).
Françoise Moreau est célibataire.
Jean-Pierre Moreau est marié. Sa femme et lui ont un fils, Éric (12 ans) et une fille, Véronique (10 ans).
La femme de Jean-Pierre s'appelle Élisabeth. Elle a 39 ans. Elle est enfant unique. Elle a une fille Sandrine (16 ans) de son premier mariage.

Albert

Monique

Françoise

Jean-Pierre

Élisabeth

Éric

Véronique

Sandrine

(a) Sur la base de l'arbre généalogique que vous avez établi, déterminez si les phrases suivantes sont vraies ou fausses.

1. Éric est le petit-fils d'Albert et de Monique Moreau.
2. Françoise Moreau a un neveu et une nièce.
3. La tante d'Éric est mariée.
4. Élisabeth Moreau a un frère.
5. Sandrine est la demi-soeur d'Éric.
6. Éric et Véronique n'ont pas de cousins.
7. Sandrine a un demi-frère.
8. Jean-Pierre Moreau est le beau-père de Sandrine.

(b) Expliquez la relation familiale qui existe entre les personnes suivantes.

▶ Françoise / Monique **Françoise est la fille de Monique.**

1. Élisabeth / Jean-Pierre
2. Élisabeth / Véronique
3. Albert / Véronique
4. Éric / Sandrine
5. Monique / Éric
6. Jean-Pierre / Sandrine

Que fait ta mère?

Elle est photographe.

C. La profession

—Que fait ta mère?
    Elle est photographe.

—Que fait ton père?
    Il est comptable.
    Il travaille dans **un bureau.**

—Qu'est-ce que tu voudrais faire **plus tard?**
    Je voudrais être ingénieur.

un bureau: office
plus tard: later on

➡ After **être,** the French do <u>not</u> use **un / une** with the name of a profession.
    Ma tante est **médecin.**   *My aunt is **a doctor.***
    Je voudrais être **acteur.**   *I would like to be **an actor.***

EXCEPTION: **un / une** are used when the profession is modified by an adjective.
    Kevin Costner est **un excellent acteur.**

---

6 **Quelle est leur profession?**

Informez-vous sur les personnes suivantes et dites quelle est leur profession.

1. Madame Simon travaille dans un bureau, mais elle n'est pas secrétaire. Dans son travail, elle fait des additions et des soustractions. Elle est . . .
2. Monsieur Lemay travaille dans un hôpital. Il aide les malades *(patients),* mais il n'est pas médecin. Il est . . .
3. Madame Sanchez représente ses clients en justice. Elle est spécialiste en droit *(law)* international. Elle est . . .
4. Monsieur Montel travaille chez lui. Dans son travail il utilise un ordinateur et beaucoup de papier. Son rêve *(dream)* est de recevoir le prix Nobel de littérature. Il est . . .
5. En ce moment, ma cousine travaille pour un magazine, mais elle n'est pas journaliste. Elle n'est pas photographe, mais les photographes prennent beaucoup de photos d'elle. Elle est . . .
6. Madame Durand travaille pour une compagnie spécialisée dans l'électronique. Elle travaille sur les plans d'un nouvel ordinateur. Elle est . . .
7. Mon oncle travaille dans un magasin. Il vend des radios et des télés. Il est . . .

Vocabulaire: Quelques professions

Les professions médicales
un(e) dentiste
un **médecin** *(doctor)*
un docteur
un **infirmier (une infirmière)** *(nurse)*
un **pharmacien (une pharmacienne)** *(pharmacist)*

Les professions techniques
un **ingénieur** *(engineer)*
un **programmeur (une programmeuse)**
un **technicien (une technicienne)**
un **informaticien (une informaticienne)** *(computer specialist)*

Les professions légales et commerciales
un **avocat (une avocate)** *(lawyer)*
un **vendeur (une vendeuse)** *(salesperson)*
un **homme (une femme) d'affaires** *(businessperson)*

Les professions administratives
un(e) **comptable** *(accountant)*
un **employé (une employée) de bureau** *(office worker)*
un **patron (une patronne)** *(boss)*
un(e) **secrétaire**

Les professions artistiques et littéraires
un **acteur (une actrice)**
un(e) **cinéaste** *(filmmaker)*
un(e) **photographe**
un(e) **journaliste**
un **écrivain** *(writer)*
un **dessinateur (une dessinatrice)** *(designer, draftsperson)*
un **mannequin** *(fashion model)*

Je suis médecin.

Je suis dentiste.

Je suis employée de bureau.

Je suis dessinatrice.

7 **Expression personnelle**

Complétez les phrases suivantes avec le nom d'une profession.

1. Je voudrais être . . .
2. Mon copain veut être . . .
3. Ma copine veut être . . .
4. Quand on est bon en maths, on peut être . . .
5. Quand on aime le théâtre, on peut être . . .
6. Quand on a du talent artistique, on peut être . . .
7. Quand on veut être riche, on peut être . . .
8. Quand on a un bon style, on peut être . . .

un(e) vétérinaire

D. Les présentations

Éric présente son copain Marc
à sa cousine Isabelle.

Éric présente Isabelle à son voisin,
Monsieur Vidal.

ÉRIC: Isabelle, **je te présente**
mon copain Marc.
ISABELLE: **Enchantée.** *(Glad to meet you.)*
MARC: **Enchanté.**

ÉRIC: Monsieur Vidal, **je voudrais
vous présenter** ma cousine
Isabelle.
M. VIDAL: **Enchanté.**
ISABELLE: **Enchantée.**

8 **Présentez vos copains!**

1. Choisissez deux camarades de classe et présentez-les l'un à l'autre.
2. Choisissez un(e) camarade de classe et présentez-le (la) à votre professeur.

E. Au téléphone

Patrick Legrand téléphone à sa copine Christine Duval.
C'est le père de Christine qui répond.

Allô! Bonjour, monsieur.

M. DUVAL: Allô!
PATRICK: Allô! Bonjour, monsieur. Ici Patrick Legrand.
M. DUVAL: Bonjour, Patrick.
PATRICK: Est-ce que **je pourrais** *(could I)* parler à Christine?
M. DUVAL: Oui, bien sûr. Un instant. **Ne quittez pas.** *(Hold on.)*

(Si Christine n'est pas là.)

M. DUVAL: Je suis **désolé** *(sorry)*. Christine n'est pas à la maison.
PATRICK: Merci. **Je rappellerai** *(I'll call back)* plus tard.
M. DUVAL: Au revoir, Patrick.
PATRICK: Au revoir, monsieur.

9 **Conversation dirigée**

Philippe veut téléphoner à sa copine Catherine. C'est Mylène, la soeur de Catherine, qui répond. Jouez les deux rôles.

Philippe		
Say hello to Mylène. Say who you are. Ask how she is.	⟋	Answer that you are fine.
Ask if you can speak to Catherine.	⟋	Say you are sorry. She is not home.
Ask where she is.	⟋	Say that she is in town.
Thank Mylène and say that you will call later.	→	Say good-bye to Philippe.

Mylène

Au Jour Le Jour

Messages téléphoniques

Qui: *Marc Blomet*

Quand: *samedi 18h30*

Numéro de téléphone: *42.22.65.31*

Message: *Confirme rendez-vous de demain après-midi.*

1. Qui a téléphoné?
2. À quelle heure est-ce qu'il a téléphoné?
3. Pourquoi est-ce qu'il a téléphoné?
4. Est-ce qu'il a laissé son numéro de téléphone?

QUI: *Brigitte Duchemin*

QUAND: *ce matin / 11h*

NUMÉRO DE TÉLÉPHONE: *35.67.12.49*

MESSAGE: *Boum chez elle samedi à 16h. Répondre avant vendredi.*

1. Qui a téléphoné?
2. Quand est-ce qu'elle a téléphoné?
3. Pourquoi est-ce qu'elle a téléphoné?
4. Qu'est-ce qu'on doit faire pour accepter l'invitation?

Un faire-part

Isabelle et Marc

vous invitent à venir célébrer
leur mariage

le 4 juin, à 18 heures 30,
en l'Église de la Madeleine

Monsieur et Madame Jean-Pierre LACAZE
ont la joie de vous faire part du mariage
d'Isabelle, leur fille, avec Marc MASSON.

29, Rue de Passy • Paris 16

Madame Philippe LAVIE
Monsieur et Madame François MASSON
ont la joie de vous faire part du mariage
de Marc avec Isabelle LACAZE.

12, Rue Paul Valéry • Paris 16
45, Avenue Victor Hugo • Paris 16

Devinez qui est là...

Jean-Michel et Annick Vergne
ont la joie de vous annoncer
la naissance de Nicolas,
mercredi 25 novembre 1992.

19, rue Fourcroy, 75017 Paris

Le carnet du jour

Quand on veut annoncer un événement familial important (naissance, mariage, anniversaire, etc.), on peut mettre une annonce dans «Le carnet du jour». Choisissez une des annonces et répondez aux questions.

le carnet du jour

naissances

Yves et Catherine JAMIN
ont la joie d'annoncer
la naissance de
Anne-Sophie
à Paris, le 5 novembre 1993.

Mme Pierre DELAFON
est heureuse de faire part
de la naissance de sa petite fille
Coralie
chez
Vincent DELAFON
et Pascale, née Lescure,
Toulon, le 29 octobre 1993.

mariages

Mme Jacques PARISOT
est heureuse d'annoncer
le mariage de son fils
Fabrice
avec
Isabelle ROCHÉ
la cérémonie religieuse
a eu lieu le 6 novembre 1993
en l'église Saint-Martin de Masie.

M. et Mme Paul BOUVIER
M. et Mme Pierre LACONDE
sont heureux de vous faire part
du mariage de leurs enfants
Laurent et Julie
célébré ce samedi 20 novembre 1993
en l'église Saint-Vigor de Marly-le-Roi.

- Quel événement est annoncé?
- Où est née Anne-Sophie?
- Quel jour est-elle née?
- Quel âge a-t-elle aujourd'hui?
- Comment s'appellent ses parents?

- Quel événement est annoncé?
- Où est née Coralie?
- Quel jour est-elle née?
- Comment s'appelle sa grand-mère?
- Comment s'appellent ses parents?

- Quel événement est annoncé?
- Comment s'appelle le marié?
- Comment s'appelle sa mère?
- Comment s'appelle la mariée?
- Quelle est la date du mariage?

- Quel événement est annoncé?
- Comment s'appelle la mariée?
- Comment s'appellent ses parents?
- Comment s'appelle le marié?
- Comment s'appellent ses parents?
- Où et quand a eu lieu le mariage?

Vidéo-scène

Armelle a un nouveau copain

*Cette jeune femme s'appelle Claire.
C'est elle qui va vous présenter
les différentes scènes de la vidéo.
Écoutez bien ce qu'elle dit!*

Dans le premier épisode, nous allons
rencontrer Armelle et Corinne.

Armelle et Corinne sont deux copines.
Elles ont quinze ans. Elles vont
au lycée Berthollet à Annecy.

**Cet après-midi, Corinne est à la bibliothèque
municipale. Sa copine Armelle arrive.**

Salut, Corinne

Tiens, salut,
Armelle. Ça va?

Oui, ça va.

Qu'est-ce que
tu fais?

Eh bien, tu vois, je suis
en train de préparer mon cours
d'histoire . . . Et toi?

J'ai un rendez-vous.

Avec qui?

Eh bien, avec
mon nouveau copain.

Tiens, tu as un nouveau copain? . . .
Dis moi, comment est-il ton copain?
Je parie qu'il est blond et grand!

Eh bien, non. Il n'est pas blond.
Il est brun et il n'est pas très grand.

Corinne reste à la bibliothèque pour étudier.

à suivre° . . .

Compréhension

1. Où se passe la scène?
2. Qui sont Armelle et Corinne?
3. Qu'est-ce qu'Armelle annonce à Corinne?
4. Comment est le nouveau copain d'Armelle?
5. Qu'est-ce que Corinne veut aussi savoir?
6. Où va Armelle à la fin de la scène?

se passe *takes place* **savoir** *to know* **la fin** *end*

A. Les expressions avec *être*

Review the forms of the verb **être** *(to be)*.

Je	**suis**	d'accord.	Nous	**sommes**	à l'heure.
Tu	**es**	au lycée.	Vous	**êtes**	en avance.
Il/Elle/On	**est**	au café.	Ils/Elles	**sont**	en retard.

➡ The imperative forms of **être** are irregular.

Sois logique.	*Be logical.*
Soyez généreux.	*Be generous.*
Soyons optimistes.	*Let's be optimistic.*

➡ Note how **être** is used in the following constructions.

How to agree with someone:

être d'accord (avec)
   Vous **êtes d'accord avec** moi? ***Do*** you **agree with** me?

How to say what someone is currently (busy) doing:

être en train de + INFINITIVE
   Nous **sommes en train d'**étudier. *We **are busy** studying.*

How to say what belongs to someone:

être à + NAME OF PERSON (or STRESS PRONOUN)
   À qui est cette montre? ***Who(m) does*** this watch **belong to?**
                                Whose watch **is** this?
   Elle **est à** Patrick.   *It **belongs** to Patrick.*
   Elle **n'est pas à** moi.   *It **doesn't belong** to me.*

How to talk about being on time:

être à l'heure	*to be on time*	Je **suis** toujours **à l'heure.**
être en avance	*to be early*	Mes amis **sont** souvent **en avance.**
être en retard	*to be late*	Aujourd'hui tu **es en retard.**

1 **Où sont-ils? Que font-ils?**

Pour chaque personne, choisissez un endroit et dites où cette personne est. Dites aussi ce qu'elle est en train de faire.

PERSONNES	ENDROITS	ACTIVITÉS
je	dans la cuisine	dîner
tu	à la bibliothèque	étudier
vous	dans un magasin	organiser une boum
nous	au garage	préparer le dîner
Stéphanie	au stade	acheter des vêtements
Alice et Paul	au restaurant	jouer au foot
	chez un copain	réparer le vélo

▶ **Je suis chez un copain.**
Je suis en train d'organiser une boum.
(Je suis en train d'étudier.)

2 **À qui est-ce?** *(Whose is it?)*

Demandez à qui sont les objets suivants. Un(e) camarade va répondre de façon logique. (Attention: **à + le = au.**)

À qui est l'appareil-photo?

Il est au photographe.

l'appareil-photo
la caméra *(movie camera)*
le dictionnaire
l'ordinateur
le stylo
le stéthoscope

le médecin
l'écrivain
l'ingénieur
l'interprète
le cinéaste
le photographe

3 **Questions personnelles**

1. Es-tu toujours d'accord avec tes copains? avec tes parents? avec tes professeurs?
   Quand est-ce que tu n'es pas d'accord avec eux?
2. En général, est-ce que les élèves sont à l'heure pour la classe de français? Et le professeur?
   Et toi, es-tu toujours à l'heure?
3. Quand tu as un rendez-vous, est-ce que tu es généralement en retard ou en avance?
   Et le copain (ou la copine) avec qui tu as rendez-vous, est-ce qu'il/elle est à l'heure?
   Qu'est-ce que tu fais quand tes amis ne sont pas à l'heure?

À L'HEURE

• **Bleu, blanc, rouge.**
Une montre dynamique (en trois couleurs) qui plaît aux jeunes Prix spécial: 200F

B. Les adjectifs: formes et position

FORMS

Review the endings of regular adjectives:

	SINGULAR	PLURAL		
MASCULINE	—	-s	**petit**	**petits**
FEMININE	-e	-es	**petite**	**petites**

➡ Adjectives that end in **-e** in the masculine singular do not add another **-e** in the feminine singular.

    Marc est **dynamique.**   Hélène est **dynamique** aussi.

➡ Adjectives that end in **-s** in the masculine singular remain the same in the masculine plural.

    Philippe est **français.**   Éric et Patrick sont **français** aussi.

➡ Adjectives that do not follow the above patterns are IRREGULAR.

    Alain est **beau.**   Stéphanie est **belle.**
    Mon grand-père est **vieux.**   Ma tante est **vieille.**
    J'ai un **nouveau** copain.   Qui est ta **nouvelle** copine?

POSITION

Most adjectives come AFTER the noun they modify.

    J'ai des amis **sympathiques.**   Mes parents ont une voiture **japonaise.**

➡ The following adjectives, however, usually come BEFORE the noun:

grand ≠ **petit**	*big ≠ small*	Mes voisins ont une **petite** voiture.
bon (bonne) ≠ **mauvais**	*good ≠ bad*	Claire est une **bonne** élève.
beau (belle)	*beautiful*	Vous avez une **belle** maison.
nouveau (nouvelle)	*new*	Paul a un **nouveau** scooter.
vieux (vieille)	*old*	J'ai un **vieux** vélo.
joli	*pretty*	Tu as une **jolie** montre.
jeune	*young*	Nous avons un **jeune** professeur.

Vocabulaire: Quelques descriptions

ADJECTIFS

riche ≠ **pauvre**	*rich ≠ poor*	**sensible**	*sensitive*
content ≠ **triste**	*happy ≠ sad*	**sympathique (sympa)**	*nice*
juste ≠ **injuste**	*fair ≠ unfair*	**aimable**	*pleasant, nice*
poli ≠ **impoli**	*polite ≠ impolite*	**bête**	*dumb, silly*
drôle ≠ **pénible**	*funny ≠ boring*	**égoïste**	*selfish*
		timide	*shy*

ADVERBES

très	*very*	Ma tante Lucie est **très** sympa.
trop	*too*	Ne sois pas **trop** triste.
assez	*rather, pretty*	Mon petit frère est **assez** drôle.

MON CHIEN EST BÊTE !

---

4 **Comment sont-ils?**

Complétez les descriptions avec un adjectif du **Vocabulaire.**

1. Marc n'aime pas aider ses copains. C'est un garçon . . .
2. Alice invite ses copains chez elle. C'est une amie . . .
3. Mes voisins sont millionnaires. Ce sont des gens . . .
4. Stéphanie a beaucoup d'humour. C'est une fille . . .
5. Isabelle n'aime pas parler en public. C'est une fille . . .
6. Madame Labalance donne le même *(same)* salaire aux employés qui font le même travail. C'est une patronne . . .
7. Florence dit *(says)* toujours «s'il vous plaît» et «merci». C'est une fille . . .
8. Le petit garçon pleure *(cries)* beaucoup. C'est un garçon . . .

5 **L'idéal**

Décrivez l'idéal pour les personnes suivantes. Utilisez les adjectifs suggérés dans des phrases affirmatives ou négatives.

1. le copain idéal
2. la copine idéale
3. un bon professeur
4. une bonne secrétaire
5. une bonne patronne
6. un bon avocat
7. les bons employés
8. les bons élèves

▶ une bonne vendeuse
   Une bonne vendeuse est polie et aimable. Elle n'est pas impatiente.

amusant	**bête**	**optimiste**
compétent	**efficace** *(efficient)*	**pessimiste**
distant	**dynamique**	**idéaliste**
intéressant	**juste**	
indifférent	**injuste**	**poli**
intelligent	**aimable**	**impoli**
patient	**honnête**	
impatient	**malhonnête**	**spontané**
tolérant	**sévère**	**réservé**
strict	**sincère**	**organisé**

6 **Descriptions**

Utilisez les adjectifs du **Vocabulaire** et de l'exercice précédent dans des phrases affirmatives et négatives pour décrire les personnes suivantes.

- mon meilleur copain
- ma meilleure copine
- mon professeur favori
- mes voisins
- mon cousin / ma cousine
- mes camarades de classe
- le directeur (la directrice) de l'école

C. Quelques adjectifs irréguliers

Many irregular adjectives follow predictable patterns:

- Adjectives in **-eux**

	MASCULINE	FEMININE		
SINGULAR	-eux	-euse	Alain est **sérieux.**	Alice est **sérieuse.**
PLURAL	-eux	-euses	Ses amis sont **sérieux.**	Ses amies sont **sérieuses.**

- Adjectives in **-al**

	MASCULINE	FEMININE		
SINGULAR	-al	-ale	Paul est **original.**	Valérie est **originale.**
PLURAL	-aux	-ales	Il a des amis **originaux.**	Elle a des amies **originales.**

- Adjectives with irregular feminine forms.

MASCULINE	FEMININE		
-if	-ive	Paul est **actif.**	Sylvie est **active.**
-el	-elle	Éric est **ponctuel.**	Sa soeur est **ponctuelle.**
-on	-onne	Ce sandwich est **bon.**	Cette glace est **bonne.**
-en	-enne	Marc est **canadien.**	Alice est **canadienne.**

Vocabulaire: La personnalité

[-eux/-euse]	**ambitieux**	**ennuyeux** (boring)	**heureux** (happy)
	consciencieux	**généreux**	**malheureux** (unhappy)
	curieux	**sérieux**	**paresseux** (lazy)
[-if/-ive]	**actif**	**impulsif**	**naïf**
	imaginatif	**intuitif**	**sportif** (athletic)
[-on/-onne]	**mignon** (cute)		
[-el/-elle]	**intellectuel**	**ponctuel**	
	naturel	**spirituel** (witty)	
[-en/-enne]	**musicien** (musical)		

Je suis sportif.

Je suis sportive aussi.

7 **Substitutions**

Remplacez les noms soulignés par les noms entre parenthèses. Faites les changements nécessaires.

▶ <u>Mon oncle</u> n'est pas toujours ponctuel. (mes cousines)
Mes cousines ne sont pas toujours ponctuelles.

1. Je vais inviter <u>un copain</u> canadien à ma boum. (des copines / mes cousins)
2. Philippe a <u>une cousine</u> italienne. (des grands-parents / un ami / des copines)
3. <u>La secrétaire</u> de Madame Lebeau est très sérieuse. (les employés / le patron / les filles)
4. <u>Cette actrice</u> est très originale. (cet écrivain / ces dessinateurs / ces artistes françaises)
5. <u>Votre voisine</u> n'est pas très sportive. (tes soeurs / mon frère / nos cousins)
6. <u>Ton frère</u> est très mignon. (la nouvelle élève / tes copines / le copain d'Isabelle)

8 **Préférences personnelles**

Demandez à vos camarades quelles qualités ils préfèrent.

▶ impulsif ou patient?
—**Préfères-tu les personnes impulsives ou les personnes patientes?**
—**Je préfère les personnes impulsives. (Je préfère les personnes patientes.)**

1. sportif ou intellectuel?
2. imaginatif ou réaliste?
3. actif ou paresseux?
4. intuitif ou logique?
5. calme ou ambitieux?
6. heureux ou malheureux?
7. consciencieux ou négligent?
8. ennuyeux ou intéressant?

9 **Une question de personnalité**

Ces filles sont vos amies. Décrivez la personnalité de chacune *(each one)*. Pour cela, utilisez un adjectif du **Vocabulaire.**

▶ Corinne prépare toujours ses devoirs avant le dîner.

1. Béatrice est toujours à l'heure à ses rendez-vous.
2. Stéphanie adore nager. Elle skie, fait du jogging et joue au tennis.
3. Hélène adore raconter *(to tell)* des histoires drôles.
4. Alice aide toujours ses amis.
5. Valérie chante dans la chorale. Elle joue aussi de la guitare.
6. Charlotte déteste étudier. Elle préfère regarder la télé . . . ou dormir *(sleep)*.
7. Après le lycée, Isabelle veut créer sa propre *(own)* compagnie.
8. Nathalie a un copain sympathique et des parents généreux. Elle est toujours contente.

▶ Elle est consciencieuse.

D. C'est ou il est

Compare the use of **c'est** and **il / elle est** to describe people or things.

C'est + NAME C'est + ARTICLE + NOUN + (ADJECTIVE) C'est + ARTICLE + ADJECTIVE + NOUN	Il/Elle est + ADJECTIVE
 C'est Marc. **C'est** un copain. **C'est** un copain généreux.	**Il est** sympathique.
 C'est Stéphanie. **C'est** une cousine. **C'est** une fille très drôle.	**Elle est** intelligente.
 C'est le vélo de Paul. **C'est** un bon vélo.	**Il est** vieux.
C'est une Toyota. **C'est** une petite voiture.	**Elle est** rapide *(fast)*.

➡ **C'est** is also used with **mon** and **ma.**

   C'est **mon copain.**   C'est **ma cousine.**

➡ Note the negative and plural forms of **c'est:**

   C'est Paul.   **Ce n'est pas** Éric.
   Ce sont mes copains.   **Ce ne sont pas** mes cousins.

➡ Note the two ways of referring to professions:

   Voici Madame Rémi.   **Elle est** architecte.
                             C'est une architecte.

À votre tour!

1 Situation

At a party, your partner met an interesting French-speaking student. You want to know more about your partner's new friend.

Ask your partner . . .

- if it is a girl or a boy
- if he / she is French or Canadian
- if he / she is tall or short
- if he / she is a nice person
- if he / she is funny
- if he / she is a good student

10 Présentations

Philippe présente certaines personnes
et montre certaines choses à ses amis.
Jouez le rôle de Philippe.

- Pauline
- une cousine
- canadienne
- une fille sympathique

C'est Pauline. C'est ma cousine.
Elle est canadienne.
C'est une fille sympathique.

1
- ma mère
- pharmacienne
- généreuse

2
- Monsieur Sanchez
- mon prof d'espagnol
- mexicain
- très strict
- un bon prof

3
- mes voisins
- des gens intéressants
- aimables et polis

4
- Attila
- mon chien
- un terrier
- très intelligent

5
- mon vélo
- anglais
- un Raleigh
- trop petit pour moi

6
- la voiture de mon oncle
- une Renault
- une voiture française
- confortable
- économique

2 Autoportrait (Self-portrait)

Faites votre autoportrait dans une
lettre à un(e) correspondant(e)
français(e). Mentionnez
les aspects positifs et aussi
négatifs de votre personnalité. Si
possible, donnez des exemples.

3 La personne mystérieuse

En groupe de trois ou quatre, choisissez
une personne connue (famous), par exemple,
un chanteur/une chanteuse, un acteur/
une actrice, un/une athlète . . . Faites
la description de cette personne.

Puis, lisez cette description au reste de
la classe. Qui va découvrir l'identité de cette
personne mystérieuse?

LECTURE — Un jeu: Qui est-ce?

Quatre amies sont à la table d'un café à Paris.
Ces amies sont de quatre nationalités différentes. Il y a . . .

une Française   **une Américaine**   **une Anglaise**   **une Allemande**

Lisez ce que disent ces quatre amies et déterminez par déduction logique la nationalité et la profession de chacune.

J'habite à Paris. Je parle très bien français, mais je ne suis pas française. En fait, je ne suis pas européenne. J'aime cependant l'histoire européenne, mais je ne suis pas étudiante.

Pauline

Je suis à Paris parce que je suis en vacances. Je parle assez bien français. À l'école, c'est ma matière favorite. Je parle aussi allemand, mais ce n'est pas ma langue maternelle.

Olga

Suggestions:

- Copiez les grilles° à droite sur une feuille de papier.
- Pour trouver la solution, procédez par élimination successive. (Par exemple: Pauline dit qu'elle n'est pas française. Mettez un «X» dans la case° «française».)

grilles *grids*   **case** *box*

	française	américaine	anglaise	allemande
Pauline	X			
Olga				
Sylvie				
Christine				

Elles ont aussi des professions différentes. Il y a . . .

| une étudiante | une photographe | une journaliste | une pianiste |

Sylvie

Je suis souvent à Paris pour mon travail, mais je n'habite pas à Paris. Je parle français et anglais. Je parle aussi allemand parce que mon père est allemand, mais je ne suis pas allemande. Je travaille pour un journal, mais je ne suis pas journaliste.

Moi aussi, je suis souvent à Paris. J'adore cette ville! Je parle français et allemand. J'aime beaucoup la musique mais je ne suis pas musicienne. En ce moment, je suis en train de préparer un article sur le jazz en Europe.

Christine

	étudiante	photographe	journaliste	pianiste
Pauline				
Olga				
Sylvie				
Christine				

Si vous avez des difficultés, regardez la solution à la page R12.

Vidéo-scène

Allons dans un café!

Dans l'épisode précédent, Armelle a parlé de son nouveau copain. Dans cet épisode, nous allons faire la connaissance du nouveau copain d'Armelle. Il s'appelle Pierre et il a quinze ans et demi.

Près du lac d'Annecy

Armelle arrive à son rendez-vous. Pierre l'attend.

> Salut, Pierre! Ça va?

> Oui, ça va. Et toi?

> Ça va.

> Qu'est-ce qu'on fait?

> Alors, . . . euh . . . allons dans un café.

> Il y a un café là-bas.

> Je ne sais pas . . . on peut faire une promenade?

> Tu sais, je suis un peu fatiguée.

> D'accord, allons-y!

Les deux amis traversent la rue.

Il y a beaucoup de circulation aujourd'hui.

> Fais attention!

Au café

Tu as soif?

Oui, et j'ai faim aussi.

Tu veux un sandwich?

Non, j'ai plutôt envie d'une glace . . .

Pierre appelle le garçon.

S'il vous plaît . . .

Vous désirez?

Une glace à la framboise et un diabolo-menthe . . .

Et pour vous, monsieur?

Une orange pressée. Merci!

Le garçon apporte les boissons et la glace.

Compréhension

1. Comment s'appelle le nouveau copain d'Armelle?
2. Où vont Pierre et Armelle?
3. Pouquoi est-ce que Pierre doit faire attention?
4. Qu'est-ce qu'Armelle commande?
5. Qu'est-ce que Pierre commande?
6. Qu'est-ce qui se passe à la fin de la scène?

commande *orders*
se passe *happens*

Soudain, Pierre voit quelqu'un.

Tiens, regarde là-bas!

?

Qui est-ce?

à suivre . . .

Review the forms of the verb **avoir** *(to have)*.

J' **ai** une classe.	Nous **avons** un rendez-vous.
Tu **as** un problème.	Vous **avez** une nouvelle voiture.
Il/Elle/On **a** un examen.	Ils/Elles **ont** beaucoup de copains.

➡ Note how **avoir** is used in the following expressions.

How to talk about age:

Quel âge as-tu? **How old are** you?
Ma mère **a 39 ans.** My mother **is 39 (years old).**

How to describe certain feelings and states:

avoir faim/soif	to be hungry/thirsty	Tu **as faim?**
avoir chaud/froid	to be hot, warm/cold	Nous **avons froid.**
avoir raison/tort	to be right/wrong	Les élèves **ont tort.**
avoir peur	to be afraid	Je **n'ai pas peur.**
avoir sommeil	to be sleepy, tired	Mon frère **a sommeil.**
avoir de la chance	to be lucky	Vous **avez de la chance.**

How to express needs and desires:

avoir besoin de + NOUN OR INFINITIVE
  J'ai besoin d'argent. I **need** money.
  Nous **avons besoin de** travailler. We **need** to work.

avoir envie de + NOUN OR INFINITIVE
  Alice **a envie d'**une glace. Alice **wants** an ice cream.
  Qu'est-ce que tu **as envie de** manger? What **do** you **feel like** eating?

How to say what someone or something looks like:

avoir l'air + ADJECTIVE
  Marc **a l'air** fatigué. Marc **seems (looks)** tired.

➡ Note also the following expressions:

Qu'est-ce que tu as?	*What's wrong (with you)?*
Qu'est-ce qu'il/elle a?	*What's wrong (with him/her)?*
Qu'est-ce qu'il y a?	*What's the matter?*

1 Le bonheur *(Happiness)*

Expliquez pourquoi les personnes suivantes sont heureuses.

▶ nous / un bon prof de français
Nous avons un bon prof de français.

1. vous / des parents généreux
2. moi / des copains sympathiques
3. toi / un vélo tout terrain *(mountain bike)*
4. Éric / une nouvelle copine
5. nous / une grande maison
6. les profs / des élèves intelligents
7. les Lacour / des voisins aimables
8. ma soeur / un job intéressant

2 Oh là là!

Que disent les personnes suivantes?

J'ai faim!

3 Projets

Dites ce que les personnes suivantes ont envie de faire. Dites aussi de quoi elles ont besoin.

une raquette	un maillot de bain
un job	un walkman
un vélo	un télescope
un passeport	dix dollars
une batte	

▶ Philippe / jouer au baseball
Philippe a envie de jouer au baseball.
Il a besoin d'une batte.

1. nous / aller à la campagne
2. Mme Lasalle / visiter l'Égypte
3. vous / nager
4. toi / écouter tes cassettes
5. moi / jouer au tennis
6. Hélène / regarder les étoiles *(stars)*
7. Patrick / gagner de l'argent
8. mes copains / manger une pizza.

B. Les expressions avec *faire*

Review the forms of the verb **faire** *(to do)*.

Je	**fais**	un sandwich.	Nous	**faisons**	attention.
Tu	**fais**	tes devoirs.	Vous	**faites**	un voyage.
Il/Elle/On	**fait**	une promenade.	Ils/Elles	**font**	la vaisselle.

Faire is one of the most common French verbs. Its basic meaning is *to do, to make.*

Qu'est-ce que **tu fais?**   *What **are you doing?***

➡ Note how **faire** is used in the following constructions.

▶ *How to talk about activities one is engaged in:*

faire { **du**
de la
des } + SCHOOL SUBJECT
+ SPORT OR PASTIME   *to study*
to be active in,
to do   Nous **faisons de l'anglais.**
Mes amis **font du ski.**
Il **fait de la photo.**

➡ In negative sentences, **faire du, de la, des (de l')** become **faire de (d').**

—Vous **faites de la** gymnastique aujourd'hui?
—Non, nous **ne faisons pas de** gymnastique.

▶ *How to talk about many common activities:*

Qu'est-ce que vous faites?

Nous faisons la cuisine.

faire attention	*to pay attention, be careful*	**Fais attention!**
faire ses devoirs	*to do one's homework*	Tu **fais tes devoirs.**
faire une promenade	*to go for a walk, ride*	Je **fais une promenade.**
faire la cuisine	*to cook, to do the cooking*	Nous **faisons la cuisine.**
faire la vaisselle	*to do the dishes*	Qui **fait la vaisselle?**
faire les courses	*to do the (food) shopping*	Papa **fait les courses.**

4 **Qu'est-ce qu'ils font?**

Complétez les dialogues et dites ce que font les personnes suivantes.

1. —Qu'est-ce que vous . . . ?
—Nous . . .

2. —Qu'est-ce que tu . . . ?
—Je . . .

3. —Qu'est-ce qu'il . . . ?
—Il . . .

4. —Qu'est-ce qu'elles . . . ?
—Elles . . .

5 Études professionnelles

Pour chaque personne, choisissez un sujet d'étude et une profession.

PERSONNES	SUJETS D'ÉTUDE	PROFESSIONS
Éric	l'informatique	artiste
Véronique	la biologie	avocat(e)
Sylvie	le dessin	chimiste
mon copain	l'allemand	interprète
ma copine	la chimie	programmeur (programmeuse)
la fille des voisins	le droit *(law)*	médecin

▶ **Éric fait de la chimie. Il veut être chimiste.**

6 Conversation

Demandez à vos camarades s'ils font les choses suivantes. (Vous pouvez continuer la conversation avec des questions comme **où? quand? avec qui?**)

▶ le ski

1. le jogging
2. la gymnastique
3. la photo
4. le camping
5. le vélo
6. le ski nautique *(waterskiing)*
7. l'aérobic
8. le théâtre
9. la danse

(Non, je ne fais pas de ski.)

7 Questions personnelles

1. Fais-tu des maths? de l'espagnol? de la chimie? de l'informatique?
2. En général, quand fais-tu tes devoirs, avant ou après le dîner?
3. Est-ce que tu fais attention quand le professeur parle? quand tu as un examen? quand tu traverses *(cross)* la rue?
4. Qui fait les courses dans ta famille? dans quel supermarché?
5. Est-ce que tu aimes faire la cuisine? Quelles sont tes spécialités?
6. Est-ce que tu fais la vaisselle de temps en temps *(from time to time)*? Généralement, qui fait la vaisselle chez toi?
7. Est-ce que tu aimes faire des promenades? Quelles sortes de promenades fais-tu? des promenades à pied? à vélo? en voiture?

C. Les questions avec inversion

There are several ways of asking questions in French. When the <u>subject</u> of the sentence is a <u>pronoun</u>, questions can be formed by INVERTING (that is, *reversing the order* of) the subject and the verb.

Compare the two ways of asking the same question:

WITH INTONATION	WITH INVERSION
Tu as un vélo?	**As-tu** un vélo?
Vous êtes français?	**Êtes-vous** français?
Elle vend des ordinateurs?	**Vend-elle** des ordinateurs?
Ils habitent à Québec?	**Habitent-ils** à Québec?

YES / NO QUESTIONS can be formed with inversion according to the pattern:

> VERB + SUBJECT PRONOUN (+ REST OF SENTENCE)
>
> **Parlez-vous** français?

⇒ In inverted questions, the verb and the subject pronoun are joined with a hyphen.
⇒ In inverted questions, the sound / t / is pronounced between the verb and the subject pronouns **il, elle, ils, elles,** and **on.**

Note that if the **il/elle/on**-form of the verb ends in a vowel, the letter **-t-** is inserted between the verb and the pronoun.

Il a un job.	**A-t-il** un bon job?
Elle travaille.	**Travaille-t-elle** beaucoup?

INFORMATION QUESTIONS are formed with inversion according to the pattern:

> INTERROGATIVE EXPRESSION + VERB + SUBJECT PRONOUN (+ REST OF SENTENCE)
>
> Où **habites-tu?** Avec qui **dînez-vous** ce soir?
> Quand **travaille-t-il?** Pourquoi **sont-ils** en retard?

---

8 **Conversation**

Posez des questions à vos camarades.
Utilisez l'inversion.

▶ où / habiter?

1. dans quelle rue / habiter?
2. combien de frères et de soeurs / avoir?
3. à quels sports / jouer?
4. quels programmes / regarder à la télé?
5. quel type de musique / aimer?
6. dans quel magasin / acheter tes cassettes?
7. quand / faire tes devoirs?
8. quelle classe / préférer?

Où habites-tu?

J'habite à Chicago (à Memphis . . .).

9 Conversation

Demandez à vos camarades de parler des personnes suivantes en utilisant l'inversion.

▶ ton copain
- aimer la musique?

  —Parle-moi de ton copain.
  —D'accord!
  —Aime-t-il la musique?
  —Oui, il aime la musique.
  (Non, il n'aime pas
  la musique.)

1. ta copine
   - être sportive?
   - faire du jogging?
   - avoir un vélo?

2. tes voisins
   - être sympathiques?
   - avoir des enfants?
   - parler français?

3. ta tante
   - habiter à Denver?
   - parler français?
   - être professeur?

4. tes cousins
   - aimer le rock?
   - avoir beaucoup
     de cassettes?

À votre tour!

1 Situation: Au café

You are in a café in Paris with your partner.
Ask your partner . . .
- if he/she is thirsty
- if he/she is hungry
- if he/she feels like eating a sandwich
- if he/she feels like going for a walk
  afterwards **(après)**
- what he/she feels like doing tonight **(ce soir)**

2 Sondage *(Survey)*

You are a French journalist researching
an article on how American teenagers
help out at home. Interview several
classmates in French and find out . . .
- how many do the dishes
- how many cook
- how many do the food shopping

3 Ce weekend

Composez un petit paragraphe où vous décrivez . . .
- trois choses que vous avez l'intention de faire ce weekend
- deux choses que vous n'avez pas envie de faire

LECTURE — Les objets parlent!

Il est minuit. Est-ce que tout le monde° dort?° Non, les différents objets de la maison n'ont pas sommeil aujourd'hui. Ils parlent de leur travail. Chacun° décrit ce qu'il fait d'une façon° humoristique. Lisez ce qu'il dit. Pouvez-vous deviner° quel est l'objet qui parle?

tout le monde *everyone*   dort *is asleep*   Chacun *Each one*   d'une façon *in a manner*   deviner *guess*

1. la voiture

2. le téléviseur

3. le réfrigérateur

4. le lave-vaisselle

5. la cuisinière

6. le radiateur

A

Je n'ai jamais chaud. J'ai froid en hiver et j'ai froid en été aussi. Je n'ai pas de chance parce que je dois travailler pour vous le jour et la nuit. Je n'ai jamais sommeil.

B

Quand il fait froid, vous avez besoin de moi parce que j'ai chaud. Quand il fait chaud, j'ai froid et vous n'avez pas besoin de moi. Je travaille pour vous en hiver. En été, j'ai sommeil et je dors.°

je dors I sleep

C

Je n'ai pas froid et je n'ai pas chaud. Je n'ai pas soif et je n'ai pas très faim. En général, je ne travaille pas quand vous travaillez, mais je travaille quand vous ne travaillez pas. Je finis mon travail quand vous avez sommeil.

D

Je travaille dans votre cuisine. En général, je travaille avant le dîner. Quand je travaille, j'ai toujours chaud. Et quand j'ai chaud, vous devez faire attention!

E

Je travaille aussi dans votre cuisine. Vous avez besoin de moi après le dîner, surtout° si vous n'avez pas envie de faire la vaisselle. J'ai toujours très soif. Et quand je finis mon travail, j'ai très chaud.

surtout especially

F

Pendant la semaine vous avez besoin de moi pour aller à votre travail. Le weekend, vous avez besoin de moi pour faire les courses. Je travaille aussi pour vous quand vous avez envie de faire une promenade à la campagne.° Je n'ai pas faim, mais j'ai soif de temps en temps.

la campagne the countryside

Si vous n'avez pas trouvé la solution, allez à la page R12.

Ça, c'est drôle!

Dans l'épisode précédent, Pierre et Armelle sont allés dans un café. Pendant la conversation, Pierre a remarqué quelqu'un dans la rue.

Qui est la personne que Pierre a vue?
C'est Corinne qui revient de la bibliothèque.

Tu vois la fille qui vient là-bas? C'est ma cousine.

Ça, par exemple! Corinne est ta cousine?

Ouais. Tu connais Corinne?

Bien sûr! C'est ma meilleure amie.

Ça, c'est drôle! On invite Corinne?

Oui, si tu veux.

Attends une minute. Je vais la chercher.

Pierre traverse la rue pour retrouver Corinne.

Eh bien, qu'est-ce que tu fais là?

Tu es là depuis longtemps?

Je viens de la bibliothèque. Et toi?

Et moi, je viens du café d'en face . . .

Non, je viens d'arriver . . . Enfin, je suis là depuis vingt minutes. Tu viens prendre un pot?

Ah, je dois rentrer chez moi.

Tiens, tu as une copine maintenant!

Allez, allez . . . Viens donc! Je vais te présenter à ma copine.

Eh bien, oui . . . Allez, viens, viens!

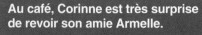

Au café, Corinne est très surprise de revoir son amie Armelle.

Corinne sait maintenant qui est le nouveau copain d'Armelle.

Alors, si je comprends bien, ton nouveau copain . . .

Eh bien, c'est ton cousin Pierre!

Corinne s'installe au café et les trois amis continuent leur conversation.

Compréhension

1. Qui est la personne qui passe dans la rue?
2. Pourquoi est-ce qu'Armelle est surprise?
3. Que fait Pierre ensuite?
4. Qu'est-ce que Pierre propose à Corinne? Est-ce que Corinne accepte?
5. Pourquoi est-ce que Corinne est surprise quand elle voit Armelle?

ensuite *next*

FIN

Pendant les vacances d'hiver, beaucoup de jeunes Français vont faire du ski.
Chamonix est une station de ski située dans les Alpes.

A. Le verbe *aller;* la construction *aller* + infinitif

Review the forms of the verb **aller** *(to go)* in the following sentences.

aller	aller + INFINITIVE
Je **vais** à la plage.	Je **vais nager.**
Tu **vas** chez toi.	Tu **vas dîner.**
Alice **va** au stade.	Il **va regarder** un match de foot.
Nous **allons** à Paris.	Nous **allons visiter** le musée d'Orsay.
Vous **allez** au musée.	Vous **allez regarder** des sculptures.
Mes amis **vont** au café.	Ils **vont rencontrer** des copains.

To express what they ARE GOING (OR NOT GOING) TO DO, the French use the construction:

> **aller** + INFINITIVE

Je **vais jouer** au foot. *I **am going to play** soccer.*
Nous **n'allons pas étudier.** *We **are not going to study**.*

➡ Note the expression:
aller chercher *to go get* Alice **va chercher** son cousin à l'aéroport.
 to pick up Je dois **aller chercher** un livre à la bibliothèque.

1 Où et comment?

Dites où vont les personnes suivantes. Dites aussi comment elles vont à chaque endroit en utilisant l'une des expressions à droite.

| à pied | à vélo | en bus | en taxi |
| en voiture | | en métro | en avion |

▶ les élèves / au lycée
Les élèves vont au lycée.
Ils vont au lycée en bus (à vélo, en métro . . .).

1. moi / en ville
2. mon copain / à l'école
3. nous / à la campagne *(countryside)*
4. les voisins / au supermarché
5. les touristes / à l'aéroport
6. ma mère / à son travail
7. vous / à Fort-de-France
8. toi / en France

2 Conversation

Demandez à vos camarades s'ils vont faire certaines choses. En cas de réponse négative, demandez ce qu'ils vont faire.

1. jouer au volley avant le dîner?
2. faire une promenade après la classe?
3. dîner au restaurant demain?
4. visiter un musée samedi?
5. rendre visite à tes grands-parents dimanche?
6. rester chez toi ce weekend?
7. travailler cet été?
8. aller à l'université après le lycée?

▶ étudier ce soir?

Tu vas étudier ce soir?

Oui, je vais étudier.

Tu vas étudier ce soir?

Non, je ne vais pas étudier.

Qu'est-ce que tu vas faire?

Je vais regarder la télé (aller au cinéma . . .).

3 Bonnes décisions

Pour le premier janvier, les personnes suivantes prennent de bonnes décisions. Dites si oui ou non elles vont faire les choses suivantes.

▶ Monsieur Laboule / grossir?
Il ne va pas grossir.

1. moi / réussir à mes examens?
2. toi / être en retard?
3. les élèves / étudier?
4. nous / écouter le prof?
5. Monsieur Nicot / fumer *(smoke)*?
6. vous / faire attention en classe?
7. Christine / regarder des films stupides?
8. la secrétaire / perdre *(waste)* son temps?

4 Qu'est-ce qu'ils vont aller chercher?

Dites ce que les personnes suivantes vont aller chercher.

▶ J'ai soif.
Je vais aller chercher un jus de fruit.

1. Tu as froid.
2. Nous organisons une boum.
3. François va aller au Japon.
4. Vous allez au concert.
5. Les enfants ont faim.

les billets
(tickets)
son passeport
des cassettes
de rock
un pull
un sandwich
un jus de fruit

B. Le verbe *venir;* la construction *venir de* + infinitif

Review the forms of **venir** *(to come)* in the following sentences.

PRESENT	Je **viens** du café. Tu **viens** de la plage. Alice **vient** de Lyon.	Nous **venons** du restaurant. Vous **venez** de l'hôtel. Mes amis **viennent** du stade.

➡ The following verbs are conjugated like **venir:**

devenir	*to become*	Vous **devenez** très bons en français! Bravo!
revenir	*to come back*	Ma copine **revient** de Monaco demain!

To express what they HAVE JUST DONE, the French use the construction:

venir de + INFINITIVE

Je **viens de rencontrer** Marc. *I (have) just met Marc.*
Ton frère **vient de téléphoner.** *Your brother (has) just called.*
Mes copains **viennent d'arriver.** *My friends (have) just arrived.*

MES AMIS VIENNENT DU STADE.   MES COPAINS VIENNENT D'ARRIVER.

5 Qui vient?

Philippe veut savoir qui vient à sa boum. Complétez les dialogues
avec les formes appropriées de **venir.**

1. —Est-ce que tu . . . ?
   —Bien sûr, je . . .

2. —Et vous, est-ce que vous . . . ?
   —Non, nous ne . . . pas. Nous allons
   chez nos cousins ce jour-là.

3. —Marc et Véronique . . . , n'est-ce pas?
   —Bien sûr, ils . . . Ils aiment danser.

4. —Est-ce que Pauline . . . ?
   —Non, elle ne . . . pas. Elle est malade *(sick).*

6 Avant et après

Dites ce que les personnes de la colonne A viennent de faire en choisissant
une activité de la colonne B. Dites ce qu'elles vont faire après, en choisissant
une activité de la colonne C.

A	B	C
moi	dîner	nager
toi	mettre *(set)* la table	dîner
nous	faire les courses	regarder la télé
Monsieur Leblanc	arriver à la plage	acheter les billets de train
mes copains	arriver à la gare	téléphoner à la police
vous	avoir un accident	préparer le dîner
	gagner à la loterie	acheter une moto
	finir ses devoirs	aller au cinéma
		rentrer à la maison

▶ Je viens de dîner. Je vais aller au cinéma (regarder la télé).

7 Qu'est-ce qu'ils viennent de faire?

Regardez les illustrations et dites ce que les personnes
viennent de faire. Utilisez votre imagination!

▶ Éric vient de jouer au tennis.
  (Éric vient de perdre son match.)

▶ Éric

1. Christine

2. M. Lebrun

3. Sabine

4. M. et Mme Masson

5. mes copains

C. Le présent avec *depuis*

Read the following pairs of sentences. In each pair, the first sentence describes what people are doing. The second sentence describes how long they <u>have been doing</u> this. Compare the verbs in French and English:

Nous **habitons** à Genève.	We **live** in Geneva.
Nous **habitons** à Genève **depuis mai.**	We **have been living** in Geneva **since May.**
J'**étudie** le français.	I **am studying** French.
J'**étudie** le français **depuis deux ans.**	I **have been studying** French **for two years.**

To express what people have been doing <u>since</u> or <u>for</u> a certain time, the French use the construction:

PRESENT + **depuis** + { DURATION OF ACTIVITY / STARTING POINT IN TIME	Je **travaille** ici **depuis** cinq jours. / Je **travaille** ici **depuis** lundi.

➡ Note the interrogative expressions:

depuis quand?	*since when?*	**Depuis quand** es-tu ici?
depuis combien de temps?	*how long?*	**Depuis combien de temps** attends-tu le bus?

---

8 Expression personnelle

Complétez les phrases suivantes avec l'une des expressions suggérées.

1. Je fais du français . . .
2. Je vais dans ce lycée . . .
3. Je connais mon meilleur copain (ma meilleure copine) . . .
4. Nous habitons dans notre maison (notre appartement) . . .
5. Mes voisins habitent ici . . .
6. J'ai un vélo . . .

> ❏ depuis moins *(less)* d'un an
> ❏ depuis plus *(more)* d'un an
> ❏ depuis plus de deux ans
> ❏ depuis plus de cinq ans
> ❏ depuis plus de dix ans

9 Depuis quand?

Dites depuis quand les personnes suivantes font certaines choses.

▶ vous / attendre le bus / dix minutes

J'attends le bus depuis dix minutes.

1. ma cousine / être infirmière / décembre
2. Monsieur Arnaud / travailler pour IBM / deux ans
3. vous / utiliser cet ordinateur / six semaines
4. nous / faire de l'informatique / trois mois
5. ma tante / être avocate / six ans
6. nos voisins / venir dans ce club / l'année dernière

À votre tour!

1 Conversation dirigée

Vincent rencontre sa cousine Florence dans un café. Jouez les deux rôles.

Vincent 		**Florence** 
Says hello to Florence and asks her what she is doing.	→ ←	Says that she is waiting for her friend Philippe.
Asks her how long she has been waiting.	→ ←	Answers since 3 o'clock.
Asks her what she is going to do if (si) Philippe does not come.	→ ←	Says that she is going to go to the movies.
Asks if he can come with her.	→ ←	Says of course and suggests that they go to the movies now.

2 Dans la rue

It is Saturday afternoon. You meet your partner in town. Ask your partner . . .

- where he/she is coming from
- what he/she has just been doing
- where he/she is going to go now
- what he/she is going to do

3 Depuis quand?

Demandez à cinq personnes différentes depuis combien de temps elles habitent dans votre ville. Donnez les résultats de votre enquête oralement ou par écrit.

Ma ville: _____
Nom: habite ici depuis...
1.
2.

4 Le weekend prochain

Dans un court paragraphe, décrivez vos projets pour le weekend prochain. Ensuite, comparez vos réponses avec les réponses de vos camarades. Vous pouvez mentionner . . .

- où vous allez aller (quand et avec qui)
- ce que vous allez faire
- ce que vous n'allez pas faire

LECTURE Un déjeuner gratuit

Un jeune homme et une jeune fille sont dans un restaurant. Ils viennent de déjeuner. Qui va payer le repas?° «C'est simple, dit le jeune homme, nous allons jouer à un jeu.° Regardons les personnes qui passent dans la rue. Nous allons essayer° de deviner° où vont aller ces personnes. Si je devine correctement leur destination, c'est toi qui paies. Si tu devines correctement, c'est moi qui paie.» «D'accord!» répond la jeune fille.

Cinq personnes passent dans la rue.
◆ La première personne est un homme avec un paquet.°
◆ La seconde personne est une dame très élégante.
◆ La troisième personne est un jeune homme aux cheveux longs.°
◆ La quatrième personne est une petite fille de douze ans.
◆ La cinquième personne est une vieille dame avec une canne.

«Puisque° j'ai inventé le jeu, c'est moi qui vais commencer,» dit le jeune homme. «Bon, d'accord, dit la jeune fille. Quels sont tes pronostics?»

«Eh bien, voilà, répond le jeune homme, ce n'est pas très difficile.
◆ L'homme avec le paquet va aller à la poste.
◆ La dame élégante va aller à la parfumerie.
◆ Le jeune homme aux cheveux longs va aller chez le coiffeur.
◆ La petite fille va aller à la pâtisserie.
◆ La vieille dame va aller à la pharmacie.»

«Tes choix sont logiques, dit la jeune fille, mais je crois° que tu as tort. Voici mes pronostics:
◆ L'homme avec le paquet va aller à la pâtisserie.
◆ La dame élégante va aller à la pharmacie.
◆ Le jeune homme aux cheveux longs va aller à la parfumerie.
◆ La petite fille va aller chez le coiffeur.
◆ La vieille dame va aller à la poste.»

repas *meal* **jeu** *game* **essayer** *try* **deviner** *to guess* **paquet** *package*
aux cheveux longs *with long hair* **Puisque** *Since* **crois** *believe*

«Tu as vraiment beaucoup d'imagination, dit le jeune homme à la jeune fille. J'espère° aussi que tu as assez d'argent pour payer mon repas!»

«Tu es vraiment très sûr de toi, répond la jeune fille. Avant de° déclarer victoire, regarde donc où vont les cinq passants!»

Le jeune homme et la jeune fille regardent les cinq personnes aller à leur destination. Comme° la jeune fille l'a prédit,° l'homme avec le paquet va à la pâtisserie. La dame élégante va à la pharmacie. Le jeune homme aux cheveux longs va à la parfumerie. La petite fille va chez le coiffeur. La vieille dame va à la poste.

«Alors, qui a gagné?» demande la jeune fille.

«Euh . . . eh bien, c'est toi. Mais vraiment, tu as une chance extraordinaire! Comment est-ce que tu as pu deviner correctement la destination de chaque personne?»

«Ce n'est pas par chance. J'habite dans ce quartier° depuis dix ans. Alors, je connais° tout le monde° ici . . . L'homme avec le paquet est allé à la pâtisserie parce que c'est lui le pâtissier. La dame élégante est allée à la pharmacie parce que son fils est malade. La petite fille est allée chez le coiffeur pour voir son père qui est le propriétaire° de la boutique. La vieille dame est allée à la poste parce qu'elle écrit° tous les jours à son petit-fils qui habite au Japon.»

«Et le jeune homme aux cheveux longs?»

«Ah oui, le jeune homme aux cheveux longs . . . Et bien, c'est mon fiancé et demain, c'est mon anniversaire. Alors, j'ai pensé° qu'il m'achèterait° un petit cadeau . . . Voilà, c'est très simple. Et merci pour cet excellent repas!»

Avez-vous compris?

Qui sont ces personnes?

1. L'homme avec le paquet est . . .
   a. le pâtissier
   b. le coiffeur
   c. un étudiant

2. La dame très élégante va acheter . . .
   a. des croissants
   b. des médicaments
   c. des timbres (stamps)

3. Le jeune homme aux cheveux longs est . . .
   a. le fils de la dame élégante
   b. le fiancé de la jeune fille
   c. le pâtissier

4. La petite fille de douze ans est . . .
   a. la soeur du jeune homme
   b. la nièce de la dame élégante
   c. la fille du coiffeur

5. La vieille dame a un petit-fils qui . .
   a. est au Japon
   b. travaille à la poste
   c. est malade

espère hope Avant de Before Comme As a prédit predicted
quartier neighborhood connais know tout le monde everyone
propriétaire owner écrit writes ai pensé thought
achèterait would buy

LE CONCERT DES Diplodocus

Avant de lire

Before you begin reading an article in a magazine, you probably glance at the title and the illustrations to get a general idea about the topic. Use this same approach when reading French. For example, with this story . . .

- First, look at the title and study the headings and the four cartoons.
- Then, with a partner, try to guess what will happen in the story.
- Finally, as you read, see how many of your guesses are right.

Expressions utiles

To talk about when things happen:

tôt ≠ **tard**	*early ≠ late*	Catherine doit rentrer **tôt** ce soir.
la première fois	*the first time*	C'est **la première fois** qu'elle rentre **tard.**
la troisième fois	*the third time*	C'est **la troisième fois** qu'elle entend ce groupe.
la dernière fois	*the last time*	C'est **la dernière fois** qu'elle va au concert.
la prochaine fois	*next time*	**La prochaine fois** elle va préparer son examen.

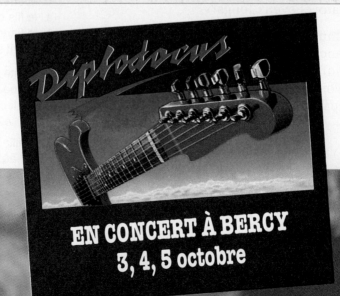

EN CONCERT À BERCY
3, 4, 5 octobre

SCÈNE 1
Chez les Lagrange: *7 heures et demie*

DIS DONC, CATHERINE, OÙ VAS-TU ?

JE VAIS CHEZ SUZANNE.

Les Lagrange viennent de dîner. Catherine, la fille aînée,° met son manteau. Sa mère veut savoir où elle va ce soir.

—Dis donc, Catherine, où vas-tu?

—Je vais chez Suzanne.

—Chez Suzanne? Mais c'est la troisième fois que tu vas chez elle cette semaine. Qu'est-ce que tu vas faire là-bas?

—Euh . . . , je vais étudier avec elle. Nous allons préparer ensemble l'examen de maths.

—Dans ce cas, d'accord. Mais promets-moi de rentrer tôt à la maison.

—Sois tranquille, Maman. Je vais revenir à onze heures.

Mots utiles

ensemble ≠ **seul** *together* ≠ *alone*
être tranquille *to relax, be calm*

aînée *older*

Avez-vous compris?
1. Qu'est-ce que Catherine va faire chez Suzanne?
2. À quelle heure est-ce qu'elle doit rentrer?

SCÈNE 2
Au Café de l'Esplanade: *8 heures*

En réalité Catherine ne va pas chez Suzanne. Elle va au Café de l'Esplanade. Pourquoi va-t-elle là-bas? Parce que ce soir elle a rendez-vous avec son copain Jean-Michel.

Catherine arrive au café à huit heures. Jean-Michel est là depuis dix minutes.

—Salut, Catherine, ça va?

—Oui, ça va.

—Dis, j'ai une surprise!

—Ah bon? Quoi?

—Je viens d'acheter deux billets pour le concert des Diplodocus.

—Pour ce soir?

—Oui, pour ce soir. Tu viens?

—Euh . . . Je voudrais bien venir, mais . . . j'ai un problème.

Mots utiles	
avoir rendez-vous	*to have a date*
un billet	*ticket*
ramener	*to bring back, take home*

Catherine explique la situation à Jean-Michel. Elle explique en particulier qu'elle doit être chez elle à onze heures.

—Ce n'est pas un problème. J'ai ma moto. Je vais te ramener chez toi après le concert.

—Bon, alors d'accord.

Et Catherine et Jean-Michel vont au concert sur la moto de Jean-Michel.

Avez-vous compris?
1. Est-ce que Catherine va chez Suzanne pour étudier? Pourquoi pas?
2. Quelle est la surprise de Jean-Michel?
3. Quel est le problème de Catherine?

SCÈNE 3
Au concert: *9 heures moins le quart*

VOUS ÊTES UNE FAN DES DIPLODOCUS ?

OUI, ILS SONT SUPER-COOLS !

Ce soir les Diplodocus vont donner leur grand concert de l'année. Il y a beaucoup de monde dans la salle. Il y a aussi la télévision. Jean-Michel et Catherine viennent d'arriver. Une journaliste s'approche de° Catherine.

—Bonjour, mademoiselle, vous êtes une fan des Diplodocus?

—Oui, ils sont super-cools! J'ai tous leurs disques.

—Vous venez souvent ici?

—Non, je ne viens pas très souvent. C'est la première fois que je viens cette année.

—Merci, mademoiselle.

Le concert commence. Tout le monde crie et applaudit. C'est vraiment un concert extraordinaire.

Mots utiles	
beaucoup de monde	*a lot of people*
la salle	*concert hall*
crier	*to shout, scream*

s'approche de *comes over to*

Avez-vous compris?
1. Avec qui est-ce que Catherine parle dans la salle?
2. Qu'est-ce que Catherine pense des Diplodocus?
3. Comment est le concert?

SCÈNE 4

Chez les Lagrange: *11 heures*

Jean-Michel vient de raccompagner
Catherine. Catherine rentre chez elle.
Elle regarde sa montre. Ouf! Il est
exactement onze heures.

Catherine va dans le salon.
Ses parents sont en train de
regarder la télé. En exclusivité,
il y a justement° un reportage° sur
le concert des Diplodocus.

> —D'où viens-tu, Catherine?
> —Euh . . . eh bien, je viens de chez
> Suzanne.

(En ce moment apparaît l'interview de Catherine.)

> —Tiens, c'est curieux . . .
> Regarde cette fille. Tu ne trouves pas
> que vous vous ressemblez comme
> deux gouttes d'eau?
> —Euh . . . c'est que . . .
> —Inutile d'insister. La prochaine
> fois, dis la vérité.° C'est plus simple.

REGARDE CETTE FILLE!
TU NE TROUVES PAS
QUE VOUS VOUS
RESSEMBLEZ?

EUH, C'EST QUE . . .

Ils se ressemblent comme deux gouttes d'eau.

Mots utiles

apparaître *to appear*
confus *ashamed*
mentir *to lie*

Confuse, Catherine va dans sa chambre. Cette expérience
lui a donné° une bonne leçon. C'est la première fois
qu'elle a menti à ses parents. C'est aussi la dernière.

justement *at that moment*
reportage *news story*
dis la vérité *tell the truth*
lui a donné *gave her*

Avez-vous compris?
1. Est-ce que Catherine rentre à l'heure ou en retard?
2. Quelle est la réaction de ses parents quand ils regardent
   l'interview de Catherine à la télé?
3. Qu'est-ce que Catherine décide?

L'ART DE LA LECTURE

When you read a new selection in French, you should first go through it quickly to get the general meaning. Then you can go back and work out the meanings of new words and expressions. Some of these may be so unfamiliar that you will need to look them up: these words and expressions are glossed for you or listed in the **Mots utiles** boxes.

Sometimes, though, you will not need a dictionary to find out the meanings of unfamiliar French words. You will be able to guess them because they look like English words. For example, it is not hard to understand **un concert** or **une surprise.**

Words that look alike in French and English and have similar meanings are called COGNATES or **mots apparentés** *(related words)*. French-English cognates help make reading easier, but they present certain problems:

- They are never pronounced the same in French and English.
- They are often spelled somewhat differently in the two languages.
- They may not have quite the same meaning in the two languages.

Exercice de lecture

Make a list of ten cognates that you encountered in the reading.

- Which words are spelled exactly the same in French and English?
- Which words are spelled differently?

IMAGES DU MONDE FRANCOPHONE

LA FRANCE ET L'EUROPE

La France et ses Régions

- La France est un pays° de l'Europe de l'ouest.
- Elle a une population de 57 millions d'habitants.
- C'est une république avec un président élu° pour sept ans.
- Le drapeau° français est bleu, blanc et rouge.
- La fête nationale est le 14 juillet.
- La devise° de la France est «Liberté, Égalité, Fraternité».

La France est divisée° administrativement en 22 grandes régions et 96 départements. Les grandes régions correspondent plus ou moins° aux anciennes° provinces françaises. Chaque° province a son histoire, ses coutumes° et ses traditions.

Paris est la capitale de la France. C'est une très grande ville. Neuf millions de personnes (c'est-à-dire, presque° un Français sur six) habitent dans la région parisienne. Avec ses parcs, ses jardins, ses grandes avenues, ses musées et ses monuments, Paris est une très belle ville. C'est aussi un grand centre artistique et intellectuel. Voilà pourquoi on appelle souvent Paris la «Ville lumière».°

pays *country* **élu** *elected* **drapeau** *flag* **devise** *motto*
divisée *divided* **plus ou moins** *more or less* **anciennes** *former*
Chaque *Each* **coutumes** *customs* **presque** *almost*
«Ville lumière» *"City of Light"*

BRETAGNE

NORMANDIE

TOURAINE

CHAMPAGNE

ALSACE

SAVOIE

PROVENCE

Normandie

Bretagne

Alsace

Champagne

Touraine

FRANCE

Savoie

Auvergne

Provence

AUVERGNE

PROVINCE*	GÉOGRAPHIE	SPÉCIALITÉS RÉGIONALES	REMARQUES
L'Alsace	montagnes° et plaines	bière,° vins,° fromages,° choucroute°	Beaucoup d'Alsaciens parlent l'alsacien, un dialecte d'origine allemande. Strasbourg, la capitale de l'Alsace, est un grand centre politique et commercial européen.
La Champagne	plaines et collines°	vins blancs	C'est en Champagne qu'on fait le champagne, un vin blanc pétillant.°
La Normandie	plaines	cidre, fromages	C'est en Normandie que les troupes américaines ont débarqué° en juin 1944.
La Bretagne	côtes° et collines	crêpes bretonnes, poissons°	Un grand nombre de Bretons parlent le breton, une langue d'origine celtique.
La Touraine	plaines	vins, fromages	C'est en Touraine qu'on parle le français le plus pur. La Touraine est une région où il y a beaucoup de châteaux.° Cette région est appelée le «Jardin° de la France».
L'Auvergne	plaines et montagnes	fromages, jambon°	L'Auvergne est la région d'origine de La Fayette, héros de l'indépendance américaine.
La Savoie	montagnes	fromages, fondue°	C'est la région des Alpes françaises. Il y a beaucoup de stations° de ski en Savoie.
La Provence	côtes, montagnes et vallées	fruits, légumes,° bouillabaisse°	Au premier siècle° avant Jésus-Christ, la Provence était° une province de l'Empire romain.° Il y a beaucoup de vestiges° romains en Provence.

montagnes *mountains* **bière** *beer* **vins** *wines* **fromages** *cheeses* **choucroute** *sauerkraut* **collines** *hills*
pétillant *sparkling* **ont débarqué** *landed* **côtes** *coastline* **poissons** *fish* **châteaux** *castles* **Jardin** *Garden*
jambon *ham* **fondue** *melted cheese dish* **stations** *resorts* **légumes** *vegetables* **bouillabaisse** *fish chowder*
siècle *century* **était** *was* **romain** *Roman* **vestiges** *ruins*

*These names correspond to the traditional provinces. For the names of the regions of France, see map on page B15.

Sur les routes de France

Le TGV
Paris
8

1
Le Mont-Saint-Michel
4 Euro Disney
2
Le château de Chambord
Le lac d'Annecy
3
Le Futuroscope
5
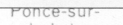
Le pont du Gard 6
7
Grasse

1 Le Mont-Saint-Michel

On appelle le Mont-Saint-Michel la «Merveille° de l'Occident». C'est une île où se trouve° une église protégée° par des remparts.

2 Le château de Chambord

Le château de Chambord est un château de la Loire. Construit° en 1519 par le roi° François Ier, ce château a 440 pièces,° 63 escaliers° et exactement 365 cheminées.° En été, il est illuminé la nuit.°

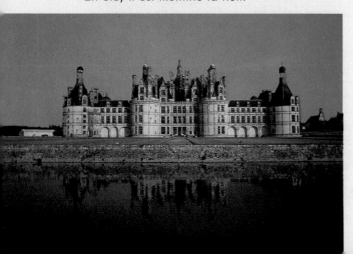

3 Le Futuroscope

Le Futuroscope est le musée du futur et de la science-fiction. Ici on peut anticiper comment nous vivrons° dans dix, vingt ou cent ans.

Merveille *Wonder*   **se trouve** *is located*   **protégée** *protected*
Construit *Built*   **roi** *King*   **pièces** *rooms*   **escaliers** *staircases*
cheminées *fireplaces*   **la nuit** *at night*   **vivrons** *will live*

4 *E*uro Disney

Euro Disney est situé à 35 kilomètres de Paris. C'est le plus grand° parc à thème d'Europe. Ce parc reçoit plus de dix millions de visiteurs par an.

5 *L*e lac d'Annecy

Le lac d'Annecy est situé dans les Alpes. En été, on fait de la voile et de la planche à voile. En hiver, on fait du ski dans les stations de ski de la région.

6 *L*e pont du Gard

Le pont du Gard a trois niveaux° différents. Construit par les Romains en l'an 19 avant Jésus-Christ, ce monument est resté° intact pendant deux mille ans.

7 *G*rasse

Dans la région de Grasse, on cultive des fleurs.° Ces fleurs sont utilisées par l'industrie de la parfumerie. Les parfums français sont vendus dans le monde° entier.

8 *L*e TGV

Le TGV traverse° la campagne française. Ce train très rapide relie° Paris aux grandes villes françaises.

le plus grand *the biggest*   **niveaux** *levels*   **est resté** *has remained*   **fleurs** *flowers*   **monde** *world*   **traverse** *crosses*   **relie** *links*

Le calendrier des fêtes°

Entre le 1ᵉʳ janvier et le 31 décembre, on célèbre beaucoup de fêtes en France.
Voici quelques-unes de ces fêtes.

DATE	FÊTE	DATE	FÊTE
1ᵉʳ janvier	le jour de l'an	1ᵉʳ mai	la fête du Travail°
6 janvier	la fête des Rois°	14 juillet	la fête nationale
2 février	la Chandeleur°	1ᵉʳ novembre	la Toussaint°
février ou mars	Mardi Gras	11 novembre	l'anniversaire
(un mardi)			de l'Armistice
mars ou avril	Pâques°	25 décembre	Noël
(un dimanche)			

Le jour de l'an

Ce jour-là, la coutume est de rendre visite à ses grands-parents.
Les grands-parents donnent un peu d'argent à leurs petits-enfants.
Cela s'appelle «les étrennes».

La fête des Rois

Pour célébrer cette fête, on mange
un gâteau spécial qui s'appelle la
«galette des rois». Dans ce gâteau,
il y a un petit objet de porcelaine.
La personne qui trouve cet objet
est le roi ou la reine.° Tout le monde
félicite le roi et la reine du jour.

La Chandeleur

Le jour de la Chandeleur, on fait des
crêpes. Chaque° personne fait une crêpe
en tenant° une pièce de monnaie° dans
la main gauche. On fait sauter° la crêpe.
Si la crêpe tombe bien° dans la poêle,°
c'est bon signe. Cela signifie qu'on aura°
de l'argent toute l'année.°

---

fêtes *holidays*　**les Rois** *Three Kings*　**Chandeleur** *Candlemas*　**Pâques** *Easter*　**fête du Travail** *Labor Day*
Toussaint *All Saints' Day*　**reine** *queen*　**Chaque** *Each*　**en tenant** *while holding*　**pièce de monnaie** *coin*
fait sauter *flips*　**tombe bien** *lands right*　**poêle** *frying pan*　**aura** *will have*　**toute l'année** *all year long*

Mardi Gras

Cette fête s'appelle aussi le Carnaval. Elle a lieu° 40 jours avant Pâques. C'est une fête très joyeuse. Le Carnaval de Nice, en Provence, est très célèbre.° Il y a des défilés° de chars,° des bals masqués et on danse dans les rues.

Le 14 juillet

Les Français célèbrent leur fête nationale le 14 juillet. Cette fête commémore le commencement de la Révolution française en 1789. À Paris, il y a un défilé militaire sur les Champs-Élysées. Le soir, il y a des orchestres dans les rues et tout le monde danse. Il y a aussi un grand feu d'artifice.°

Noël

Noël est la fête de la famille. Dans les familles catholiques, on va à la messe° de minuit. Après la messe, il y a le «réveillon». Le réveillon est un repas léger:° huîtres,° boudin blanc° . . . et champagne. Le jour de Noël, on fait un grand repas familial.

La veille° de Noël, les petits enfants mettent leurs chaussures devant° la cheminée.° Est-ce que le père Noël va passer cette nuit? Et qu'est-ce qu'il va mettre dans leurs chaussures?

a lieu *takes place*　**célèbre** *famous*　**défilés** *parades*　**chars** *floats*　**feu d'artifice** *fireworks*　**messe** *Mass*　**léger** *light*
huîtres *oysters*　**boudin blanc** *meatless milk-based sausage*　**veille** *night before*　**devant** *in front of*
cheminée *fireplace*

85

Le Tour de France

En juillet, un grand événement sportif passionne° les Français de tout âge. Cet événement c'est le Tour de France. Le Tour de France est la plus grande° course° cycliste du monde. C'est aussi la plus longue et la plus difficile.

Une course d'endurance

Le Tour de France est une course d'endurance. Il commence vers° le 1er juillet dans une ville de province. Il finit trois semaines plus tard à Paris sur les Champs-Élysées. Pendant ces trois semaines, les coureurs° parcourent° environ° 3 800 kilomètres. Chaque année, l'itinéraire est un peu différent, mais il finit toujours à Paris.

Le Tour de France est divisé° en 20 étapes° environ. Chaque jour, il y a une étape. Ces étapes ont de 40 à 300 kilomètres. Les étapes les plus difficiles et les plus dangereuses sont les étapes de montagne. Beaucoup de coureurs abandonnent dans les Alpes ou les Pyrénées. Il y a aussi deux ou trois étapes «contre la montre».° Dans ces étapes, les coureurs courent° individuellement.

Le maillot° jaune

À la fin de chaque étape, les officiels établissent le classement° général. Ce classement est basé sur le temps total de tous les coureurs. Le premier au classement général est le coureur qui a le temps total minimum. Ce coureur porte le fameux «maillot jaune».

passionne *captivates the interest of*   **la plus grande** *the biggest*
course *race*   **vers** *around*   **coureurs** *racers*
parcourent *cover*   **environ** *about*   **divisé** *divided*
étapes *stages*   **«contre la montre»** *"against the clock"*
courent *race*   **maillot** *jersey*   **classement** *ranking*

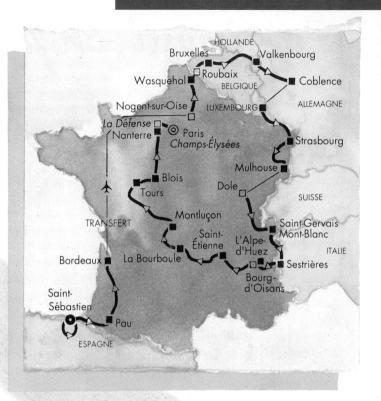

Le Tour 1992 en chiffres

Nombre de coureurs: 198
Date de départ: le 4 juillet à Saint-Sébastien, Espagne
Date d'arrivée: le 26 juillet à Paris
Distance totale: 3 983 kilomètres
Nombre d'étapes: 22
Étape la plus longue: Dole–Saint-Gervais Mont-Blanc: 280 kilomètres
Étape la plus courte: Tours–Blois: 60 kilomètres
Nom du vainqueur:° Miguel Indurain (Espagne)

Les participants

Chaque année, environ 200 coureurs participent au Tour de France. Ces coureurs sont répartis° en équipes° différentes. La majorité des coureurs sont français, mais il y a aussi des Italiens, des Espagnols, des Belges, des Allemands, des Luxembourgeois, des Hollandais, des Anglais . . . et des Américains! En fait, un des champions des dernières années° est un Américain, Greg LeMond. Il a gagné trois fois° le Tour de France!

Le Tour de France féminin

Il y a aussi un Tour de France féminin. Le Tour féminin ne suit pas° le même° itinéraire que le Tour masculin, mais généralement il finit aussi à Paris sur les Champs-Élysées. Une grande championne des dernières années est une Française. Elle s'appelle Jeannie Longo. Elle a gagné trois fois le Tour de France.

vainqueur *winner*   **répartis** *divided*   **équipes** *teams*
des dernières années *of the last few years*
fois *times*   **ne suit pas** *does not follow*   **même** *same*

Ici aussi, on parle français

Le français est non seulement° la langue officielle de la France. C'est aussi l'une des langues officielles dans quatre autres° pays° européens: la Belgique, le Luxembourg, la Suisse et Monaco. Dans ces pays, une partie de la population parle français.

LA BELGIQUE

La Belgique est un pays de 10 millions d'habitants, situé° au nord-est de la France. C'est une monarchie avec un roi. Le roi actuel° s'appelle Albert II. La capitale de la Belgique est Bruxelles. Bruxelles est le siège° de certaines institutions de la Communauté européenne.

La Belgique a deux langues officielles: le français et le flamand.° Trente-cinq pour cent (35%) des Belges parlent français.

LE LUXEMBOURG

Le Luxembourg est un petit pays de 400 000 (quatre cent mille) habitants situé à l'est° de la Belgique. La langue officielle est le français, mais la majorité des gens parlent le luxembourgeois, qui est un dialecte allemand.

La capitale du pays s'appelle aussi Luxembourg. Comme° Bruxelles, cette ville est un centre européen important.

MONACO

Situé sur la Méditerranée près de l'Italie, Monaco est un tout petit° pays avec une population de 30 000 personnes. Les habitants de Monaco s'appellent les Monégasques. Monaco est une principauté° gouvernée par un prince, le prince Rainier. La langue officielle est le français.

Chaque année a lieu° le Grand Prix de Monaco. C'est une course automobile très difficile qui est disputée° dans les rues de la ville.

---

seulement *only*   **autres** *other*   **pays** *countries*   **situé** *located*
actuel *present*   **siège** *seat*   **flamand** *Flemish*   **est** *east*   **Comme** *Like*
tout petit *very small*   **principauté** *principality*   **a lieu** *takes place*
disputée *held*

LA SUISSE

La Suisse est un pays de 7 millions d'habitants situé à l'est de la France. La Suisse est la plus ancienne république d'Europe. C'est une république fédérale qui est divisée en 23 cantons.

Il y a quatre langues nationales en Suisse: l'allemand, le français, l'italien et le romanche. On parle français dans les cantons de l'ouest. La ville de Genève est située dans la partie française. C'est le siège de certaines agences des Nations Unies et de la Croix-Rouge° Internationale.

La Suisse est un pays de vallées et de hautes° montagnes: les Alpes. En hiver, beaucoup de touristes européens et américains vont en Suisse pour faire du ski.

Quelques Faits

- La Suisse s'appelle aussi la Confédération helvétique.
- Le français qu'on parle en Belgique et en Suisse est un peu différent du français de France. Par exemple, quand on compte, on dit septante, octante et nonante (au lieu de soixante-dix, quatre-vingts et quatre-vingt-dix).
- En Belgique, on utilise les francs belges. Au Luxembourg, on utilise les francs luxembourgeois. En Suisse, on utilise les francs suisses. Ces francs ont des valeurs différentes.
- C'est un Suisse, Henri Dunant, qui a fondé la Croix-Rouge en 1863.
- La voiture américaine Chevrolet porte le nom de l'ingénieur d'origine suisse, Louis Chevrolet (1879–1941).

Croix *Cross*   **hautes** *high*

Rencontre

avec Béatrice Muller

Béatrice Muller est élève au lycée Carnot à Paris. Nous l'avons rencontrée° dans un café près du lycée.

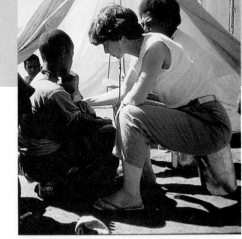

JEAN-PAUL:	Comment t'appelles-tu?
BÉATRICE:	Béatrice Muller.
JEAN-PAUL:	Tu es alsacienne?
BÉATRICE:	D'origine, oui! Ma famille est de Strasbourg, mais maintenant nous habitons à Paris.
JEAN-PAUL:	Pour toi, qu'est-ce que c'est que la France d'aujourd'hui?
BÉATRICE:	C'est un pays où les gens sont relativement heureux.
JEAN-PAUL:	Qu'est-ce que tu veux dire par là?°
BÉATRICE:	Je veux dire que matériellement les Français vivent° bien. Ils habitent dans des maisons généralement modernes et confortables. Ils ont des voitures, de l'argent . . . Et surtout,° ils ont beaucoup de vacances. Regarde mes parents, par exemple. Ils ont quatre semaines de vacances en été et ils prennent deux semaines en hiver pour faire du ski. Six semaines de vacances par an, c'est pas° trop mal, hein?
JEAN-PAUL:	Pourquoi dis-tu que les Français ne sont que° *relativement* heureux?
BÉATRICE:	Parce que ce bonheur° est un peu artificiel . . . Et puis il y a beaucoup de problèmes à résoudre° en France. Par exemple, pour nous, lycéens, il y a le problème de l'enseignement.° Nous n'avons pas assez de° professeurs, pas assez de laboratoires, pas assez d'aménagements° sportifs . . . Et puis, l'enseignement est trop traditionnel!
JEAN-PAUL:	Qu'est-ce que tu vas faire après le bac?°
BÉATRICE:	Je vais faire des études de médecine.
JEAN-PAUL:	Tu veux être médecin à Paris?
BÉATRICE:	Oui, mais d'abord,° j'ai l'intention de travailler pour «Médecins sans° frontières».°

l'avons rencontrée *met her*
Qu'est-ce que tu veux dire par là? *What do you mean by that?*
vivent *live*   **surtout** *above all*   **c'est pas = ce n'est pas*
ne . . . que *only*   **bonheur** *happiness*   **à résoudre** *to solve*
enseignement *schooling*   **assez de** *enough*   **aménagements** *facilities*
bac = baccalauréat   **d'abord** *first*   **sans** *without*   **frontières** *borders*

JEAN-PAUL: Qu'est-ce que c'est?

BÉATRICE: C'est une organisation de médecins volontaires qui travaillent gratuitement° dans les pays du Tiers-Monde,° principalement en Asie et en Afrique.

JEAN-PAUL: Pourquoi est-ce que tu veux travailler pour cette organisation?

BÉATRICE: Parce que je pense que nous avons l'obligation d'aider les gens qui n'ont pas les mêmes° moyens° que nous . . . Et puis,° j'aime voyager.

LE SAVEZ-VOUS?

1. Les Français votent pour leur président . . .
   a tous les trois ans
   b tous les cinq ans
   c tous les sept ans

2. La fête nationale française est . . .
   a le 4 juillet
   b le 14 juillet
   c le 11 novembre

3. La Bretagne est une province . . .
   a de la Belgique
   b de la Suisse
   c de la France

4. Pour skier, les Français vont . . .
   a en Savoie
   b en Touraine
   c en Champagne

5. Les Romains ont construit (built) . . .
   a le château de Chambord
   b le Mont-Saint-Michel
   c le pont du Gard

6. Le TGV est . . .
   a une bicyclette
   b une voiture
   c un train très rapide

7. La «galette des rois» est . . .
   a un gâteau
   b une fête
   c un parfum

8. À Paris, il y a un grand défilé militaire . . .
   a le 1er mai
   b le 14 juillet
   c le Mardi Gras

9. Le Tour de France est . . .
   a une course automobile
   b une course cycliste
   c un match de foot

10. Le Tour de France finit . . .
    a à Paris
    b dans les Alpes
    c au Futuroscope

11. Jeannie Longo est . . .
    a un médecin
    b une actrice de cinéma
    c une championne cycliste

12. Bruxelles est la capitale . . .
    a de la Belgique
    b de la Suisse
    c du Luxembourg

13. Le plus petit pays où on parle français est . . .
    a Monaco
    b le Luxembourg
    c la Suisse

14. Le Grand Prix de Monaco est . . .
    a une course automobile
    b un festival de cinéma
    c une décoration militaire

15. Henri Dunant est l'homme qui a fondé . . .
    a les Jeux Olympiques
    b la Croix Rouge
    c les Nations Unies

gratuitement *for free*   Tiers-Monde *Third World*   mêmes *same*   moyens *resources*   puis *moreover*

91

Le weekend, enfin!

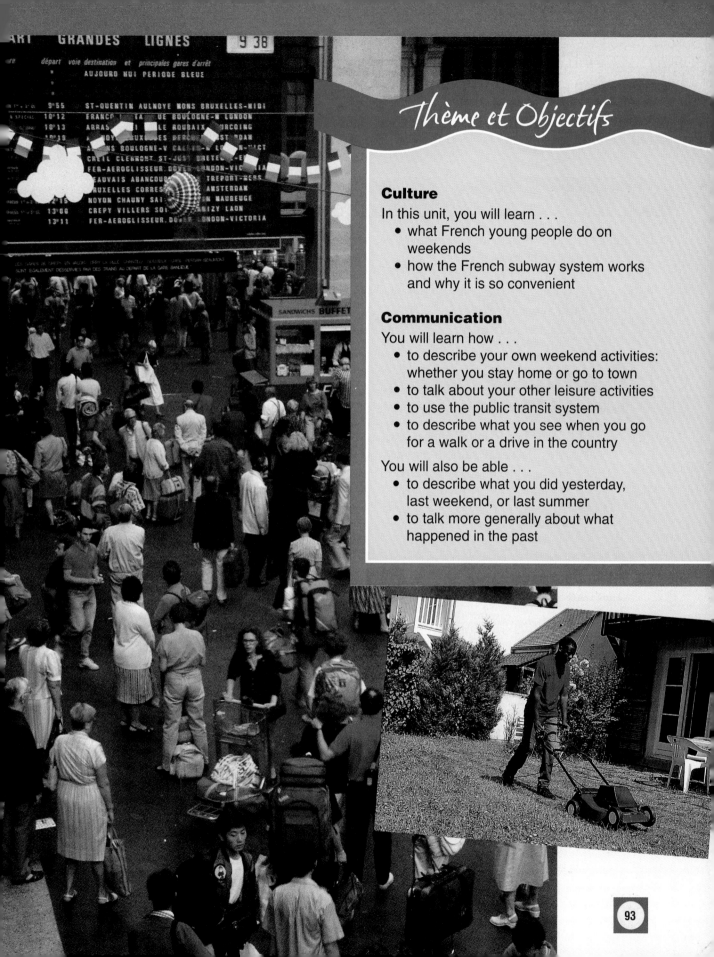

Thème et Objectifs

Culture

In this unit, you will learn . . .
- what French young people do on weekends
- how the French subway system works and why it is so convenient

Communication

You will learn how . . .
- to describe your own weekend activities: whether you stay home or go to town
- to talk about your other leisure activities
- to use the public transit system
- to describe what you see when you go for a walk or a drive in the country

You will also be able . . .
- to describe what you did yesterday, last weekend, or last summer
- to talk more generally about what happened in the past

93

LEÇON 5

Les activités du weekend

Aperçu culturel . . . Le weekend

Les jeunes Français profitent du weekend pour sortir. Ils sortent souvent avec leurs copains. L'après-midi, ils vont dans les magasins ou au café. Le soir, ils vont au cinéma ou au concert. Parfois, ils vont à la campagne avec leurs parents. Pour beaucoup de Français, le weekend est aussi l'occasion de rendre visite aux autres membres de la famille.

Samedi matin

1. Dans beaucoup d'écoles, il y a des classes le samedi matin. Pour Christine, le weekend commence le samedi à midi.

Samedi après-midi

2. Le samedi après-midi, Karine et Sophie adorent «faire les magasins». Cela ne signifie pas nécessairement qu'elles achètent quelque chose. Elles regardent simplement . . .

3. Quand Jean-Louis et ses copains n'ont rien de spécial à faire, ils vont au café. Là, ils discutent, ou bien ils regardent les gens qui passent dans la rue.

4. Le samedi, Alice suit des cours de théâtre à la Maison des Jeunes de la ville où elle habite. Les MJC (Maisons des Jeunes et de la Culture) offrent un grand choix d'activités artistiques et culturelles: ciné-club, photo, poterie, batik, etc. On peut aussi suivre des cours de danse, de gymnastique et de théâtre.

Samedi soir

5. Le samedi soir, les jeunes Français aiment sortir. Ce soir Sabine va au ciné avec sa bande de copains.

Dimanche

6. Le dimanche, Marie-Luce va souvent chez ses grand-parents qui ont une maison à la campagne. En été, il est toujours agréable de dîner sur la terrasse.

7. Le dimanche après-midi, Patrick fait une promenade à la campagne avec sa famille.

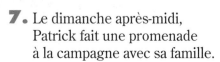

A. Un weekend en ville

—Qu'est-ce que tu vas faire ce weekend?

Je vais | **sortir** avec des copains.
| **travailler**
| **rester** à la maison

> **sortir:** *to go out*

> Qu'est-ce que tu vas faire ce weekend?

> Je vais rester à la maison.

Activités de weekend

On va ...	OÙ?	POUR FAIRE QUOI?	
	en ville	**aller dans les magasins.**	
		faire des achats *(to go shopping)*	
	au ciné	**voir un film.**	**voir:** *to see*
	au café	**rencontrer des copains.**	
		retrouver des amis	
		jouer au flipper *(pinball machine)*	
	au stade	**assister à** | **un match de foot.**	**assister à:** *to attend*
		| **un concert de rock**	
	à la piscine	**nager.**	**bronzer:** *to get a tan*
	à la plage	**prendre un bain de soleil** *(sunbath)*	**prendre:** *to take*
		bronzer	

On reste ...	à la maison	**aider ses parents.**	
		laver la voiture	**laver:** *to wash*
		nettoyer le garage	**nettoyer*:** *to clean*
		ranger sa chambre	**ranger:** *to pick up*
		ranger ses affaires *(things)*	**ranger:** *to put away*

*Note the forms of **nettoyer** in the present tense: **je nettoie, tu nettoies, il nettoie, nous nettoyons, vous nettoyez, ils nettoient**

1 Et toi?

Indique tes préférences en complétant les phrases suivantes.

1. Le weekend, je préfère . . .
   - rester à la maison
   - sortir avec mes copains
   - faire du baby-sitting
   - ?

2. Quand je sors avec mes copains, je préfère . . .
   - aller dans les magasins
   - voir un film
   - dîner dans un restaurant
   - ?

3. En général, je préfère assister à . . .
   - un concert de jazz
   - un concert de rock
   - un concert de musique classique
   - ?

4. Quand je vais à la plage ou à la piscine, je préfère . . .
   - nager
   - rencontrer d'autres *(other)* gens
   - prendre un bain de soleil
   - ?

5. En général, je préfère faire mes achats . . .
   - dans un grand centre commercial
   - dans le quartier où j'habite
   - au centre-ville *(downtown)*
   - ?

6. Quand je veux être utile *(helpful)* à la maison, je préfère . . .
   - nettoyer le grenier *(attic)*
   - nettoyer la cuisine
   - ranger ma chambre
   - ?

2 Conversation

Avec vos camarades de classe, faites des conversations selon le modèle.

Où vas-tu ce weekend?

Je vais à la piscine.

Qu'est-ce que tu vas faire là-bas?

Je vais nager.

(Je vais retrouver mes copains.)

B. Un weekend à Paris

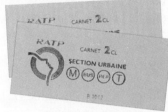

Qu'est-ce que tu vas faire samedi après-midi?

Je vais voir un film.

—Qu'est-ce que tu vas faire samedi après-midi?

Je vais | voir un film au Quartier Latin.
        | assister à un concert à la Villette
        | faire une promenade sur
             les Champs-Élysées

—Comment vas-tu aller là-bas?

Je vais | marcher.
        | **aller à pied**
        | prendre | le bus
                    | le métro

> **aller à pied:** *to walk*

Dans le métro

Je vais acheter | **un billet** *(ticket)* de métro.
                 | **un ticket** de métro

Je vais | prendre la direction Balard.
        | **monter** à Opéra
        | **descendre** à Concorde

> **monter:** *to get on*
> **descendre:** *to get off*

Au Jour Le Jour

■ NOTE ■
CULTURELLE

Le métro de Paris

Comment visiter Paris? C'est simple! Faites comme les Parisiens. Prenez le métro! Le métro de Paris est pratique et très économique. Un billet de métro coûte 5 francs 20. Avec ce billet vous pouvez° aller où vous voulez.°

Le métro de Paris est très étendu.° Il y a 15 lignes différentes et 368 stations. Pour savoir° comment aller à votre destination, vous devez° consulter le plan° du métro. Dans beaucoup de stations de métro, il y a un plan lumineux.° Ce plan indique la ligne que vous devez prendre, et si c'est nécessaire, la station où vous devez changer.

pouvez *can* **voulez** *want* **étendu** *spread out, extensive*
savoir *to know* **devez** *have to* **plan** *map*
lumineux *with lights*

Sites et monuments	Stations de métro
l'Arc de Triomphe	Étoile
la Tour Eiffel	Trocadéro
le Centre Pompidou	Châtelet
le Louvre	Louvre
le Musée d'Orsay	Solférino
les Invalides	Invalides
les Champs-Élysées	Étoile ou
	Franklin-Roosevelt

3 À Paris en métro

Regardez le plan du métro. Utilisez ce plan pour répondre aux questions suivantes.

1. Béatrice habite près de l'Arc de Triomphe. Où est-ce qu'elle prend le métro pour aller à l'école?
a. à Étoile
b. à Montparnasse Bienvenüe
c. à Trocadéro

2. Des touristes veulent visiter le Centre Pompidou. Où est-ce qu'ils vont descendre?
a. à l'Opéra
b. à République
c. à Châtelet

3. Isabelle a rendez-vous avec un copain dans un café des Champs-Élysées. Elle prend le métro. À quelle station est-ce qu'elle va descendre?
a. à Invalides
b. à Franklin-Roosevelt
c. à Bastille

4. Thomas et Christine vont aller voir une exposition. Ils descendent du métro à Solférino. Quel musée est-ce qu'ils vont visiter?
a. le Louvre
b. le Centre Pompidou
c. le Musée d'Orsay

5. Des étudiants américains sont dans un hôtel du Quartier Latin. Ce matin, ils prennent le métro et descendent à Trocadéro. Quel monument est-ce qu'ils vont visiter?
a. la Tour Eiffel   c. l'Arc de Triomphe
b. l'Opéra de la Bastille

6. Madame Bellin va prendre un train à la Gare Montparnasse. Elle est à la station de métro Concorde. Quelle direction est-ce qu'elle va prendre?
a. Mairie d'Issy   c. Château de
b. Pont de Neuilly   Vincennes

7. Delphine et Lucie viennent de voir un film aux Champs-Élysées. Elles vont dîner dans un restaurant près de l'Opéra. Elles prennent le métro à Franklin-Roosevelt. À quelle station est-ce qu'elles vont changer de métro?
a. à Concorde   c. à Étoile
b. à l'Opéra

8. Jérôme habite près de la station Trocadéro. Il a une copine qui habite à la République. Combien de fois *(times)* est-ce qu'il doit changer de métro quand il va chez elle?
a. une fois   c. trois fois
b. deux fois

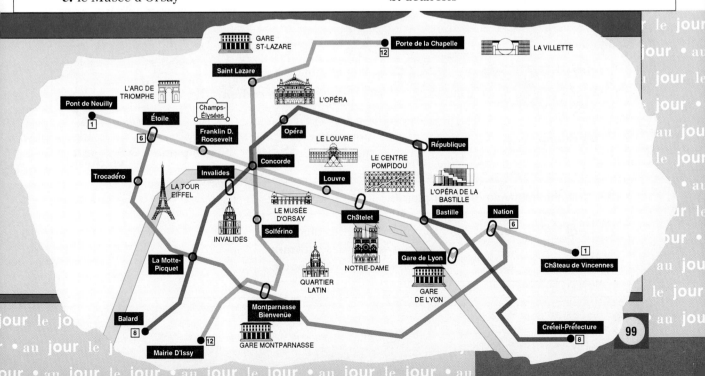

C. Un weekend à la campagne

> Où allez-vous passer le weekend?
>
> Nous allons passer le weekend à la campagne.

—Où allez-vous **passer** le weekend?
   Nous allons passer le weekend **à la campagne** *(in the country)*.

passer:	*to spend (time)*

Nous allons | **partir** samedi matin.
            | **rentrer** dimanche soir

partir:	*to leave*
rentrer:	*to come back*

—Quand on est à la campagne, on peut . . .

   faire un pique-nique

   faire | **une promenade** *(walk, ride)* | **à pied**
         | **un tour** *(walk, ride)* | **à vélo**
         | **une randonnée** *(hike, long ride)* | **à cheval** *(on horseback)*

   aller à la pêche *(to go fishing)*

Vocabulaire: À la campagne

Quelques endroits   **Quelques animaux**

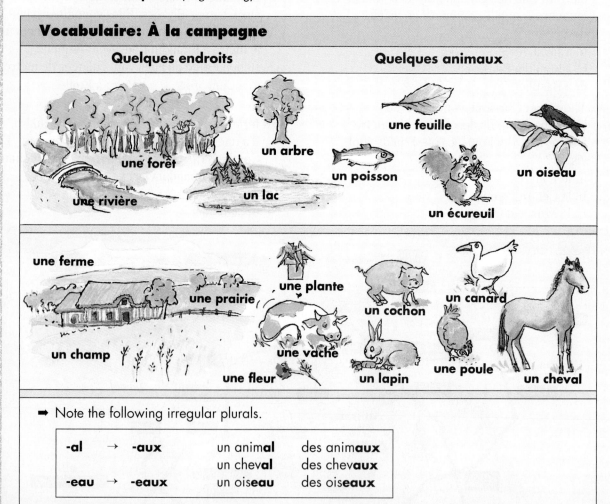

une forêt · un arbre · une rivière · un lac · une feuille · un poisson · un oiseau · un écureuil

une ferme · une plante · une prairie · un cochon · un canard · un champ · une vache · une fleur · un lapin · une poule · un cheval

➡ Note the following irregular plurals.

-al	→	**-aux**	un anim**al** des anim**aux**
			un chev**al** des chev**aux**
-eau	→	**-eaux**	un ois**eau** des ois**eaux**

4 Questions personnelles

1. Est-ce que tu vas de temps en temps *(from time to time)* à la campagne? Où? Avec qui?
2. En général, qu'est-ce que tu fais quand tu vas à la campagne?
3. Où est-ce que tu préfères nager? dans un lac? dans une rivière? dans une piscine?
4. Est-ce que tu vas souvent à la pêche? Où? Quand tu vas à la pêche, est-ce que tu attrapes *(catch)* beaucoup de poissons?
5. Connais-tu des gens qui habitent dans une ferme? Est-ce qu'ils ont des animaux? Quels animaux?
6. Est-ce qu'il y a un parc dans la ville (ou le quartier) où tu habites? Est-ce qu'il y a beaucoup d'arbres? Est-ce qu'il y a des fleurs? Quels animaux est-ce qu'on peut voir dans ce parc?
7. Est-ce que tu élèves *(raise)* des animaux? Quels animaux?

5 Les photos de Jean-Claude

Quand il va à la campagne, Jean-Claude aime prendre des photos. Regardez ces photos et faites correspondre chaque photo avec le commentaire de Jean-Claude.

1. Cet homme sur le lac, c'est mon oncle Édouard. Il adore aller à la pêche, mais il n'a pas de chance. En général, il ne prend pas de poissons.
2. C'est le printemps. Il y a des fleurs dans les champs. Ce lapin n'a pas peur de moi.
3. C'est l'automne. Les arbres perdent leurs feuilles. Devant l'arbre, il y a un écureuil.
4. Pendant les vacances d'été, je rends souvent visite à mes grands-parents. Ils ont une ferme en Normandie. Dans la prairie à côté de leur ferme il y a un cheval et des vaches.
5. Le fermier vient de passer. Les poules mangent. Les oiseaux aussi. L'écureuil sur la branche attend son tour *(turn)*.

Pierre a un rendez-vous

Dans cette unité, nous allons faire la connaissance de Madame et Monsieur Duval, les parents de Pierre. Nous sommes samedi aujourd'hui. Pierre est chez lui.

Cet après-midi, Pierre a rendez-vous avec Armelle. Il s'apprête à partir quand sa mère lui demande ce qu'il va faire . . .

Dis donc, Pierre, pourquoi est-ce que tu mets ta veste?

Où vas-tu?

Je vais sortir.

J'ai rendez-vous avec Armelle. . . Nous allons aller au cinéma.

Une seconde . . . Dis-moi, est-ce que tu as fini ton travail?

Mais oui, tu sais bien, je l'ai fini hier soir.

Et tu as rangé ta chambre?

Bien sûr que j'ai rangé ma chambre. J'ai même passé l'aspirateur.

Est-ce que tu as téléphoné à ta tante Caroline? C'est son anniversaire aujourd'hui.

T'en fais pas, je n'ai pas oublié. Je lui ai téléphoné hier soir.

Dis, Maman, je peux partir?

Mais oui! Amuse-toi bien.

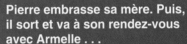

Pierre embrasse sa mère. Puis, il sort et va à son rendez-vous avec Armelle . . .

à suivre . . .

Compréhension

1. Où et quand se passe la scène?
2. Qu'est-ce que Madame Duval veut savoir?
3. Qu'est-ce qu'elle demande aussi?
4. Qu'est-ce que Pierre a fait hier soir?
5. Où va Pierre à la fin de la scène?

A. Le passé composé avec *avoir*

To describe past actions, the French use a past tense called the PASSÉ COMPOSÉ. Note the forms of the passé composé in the following sentences.

J'**ai acheté** un jean.	*I **bought** a pair of jeans.*
Marc **a choisi** une veste.	*Marc **chose** a jacket.*
Nous **avons attendu** nos copains.	*We **waited for** our friends.*

FORMS

The passé composé consists of two words. For most verbs, the passé composé is formed as follows:

> PRESENT **of avoir** + PAST PARTICIPLE

PASSÉ COMPOSÉ	=	PRESENT of **avoir** + PAST PARTICIPLE	
J'**ai visité** Paris.		j' **ai**	
Tu **as visité** Québec.		tu **as**	
Il/Elle/On **a visité** un musée.		il/elle/on **a**	visité
Nous **avons visité** Dakar.		nous **avons**	
Vous **avez visité** Genève.		vous **avez**	
Ils/Elles **ont visité** Monaco.		ils/elles **ont**	

The past participle of regular verbs ending in **-er, -ir,** and **-re** is formed by replacing the infinitive ending as follows:

	INFINITIVE ENDING		PAST PARTICIPLE ENDING		
VERBS IN **-er**	-er	→	-é	travailler	J'ai **travaillé.**
VERBS IN **-ir**	-ir	→	-i	finir	Nous avons **fini.**
VERBS IN **-re**	-re	→	-u	attendre	Sophie a **attendu.**

USES

The passé composé is used to describe actions and events that *took place in the past.*
It has several English equivalents.

J'ai visité Montréal.
{ *I visited* Montreal.
I have visited Montreal.
I did visit Montreal.

1 Au grand magasin

Dites ce que chacun a acheté le weekend dernier *(last weekend)*.

▶ Stéphanie

Stéphanie a acheté un jean.

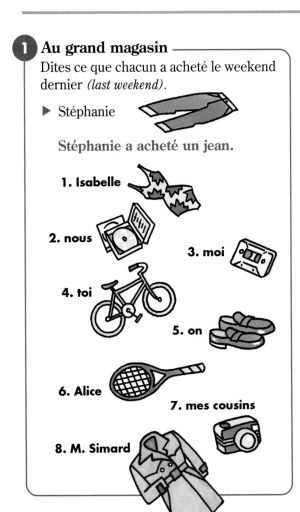

1. Isabelle
2. nous
3. moi
4. toi
5. on
6. Alice
7. mes cousins
8. M. Simard

2 La boum

Ce weekend, Éric et Corinne organisent une boum. Jouez les deux rôles.

▶ choisir des cassettes de rock

As-tu choisi des cassettes de rock?

Oui, j'ai choisi des cassettes de rock.

1. décorer le salon
2. ranger les magazines
3. acheter les pizzas
4. préparer les sandwichs
5. inviter nos copains
6. téléphoner aux voisins
7. apporter la chaîne stéréo
8. nettoyer la maison

Pendant les vacances, nous avons voyagé.

Vocabulaire: Quand?

hier	*yesterday*	**Hier,** nous avons joué au volley.
samedi dernier	*last Saturday*	**Samedi dernier,** nous avons joué au foot.
avant	*before*	J'ai fait mes devoirs **avant** le weekend.
après	*after*	Vous avez lavé la vaisselle **après** le dîner?
pendant	*during*	**Pendant** les vacances, nous avons voyagé.
d'abord	*first*	**D'abord,** j'ai acheté du pain *(bread).*
ensuite	*then*	**Ensuite,** j'ai préparé des sandwichs.
finalement	*finally*	**Finalement,** nous avons mis *(set)* la table.
enfin	*at last*	**Enfin,** nous avons dîné.

3 Samedi dernier

Dites ce que les personnes suivantes ont fait samedi dernier.

	Claire	Paul et Vincent	nous	vous
samedi matin	• ranger sa chambre	• nettoyer le garage	• travailler dans le jardin	• aider vos parents
samedi après-midi	• attendre une copine • assister à un concert avec elle	• jouer au tennis • perdre	• rencontrer des amis • visiter un musée	• acheter des vêtements • choisir un imper
samedi soir	• finir ses devoirs • répondre à une lettre	• écouter la radio • entendre un concert	• préparer le dîner • manger une pizza	• rendre visite à des amis • dîner chez eux

▶ **Samedi matin, Claire a rangé sa chambre.**   **Samedi après-midi, elle a . . .**

4 Et vous?

Dites ce que vous avez fait. Si possible, décrivez deux ou trois activités pour chaque moment.

1. Hier, avant le dîner, j'ai . . .
2. Hier, après le dîner, . . .
3. Ce matin, pendant la classe, . . .
4. Hier, après l'école, . . .

B. Le passé composé: forme négative

Compare the affirmative and negative forms of the passé composé in the sentences below.

AFFIRMATIVE	NEGATIVE	
J'ai invité Paul.	Je **n'ai pas invité** Marc.	*I **did not invite** Marc.*
Éric **a vendu** sa guitare.	Il **n'a pas vendu** son vélo.	*He **did not sell** his bike.*

In the negative, the passé composé is formed as follows:

PASSÉ COMPOSÉ (negative)	=	PRESENT of **avoir** (negative)	+ PAST PARTICIPLE
Je **n'ai pas étudié.**		je **n'ai pas**	
Tu **n'as pas étudié.**		tu **n'as pas**	
Il/Elle/On **n'a pas étudié.**		il/elle/on **n'a pas**	**étudié**
Nous **n'avons pas étudié.**		nous **n'avons pas**	
Vous **n'avez pas étudié.**		vous **n'avez pas**	
Ils/Elles **n'ont pas étudié.**		ils/elles **n'ont pas**	

5 Conversation

Demandez à vos camarades s'ils ont fait les choses suivantes le weekend dernier.

▶ jouer au basket?   ▶ étudier?

1. travailler?
2. nager?
3. jouer au tennis?
4. organiser une boum?
5. assister à un match de foot?
6. ranger ta chambre?
7. rencontrer des amis?
8. finir un livre?
9. choisir des vêtements?
10. perdre *(waste)* ton temps *(time)*?
11. rendre visite à un copain?
12. rendre visite à tes cousins?

> Tu as joué au basket?
>
> Tu as étudié?
>
> Oui, j'ai joué au basket.
>
> Non, je n'ai pas étudié.

6 Tant pis! *(Too bad!)*

Les personnes suivantes n'ont pas certaines choses. Expliquez ce qu'elles n'ont pas fait.

▶ Françoise n'a pas sa raquette.   **Elle n'a pas joué au tennis.**

1. Vous n'avez pas de chaîne stéréo.
2. Nous n'avons pas nos maillots de bain.
3. Vous n'avez pas de billets.
4. Les élèves n'ont pas de chance.
5. Marc n'a pas de patience.
6. Tu n'as pas de télé.
7. Caroline n'a pas de livres.
8. Je n'ai pas faim.

dîner
nager
étudier
jouer au tennis
réussir à l'examen
attendre son copain
écouter vos compacts
regarder le match de foot
assister au concert

7 Oui ou non?

Lisez ce que les personnes suivantes ont fait. Dites si oui ou non elles ont fait les choses entre parenthèses.

▶ Frédéric a mangé beaucoup de spaghetti. (maigrir?)   **Il n'a pas maigri.**

1. Les élèves ont étudié. (réussir à l'examen?)
2. Patrick a dîné dans un restaurant végétarien. (manger un steak?)
3. Anne a aimé le dessert. (finir le gâteau?)
4. Hélène et Paul ont joué très mal au tennis. (perdre le match?)
5. Olivier a aidé ses parents. (retrouver ses copains?)
6. Monsieur Camus a travaillé dans le jardin. (entendre le téléphone?)
7. Véronique a écouté la radio. (entendre un bon concert?)
8. Sophie et Michèle ont regardé la télé après le dîner. (finir leurs devoirs?)

C. Les questions au passé composé

Note how questions are asked in the passé composé.

Tu as travaillé ce weekend?	***Did you work** this weekend?*
Est-ce que Paul a travaillé aussi?	***Did Paul work** too?*
Qu'est-ce que tu as acheté?	***What did you buy?***
Où est-ce qu'Alice a acheté cette veste?	***Where did Alice buy** that jacket?*

Questions in the passé composé are formed according to the following pattern:

> INTERROGATIVE FORM of **avoir** + PAST PARTICIPLE

YES / NO QUESTIONS

INTONATION	**Tu as . . . ?**	**Tu as** travaillé?
WITH **est-ce que**	**Est-ce que tu as . . . ?**	**Est-ce que tu as** travaillé?

INFORMATION QUESTIONS

WITH **est-ce que**	**Quand** **Pourquoi** } **est-ce que tu as . . . ?** **Qu'est-ce que tu as . . . ?**	**Quand est-ce que tu as** dîné? **Pourquoi est-que tu as** travaillé? **Qu'est-ce que tu as** mangé?

➡ When the subject of the question is a pronoun, inversion may be used.

As-tu . . . ?	**As-tu** dîné?	**A-t-il . . . ?**	**A-t-il** travaillé?
Avez-vous . . . ?	**Avez-vous** fini?	**A-t-elle . . . ?**	**A-t-elle** étudié?

---

8 **Conversation**

Demandez à vos camarades
ce qu'ils ont fait hier. Si c'est
nécessaire, imaginez une réponse.

> À qui est-ce que
> tu as téléphoné?

> J'ai téléphoné
> à mon oncle
> (à une copine,
> aux voisins . . .).

▶ à qui / téléphoner?

1. avec qui / étudier?
2. qui / rencontrer après la classe?
3. où / dîner?
4. à quelle heure / dîner?

5. quel programme / regarder à la télé?
6. quelle station de radio / écouter?
7. quel magazine / regarder?
8. quand / préparer tes devoirs?

---

9 **Bavardages**

Lisez ce que les personnes suivantes ont fait. Avec un(e) camarade, parlez de leurs activités.

▶ Christine a joué au tennis.   —Christine a joué au tennis.
  (avec qui? avec Vincent)   —Ah bon! Avec qui est-ce qu'elle a joué?
                         —Elle a joué avec Vincent.

1. Caroline a visité Genève. (quand? en octobre)
2. Corinne a téléphoné. (à quelle heure? à six heures)
3. Françoise a voyagé au Canada. (comment? en train)
4. Pauline a acheté un manteau. (où? au Bon Marché)
5. Thomas a visité Moscou. (avec qui? avec ses parents)

6. Isabelle a trouvé un job. (où? dans une boutique)
7. Éric et Stéphanie ont dîné en ville. (où? à l'Écluse)
8. Les voisins ont téléphoné. (quand? lundi)
9. Nos copines ont organisé une boum.
   (quand? samedi)

10 **Un weekend à Paris**

Des camarades de classe ont passé un weekend à Paris.
Posez-leur des questions sur leur voyage.

> Quand est-ce que vous avez visité Paris?

> Nous avons visité Paris en avril.

▶ quand / visiter Paris?   en avril

1. comment / voyager?
   en métro
2. où / dîner?
   au Pied de Cochon
3. qui / rencontrer?
   beaucoup de gens sympathiques

4. quel musée / visiter?
   le Musée d'Orsay
5. quel souvenir / acheter?
   des posters de la Tour Eiffel
6. à quel concert / assister?
   à un concert de Jean-Jacques Goldman

11 **Questions et réponses**

Nathalie demande à Patrick ce qu'il a fait samedi dernier. Jouez les deux rôles
avec un/une camarade. Posez des questions et choisissez une réponse logique.

Qu'est-ce que . . .

▶ acheter à la librairie
   (bookstore)
• regarder à la télé
• écouter à la radio
• acheter pour l'anniversaire
  de ton père
• choisir à Mod'Shop

• apporter à la boum
• vendre à ton cousin
• manger au restaurant

une pizza	des cassettes de rock
une cravate	un dictionnaire
des tee-shirts	un film d'aventures
un concert de jazz	ma raquette de tennis

▶ NATHALIE: **Qu'est-ce que tu as acheté à la librairie?**
   PATRICK: **J'ai acheté un dictionnaire.**

Expressions pour la conversation

How to ask people if they have ever done something:

déjà	*ever, already*	—Est-ce que tu as **déjà** visité Paris?
		—Oui, j'ai **déjà** visité Paris.
ne . . . jamais	*never*	—Non, je n'ai **jamais** visité Paris.

12 **Conversation**

Demandez à vos camarades s'ils ont déjà fait
les choses suivantes. (S'ils répondent
affirmativement, demandez des précisions
avec des questions comme **quand? où?
avec qui? pourquoi?** etc.)

> Tu as déjà visité Québec?

> Quand?

> Oui, j'ai déjà visité Québec.

> (Je n'ai jamais visité Québec.)

> Pendant les vacances.

▶ visiter Québec?

1. voyager en avion?
2. dîner dans un restaurant vietnamien?
3. manger des escargots *(snails)*?
4. gagner à la loterie?

5. jouer dans un film?
6. participer à un marathon?
7. visiter Disney World?
8. assister à un concert de rock?

Review the forms of the verbs **prendre** *(to take)* and **mettre** *(to put, put on)*.

INFINITIVE	prendre		mettre	
PRESENT	Je **prends**	un taxi.	Je **mets**	ma veste.
	Tu **prends**	ton vélo.	Tu **mets**	un pull.
	Il/Elle/On **prend**	le métro.	Il/Elle/On **met**	un disque.
	Nous **prenons**	nos livres.	Nous **mettons** la télé.	
	Vous **prenez**	le bus.	Vous **mettez**	la radio.
	Ils/Elles **prennent** des photos.		Ils/Elles **mettent** une cassette.	

Prendre

⇒ When used with meals, foods, and beverages, **prendre** means *to have.*

Qu'est-ce que **tu prends?**   *What **are you having?***

Je prends un café et un croissant. ***I'm having** a cup of coffee and a croissant.*

⇒ The following verbs are conjugated like **prendre:**

apprendre	*to learn*	Nous **apprenons** le français.
apprendre à + INFINITIVE	*to learn how to*	Charlottte **apprend à** danser.
comprendre	*to understand*	Les élèves **comprennent** le prof.

Mettre

⇒ **Mettre** has the following meanings:

to put on, wear (clothes)	Tu **mets** ta nouvelle veste?
to turn on (the radio, TV)	**Mets** la radio, s'il te plaît.
to set (the table)	Qui va **mettre** la table?

⇒ The following verbs are conjugated like **mettre:**

permettre	*to let, allow, permit*	**Permets**-tu à ton frère d'écouter tes cassettes?
promettre	*to promise*	Je **promets** d'être patient.

---

13 **Quel verbe?**

Complétez les phrases avec l'un des verbes suggérés. Soyez logique.

1. Les élèves ne . . . pas la question du professeur.
2. Philippe . . . des photos avec son nouvel appareil-photo.
3. Les touristes . . . un taxi pour aller au musée.
4. Je . . . d'être sérieux et de travailler plus.
5. Pourquoi est-ce que tu ne . . . pas à ton frère d'écouter tes disques?
6. Quand il pleut, nous . . . un imper.
7. Est-ce que vous . . . à faire du ski?
8. Je ne . . . pas pourquoi tu es fâché *(upset).*

apprendre
comprendre
prendre

mettre
permettre
promettre

14 **Questions personnelles**

1. Quand tu vas à l'école, est-ce que tu prends le bus? Et tes copains?
2. Est-ce que tu comprends toujours quand le professeur parle français?
3. Est-ce que tu comprends l'espagnol? le russe? le vietnamien? Et tes parents?
4. Est-ce que tu apprends à jouer du piano? à jouer de la guitare? à jouer au tennis?
5. Qu'est-ce que tu apprends à l'école?
6. Quels vêtements est-ce que tu mets quand il fait chaud? quand il fait froid? quand tu vas à la plage? quand tu vas à un concert?
7. Quand tu étudies, est-ce que tu mets la radio? la télé? une cassette?
8. Quel programme de télé vas-tu mettre ce soir? En général, quels programmes est-ce que tu mets le dimanche?
9. Est-ce que tu permets à tes copains d'utiliser ton vélo? tes notes de français? Est-ce que tu permets à ton frère ou à ta soeur de regarder ton journal *(diary)*?

À votre tour!

1 **Situation: Un voyage au Canada**

Your partner is back from a short trip to French-speaking Canada. Ask your partner . . .
- how he / she traveled
- if he / she visited Montreal or Quebec
- if he / she met any Canadian students
- if he / she spoke French or English
- if he / she attended a hockey game **(un match de hockey)**
- if he / she bought souvenirs **(des souvenirs),** and if so, what

3 **Le weekend dernier**

Écrivez un petit paragraphe où vous décrivez plusieurs choses que vous avez faites le weekend dernier. Donnez des détails. Vous pouvez utiliser les suggestions suivantes.

- téléphoner (à qui? quand?)
- rencontrer (qui? où?)
- visiter (quoi? quand? avec qui?)
- acheter (quelles choses? où?)
- regarder (quels programmes? quand?)
- dîner (où? avec qui? quand?)

Ensuite, comparez vos réponses aux réponses de vos camarades.

2 **Interviews: Hier soir**

Faites une liste de cinq choses que vous avez faites hier soir. Interviewez deux ou trois camarades et demandez-leur s'ils ont fait ces choses.

Est-ce que quelqu'un a fait exactement les mêmes choses que vous?

Florence, as-tu regardé la télé hier soir?

Oui, j'ai regardé la télé.

As-tu aidé ta mère?

Non, je n'ai pas aidé ma mère.

Mes activités	Florence	
regarder la télé	✓	
aider ma mère	✗	
ranger ma chambre		
téléphoner à un copain		
étudier		

LECTURE — Dans l'ordre, s'il vous plaît!

Les paragraphes suivants décrivent certains événements passés.
Malheureusement,° l'ordre logique des phrases n'a pas été respecté.
Reconstituez les paragraphes en mettant les phrases dans l'ordre logique.

Malheureusement *Unfortunately*

A. Un dîner entre copains

Nous avons dîné.

Ma copine a préparé le repas.

Mon copain a fait les courses.

Après le dîner, j'ai fait la vaisselle.

B. LE CONCERT

Elles ont regardé la page des spectacles.

Nicole a acheté les billets.

Hélène et Nicole ont acheté le journal.°

Elles ont assisté au concert.

Après le concert, ils ont dîné ensemble.

Elles ont choisi un concert très intéressant.

Pendant le concert, elles ont rencontré des copains.

journal *newspaper*

C. UN MATCH DE TENNIS

Nous avons fini le match à quatre heures.

J'ai gagné le deuxième set et le match.

Pascal a perdu le premier set.

Nous avons fait un match.

Après le match, nous avons fait une promenade à vélo.

Hier après-midi, j'ai joué au tennis avec mon cousin Pascal.

D. *Une invitation*

Sa soeur Françoise a répondu.

Nous avons dîné dans un restaurant japonais.

Samedi, j'ai téléphoné à Marie-Laure.

Alors, j'ai invité Françoise au restaurant.

Elle a accepté mon invitation.

Elle a dit que Marie-Laure n'était° pas à la maison.

était *was*

E. Les photos

J'ai acheté une pellicule.°

J'ai pris° des photos.

J'ai cherché mon appareil-photo.

J'ai développé les photos.

J'ai mis° les photos dans un album.

J'ai mis la pellicule dans l'appareil-photo.

pellicule *roll of film* **ai pris** *took* **ai mis** *put*

F. Un job d'été

J'ai trouvé un job dans un supermarché.

Avec l'argent que j'ai gagné, j'ai acheté une radiocassette.

L'été dernier, je n'ai pas voyagé.

J'ai travaillé là-bas pendant deux mois.

J'ai cherché un job.

Réponses à la page R12.

Vidéo-scène

Les achats de Corinne

Samedi dernier, Pierre est allé à un rendez-vous avec Armelle. Il est parti de chez lui à deux heures.

Pierre a retrouvé Armelle. Puis ils sont allés au cinéma. Là, ils ont vu *"L'Homme invisible."*

Après le film, ils ont fait une promenade en ville.

Ça va?

Ensuite, ils sont allés dans un café. Là, ils ont vu Corinne.

Au café, les trois amis parlent de leurs activités.

D'où venez-vous comme ça?

Qu'est-ce que vous avez vu?

Nous sommes allés au ciné.

"L'Homme invisible."

Pierre a accepté le cadeau de sa cousine. Puis, vers sept heures, Pierre, Armelle et Corinne sont rentrés chez eux.

Corinne et Armelle ont pris le bus.

Pierre est rentré chez lui à pied.

à suivre . . .

Compréhension

1. Où sont allés Pierre et Armelle samedi après-midi?
2. Où sont-ils allés après? Qui ont-ils rencontré?
3. Qu'est-ce que Corinne a acheté?
4. Qu'est-ce qu'elle a donné à Pierre?

A. Le verbe *voir*

Note the forms of the irregular verb **voir** *(to see)*.

INFINITIVE	**voir**	
PRESENT	Je **vois** le prof.	Nous **voyons** un western.
	Tu **vois** ta copine.	Vous **voyez** une comédie.
	Il/Elle/On **voit** un film.	Ils/Elles **voient** souvent leurs copains.

➡ Note the expression **aller voir** *(to go see)*.

—Tu vas **aller voir** le film?   *Are you going **to go see** the movie?*

—Je ne peux pas. Je dois **aller voir** ma tante.   *I can't. I have **to go see** my aunt.*

---

1 **Qu'est-ce qu'on voit?**

Dites ce que les personnes voient dans les circonstances suivantes.

▶ Patrick est au cinéma.
  Il voit un film d'aventures.

1. Nous sommes à Paris.
2. Les touristes visitent New York.
3. Tu es à l'aéroport.
4. Je nage dans une rivière.
5. Vous faites une promenade dans la forêt.
6. Mélanie visite une ferme.
7. On est au jardin botanique.

> des avions
> des poissons
> des plantes et des fleurs
> des oiseaux et des écureuils
> des lapins et des poules
> la Statue de la Liberté
> la Tour Eiffel
> un film d'aventures

2 **Questions personnelles**

1. Est-ce que tu vois bien? Est-ce que tu as besoin de lunettes? Est-ce que tu portes des verres de contact *(contact lenses)*?
2. Est-ce que tu vois souvent tes cousins? tes grands-parents? Quand?
3. Est-ce que tu vas voir un film le weekend prochain *(next)*? Où? Avec qui? Quel film est-ce que tu vas voir?

B. Quelques participes passés irréguliers

Many irregular verbs have irregular PAST PARTICIPLES. Note the PAST PARTICIPLES of the following verbs.

avoir	eu	Cet hiver, Cécile **a eu** la grippe *(flu)*.
être	été	Moi, **j'ai été** malade *(sick)*.
faire	fait	Nous **n'avons pas fait** nos devoirs.
mettre	mis	Est-ce que tu **as mis** la table?
prendre	pris	Je **n'ai pas pris** ton appareil-photo.
voir	vu	Nous **n'avons pas vu** François après la classe.

⇒ The verb **être** has two meanings in the passé composé. Compare:

Juliette **a été** malade.   *Juliette **has been** sick.*
Elle **a été** à l'hôpital.   *She **went** to the hospital.*

⇒ Verbs conjugated like **mettre** and **prendre** have similar past participles.

promettre   **promis**   **J'ai promis** d'aider mon grand-père.
comprendre   **compris**   Nous **n'avons pas compris** la question.

⇒ The passé composé of **il y a** is **il y a eu**.

Il y a eu un bon film à la télé.   ***There was** a good movie on TV.*

---

3 Qu'est-ce qu'ils ont fait?

Expliquez ce que les personnes suivantes ont fait le weekend dernier.

▶ Caroline (prendre le métro / être en ville)
Caroline a pris le métro.
Elle a été en ville.

1. vous (être dans les magasins / faire des achats / voir beaucoup de choses intéressantes)
2. nous (mettre des jeans / être à la campagne / faire un pique-nique)
3. les touristes (prendre un taxi / voir l'Arc de Triomphe / prendre des photos)
4. moi (mettre mon maillot de bain / être à la piscine / prendre un bain de soleil)
5. toi (faire une promenade à vélo / avoir un accident / être à l'hôpital)
6. Philippe (avoir envie de sortir *(go out)* / mettre son nouveau costume / être au théâtre)

4 Conversation

Demandez à vos camarades s'ils ont fait les choses suivantes le weekend dernier. En cas de réponse affirmative, vous pouvez continuer le dialogue avec des questions comme **où? quand? comment? pourquoi? avec qui?**

▶ faire un pique-nique?

Tu as fait un pique-nique?
Oui, j'ai fait un pique-nique.
(Non, je n'ai pas fait de pique-nique.)
Où?
À la campagne.
Avec qui?
Avec ma famille.

1. faire un tour en voiture?
2. faire des achats?
3. avoir rendez-vous avec un(une) ami(e)?
4. avoir une bonne surprise?
5. être à un match de basket?
6. être en ville?
7. prendre des photos?
8. voir un film?
9. voir tes cousins?
10. mettre tes plus beaux *(nicest)* vêtements?

C. *Quelqu'un, quelque chose* et leurs contraires

Note how the following expressions are used in the present and the passé composé.

quelqu'un *(somebody, someone)*	**ne . . . personne** *(nobody, not anyone)*
J'invite **quelqu'un.** J'ai invité **quelqu'un.**	Je n'invite **personne.** Je n'ai invité **personne.**

quelque chose *(something)*	**ne . . . rien** *(nothing, not anything)*
Je fais **quelque chose.** J'ai fait **quelque chose.**	Je **ne** fais **rien.** Je n'ai **rien** fait.

➡ The above expressions can be the subject of the sentence.

Quelqu'un a téléphoné.   **Personne** n'a travaillé.

Ne . . . personne and **ne . . . rien** are negative expressions that require **ne** before the verb.

➡ In one-word answers, **personne** and **rien** can stand alone.

—Qui as-tu rencontré?   —Qu'est que tu as fait?
—**Personne.**   —**Rien.**

➡ In the passé composé, the word order is :

ne + **avoir** + PAST PARTICIPLE + **personne** **ne** + **avoir** + **rien** + PAST PARTICIPLE	Je n'ai vu **personne.** Je n'ai **rien** vu.

---

5 **Un cambriolage** *(A burglary)*

Le weekend dernier, l'appartement de Monsieur Dupont a été cambriolé *(burglarized)*. L'inspecteur de police pose certaines questions à Monsieur Dupont, qui répond négativement. Jouez les deux rôles.

▶ voir quelqu'un?

Vous avez vu quelqu'un?

Non, je n'ai vu personne.

1. voir quelque chose?
2. entendre quelqu'un?
3. entendre quelque chose?
4. parler à quelqu'un?
5. observer quelque chose?
6. téléphoner à quelqu'un?
7. faire quelque chose?

D. Le passé composé du verbe *aller*

Note the forms of the passé composé of the verb **aller** in the sentences below. Pay attention to forms of the past participle.

Samedi, Éric **est allé** au musée.	*On Saturday, Eric **went** to the museum.*
Dimanche, Anne et Alice **sont allées** à une boum.	*On Sunday, Anne and Alice **went** to a party.*

The passé composé of **aller** is formed with **être** according to the pattern:

> PRESENT of **être** + PAST PARTICIPLE

The past participle takes endings to agree with the subject.

	MASCULINE	FEMININE
AFFIRMATIVE	je suis allé tu es allé il est allé nous sommes allés vous êtes allés ils sont allés	je suis allée tu es allée elle est allée nous sommes allées vous êtes allées elles sont allées
NEGATIVE	je ne suis pas allé	je ne suis pas allée
INTERROGATIVE	tu es allé? es-tu allé? est-ce que tu es allé?	tu es allée? es-tu allée? est-ce que tu es allée?

➡ When **vous** is used to address one person, the past participle remains in the singular: **allé(e).**

Madame Dupont, est-ce que vous êtes **allée** à Québec en juin?

6 Qui est allé où?

Ces jeunes ont décidé de faire des choses différentes ce weekend. Dites où chacun est allé en complétant les phrases suivantes.

Philippe	Mélanie	Éric et Marc	Alice et Christine

▶ <u>Éric et Marc sont</u> allés au musée.

SAMEDI MATIN	SAMEDI SOIR	DIMANCHE
1. . . . allé en ville.	5. . . . allée au cinéma.	9. . . . allées à une boum.
2. . . . allées au stade.	6. . . . allés à un concert.	10. . . . allé au restaurant.
3. . . . allée à la plage.	7. . . . allées à un rendez-vous.	11. . . . allée à la campagne.
4. . . . allés à la pêche.	8. . . . allé chez Corinne.	12. . . . allés au café.

7 Où et quoi?

Pour chaque personne, choisissez un endroit où elle est allée et dites ce qu'elle a fait là-bas. Soyez logique!

QUI?	OÙ?	QUOI?
moi	au café	nager
Jérôme	au ciné	bronzer
Juliette	au stade	danser
nous	à l'aéroport	acheter un imper
vous	au supermarché	faire des achats
M. Renaud	au centre commercial	voir un film
les touristes	à la plage	faire les courses
toi	dans une discothèque	faire du baby-sitting
	dans un magasin de vêtements	rencontrer des copains
	chez les voisins	voir un match de foot
		prendre l'avion

▶ Juliette est allée dans une discothèque. Elle a dansé.

Vocabulaire: Quelques expressions de temps

maintenant	avant	après
aujourd'hui	hier	demain
ce matin	hier matin	demain matin
cet après-midi	hier après-midi	demain après-midi
ce soir *(tonight)*	hier soir	demain soir
lundi	lundi dernier *(last)*	lundi prochain *(next)*
ce weekend	le weekend dernier	le weekend prochain
cette semaine	la semaine dernière	la semaine prochaine
ce mois-ci	le mois dernier	le mois prochain
cet été	l'été dernier	l'été prochain
cette année *(year)*	l'année dernière	l'année prochaine

---

8 Conversation

Demandez à vos camarades de décrire ce qu'ils ont fait et ce qu'ils vont faire.

Qu'est-ce que tu as fait . . . ?

▶ ce matin

Qu'est-ce que tu as fait ce matin?

Je suis allée à l'école.

Qu'est-ce que tu vas faire . . . ?

▶ ce soir

Qu'est-ce que tu vas faire ce soir?

Je vais téléphoner à une copine.

1. hier soir
2. dimanche après-midi
3. samedi soir
4. la semaine dernière
5. l'été dernier
6. demain matin
7. demain soir
8. le weekend prochain
9. le mois prochain
10. l'été prochain

9 Occupations

Composez des dialogues en faisant les substitutions suggérées.

▶ voir le prof après la classe?
aller à la bibliothèque

Tu as vu le prof après la classe?

Ah non, je n'ai pas eu le temps.

Qu'est-ce que tu as fait alors?

Je suis allée à la bibliothèque.

1. faire tes devoirs?
aller au ciné
2. ranger ta chambre?
aller en ville
3. faire les courses?
aller à un rendez-vous
4. aider ton petit frère?
aller au café
5. rendre visite à ta grand-mère?
??
6. préparer l'examen?
??

À votre tour!

1 Situation: Au cinéma

Your partner went to a movie last weekend with a friend. You want to know what they did.

Ask your partner . . .
- with whom he/she went to the movies
- to which movie theater they went
- which movie they saw
- what they did afterwards

2 Conversation

Demandez à un(e) camarade où il/elle est allé(e) aux moments indiqués. Demandez aussi ce qu'il/elle a fait.

- hier entre midi et deux heures
- hier après la classe
- samedi avec ses copains (copines)
- l'été dernier

3 Une carte postale

Lisez la carte postale de Philippe.

restaurant-hôtel
L'ABBAYE de TALLOIRES
Route du Port · 74290 Talloires (Haute-Savoie)
Tél. 50 60 77 33 - Télex 385307

Ma chère Christine,
Il a fait très beau ce weekend. Nous sommes allés à la campagne. Nous avons fait une promenade à pied. Nous avons vu beaucoup d'animaux. J'ai pris des photos. Le soir, nous sommes allés dans un restaurant.
Je t'embrasse,
Phillippe

STUDIO ALAIN GÉRARD Annecy

Mademoiselle Christine Lukas
146, rue Jeanne d'Arc
37000 Tours
FRANCE

RELAIS & CHATEAUX

Maintenant, écrivez une carte postale à un copain (une copine). Dans cette carte, décrivez votre weekend. Dites où vous êtes allés et ce que vous avez fait.

LECTURE — Quatre amies

Quatre amies sont dans un café. Elles s'appellent:

Ariane, Béatrice, Florence et Michèle.

Ces filles parlent de ce qu'elles ont fait samedi dernier. Écoutez bien ce qu'elles disent. Pouvez-vous trouver le nom de chaque fille?

Qui est Ariane?
Qui est Béatrice?
Qui est Florence?
Qui est Michèle?

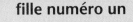

fille numéro un

Samedi après-midi, j'ai fait des achats. Je suis d'abord allée au Printemps où j'ai acheté une robe. J'ai aussi acheté une cravate pour l'anniversaire de mon père. Ensuite, je suis allée à la Boîte à Musique où j'ai écouté des compacts, mais là je n'ai rien acheté. Après, j'ai téléphoné à mon copain Jean-Luc. Nous sommes allés Chez Luigi, un très bon restaurant italien. Après, nous sommes allés à un concert de jazz.

Cette fille s'appelle . . .

fille numéro deux

Samedi matin, j'ai fait les courses. Samedi après-midi, je suis allée au cinéma. J'ai vu une comédie américaine très très drôle. Au cinéma, j'ai retrouvé mon cousin Laurent. Après le film, nous sommes allés dans un café. À six heures, Laurent est allé à un rendez-vous. Moi, je suis allée à la boum de ma copine Isabelle. Là, j'ai beaucoup dansé. J'ai aussi fait la connaissance d'un garçon très sympathique!

Cette fille s'appelle . . .

Pour trouver la solution, il faut savoir les choses suivantes:

- Ariane parle italien, mais elle déteste la cuisine italienne.
- Les parents de Béatrice sont divorcés.
- Florence n'aime pas danser.
- Samedi dernier, Michèle n'a pas dépensé d'argent.

Suggestion: Cherchez d'abord le nom de la fille qui n'a rien dépensé. Procédez ensuite par élimination progressive.

Si vous n'avez pas trouvé la solution, allez à la page R13.

Samedi après-midi, j'ai fait un tour en ville. D'abord, je suis allée à la bibliothèque. J'ai pris un livre sur l'art mexicain. Ensuite, je suis allée chez ma cousine Frédérique. J'ai dîné chez elle. Après le dîner, nous sommes allées au théâtre. C'est Frédérique qui a payé les billets.

Cette fille s'appelle . . .

fille numéro trois

Samedi matin, je suis allée à mon cours de gym avec Amélie. À midi, nous sommes allées dans un restaurant où nous avons mangé une excellente pizza. Après, nous sommes allées au musée voir une exposition° de photos. Ensuite, je suis rentrée chez moi° et j'ai dîné avec mes parents. Après le dîner, je suis allée dans ma chambre et j'ai commencé mes devoirs. J'ai beaucoup de travail pour lundi!

Cette fille s'appelle . . .

fille numéro quatre

exposition *exhibit*   **je suis rentrée chez moi** *I went home*

8

LEÇON

Vidéo-scène

Tu es sorti?

Dans l'épisode précédent, Pierre est allé au cinéma avec Armelle. Après le film, ils sont allés dans un café où ils ont rencontré Corinne. Corinne a donné quelque chose à Pierre.

Il est maintenant sept heures et demie. Les Duval sont prêts à dîner, mais Pierre n'est pas rentré.

Monsieur Duval s'impatiente un peu.

Tu sais où est Pierre?

Mais oui, il est sorti . . .

Il est sorti, il est sorti . . . Mais il sort tout le temps en ce moment . . . Quand est-ce qu'il est parti?

Je ne sais pas, moi . . . Vers deux heures . . .

Il est parti à deux heures et il n'est pas encore rentré!?

Ne te fâche pas, Jacques! C'est samedi aujourd'hui . . .

À ce moment, la porte s'ouvre. C'est Pierre qui rentre.

Tiens, le voilà!

Bonsoir, Maman . . . Bonsoir, Papa . . .

M. Duval n'est pas très content.
Il veut savoir où est allé Pierre.

Alors, tu es sorti, comme ça?

Eh ben, oui . . .
Je suis allé au ciné avec Armelle.

Tu es allé au cinéma?
C'est bien joli ça, mais je parie que tu as oublié ton examen!

Quel exam?

Mais non, Papa. C'est toi qui as oublié! Tu sais bien que je l'ai passé la semaine dernière et que j'ai eu la meilleure note de la classe.

Eh bien, ton examen de maths!

Ah oui, c'est vrai.

On a rencontré Corinne.
Regarde ce qu'elle m'a donné!

C'est marrant!

Monsieur Duval a retrouvé sa bonne humeur . . .
La famille passe à la salle à manger pour le dîner.

Bon! Passons à table!

Compréhension

1. Où se passe la scène?
2. Pourquoi M. Duval est-il impatient?
3. Qu'est-ce qu'il demande à sa femme?
4. Qu'est-ce qu'il demande à Pierre?
5. Que répond Pierre?
6. Qu'est-ce qu'il montre à son père?
7. Que font Pierre et ses parents après?

FIN

IL EST DESCENDU CHEZ UN COPAIN.

ELLE EST ALLÉE DIRECTEMENT AU BUT.

IL EST SORTI APRÈS LE DÉJEUNER

IL EST RESTÉ POUR DÉJEUNER.

LE LIÈVRE ET LA TORTUE SONT PARTIS ENSEMBLE.

A. Les verbes comme *sortir* et *partir*

A few verbs ending in -ir are conjugated like **sortir** *(to go out, get out)* and **partir** *(to leave)*.

INFINITIVE	sortir	partir	ENDINGS
PRESENT	Je **sors** avec un ami.	Je **pars** à midi.	**-s**
	Tu **sors** demain soir?	Tu **pars** dimanche?	**-s**
	Éric **sort** avec Sophie.	Il/Elle/On **part** dans une heure.	**-t**
	Nous **sortons** ce soir.	Nous **partons** en voiture.	**-ons**
	Vous **sortez** souvent?	Vous **partez** en vacances?	**-ez**
	Ils/Elles **sortent** samedi.	Ils/Elles **partent** en juillet.	**-ent**
PASSÉ COMPOSÉ	Je **suis sorti(e).**	Je **suis parti(e).**	

➡ The passé composé of **sortir** and **partir** is formed with **être**.

➡ **Dormir** *(to sleep)* follows the same pattern. However, its passé composé is formed with **avoir**.

PRESENT	je **dors**	nous **dormons**
	tu **dors**	vous **dormez**
	il/elle/on **dort**	ils/elles **dorment**
PASSÉ COMPOSÉ	j'**ai dormi**	

1 **Questions personnelles**

1. En général, à quelle heure est-ce que tu pars à l'école?
2. À quelle heure est-ce que tu es parti(e) ce matin?
3. En général, est-ce que tes parents partent de la maison avant ou après toi?
4. Est-ce que tu vas partir en vacances cet été? Où vas-tu aller?
5. Est-ce que tu es parti(e) en vacances l'été dernier? Où es-tu allé(e)?
6. Est-ce que tu sors souvent le weekend? Avec qui?
7. Est-ce que tu es sorti(e) le weekend dernier? Où es-tu allé(e)?
8. En général, est-ce que tu dors bien? Combien d'heures dors-tu?
9. Combien d'heures as-tu dormi la nuit dernière?

IL EST TOMBÉ.

LE LIÈVRE
EST ARRIVÉ
LE DERNIER.

ARRIVÉE

IL EST MONTÉ DANS
UN ARBRE POUR VOIR
OÙ ÉTAIT LA TORTUE.

ELLE EST PASSÉE
DEVANT L'ARBRE
AVANT LE LIÈVRE.

LA TORTUE EST ARRIVÉE
LA PREMIÈRE.

B. Le passé composé avec *être*

Note the forms of the passé composé in the following sentences:

Olivier **est allé** au cinéma.

*Olivier **went** to the movies.*

Laure **est sortie** avec un copain.

*Laure **went out** with a friend.*

Claire et Hélène **ne sont pas parties**
à la campagne.

*Claire and Hélène **did not leave**
for the country.*

The passé composé of certain verbs of motion like **aller,**
sortir, and **partir** is formed according to the pattern:

> PRESENT of **être**
> (affirmative or negative) + PAST PARTICIPLE

⇒ When the passé composé is formed with **être,**
the past participle agrees with the subject.

Claire et Hélène
ne sont pas parties à la campagne.

2 Qui est sorti?

Dites qui est sorti et qui n'est pas sorti ce weekend.

▶ Charlotte a vu un film à la télé.
Elle n'est pas sortie.

1. Nous avons étudié.
2. Michèle et Monique ont dîné au restaurant.
3. Vous avez fait une promenade à vélo.
4. Jacqueline a fait du baby-sitting.
5. Monsieur Dupont a travaillé dans le jardin.
6. Tu as vu un copain au café.
7. J'ai organisé une boum chez moi.
8. François et Vincent sont allés au ciné.
9. Vous avez dormi.
10. Les voisins ont fait un pique-nique.

Je suis allée au cinéma.

Vocabulaire

Les verbes conjugués avec *être*

aller	allé	to go	Je **suis allée** au cinéma.
sortir	sorti	to go out, get out	Mélanie **est sortie** avec Christophe.
partir	parti	to leave	Mes parents **sont partis** en vacances.
arriver	arrivé	to arrive	Vous **êtes arrivés** à midi.
entrer	entré	to enter, come in	Nous **sommes entrés** dans le café.
rentrer	rentré	to return, go home, get back	Nous **sommes rentrés** lundi.
monter	monté	to go up	Alice **est montée** dans sa chambre.
		to get on	Les touristes **sont montés** dans le bus.
descendre	descendu	to go down	Anne **est descendue** dans la cave *(cellar)*.
		to get off	Je **suis descendu** de l'avion à Nice.
passer	passé	to pass, go by	Cécile **est passée par** *(by)* le parc.
rester	resté	to stay	Les touristes **sont restés** à l'hôtel.
tomber	tombé	to fall	L'enfant **est tombé** dans la rue.
venir	venu	to come	Quand est-ce que vous **êtes venus?**
revenir	revenu	to come back	Paul **est revenu** hier.
devenir	devenu	to become	Christine **est devenue** très pâle.

➡ Note how **entrer** is used with a PREPOSITION in French.

Nous **sommes entrés**	**dans**	le restaurant.
We **entered**	—	the restaurant.

➡ When **passer** means *to spend (time)*, it is conjugated with **avoir.**

  J'**ai passé** une semaine à Lyon.   I **spent** a week in Lyon.

➡ The verb **arriver** may also mean *to happen* as in the following expression:

  Qu'est-ce qui est arrivé?   **What happened?**

3 Un weekend à Paris

Des copains ont passé un weekend à Paris. Dites ce que chacun a fait.

1. nous / arriver à Paris à neuf heures
2. mes copains / monter à la Tour Eiffel
3. Catherine / descendre dans le métro
4. vous / passer par l'Arc de Triomphe
5. Éric / rester une heure dans un café
6. Nathalie / venir au Musée d'Orsay avec nous
7. Isabelle et Christine / sortir avec des copains
8. moi / rentrer à l'hôtel en taxi
9. nous / partir dimanche soir

Bonjour Claire

4 Oui ou non?

Lisez ce que les personnes ont fait et dites si oui ou non elles ont fait les choses entre parenthèses.

> Nous ne sommes pas restés à la maison.

▶ Nous avons fait une promenade. (rester à la maison?)

1. Philippe a travaillé l'été dernier. (partir en vacances?)
2. Claire est restée chez elle. (sortir?)
3. Les touristes ont pris un taxi. (arriver à l'heure à l'aéroport?)
4. Ma cousine a eu la grippe *(flu)*. (venir chez nous?)
5. Vous avez rendu *(returned)* les livres. (passer à la bibliothèque?)
6. Mes copains ont raté *(missed)* le dernier bus. (rentrer à pied?)
7. Jean-François est resté dans sa chambre. (descendre pour le dîner?)
8. Ma grand-mère a eu un accident. (tomber dans les escaliers *[stairs]* ?)

5 Un séjour à Paris

Béatrice a visité Paris. Dans son calendrier elle a pris quelques notes. Regardez bien ses notes et répondez aux questions.

1. Quel jour est-ce que Béatrice est arrivée à Paris?
2. Quel jour est-ce qu'elle est partie de Paris?
3. Combien de temps est-elle restée?
4. Comment est-elle arrivée à Paris?
5. Comment est-elle partie?
6. Dans quel hôtel est-elle restée?
7. Quel jour est-ce qu'elle est montée à la Tour Eiffel?
8. Quel jour est-ce qu'elle a visité le Louvre? Quel autre *(other)* musée a-t-elle visité?
9. Quel jour est-ce qu'elle a fait des achats? Où est-elle allée? Qu'est-ce qu'elle a acheté? Combien d'argent a-t-elle dépensé?
10. Où a-t-elle dîné le premier jour?
11. Avec qui a-t-elle dîné le deuxième jour?
12. Quand est-ce qu'elle a dîné avec Marc? Qu'est-ce qu'ils ont fait après?

mercredi 18 juin	arrivée – gare de Lyon, 8h30 hôtel Esmeralda visite du Louvre dîner à l'Hippopotame
jeudi 19 juin	matin: visite du musée Picasso midi: rendez-vous avec Claudine cinéma soir: dîner chez Claudine
vendredi 20 juin	matin: tour Eiffel après-midi: Bon Marché pantalon, 2 chemises (400 francs) soir: dîner avec Marc, discothèque
samedi 21 juin	départ – aéroport d'Orly 11h15

6 Conversation

Demandez à vos camarades si oui ou non ils ont fait les choses suivantes.

▶ aller au Japon

> Est-ce que tu es allée au Japon?

> Oui, je suis allée au Japon.

(Non, je ne suis pas allée au Japon.)

1. aller au Tibet
2. visiter Beijing
3. monter dans un hélicoptère
4. faire un voyage en ballon
5. descendre dans un sous-marin *(submarine)*
6. voir les pyramides d'Égypte
7. dîner dans un restaurant japonais
8. sortir avec une personne célèbre *(famous)*

7 Le 14 juillet

Le 14 juillet est le jour de la fête nationale en France. Dites ce que les personnes suivantes ont fait ce jour-là.

1. nous / sortir avec nos copains
2. Paul / regarder le défilé *(parade)* sur les Champs-Élysées
3. Marc / écouter la musique militaire
4. vous / aller au concert public
5. Hélène et Alice / faire une promenade à pied
6. toi / acheter des souvenirs
7. nous / voir le feu d'artifice *(fireworks)*
8. mes copains / danser dans la rue
9. moi / rentrer très tard *(late)*

8 Qu'est-ce que tu as fait?

Composez des dialogues en faisant les substitutions suggérées.

Qu'est-ce que tu as fait samedi soir?

Je suis sorti.

Tu es allé au ciné?

Non, j'ai dîné avec un copain.

1. • hier après-midi
   • aller en ville
   • faire des achats?
   • voir un film

2. • hier soir
   • rester chez moi
   • regarder la télé?
   • faire mes devoirs

3. • dimanche matin
   • aller chez ma grand-mère
   • rentrer en bus?
   • prendre un taxi

4. • le weekend dernier
   • partir à la campagne
   • déjeuner *(have lunch)* dans un bon restaurant?
   • faire un pique-nique

5. • l'été dernier
   • visiter Paris
   • monter à la Tour Eiffel?
   • avoir le vertige *(feel dizzy)*

6. • pendant les vacances
   • aller dans l'Arizona
   • descendre dans le Grand Canyon?
   • être trop fatigué(e)

9 Une lettre

Complétez la lettre de Véronique à Frédéric avec le passé composé des verbes suggérés.

Cher Frédéric,

Le weekend dernier, je ___(aller)___ chez ma cousine Nathalie qui habite à Versailles. Nous ___(jouer)___ au ping-pong et après, nous ___(sortir)___ . Nous ___(prendre)___ le bus et nous ___(aller)___ en ville pour faire des achats. Nous ___(rencontrer)___ des copains et nous ___(aller)___ au café avec eux. Nous ___(rester)___ une heure là-bas. Après, nous ___(partir)___ et nous ___(aller)___ dans un restaurant italien où nous ___(manger)___ une excellente pizza. Ensuite, nous ___(aller)___ au cinéma où nous ___(voir)___ un western. Nathalie ___(rester)___ en ville, mais moi, je ___(prendre)___ le train et je ___(rentrer)___ chez moi.

Je t'embrasse,

Véronique

Maintenant composez une lettre où vous décrivez votre weekend.

C. L'expression *il y a*

Note the use of **il y a** *(ago)* in the following sentences.

Marc a téléphoné **il y a une heure.**   *Marc called **an hour ago.***

Je suis allé à Paris **il y a six mois.**   *I went to Paris **six months ago.***

> To express how long ago a certain event took place, the French use the expression:
>
> | **il y a** + ELAPSED TIME |
> | --- |

---

10 Quand?

Dites quand les personnes suivantes ont fait certaines choses.

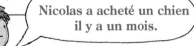

> Nicolas a acheté un chien il y a un mois.

▶ Nicolas / acheter un chien / un mois

1. Annette / téléphoner / une semaine
2. Isabelle / organiser une boum / dix jours
3. Pauline / partir en Italie / deux jours
4. Christine / téléphoner / deux heures
5. Thomas / rentrer de Québec / cinq jours
6. Jérôme / venir / deux jours

À votre tour!

1 Situation: Lundi matin

It is Monday morning. With your partner, talk about what you both did last weekend.

You may ask each other . . .
- if you went out Saturday night
- where you went and what you did
- at what time you came home
- if you stayed home on Sunday (if not, where you went and what you did)

2 Racontez une histoire

Choisissez l'une des histoires suivantes. Utilisez votre imagination et complétez cette histoire. Ajoutez un minimum de cinq phrases.

- Dimanche dernier, je ne suis pas resté(e) chez moi. J'ai pris le bus et je suis allé(e) en ville. Dans la rue, j'ai rencontré Philippe, mon copain français. Nous sommes allés dans un café. Ensuite, . . .
- Le weekend dernier, j'ai été invité(e) par mes cousins qui habitent à la campagne. Je suis arrivé(e) chez eux vendredi soir. Samedi matin, nous . . .
- La nuit dernière, j'ai entendu un bruit *(noise)* très très étrange. Je suis sorti(e) de mon lit. J'ai mis mes vêtements. Ensuite, . . .
- L'été dernier, mes parents ont acheté une caravane *(camping trailer)*. Alors, évidemment nous ne sommes pas restés chez nous. Nous avons fait un grand voyage. Nous sommes partis le . . . et nous . . .

LECTURE — Ici tout va bien!

Monsieur Petit travaille pour une compagnie internationale. Dans son travail, il voyage beaucoup. Cette année, il est allé au Canada. Il est resté deux mois là-bas. Sa femme est allée avec lui, mais leur fils Antoine, 18 ans, est resté à la maison. Un jour ils ont reçu° la lettre suivante.

ont reçu *received*

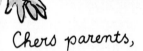

Chers parents,

J'espère que votre voyage est agréable. Ici tout va bien. Samedi dernier je suis allé déjeuner chez ma nouvelle copine, Véronique, et ensuite nous sommes sortis. Véronique et sa soeur Annick sont venues à la maison. Je leur ai proposé de faire une promenade dans votre nouvelle voiture. (J'ai trouvé les clés sur le bureau de Papa.) Nous sommes d'abord allés à la campagne. Ensuite, nous sommes allés au restaurant. Après, nous sommes allés écouter du jazz dans un club. Finalement, à minuit, j'ai raccompagné Véronique et Annick chez elles.

J'ai eu un petit problème avec la voiture, mais heureusement ce n'est pas très grave. Voilà ce qui s'est passé° Quand je suis arrivé chez Véronique, sa soeur a crié: « Attention, il y a un chat ! » J'ai vu le chat, mais je n'ai pas vu le mur. Alors, BANG, je suis rentré dans le mur de la maison de Véronique. Rassurez-vous, nous sommes sortis indemnes° de cet accident. C'est l'essentiel, n'est-ce pas?

Je vous embrasse et je vous attends avec impatience.

Antoine

P.S. Les parents de Véronique ne sont pas très contents. Ils vous attendent aussi avec impatience.

ce qui s'est passé *what happened*   **sommes sortis indemnes** *came out OK*

Mots utiles

heureusement	*fortunately*	**Heureusement**, Antoine n'a pas fait de mal *(did not hurt)* au chat.
malheureusement	*unfortunately*	**Malheureusement**, il est rentré dans le mur.

Vrai ou faux?

1. Les parents d'Antoine sont au Canada.
2. La nouvelle copine d'Antoine s'appelle Annick.
3. Le père d'Antoine a une nouvelle voiture.
4. Antoine, Véronique et Annick sont sortis samedi soir.
5. Ils sont rentrés à onze heures.
6. Avec la voiture, Antoine est rentré dans un arbre.
7. Les jeunes sont sortis indemnes de l'accident.
8. La voiture est sortie indemne de l'accident.

Camping
de printemps

Avant de lire

The title of the reading is easy to understand. This is a story about camping in the springtime. Have you ever been camping? What are some of the things one can enjoy on a camping trip? Can you think of any possible discomforts or problems one might encounter?

As you will see, this is a story about three boys who set out on a peaceful weekend trip only to find some unexpected excitement.

A. Les préparatifs

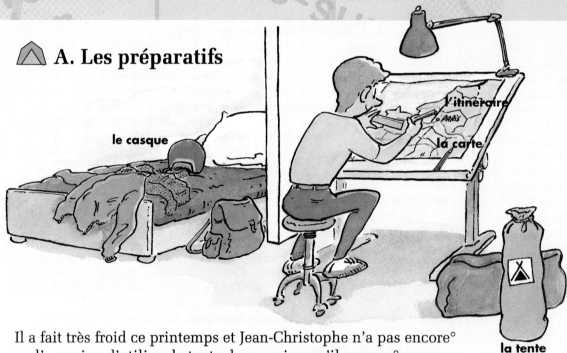

le casque

l'itinéraire

la carte

la tente

Il a fait très froid ce printemps et Jean-Christophe n'a pas encore° eu l'occasion d'utiliser la tente de camping qu'il a reçue° pour son anniversaire. Finalement, la semaine dernière, la météo° a annoncé du beau temps pour toute la semaine. Jean-Christophe a donc décidé de faire du camping ce weekend. Il a proposé à Vincent et à Thomas, deux copains de lycée, de venir avec lui. Les deux garçons ont accepté avec plaisir l'invitation de Jean-Christophe. Oui, mais où aller?

pas encore *not yet* **a reçue** *received* **météo** *weather report*

Mots utiles	
utiliser	*to use*
donc	*therefore, so*
seulement	*only*
puisque	*since*
prêt(e)	*ready*

La Normandie

▲ Une maison normande

◀ Vauville

◀ Giverny

LA NORMANDIE

★ Paris

Le Havre
Rouen
la Seine
St-Lô • Caen
Évreux
Paris
•Alençon

0   100   200 km

JEAN-CHRISTOPHE: Allons en Normandie!

VINCENT: Bonne idée, c'est une région que je ne connais° pas très bien.

THOMAS: Et ce n'est pas très loin, c'est seulement à 200 kilomètres d'ici. Avec nos scooters, on peut faire ça dans la journée.

JEAN-CHRISTOPHE: Bon, puisque vous êtes d'accord, je vais préparer l'itinéraire. Rendez-vous samedi matin chez moi à huit heures. D'accord?

VINCENT: D'accord!

THOMAS: D'accord, et à samedi.

le porte-bagages

Vendredi soir après le dîner, Jean-Christophe a pris une carte et il a choisi un itinéraire qu'il a marqué au crayon rouge. Ensuite, il est allé dans sa chambre et il a choisi quelques vêtements qu'il a mis dans un grand sac avec sa tente. Puis, il est allé au garage et il a mis le sac sur le porte-bagages de son scooter. Tout est maintenant prêt pour le départ.

le scooter

Avez-vous compris?

connais *know*

1. Pourquoi est-ce que Jean-Christophe veut faire du camping?
2. Où est-ce que les trois garçons ont l'intention d'aller? Est-ce loin?
3. Comment vont-ils voyager?

B. Une longue journée

Samedi matin à huit heures, Vincent et Thomas sont arrivés en scooter chez Jean-Christophe. Jean-Christophe a mis son casque. Il est monté sur° son scooter et les trois garçons sont partis en direction de la Normandie . . .

À midi, ils se sont arrêtés° et ils ont fait un pique-nique, puis ils sont remontés sur leurs scooters et ils ont continué leur route. En fin d'après-midi, ils sont arrivés en Normandie. Vers six heures, Jean-Christophe a donné le signal de l'arrêt.°

JEAN-CHRISTOPHE: On s'arrête ici pour la nuit?

VINCENT: Oui, je suis fatigué.

THOMAS: Moi aussi. Où est-ce qu'on va camper?

Jean-Christophe a regardé la carte.

JEAN-CHRISTOPHE: Il y a une rivière près d'ici. Ça vous va?

VINCENT: Oui, bien sûr.

THOMAS: Allons-y.

Mots utiles	
en fin de	*at the end of*
vers	*toward, around*
fatigué(e)	*tired*
au bord de	*at the edge of*
un moustique	*mosquito*

Quelques minutes plus tard, les garçons sont arrivés au bord de la rivière. Ils sont descendus de leurs scooters et ils ont commencé à préparer le terrain pour la nuit. Malheureusement, ce n'est pas l'endroit idéal pour camper.

THOMAS: Zut! Un moustique!

VINCENT: Aïe! Moi aussi, je me suis fait piquer° par un moustique.

JEAN-CHRISTOPHE: Aïe! Et moi aussi!

VINCENT: C'est la rivière qui attire° ces sales bêtes° . . . Si nous restons ici, nous allons être dévorés.°

JEAN-CHRISTOPHE: Tu as raison. Allons un peu plus loin.

est monté sur *got on*
se sont arrêtés *stopped*
le signal de l'arrêt *the sign to stop*
je me suis fait piquer *I got stung*
attire *attracts*
sales bêtes *nasty beasts*
dévorés *eaten up*

Avez-vous compris?

1. À quelle heure est-ce que les garçons ont déjeuné?
2. À quelle heure est-ce qu'ils ont décidé de s'arrêter pour la nuit?
3. Pourquoi est-ce que le bord de la rivière n'est pas l'endroit idéal?

C. Un endroit tranquille

du bois

un taureau

Jean-Christophe et ses deux copains ont pris leur matériel de camping et ils sont remontés sur leurs scooters. Quelques kilomètres plus loin, ils ont trouvé une prairie isolée° et ils ont décidé de s'arrêter là pour la nuit. Jean-Christophe et Thomas ont commencé à monter° la tente. Vincent est allé chercher du bois pour faire un feu. Il est vite revenu avec une nouvelle° pour ses copains.

Mots utiles	
chercher	*to look for*
un feu	*fire*
courir	*to run*
il vaut mieux	*it is better*
au moins	*at least*
allumer	*to light*
tout le monde	*everyone*

VINCENT: Regardez, il y a une vache là-bas.

JEAN-CHRISTOPHE: Ce n'est pas une vache. C'est un taureau.

THOMAS: Est-ce qu'il est dangereux?

JEAN-CHRISTOPHE: Euh . . . je ne sais pas.

Brusquement, le taureau s'est mis à° courir dans la direction des garçons.

VINCENT: Il n'a pas l'air très content.

THOMAS: C'est vrai! Il n'est certainement pas très heureux qu'on occupe son territoire.

VINCENT: On reste ici?

JEAN-CHRISTOPHE: Non, il vaut mieux partir!

Et, à nouveau,° les trois garçons ont pris leur matériel et ils sont repartis. Finalement, à huit heures, ils sont arrivés près d'une forêt.

THOMAS: Ici, au moins, il n'y a pas de taureau furieux.

VINCENT: Et pas de moustiques.

JEAN-CHRISTOPHE: Alors, c'est ici que nous allons camper.

Jean-Christophe a vite installé la tente. Vincent a allumé un feu et Thomas a préparé un excellent dîner. Tout le monde a mangé avec appétit. Après le dîner, Vincent a pris sa guitare et ses copains ont chanté avec lui. Enfin, à dix heures et demie, les trois garçons sont allés dans la tente, heureux d'avoir trouvé un endroit si tranquille pour passer la nuit.

isolée *isolated* **monter** *to put up, pitch*
une nouvelle *news* **s'est mis à** *began to*
à nouveau *again*

Avez-vous compris?

1. Pourquoi est-ce que les garçons n'ont pas fait de camping dans la prairie isolée?
2. Quels sont les avantages de l'endroit près de la forêt?
3. Comment ont-ils passé la soirée?

D. Une nuit mouvementée

le ciel

une lueur

une pancarte

Cette nuit-là, Vincent n'a pas très bien dormi. Vers trois heures du matin, il est sorti de la tente pour prendre l'air. Soudain, il a vu une lueur bleue dans le ciel . . . Puis une lueur rouge . . . Puis une lueur verte . . . Il est rentré dans la tente pour alerter ses copains.

VINCENT: Dites, les gars,° je viens de voir quelque chose d'extraordinaire.

JEAN-CHRISTOPHE: Quoi?

VINCENT: Il y a des lueurs dans le ciel.

THOMAS: Mais, mon pauvre vieux, ce sont des éclairs.

VINCENT: Des éclairs? Tu as déjà vu des éclairs bleus, rouges et verts, toi?

JEAN-CHRISTOPHE: Tu as rêvé!

Tout à coup, des explosions ont interrompu le silence de la nuit. Bang! Poum! Bang! Bang! Poum!

Jean-Christophe a ouvert° la tente. Il a entendu des bruits étranges, puis des voix humaines très près. Bientôt° une douzaine d'hommes armés ont encerclé la tente. Les garçons sont sortis de la tente en vitesse.

Mots utiles

un éclair	(flash of) lightning
rêver	to dream
tout à coup	suddenly
un bruit	noise
en vitesse	very quickly, fast
fou (folle)	crazy

L'ART DE LA LECTURE

You may have noticed that in French, as in English, certain words are related to one another: they belong to the same WORD FAMILY. For instance:

une soirée (evening)	is related to	**un soir** (evening)
la fin (end)	is related to	**finir** (to finish)
en vitesse (very quickly)	is related to	**vite** (quickly)

Often you will discover the meaning of a word or expression you have not seen before if you can relate it to a word you already know.

Exercice de lecture

Can you guess the meanings of these words from the story? What words that you recognize are they related to?

- Jean-Christophe a mis le sac sur **le porte-bagages** de son scooter.
- On peut faire 200 kilomètres dans **la journée.**
- Vincent est revenu avec **une nouvelle** pour ses copains.

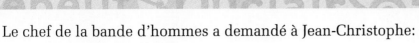

Le chef de la bande d'hommes a demandé à Jean-Christophe:

LE CHEF: Qu'est-ce que vous faites ici?

JEAN-CHRISTOPHE: Euh, eh bien, nous faisons du camping.

LE CHEF: Du camping? Mais vous êtes complètement fous. Vous voulez mourir?°

JEAN-CHRISTOPHE: *(tremblant)* Euh, non, pourquoi?

LE CHEF: Comment? Vous n'avez pas vu la pancarte quand vous êtes entrés dans cette forêt?

JEAN-CHRISTOPHE: Euh, non.

LE CHEF: Regardez-la quand vous partirez.° Et maintenant, décampez° en vitesse.

Les trois garçons ont vite démonté° la tente, puis ils ont quitté les lieux° précipitamment.° Quand ils sont sortis de la forêt, ils ont vu une énorme pancarte avec cette inscription:

Dimanche soir, Jean-Christophe est rentré chez lui, fatigué, mais content d'avoir utilisé sa tente.

DANGER
TERRAIN MILITAIRE
MANOEUVRES DE PRINTEMPS
DÉFENSE ABSOLUE D'ENTRER°

gars = garçons **a ouvert** *opened* **Bientôt** *Soon* **mourir** *to die*
partirez *will leave* **décampez** *break camp and leave*
ont démonté *took down* **ont quitté les lieux** *left*
précipitamment *very quickly*
défense absolue d'entrer *absolutely no trespassing*

Avez-vous compris?

1. Qu'est-ce que Vincent a vu à trois heures du matin?
2. Pourquoi est-ce que le chef dit que les garçons sont complètement fous?
3. Que dit la pancarte?

Many French-English cognates follow predictable patterns. Knowing the patterns will make it easier for you to recognize new words. From time to time in the readings, cognate patterns will be introduced in small boxes, like the ones below.

Cognate pattern: -ant ↔ -ing
tremblant ↔ *trembling*
amusant ↔ *?*
intéressant ↔ *?*

Cognate pattern: -ment ↔ -ly
certainement ↔ *certainly*
complètement ↔ *?*
brusquement ↔ *?*

Cognate pattern: é- ↔ s-
étrange ↔ *strange*
un état ↔ *?*
étudier ↔ *?*

Cognate pattern: -x ↔ -ce
une voix ↔ *voice*
une choix ↔ *?*
un prix ↔ *?*

UNITÉ
3
Bon appétit!

RESTAURANT
LES FILLES DU ROY

Chaleureux décor antique
dans une maison du XVIIIᵉ siècle
Cuisine traditionnelle
et nouvelle cuisine québécoise

RESTAURANT
LES FILLES DU ROY
415 rue Bonsecours, Vieux-Mo... ...12Y 3C3

PRODUITS
de la FERME

Pain, Vin, Fromage

Les Meilleurs Repas aux Fromages
3, rue Geoffroy l'Angevin • 42.74.07.52

Thème et Objectifs

Culture
In this unit, you will learn
- where French people do their shopping
- what kinds of foods are typically served in French and Québecois restaurants

Communication
You will learn how
- to describe the meals you eat
- to talk about your favorite foods and beverages
- to order in a French café or restaurant
- to shop for food in a French market

You will also be able
- to express what you want to do, what you can do and what you must do

141

LE FRANÇAIS
PRATIQUE

LEÇON

La nourriture et les boissons

Aperçu culturel... Où faites-vous les courses?

Quand on est pressé,° on peut faire les courses au supermarché. Là, on trouve tous les produits° nécessaires à la préparation des repas. Quand on a le temps, on peut acheter ces produits dans des boutiques spécialisées. Dans chaque quartier,° il y a une boulangerie, une pâtisserie, une boucherie, une crémerie et une épicerie.

pressé *in a hurry*   **produits** *products*   **quartier** *neighborhood*

1. Pour le pain et les croissants, on va à la boulangerie. Le pain préféré des Français est la «baguette». C'est un pain long et croustillant.°

croustillant *with a crunchy crust*

Une boulangerie

Une pâtisserie

2. Les pâtisseries vendent toutes sortes de gâteaux: tartes, brioches, éclairs, etc. Certaines pâtisseries vendent aussi des glaces et des bonbons.

3. Pour la viande (boeuf, veau, poulet), on va à la boucherie. Pour le porc, les saucisses et les plats préparés, on va à la charcuterie.

Une boucherie

Une charcuterie

4. Pour le lait, le beurre et les oeufs, on va à la crémerie. Les crémeries vendent aussi des fromages. La France produit 400 différentes sortes de fromage. Quand on aime le fromage, on a le choix!°

choix *choice*

Une crémerie

5. L'épicerie est une sorte de petit supermarché. Ici on vend toutes sortes de produits différents: lait, fromages, riz, spaghetti, jus de fruits, eau minérale, etc. Les épiceries ont aussi un choix limité de fruits et de légumes.

Une épicerie

6. Dans beaucoup de villes françaises, il y a un marché en plein air.° Le marché a lieu un jour fixe de la semaine, le mardi ou le vendredi, par exemple. Les fermiers de la région viennent au marché vendre les produits de leurs fermes. On a, par conséquent, un grand choix de légumes et de fruits frais.°

marché en plein air *outdoor market*   **frais** *fresh*

Un marché en plein air

A. Les repas

—Où est-ce que tu vas **déjeuner?**

Je vais déjeuner | à **la cantine de l'école.**
au restaurant
chez moi

Où est-ce que tu vas déjeuner?

Je vais déjeuner au restaurant.

**LES RESTAURANTS
À L'HÔTEL MERIDIEN** MERIDIEN
GROUPE AIR FRANCE

PETIT DÉJEUNER 6h – 10 h
DÉJEUNER ET DÎNER   DE MIDI À MINU[...]

Les repas

NOMS		VERBES	
un repas	*meal*		
le petit déjeuner	*breakfast*	**prendre le petit déjeuner**	*to have breakfast*
le déjeuner	*lunch*	**déjeuner**	*to have lunch*
le dîner	*dinner*	**dîner**	*to have dinner*
la cuisine	*cooking, cuisine*		
la nourriture	*food*		

La table

Je vais mettre la table.

un verre

une cuillère

une serviette

une assiette

une tasse

une fourchette

un couteau

FLASH d'information

Les fast-foods en France

Quand ils ont faim, les jeunes Français vont souvent dans un fast-food. Ces restaurants, simples et bon marché, servent des repas à l'américaine: salades, poulet ou hamburgers, frites . . .

1 Et vous?

Indiquez vos préférences en complétant les phrases suivantes.

1. Mon repas préféré est . . .

- le petit déjeuner
- le déjeuner
- le dîner
- . . . ?

2. Pendant la semaine, je déjeune . . .

- à la cantine
- chez moi
- dans un fast-food
- . . . ?

3. En général, nous dînons . . .

- entre cinq heures et six heures
- entre six heures et sept heures
- entre sept heures et huit heures
- . . . ?

4. En semaine, je prends mon petit déjeuner . . .

- seul(e)
- avec mes frères et soeurs
- avec toute ma *(my whole)* famille
- . . . ?

5. Le weekend, je préfère déjeuner . . .

- chez moi
- chez mes copains
- au restaurant avec ma famille
- dans un fast-food avec mes copains

6. La nourriture de la cantine de l'école est . . .

- mauvaise
- assez bonne
- bonne
- excellente

7. Je préfère la nourriture . . .

- mexicaine
- italienne
- chinoise
- . . . ?

8. Quand je dois aider avec le repas, je préfère . . .

- faire les courses
- mettre la table
- faire la vaisselle
- . . . ?

2 Quels ustensiles?

Vous avez commandé *(ordered)* les choses suivantes. Dites de quels ustensiles vous avez besoin.

▶ Pour le steak . . .

Pour le steak, j'ai besoin d'un couteau.

1. Pour la soupe . . .
2. Pour le beurre *(butter)* . . .
3. Pour le café . . .
4. Pour la glace . . .
5. Pour le thé . . .
6. Pour la viande *(meat)* . . .
7. Pour les spaghetti . . .
8. Pour la limonade . . .

B. Au café

S'il vous plaît, monsieur.

Vous désire...

Je voudrais
un croque-monsieur.

▶ Pour commander:

commander: *to order*	

—S'il vous plaît, monsieur/mademoiselle!
—**Vous désirez?** *(May I help you?)*
—Je voudrais un croque-monsieur.
—Et **comme** *(for, as)* boisson?
—Donnez-moi un café, s'il vous plaît.

▶ Pour payer:

payer: *to pay*

—**L'addition,** s'il vous plaît.
  Est-ce que **le service** est **compris?**

l'addition *(f): check, bill*
le service: *tip, service charge*
compris: *included*

FLASH d'information ━━━━━━━

En France le service, ou **pourboire**° (15%), est compris dans l'addition. Souvent les gens laissent° quelques pièces de monnaie° comme pourboire supplémentaire.°
pourboire *tip*   **laissent** *leave*   **pièces de monnaie** *small change (coins)*   **supplémentaire** *extra*

Vocabulaire: Au café

un plat *(dish)*
  un croissant
  un croque-monsieur
    (grilled ham-and-cheese sandwich)
  un sandwich
    un sandwich au **saucisson** *(salami)*
    un sandwich au **fromage** *(cheese)*
    un sandwich au **jambon** *(ham)*
  un steak-frites *(steak with French fries)*

un dessert
  un yaourt *(yogurt)*
    un yaourt **nature**
    un yaourt **à la fraise** *(strawberry)*

une boisson *(beverage)*
  un café
  un chocolat *(cocoa, hot chocolate)*
  un thé *(tea)*
    un thé glacé *(iced tea)*
  un soda *(carbonated soft drink)*

une omelette
  une omelette **nature** *(plain)*
  une omelette aux **champignons** *(mushrooms)*
une pizza
  une pizza aux **anchois** *(anchovies)*
une salade
  une salade verte
  une salade de tomates

une glace *(ice cream)*
  une glace **au chocolat**
  une glace **à la vanille**

une limonade *(lemon soda)*
une eau minérale *(mineral water)*

3 **S'il vous plaît!**

Commandez les choses suivantes. ▶ **S'il vous plaît, donnez-moi un café!**

4 **Au «Balto»**

Vous êtes dans un café qui s'appelle Le Balto. Le garçon arrive. Complétez les deux dialogues suivant les instructions. Ensuite, jouez ces dialogues avec vos camarades de classe.

A

—Bonjour, monsieur (mademoiselle).
Vous désirez?
Ask for a sandwich.—

—Quelle sorte de sandwich?
Ask for a sandwich of your choice.—

—Et comme boisson?
Ask for your favorite cold drink.—

- -

You are ready to pay.
Ask for the check.—
—Voilà.
The waiter gives you the check.

Ask if the tip is included.—
—Oui, monsieur (mademoiselle).
Il est compris dans le prix *(price)*.

B

—Bonjour, mademoiselle (monsieur).
Vous désirez?
Ask if they have ice cream.—

—Mais, bien sûr, mademoiselle
(monsieur).
Ask for your favorite kind
of ice cream.—

—Et comme boisson?
Ask for iced tea.—

—Je regrette, mais nous n'avons pas
cela.
Ask for another beverage.—

—Très bien, mademoiselle
(monsieur).

FLASH d'information

Quand on commande une boisson, on donne la marque *(brand name)* de cette boisson.
Voici quelques boissons favorites des jeunes Français.

Eaux minérales:	un Perrier	un Vichy
Sodas et boissons gazeuses:	un Coca	un Fanta-Orange
	un Pepsi	un Orangina
	un Schweppes	un Gini

C. Un repas

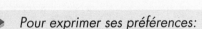

Quel est ton plat préféré?

C'est le poulet rôti.

Pour exprimer ses préférences:

—Quel est ton plat **préféré?**
—C'est **le poulet rôti.**

préféré: *favorite*	
le poulet rôti: *roast chicken*	

J'adore . . .	*I love*	**Je n'aime pas tellement . . .**	*I don't like . . . that much*
J'aime . . .	*I like*	**Je déteste . . .**	*I hate*

Les plats

Pour le petit déjeuner

le pain	**les céréales** *(f.)*	**la confiture**	**un oeuf**	**des oeufs sur le plat**

Pour le déjeuner et le dîner

les hors-d'oeuvre *(m.)* *(appetizers)*	**le jambon** *(ham)* **la soupe**	**le saucisson** *(salami)* **le céleri**	**le melon**
la viande *(meat)*	**le poulet** *(chicken)* **le porc**	**le rosbif** *(roast beef)*	**le veau** *(veal)*
le poisson *(fish)*	**le thon** *(tuna)*	**la sole**	**le saumon** *(salmon)*
les autres plats *(m.)*	**les spaghetti** *(m.)*	**les frites** *(f.)* *(French fries)*	**le riz** *(rice)*
la salade et le fromage	**la salade**	**le fromage** *(cheese)*	**le yaourt**
le dessert	**le gâteau** *(cake)*	**la tarte** *(pie)*	**la glace**
les boissons *(f.)* *(beverages)*	**l'eau** *(f.)* *(water)* **le jus d'orange**	**l'eau minérale** **le jus de pomme** *(apple)*	**le lait** *(milk)* **le jus de raisin** *(grape)*
les ingrédients *(m.)*	**le beurre** *(butter)* **la margarine**	**le sel** *(salt)* **le sucre** *(sugar)* **le poivre** *(pepper)*	**le ketchup** **la mayonnaise** **la moutarde** *(mustard)*

5 Préférences personnelles

Dites si oui ou non vous aimez les choses suivantes.

- J'adore . . .
- J'aime beaucoup . . .
- Je n'aime pas tellement . . .
- Je déteste . . .

▶ J'adore le poisson.
(Je n'aime pas tellement le poisson.)

6 S'il vous plaît

Vous dînez avec un(e) ami(e) français(e).
Demandez-lui de passer les choses suivantes.

S'il te plaît, passe-moi le sel.

Merci.

Tiens. Voilà le sel.

▶

7 Invités (Guests)

Vous avez invité des camarades chez vous.
Demandez-leur leurs préférences.

▶ poisson ou viande?

1. saumon ou thon?
2. jambon ou rosbif?
3. poulet ou veau?
4. oeufs sur le plat ou oeufs brouillés (scrambled)?
5. spaghetti ou frites?
6. fromage ou yaourt?
7. gâteau au chocolat ou gâteau à l'orange?
8. glace au café ou glace à la vanille?

Tu préfères le poisson ou la viande?

Je préfère la viande.

(Je préfère le poisson.)

8 Et les autres?

Complétez les phrases suivantes en indiquant les préférences alimentaires de chacun. Si c'est nécessaire, utilisez votre imagination.

| Mon copain Ma copine Mon père Ma mère Mon chien Mon chat | aime beaucoup n'aime pas tellement déteste | ?? |

D. Les courses *(food shopping)*

Vous désirez?

Je voudrais un kilo de tomates.

Pour faire les courses au marché:

—**Vous désirez?**
> Je voudrais | **un kilo** de tomates.
> | **une livre** de carottes

un kilo: *kilo (1000 grams = 2.2 lbs*
une livre: *pound (500 grams)*

—**Et avec ça?** *(Anything else?)*
> Donnez-moi aussi **une douzaine** d'oeufs.

une douzaine: *dozen*

—**C'est tout?** *(Is that all?)*
> Oui, c'est tout.
> **Ça fait combien?** *(How much does that come to?)*

—Alors, ça fait trente-deux francs.

Fruits et légumes
un fruit   un légume

une salade

une cerise

une fraise

une poire

une pomme

une orange

un pamplemousse

une carotte

une tomate

des petits pois

des haricots ve

une banane

une pomme de terre

9 **Les courses**

Vous allez préparer les plats suivants. Décrivez les légumes et les fruits que vous allez acheter.

▶ des frites   **Je vais acheter des pommes de terre.**

1. une salade de tomates
2. une salade de fruits
3. une salade de légumes
4. une tarte aux fruits
5. un repas végétarien

10 **Au marché**

Vous faites les courses au marché. Complétez le dialogue avec le marchand en suivant les instructions. Jouez ce dialogue avec un(e) camarade.

Vous désirez, mademoiselle?

🍊 Ask for one vegetable and give the quantity you want.

Et avec ça?

🍊 Ask for two of your favorite fruits and specify the quantities.

C'est tout?

🍊 Say that is all and ask how much it will cost.

Ça fait quatre-vingt-cinq francs.

🍊 Give the money to the vendor.

Merci, et au revoir.

🍊 Say good-bye.

11 **Qu'est-ce que vous préférez?**

Indiquez vos préférences.

▶ pour le petit déjeuner: un oeuf ou des céréales?   **Je préfère des céréales (un oeuf).**

1. pour le petit déjeuner: un pamplemousse ou une orange?
2. après le déjeuner: une pomme ou une poire? des cerises ou des fraises?
3. avec le poulet: des haricots verts ou des petits pois?
4. avec le bifteck: des pommes de terre ou des carottes?
5. comme salade: une salade de tomates ou une salade de concombre *(cucumber)*?
6. pour le dessert: une tarte aux pommes ou une tarte aux poires?
7. comme glace: une glace à la vanille ou une glace à la fraise?

Au Jour Le Jour

Déjeuner à Québec

Vous voyagez au Canada. Aujourd'hui vous êtes à Québec. Où allez-vous déjeuner? Si vous voulez, vous pouvez aller à l'Omelette.

Regardez le menu. Les omelettes sont évidemment la spécialité de ce restaurant, mais il y a d'autres plats au menu.

l'Omelette

66, rue Saint-Louis
Québec
G1R 3Z3
Tél.: (418) 694-9626

LE MENU

Les omelettes

1. Combien d'omelettes différentes y a-t-il au menu?
2. Parmi *(Among)* ces omelettes, quelle est votre omelette favorite? Combien est-ce qu'elle coûte?
3. Qu'est-ce qu'il y a dans une omelette espagnole? dans une omelette western?
4. Dans quelles omelettes est-ce qu'il y a des tomates? des pommes de terre? des oignons?

Les salades et les plats divers

1. Allez-vous prendre une salade ou une soupe? Qu'est-ce que vous avez choisi?
2. Comment dit-on «hamburger» à Québec?
3. Qu'est-ce que vous allez choisir si vous avez très faim?
4. Qu'est-ce que vous allez commander si vous n'avez pas très faim?

Les crêpes et les desserts

1. Comment dit-on «glace» à Québec?
2. Choisissez une crêpe. Qu'est-ce qu'il y a dans cette crêpe?
3. Quel dessert avez-vous choisi? Quel est son ingrédient principal?

Les boissons

1. Comment dit-on «boisson» à Québec?
2. Qu'est-ce que vous avez choisi comme boisson?

UN REPAS COMPLET

1. Imaginez que vous allez prendre un repas complet.
   - Vous voulez dépenser seulement 10 dollars. Choisissez un plat principal, un dessert et une boisson.   Qu'est-ce que vous avez choisi? Combien coûte votre repas?
   - Vous avez très faim. Choisissez un plat froid, un plat chaud, un dessert et une boisson.   Qu'est-ce que vous avez choisi? Combien coûte votre repas?
2. Avec un(e) camarade qui va jouer le serveur (la serveuse), composez et jouez un dialogue où vous commandez votre repas.

OMELETTES

Omelette nature   **5,50**
Plain Omelette

Omelette aux fines herbes   **5,95**
Omelette with fines herbes

Omelette aux champignons et Fromage   **6,50**
Omelette with mushrooms and cheese

Omelette jambon et fromage   **6,50**
Omelette with ham and cheese

Omelette Espagnole: tomates pelées, poivrons et oignons   **6,50**
Omelette with tomatoes, green peppers and onions

Omelette Lyonnaise: oignons   **5,95**
Omelette with onions

Omelette Niçoise: tomates pelées et fond d'artichauts   **6,50**
Omelette with tomatoes and artichoke hearts

Omelette Paysanne: lardons, pommes de terre, fines herbes et oignons hachés   **6,50**
Omelette with thick bacon, potatoes, onions and fines herbes

Omelette Western: jambon, pommes de terre et oignons   **6,50**
Omelette with ham, potatoes and onions

Omelette Provençale: tomates pelées, ail et persil   **6,50**
Omelette with tomatoes, garlic and parsley

SALADES

Salade maison   **3,25**
House salad

Salade César   **3,95**
Caesar salad

Salade de Poulet   **6,75**
Chicken salad

DIVERS

Soupe aux pois   **2,75**
Canadian pea soup

Soupe à l'oignon gratinée   **4,00**
Baked French onion soup

Croque-monsieur   **6,25**
Grilled bread with ham and cheese

Hambourgeois deluxe   **6,75**
Hamburger deluxe garnished

CRÊPES FRANÇAISES À LA POÊLE

Fraises et crème glacée   **5,50**
Strawberries and ice cream

Pêches et crème glacée   **5,50**
Peaches and ice cream

Poires et crème glacée   **5,50**
Pears and ice cream

Ananas et crème glacée   **5,50**
Pineapple and ice cream

Bleuets et crème glacée   **5,50**
Blueberries and ice cream

DESSERTS

Tarte au sucre   **3,50**
Sugar pie

Tarte aux pommes   **3,00**
Apple pie

Mousse au chocolat   **2,95**
Chocolate mousse

Shortcake aux fraises   **3,50**
Strawberry shortcake

Gâteau Forêt noire   **3,50**
Black Forest cake

Gâteau au fromage   **3,50**
Cheese cake

Salade de fruits   **3,50**
Fruit salad

Fraises au vin   **3,50**
Strawberries with wine

Cassata Maison   **3,50**
House Italian ice cream

BREUVAGE

Jus d'orange   **1,75**
Orange juice

Jus de pomme   **1,75**
Apple juice

Jus de pamplemousse   **1,75**
Grapefruit juice

Nectar de poire   **1,95**
Pear juice

Nectar d'abricot   **1,95**
Apricot juice

Jus de tomate ou V8   **1,95**
Tomato juice or V8

Liqueurs douces   **1,95**
Soft drinks

Bon appétit!

10

Vidéo-scène

Au supermarché

Nous sommes samedi. Pierre a décidé d'aller faire un pique-nique à la campagne demain avec sa copine Armelle et sa cousine Corinne. Cet après-midi, les trois amis vont faire les courses pour le pique-nique. Ils vont au supermarché.

D'abord, ils prennent un chariot.

Qu'est-ce qu'on achète?

Euh. . . bon, d'abord, achetons du pain.

Ils vont à la boulangerie.

Deux baguettes, s'il vous plaît. Merci.

À la charcuterie, Pierre, Armelle et Corinne décident ce qu'ils vont acheter.

Armelle, tu veux du jambon?

Qu'est-ce que je prends pour les sandwiches? Du saucisson?

Oui, j'aime mieux ça.

Bon alors, je prends du jambon.

Je prends du fromage?

CAMEMBER

Ah non, prends plutôt du yaourt.

Ah, non, prends plutôt du jambon!

À la crémerie, ils ont un grand choix de produits.

Après, ils vont choisir leurs boissons.

Qu'est-ce que je prends comme boisson? Il y a de l'eau minérale . . . du jus d'orange et de la limonade . . . Qu'est-ce que vous voulez?

De la limonade!

D'accord pour la limonade.

On prend des fruits?

Ils pèsent les fruits sur la balance.

Oui, c'est bon pour la santé!

Enfin, ils vont à la caisse. Pierre met les provisions dans son filet.

Bon, j'emporte tout ça chez moi. On se voit demain pour le pique-nique. Allez, salut Armelle.

À la cuisine, Pierre range les provisions.

Voilà - tout est prêt pour le pique-nique!

Salut, à demain.

Oui, à demain.

à suivre . . .

Compréhension

1. Où vont Pierre, Armelle et Corinne?
2. Qu'est-ce qu'ils achètent au rayon° boulangerie?
3. Qu'est-ce qu'ils achètent au rayon charcuterie?
4. Quelles boissons achètent-ils?
5. Qu'est-ce qu'ils vont faire demain?

°**rayon** *section*

A. Les verbes *vouloir, pouvoir* et *devoir*

Note the forms of the irregular verbs **vouloir, pouvoir,** and **devoir.**

INFINITIVE	vouloir	pouvoir	devoir
PRESENT	je **veux** tu **veux** il/elle/on **veut** nous **voulons** vous **voulez** ils/elles **veulent**	je **peux** tu **peux** il/elle/on **peut** nous **pouvons** vous **pouvez** ils/elles **peuvent**	je **dois** tu **dois** il/elle/on **doit** nous **devons** vous **devez** ils/elles **doivent**
PASSÉ COMPOSÉ	j'**ai voulu**	j'**ai pu**	j'**ai dû**

Vouloir means *to want.* It can be followed by a NOUN or an INFINITIVE.

Veux-tu une glace? ***Do you want*** an ice cream cone?
Voulez-vous déjeuner avec nous? ***Do you want*** to have lunch with us?

➡ To express a request politely, the French use **je voudrais** instead of **je veux.**

    Je voudrais une glace.   ***I would like*** an ice cream cone.
    Je voudrais déjeuner.   ***I would like*** to have lunch.

➡ To accept an offer, the French often use the expression **je veux bien.**

    —Tu veux déjeuner avec moi?   *Do you want to have lunch with me?*
    —Oui, **je veux bien.**   *Yes,* ***I would love to.***

Pouvoir has several English equivalents.

can	Est-ce que tu **peux** faire les courses?	***Can*** you do the food shopping?
may	Est-ce que je **peux** entrer?	***May*** I come in?
to be able	Jacques **ne peut pas** venir ce soir.	*Jacques **is not able** to come tonight.*

Devoir is usually followed by an INFINITIVE. Note its English equivalents.

should	Nous **devons** étudier ce soir.	*We **should** study tonight.*
must	Vous **ne devez pas** sortir.	*You **must not** go out.*
have to	Je **dois** préparer le dîner.	*I **have to** fix dinner.*

➡ When **devoir** is followed by a NOUN, it means *to owe.*

    Je **dois** cent francs à mon oncle.   *I **owe** my uncle 100 francs.*

1 Le dîner

Pour le dîner, chacun veut faire une chose différente.

▶ Claire / aller dans
  un restaurant chinois
  **Claire veut aller dans
  un restaurant chinois.**

1. nous / dîner en ville
2. Olivier / rester à la maison
3. toi / manger un steak
4. vous / commander une pizza
5. moi / aller dans un restaurant vietnamien
6. Jérôme et Patrick / faire un pique-nique
7. Isabelle / dîner à huit heures
8. David et François / dîner à sept heures

2 C'est impossible!

Les personnes suivantes n'ont pas certaines choses. Dites quelle activité de la liste elles ne peuvent pas faire.

▶ Marc n'a pas sa raquette.
  **Il ne peut pas jouer
  au tennis.**

1. Nous n'avons pas de vélo.
2. Je n'ai pas mon maillot de bain.
3. Éric n'a pas de couteau.
4. Tu n'as pas de fourchette.
5. Nous n'avons pas nos livres.
6. Alice n'a pas de passeport.
7. Les touristes n'ont pas d'appareil-photo.
8. Vous n'avez pas de chaussures de ski.

**étudier
skier
nager
jouer au tennis
prendre des photos
manger un steak
manger des spaghetti
faire une promenade
  à la campagne
aller en France**

3 Que doivent-ils faire?

Dites ce que les personnes doivent faire pour atteindre *(to reach)* leurs objectifs.

▶ Marc veut manger une pizza.   **Il doit aller dans un restaurant italien.**

1. Je veux manger des tacos.
2. Tu veux manger un hamburger.
3. Monsieur Legros veut maigrir.
4. Mes copains veulent préparer un repas.
5. Vous voulez réussir à l'examen.
6. Nous voulons gagner de l'argent.

**étudier
trouver un job
aller au marché
faire les courses
faire des exercices
aller dans un restaurant italien
aller dans un restaurant mexicain
aller dans un fast-food**

Mexicaines
AZTECA, 7, rue Sauval (1er), 42 36 11
Menus dîner 120 F et 160 F. Mus. le soir. J.
CASA MEXICO, 168, r. St-Martin (3e), 42
36 P. typ. M. 70 et 90 F. Midi 55 F. Amb. mus
INCA-MAYA, 94, r. Rambuteau, 40 26 46
7. Déj. 58 F, dîn. 140 F. Carte, music., cha
MEXICO CITY, 44, r. Cl.-Decaen (12e),
60 20. Cuis. typ. Amb. Carte 120 F. F. lur

**INSTITUT
DE LANGUE
FRANÇAISE**

RESTAURANT TEXAN-MEXICAIN
A côté de la République
Chili, T-Bone, Spare Ribs, Enchiladas
Carte env. 120F TTC
54, rue René Boulanger-10e-42.08.60.20-Ouv.T.L.J sf.Sam.midi et Dim.midi
texas blues

RISTORANTE
DA VINCI
1180, rue Bishop
Tél.: (514) 874-2001

B. L'article partitif: *du, de la*

Look carefully at the pictures below.

The pictures on the left represent *whole* items: a whole chicken, a whole melon, a whole head of lettuce, a whole pie. The nouns are introduced by INDEFINITE ARTICLES: **un, une.**

The pictures on the right represent a *part* or *some quantity* of these items: a serving of chicken, a piece of melon, some leaves of lettuce, a slice of pie. The nouns are introduced by PARTITIVE ARTICLES: **du, de la.**

Voici . . .		Voilà . . .	
un poulet		**du** poulet	
un melon		**du** melon	
une salade		**de la** salade	
une tarte		**de la** tarte	

FORMS

The partitive article has the following forms:

MASCULINE	**du** **de l'** (+ VOWEL SOUND)	**du** fromage, **du** pain **de l'**argent
FEMININE	**de la** **de l'** (+ VOWEL SOUND)	**de la** salade, **de la** limonade **de l'**eau

USES

Partitive articles are used to refer to A CERTAIN QUANTITY or A CERTAIN AMOUNT of something. Note how they are used in the sentences below.

Voici **du pain** . . .
   et voilà **de la confiture.**

*Here is **some bread** . . .*
   *and there is **some jam.***

Philippe mange **du fromage.**
Nous achetons **de l'eau minérale.**

*Philippe is eating **(some) cheese.***
*We are buying **(some) mineral water.***

—Est-ce que tu veux **de la salade?**
—Oui, donne-moi **de la salade.**

*Do you want **(any, some) salad?***
*Yes, give me **some salad.***

➡ While the words *some* or *any* are often omitted in English, the articles **du** and **de la** must be used in French.

Est-ce que tu veux de la salade?

Oui, donne-moi de la salade.

4 **Pique-nique** ────────

Corinne a invité ses copains à un pique-nique. Elle leur demande s'ils ont faim ou soif et elle leur offre quelque chose. Jouez les rôles de Corinne et de ses copains. Faites les substitutions suggérées.

Tu as <u>soif</u>?

Oh, là là, oui, j'ai soif.

Tu veux de la limonade?

Oui, donne-moi de la limonade, s'il te plaît.

1. faim
   du poulet

2. soif
   de l'eau minérale

3. soif
   du jus d'orange

4. faim
   de la glace

5. faim
   du jambon

6. soif
   du thé glacé

7. soif
   du jus de pomme

8. faim
   du pain et du fromage

5 **Une invitation** ────────

Vous avez invité des copains à déjeuner chez vous. Offrez à vos copains le choix entre les choses suivantes. Ils vont indiquer leurs préférences.

▶ (le) lait ou (l')eau?

Tu veux du lait ou de l'eau?

Je voudrais de l'eau (du lait).

1. (la) soupe ou (le) melon?
2. (le) saucisson ou (le) jambon?
3. (le) poisson ou (la) viande?
4. (le) rosbif ou (le) poulet?
5. (le) saumon ou (la) sole?
6. (le) ketchup ou (la) mayonnaise?
7. (le) beurre ou (la) margarine?
8. (le) fromage ou (le) yaourt?
9. (le) gâteau ou (la) glace?
10. (le) jus d'orange ou (l') eau minérale?

6 **Au «Petit Vatel»** ────────

Vous déjeunez au restaurant Le Petit Vatel. Vous demandez les choses suivantes au serveur (à la serveuse). Jouez les dialogues avec un(e) camarade.

—Je voudrais du pain, s'il vous plaît.
—Voilà du pain, monsieur (mademoiselle).

1   **2**   **3**

4   **5**   **6**   **7**

C. L'article partitif dans les phrases négatives

Note the forms of the partitive articles in the negative sentences below.

AFFIRMATIVE	NEGATIVE	
Tu veux **du pain?**	Non, merci, je **ne** veux **pas de pain.**	*I don't want (any) bread.*
Tu as pris **de la tarte?**	Non, je **n'**ai **pas** pris **de tarte.**	*I didn't have (any) pie.*
Tu bois **du café?**	Non, je **ne** bois **jamais de café.**	*I never drink (any) coffee.*
Il y a **de l'eau minérale?**	Non, il **n'**y a **pas d'eau minérale.**	*There is **no mineral water.***

After negative expressions, such as **ne . . . pas** and **ne . . . jamais:**

> **du, de la (de l')** → **de (d')**

➡ Note the use of **pas de** in short answers.

Non, merci, **pas de café** pour moi. *No coffee for me, thanks.*

---

7 Au café

Le serveur (La serveuse) offre certaines choses aux clients. Jouez les rôles en faisant les substitutions suggérées.

Qu'est-ce que vous désirez sur votre hamburger?

Voulez-vous aussi du ketchup?

Je voudrais de la moutarde.

Merci, pas de ketchup.

1. avec votre steak
   des frites
   de la salade

2. dans votre café
   du lait
   du sucre

3. sur votre pizza
   des olives
   du saucisson

4. dans votre sandwich
   du jambon
   du beurre

5. sur votre gâteau
   de la crème
   du chocolat

6. sur votre salade
   de la mayonnaise
   du poivre

8 Un végétarien

François est végétarien. Il ne mange pas de viande, mais il aime d'autres choses. Hier il a déjeuné au restaurant. Dites si oui ou non il a mangé les choses suivantes.

▶ le poulet?
   Non, il n'a pas mangé de poulet.

▶ la salade?
   Oui, il a mangé de la salade.

1. le thon?
2. le rosbif?
3. le veau?
4. le riz?
5. le jambon?
6. le porc?
7. la glace?
8. le gâteau?

9 Les courses

Catherine a fait les courses ce matin mais elle a oublié *(forgot)* certaines choses.
Comparez la liste de Catherine avec ses achats. Dites ce qu'elle a acheté et
ce qu'elle n'a pas acheté.

▶

> **Catherine a acheté
> du pain. Elle n'a pas acheté
> de fromage.**

pain	margarine
fromage	ketchup
riz	confiture
sel	beurre
poivre	lait
sucre	eau minérale
céleri	glace
jus d'orange	café

À votre tour!

1 Les repas d'hier

Demandez à plusieurs camarades ce qu'ils ont pris hier au petit déjeuner, au déjeuner
et au dîner. Inscrivez les résultats de votre enquête dans un tableau.

▶

NOM	PETIT DÉJEUNER	DÉJEUNER	DÎNER
Sylvie	des céréales, du lait,...	du poulet,...	
1.			

2 Invitation

Vous allez inviter votre partenaire à dîner chez vous.

- Faites une liste de cinq choses que vous allez servir.
- Demandez à votre partenaire s'il / si elle mange ces choses.
- Si nécessaire, modifiez votre menu.

Leçon 10   **161**

LECTURE — Histoire de chien

Un chien entre dans un café. Il s'assied° à une table,
puis il appelle° le garçon. Le garçon arrive.

— Vous désirez?
— Je voudrais un sandwich au jambon.
— Avec ou sans° moutarde?
— Avec de la moutarde.
— Et avec ça?
— Donnez-moi aussi une salade.
— Avec de la vinaigrette?
— Oui, avec de la vinaigrette.
— Et que voulez-vous comme boisson?
— Donnez-moi de l'eau.
— De l'eau minérale?
— Oui, de l'eau minérale.
— Je vous apporte ça tout de suite.

s'assied *sits down* **appelle** *calls* **sans** *without*

Café Le Vendôme

	PRIX	
un sandwich au jambon		
moutarde		
une salade vinaigrette		
eau minérale		

Service et Taxe Compris

Un client a vu la scène. Très étonné,° il dit au garçon:

— Ça, vraiment, c'est extraordinaire!

Le garçon répond:

— Oui, vraiment, c'est extraordinaire. Ce chien vient ici depuis dix ans,
et c'est la première fois qu'il commande de l'eau avec son repas.
D'habitude° il prend toujours de la bière.°

étonné *astonished* **D'habitude** *Usually* **bière** *beer*

▬▬ *Vrai ou faux?* ▬▬

1. Le chien commande un sandwich au fromage.
2. Le chien veut de la moutarde.
3. Le chien prend une salade.
4. Le chien ne veut pas de vinaigrette.
5. Le chien prend de l'eau minérale.
6. D'habitude le chien commande de la bière.

Vidéo-scène
Jérôme invite ses copains

Dans le dernier épisode, Pierre, Armelle et Corinne ont fait les courses pour un pique-nique.

Dans ce nouvel épisode, vous allez faire la connaissance de Jérôme. Jérôme est le grand frère de Pierre. Il a 19 ans. Il est étudiant à l'université. Maintenant il n'habite plus avec sa famille. Il a un appartement en ville avec d'autres étudiants. De temps en temps, il revient chez ses parents. Ce soir, par exemple . . .

Jérôme est allé au cinéma avec Bernard, son camarade de chambre, et Cécile, une copine d'université. Après le film, les trois amis sont allés chez les parents de Jérôme. Maintenant ils sont dans la cuisine.

Vous voulez boire quelque chose?

Oui, je veux bien.

Oui, moi, aussi.

Il y a du jus de pomme et de la limonade. Cécile, qu'est-ce que tu veux?

Je préfère la limonade.

Et toi, Bernard? Tu préfères le jus de pomme ou la limonade?

Donne-moi donc aussi de la limonade.

Dis, Jérôme, j'ai un peu faim. Tu n'as pas quelque chose à manger?

Attends, je vais voir.

Il y a du pain. Je peux faire des sandwichs. Il y a du jambon et du pâté. Qu'est-ce que vous préférez?

Et toi, Bernard?

Moi, je préfère le jambon.

Moi aussi, je préfère le jambon.

Les amis mangent avec grand appétit.

Tiens, il y a des yaourts.

Apporte-les. C'est excellent pour la santé.

Et pour la ligne!

Les amis ont fini leur repas. Bernard et Cécile partent.

Salut!

Salut! Et merci pour cet excellent repas.

Oui, merci!

Salut! . . . À demain! Salut, Cécile!

Jérôme reste chez ses parents pour la nuit.

à suivre . . .

Compréhension

1. Qui est Jérôme?
2. Où habite-t-il?
3. Qu'est-ce qu'il a fait ce soir?
4. Qu'est-ce que les amis boivent?
5. Qu'est-ce qu'ils mettent dans leurs sandwichs?
6. Qu'est-ce qu'ils mangent ensuite?
7. Qu'est-ce qu'ils font après le repas?

boivent *drink*

A. Le verbe *boire*

Note the forms of the irregular verb **boire** *(to drink)*.

INFINITIVE	boire	
PRESENT	Je **bois** du lait.	Nous **buvons** du café.
	Tu **bois** du cidre.	Vous **buvez** du thé glacé.
	Il/Elle/On **boit** de l'eau.	Ils/Elles **boivent** du jus d'orange.
PASSÉ COMPOSÉ	J'**ai bu** de l'eau minérale.	

1 **Nous avons soif!**

Dites ce que les personnes suivantes boivent. Vous pouvez utiliser les expressions suggérées ou autre chose *(something else)*.

1. À la boum, tu . . .
2. Au petit déjeuner, je . . .
3. Au pique-nique, nous . . .
4. À la cantine de l'école, vous . . .
5. Chez nous, nous . . .
6. Les personnes qui veulent maigrir . . .
7. Ma copine . . .
8. Mes grands-parents . . .
9. Quand il fait chaud, on . . .
10. Quand il fait froid, on . . .

du lait	de l'eau minérale	du jus d'orange
du café	de la limonade	du citron pressé
de l'eau	du thé glacé	??

B. Les verbes comme *acheter, préférer* et *payer*

Verbs like **acheter, préférer,** and **payer** have a STEM CHANGE in the **je-, tu-, il-,** and **ils-** forms of the present tense.

INFINITIVE	acheter	préférer	payer
STEM CHANGE	e → è	é → è	y → i
PRESENT	j' **achète** tu **achètes** il/elle/on **achète** nous **achetons** vous **achetez** ils/elles **achètent**	je **préfère** tu **préfères** il/elle/on **préfère** nous **préférons** vous **préférez** ils/elles **préfèrent**	je **paie** tu **paies** il/elle/on **paie** nous **payons** vous **payez** ils/elles **paient**
PASSÉ COMPOSÉ	j'**ai acheté**	j'**ai préféré**	j'**ai payé**

Vocabulaire: Quelques verbes

acheter	to buy	J'**achète** du pain et du fromage.
amener	to bring (someone)	J'**amène** un copain au pique-nique.
préférer	to prefer	Je **préfère** dîner au restaurant.
espérer	to hope	J'**espère** avoir un «A» à l'examen.
payer	to pay, pay for	Je **paie** l'addition.
envoyer	to send	J'**envoie** une invitation à mon cousin.
nettoyer	to clean	Je **nettoie** le garage.

J'envoie une invitation à mon cousin.

2 Substitutions

Faites de nouvelles phrases avec les sujets entre parenthèses.

1. Vous amenez des copains à la boum.
   (toi, François, Cécile et Christine)
2. Vous envoyez une carte au professeur.
   (moi, ma copine, les élèves)
3. Vous espérez aller à Montréal cet été.
   (le professeur, toi, mes parents)
4. Vous nettoyez le jardin.
   (moi, Marc, nous)

3 Questions personnelles

1. Qu'est-ce que tu achètes avec ton argent?
2. Quand tu vas au restaurant avec des copains, en général qui paie? Et quand tu vas au restaurant avec ta famille?
3. Qu'est-ce que tu espères faire ce weekend? cet été? après le lycée?
4. Quand tu vas à une boum, est-ce que tu amènes des copains? Qui? Qui as-tu amené à la dernière boum? Qui vas-tu amener à la prochaine boum?
5. Quand tu es en vacances, est-ce que tu envoies des cartes postales? À qui?
6. Chez toi, qui nettoie le garage? la cuisine *(kitchen)*? le salon? ta chambre?

C. Le choix des articles

Articles are used much more frequently in French than in English. The choice of a DEFINITE, INDEFINITE, or PARTITIVE article depends on what is being described.

USE	TO DESCRIBE		
the DEFINITE article **le, la, l', les**	a noun used in the GENERAL sense	J'aime **le** gâteau. *(As a rule) I like cake.*	
	a SPECIFIC thing	Voici **le** gâteau. *Here is the cake (I baked).*	
the INDEFINITE article **un, une, des**	one (or several) WHOLE item(s)	Voici **un** gâteau. *Here is a (whole) cake.*	
the PARTITIVE article **du, de la, de l'**	SOME, A PORTION, or A CERTAIN AMOUNT of something	Voici **du** gâteau. *Here is some (a serving, a piece of) cake*	

4 Activités

Jérôme et Armelle parlent de ce qu'ils ont fait.
Jouez les dialogues en faisant les substitutions suggérées.

▶ Qu'est-ce que tu as fait hier?

Ah bon? Qu'est-ce que tu <u>as acheté</u>?

J'ai fait les courses.

J'ai acheté de la limonade et du lait.

1. déjeuner en ville
   manger
   soupe et poulet

2. aller à un pique-nique
   apporter
   eau minérale et jus d'orange

3. dîner chez une copine
   manger
   rosbif et salade

4. dîner dans un restaurant japonais
   commander
   poisson et riz

➡ The DEFINITE article is used generally after the following verbs:

aimer   Mes amis **aiment la** glace.
préférer   Moi, je **préfère le** gâteau.

➡ The PARTITIVE article is often (but not always) used after the following verbs and expressions:

voici	**boire**	**acheter**	**avoir**
voilà	**manger**	**vendre**	**vouloir**
il y a	**prendre**	**commander**	

Depending on the context, however, the definite and indefinite articles may also be used with the above verbs.

Je commande **la glace**.	*I am ordering **the ice cream (on the menu)**.*
Je commande **une glace**.	*I am ordering **an ice cream (= one serving)**.*
Je commande **de la glace**.	*I am ordering **(some) ice cream**.*

➡ The French do *not* use the partitive article with a noun that is the subject of the sentence.

Il y a **du lait** et **de la glace** dans le réfrigérateur.
BUT: **Le lait** et **la glace** sont dans le réfrigérateur.

➡ The partitive article may also be used with nouns other than foods.

As-tu **de l'argent?**	*Do you have **(any, a certain amount of) money?***
Cet artiste a **du talent**.	*This artist has **(some, a certain amount of) talent**.*

---

5 **Quand on aime quelque chose . . .**
Dites ce que les personnes suivantes aiment et expliquez ce qu'elles ont fait.

▶ M. Lebeuf / la viande (acheter)

1. Philippe / la salade (manger)
2. Claire / la sole (commander)
3. Madame Brochet / le poisson (acheter)
4. Marc / l'eau minérale (boire)
5. Sylvie / la confiture (prendre)
6. Mademoiselle Lafontaine / l'eau (prendre)
7. Véronique / le fromage (acheter)
8. Madame Jarret / le rosbif (commander)

Monsieur Lebeuf aime la viande.
Alors, il a acheté de la viande.

6 À la cantine

Nous sommes à la cantine du lycée Descartes. Décrivez ce que mangent et boivent les élèves.

▶ Christine

Christine mange du poisson, des frites et une pomme. Elle boit du lait.

Christine

Guillaume

Caroline

Frédéric

Delphine

7 Expression personnelle

Complétez les phrases avec le nom d'un plat ou d'une boisson.

1. J'aime . . .
2. Je n'aime pas . . .
3. Mon dessert préféré est . . .
4. À la cantine de l'école, il y a souvent . . .
5. Il n'y a pas souvent de . . .
6. Ce matin, au petit déjeuner, j'ai bu . . .
7. Hier soir, j'ai mangé . . .
8. Dans notre réfrigérateur, il y a . . .
9. Le jour de mon anniversaire, je voudrais manger . . .

8 Au «Relais Régal»

Vous voyagez en France avec des copains. Vous déjeunez au Relais Régal. Choisissez un menu et expliquez ce menu à vos copains.

Je vais choisir le menu . . .
Comme hors-d'oeuvre, il y a . . .
  Il y a aussi . . .
Comme plat principal, il y a . . .
  Il y a aussi . . .
Comme dessert, il y a . . .
Comme boisson, il y a . . .

Relais Régal

MENU TOURISTIQUE à 100F	MENU RÉGAL à 150F	MENU GASTRONOMIQUE à 200F
soupe à l'oignon ou melon	salade de tomates ou saucisson	jambon ou saumon fumé ....
poulet rôti	rôti de boeuf	rôti de porc ou sole meunière ....
salade	salade	salade ....
glace	fromage	fromage ....
café	tarte aux pommes .... café ou thé	gâteau au chocolat .... eau minérale et café

À votre tour!

1 Une invitation à dîner

Imagine that you are inviting a friend to dinner. Since you are a good host / hostess, you want to serve what your friend likes. Ask . . .

- at what time he / she has dinner
- if he / she eats meat
- if so, what meat he / she prefers
- if he / she likes vegetables
- what vegetables he / she prefers
- if he / she prefers cake or ice cream
- what he / she drinks

2 Un client difficile

You are a waiter/waitress in a French restaurant. Today you have a customer who is very hard to please: every time you suggest something, this customer says that he/she does not like it. With a partner, act out the skit.

3 Un repas familial *(A family meal)*

Décrivez un repas familial typique en un paragraphe de six lignes.

▶ Chez nous, il y a souvent du poisson. Je déteste le poisson. Mais, il y a aussi . . .

LECTURE — Nourriture et langage

Qu'est-ce qu'un «navet»?° Cela dépend à qui ou de quoi vous parlez. Pour le cuisinier,° un navet est un légume, mais pour le cinéphile,° c'est un très mauvais film. Une «patate» est le terme familier qu'on emploie pour désigner une pomme de terre, mais c'est aussi une personne stupide et maladroite.° Une «bonne poire» peut être servie au dessert, mais c'est aussi une personne généreuse, mais naïve.

Il existe beaucoup d'expressions françaises qui utilisent le vocabulaire de l'alimentation. Voici certaines de ces expressions. Est-ce que vous pouvez deviner leur sens?°

navet *turnip* **cuisinier** *cook* **cinéphile** *movie lover* **maladroite** *clumsy*
deviner leur sens *guess what they mean*

1 Jean-Claude dit à ses copains: «Ce weekend j'ai vu un navet.» Qu'est-ce qu'il veut dire?
- Je suis allé à la campagne.
- J'ai acheté des légumes.
- J'ai vu un mauvais film.

2 Corinne dit à son cousin: «Tu racontes° des salades.» Qu'est-ce qu'elle veut dire?
- Tu manges trop.
- Tu es végétarien.
- Tu ne dis pas la vérité.

racontes *are telling*

3 Cécile dit à sa copine: «Je n'ai pas un radis.» Qu'est-ce qu'elle veut dire?
- Je n'ai pas d'argent.
- Je n'ai pas de copain.
- Je ne veux pas aller au supermarché.

4 Guillaume dit à ses copains.
«Mon oncle Gérard a du pain
sur la planche.»°
Qu'est-ce qu'il veut dire?
- • Mon oncle est très riche.
- • Mon oncle a beaucoup de travail.
- • Mon oncle est boulanger.

planche *board*

5 Mélanie dit à Claire: «Ce n'est pas
du gâteau.»
Qu'est-ce qu'elle veut dire?
- • C'est mauvais.
- • C'est difficile.
- • Ce n'est pas intéressant.

6 Carole dit à son frère: «Occupe-toi°
de tes oignons.»
Qu'est-ce qu'elle veut dire?
- • Va chez le dentiste.
- • Va dans la cuisine et prépare
le repas.
- • Occupe-toi de tes affaires.

occupe-toi *mind*

Hier soir, Jérôme est revenu chez ses parents avec ses copains Bernard et Cécile. Les trois copains ont mangé et bu ce que Pierre avait acheté pour le pique-nique. Maintenant, on est dimanche matin, Pierre va à la cuisine.

Dis donc, Jérôme, viens voir ici! C'est toi qui as bu les bouteilles de limonade?

Là, il a une mauvaise surprise!

Un peu plus tard, Jérôme arrive à la cuisine.

Euh, oui, c'est moi . . . avec mes copains qui sont venus hier soir.

Et les tranches de jambon? Où est-ce qu'elles sont?

Ben . . . on les a mangées.

Et les pots de yaourt? C'est aussi vous qui les avez pris?

Ben oui, c'est nous . . . Pourquoi?

Quel pique-nique?

Pourquoi?! . . . Alors là vraiment, tu exagères! Tes copains et toi, vous avez mangé et bu tout ce que j'ai acheté pour notre pique-nique!

Le pique-nique qu'on doit faire aujourd'hui avec Armelle et Corinne.

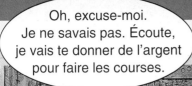

Oh, excuse-moi. Je ne savais pas. Écoute, je vais te donner de l'argent pour faire les courses.

Heureusement, il y a une solution.

Quelle solution?

Pour faire les courses? Mais Jérôme, c'est dimanche et le supermarché est fermé.

Eh ben, il faut nous inviter au restaurant.

Qui, nous?

Eh ben, Corinne, Armelle et moi.

Au restaurant. Pierre, Armelle, Corinne et Jérôme ont bien mangé! Jérôme appelle le garçon.

Bon! D'accord.

Monsieur, l'addition, s'il vous plaît.

Le garçon a apporté l'addition à Jérôme.

Qu'est-ce qu'il y a?

Tout le monde remercie Jérôme pour le repas.

Eh bien, dis donc, ton pique-nique me coûte drôlement cher!

FIN

Compréhension

1. Quel jour sommes-nous aujourd'hui?
2. Quelle mauvaise surprise Pierre a-t-il?
3. Qu'est-ce que Jérôme propose d'abord à Pierre?
4. Pourquoi est-ce que cette solution ne marche pas?
5. Quelle autre solution Pierre propose-t-il ?
6. Pourquoi est-ce que le pique-nique coûte cher à Jérôme?

Vocabulaire: Les quantités

Je vais acheter. . .

**un kilo
de pommes**

**une douzaine
d'oeufs**

**un litre
de lait**

**un paquet
de café**

**un sac
d'oranges**

**une boîte
de céréales**

**une bouteille
d'eau minérale**

**une livre
de beurre**

**une boîte
de thon**

**un pot
de mayonnaise**

**un morceau
de fromage**

**une tranche
de jambon**

➡ To express quantity, the French use the construction:

EXPRESSION OF QUANTITY + **de** + NOUN

un morceau	*piece*
un paquet	*pack, package*
un pot	*jar*
un sac	*bag*
une boîte	*box, can*
une bouteille	*bottle*
une tranche	*slice*

1 Les courses

Olivier va faire les courses. Il demande à sa mère ce qu'il faut acheter.
Jouez les deux rôles.

Est-ce que je dois acheter des petits pois?

Oui, achète une boîte de petits pois.

1. des poires
   un kilo
2. du lait
   deux litres
3. des fraises
   une livre
4. des oeufs
   une douzaine
5. de la margarine
   un pot
6. du fromage
   un grand morceau
7. du jambon
   trois tranches
8. des enveloppes
   un paquet
9. de la limonade
   une bouteille
10. du thon
    deux boîtes

2 Les courses de Monsieur Finbec

Monsieur Finbec a fait les courses ce matin. Dites ce qu'il a acheté
en complétant les phrases avec des quantités. Soyez logique!

1. D'abord, Monsieur Finbec est passé à la crémerie *(dairy store)*.
   Là, il a acheté deux bouteilles (trois litres) de lait, . . . de beurre,
   . . . de yaourt et . . . de fromage.
2. Après, il est passé chez le marchand de fruits et légumes.
   Il a acheté . . . de pommes, . . . de tomates et . . . d'oranges.
3. Ensuite, il est allé à l'épicerie *(grocery shop)* où il a acheté
   . . . de thon, . . . de café, . . . d'eau minérale et . . . de jambon.
4. Finalement, il est passé à la papeterie *(stationery store)* où
   il a acheté . . . d'enveloppes.

A. Expressions de quantité

In the sentences on the right, the expression of quantity
beaucoup *(much, many, a lot)* is used to introduce nouns.

Tu as de l'argent?

Non, je n'ai pa[s]
beaucoup d'arge[nt]

Tu manges **du** pain?	Oui, je mange **beaucoup de** pain.
Tu as **de l'**argent?	Non, je n'ai pas **beaucoup d'**argent.
Tu bois **de la** limonade?	Oui, je bois **beaucoup de** limonade.
Tu as **des** copains?	Oui, j'ai **beaucoup de** copains.

Many, but not all, expressions of quantity introduce nouns
according to the construction:

> EXPRESSION OF QUANTITY + **de** + NOUN

Vocabulaire: Expressions de quantité avec *de*

assez de	*enough*	Est-ce que tu as **assez d'**argent?
beaucoup de	*a lot, much, very much* *a lot, many*	Philippe n'a pas **beaucoup de** patience. Nous avons **beaucoup de** copains.
trop de	*too much* *too many*	M. Legros mange **trop de** viande. Nous avons **trop d'**examens.
peu de	*little, not much* *few, not many*	Tu as **peu de** patience. Vous avez **peu de** livres intéressants.
un peu de	*a little, a little bit of*	Donne-moi **un peu de** fromage.
combien de	*how much* *how many*	**Combien d'**argent as-tu? **Combien de** sandwichs veux-tu?

Donne-moi
un peu de fromage.

➡ When the above expressions of quantity do not introduce nouns, they are
used without **de.**

J'étudie **beaucoup.**	*I study **a lot.***
Vous mangez **trop.**	*You eat **too much.***

3 Réponses personnelles

Répondez aux questions suivantes en utilisant
une des expressions suggérées dans des phrases
affirmatives ou négatives.

▶ Tu as des cassettes?
  Oui, j'ai beaucoup (assez) de cassettes.
  (Non, je n'ai pas beaucoup de cassettes.)

assez	beaucoup	trop	peu

1. Tu as des copains sympathiques?
2. Tu as des profs intéressants?
3. Tu as des vacances?
4. Tu as des examens?
5. Tu manges du pain?
6. Tu bois du lait?
7. Tu fais des exercices?
8. Tu fais des progrès en français?

4 Conversation

Demandez à vos camarades s'ils font les choses
suivantes. Ils vont répondre en utilisant
une expression de quantité.

▶ étudier

1. travailler
2. téléphoner
3. regarder la télé
4. sortir le weekend
5. dormir
6. voyager
7. écouter la radio
8. sortir

Est-ce que tu étudies?

J'étudie beaucoup (trop, peu).

(Je n'étudie pas beaucoup [assez].)

Vocabulaire: D'autres expressions de quantité

un(e) autre	another	Veux-tu **un autre** croissant?
d'autres	other	As-tu fait **d'autres** sandwichs?
plusieurs	several	J'ai acheté **plusieurs** cassettes.
quelques	some, a few	Nous avons invité **quelques** amis.

---

5 Au pique-nique

Vous avez invité vos camarades à un pique-nique.
Offrez-leur une seconde fois *(another time)*
les choses suivantes. Ils vont accepter ou refuser.

1. un sandwich
2. une tranche de pizza
3. un morceau de fromage
4. une pomme
5. un verre de limonade
6. un paquet de chips

▶ une orange

Tu veux une autre orange?

Oui, merci,
donne-moi
une autre orange.

(Non, merci, je n'ai pas faim.)

B. L'adjectif *tout*

The adjective **tout (le)** agrees in gender and number with the noun it introduces. Note the four forms of **tout** *(all)*:

MASCULINE	SINGULAR	PLURAL		
	tout (le)	**tous (les)**	**tout le** groupe	**tous les** garçons
FEMININE	**toute (la)**	**toutes (les)**	**toute la** classe	**toutes les** filles

➡ Note the following English equivalents:

tout le, toute la	*all the*	J'ai bu **toute la limonade.**
	the whole	Alain a mangé **tout le gâteau.**
tous les, toutes les	*all (the)*	**Tous les invités** *(guests)* sont ici.
	every	Je fais les courses **toutes les semaines.**

➡ In the above expressions, the definite article **(le, la, les)** may be replaced by a possessive or a demonstrative adjective.

    J'ai invité **tous mes copains.**   *I invited **all my friends.***

➡ **Tout** is used in several common expressions:

tout le monde	*everybody, everyone*	Où est **tout le monde?**
tout le temps	*all the time*	Olivier mange **tout le temps.**

➡ **Tout** may be used alone with the meaning *all, everything.*

    Tout est possible.   ***Everything** is possible.*

---

6 **La gourmandise** *(Gluttony)*

Les personnes suivantes sont des gourmands *(gluttons)*. Expliquez pourquoi.

▶ Patrick / manger / la glace
   Patrick a mangé toute la glace.

1. Valérie / manger / le fromage
2. Frédéric / finir / les gâteaux
3. Sophie / boire / le jus d'orange
4. Jean-Claude / prendre / la tarte
5. Juliette / manger / les fraises
6. Éric / boire / l'orangeade
7. Delphine / prendre / les cerises
8. Marc / finir / les desserts

7 **Quand?**

Voici certaines choses que nous faisons régulièrement. Complétez les phrases par **tous (toutes) les** + expression de temps.

▶ J'écoute mes cassettes <u>tous les jours (tous les weekends)</u>.

▶ Je téléphone à mes cousins <u>toutes les semaines (tous les dimanches, tous les mois)</u>.

1. Je regarde la télé . . .
2. Je fais mon lit . . .
3. Je range ma chambre . . .
4. Je vais au cinéma . . .
5. Je vais en ville . . .
6. Je vais au restaurant . . .
7. Mon père (Ma mère) fait les courses . . .
8. Le professeur donne un examen . . .

C. L'expression *il faut*

Note the use of the expression **il faut** in the following sentences.

À l'école, **il faut étudier.**	*At school,* **one has to study.**
Pour être heureux, **il faut avoir des amis.**	*To be happy,* **you (people, we) must have friends.**
Pour aller en Belgique, **il faut avoir** un passeport.	*To go to Belgium,* **it is necessary to have** *a passport.*

To express a GENERAL OBLIGATION or NECESSITY, the French use the construction:

> **il faut** + INFINITIVE

➡ To express what one SHOULD NOT do, the French use the negative construction **il ne faut pas** + INFINITIVE.

> **Il ne faut pas perdre** son temps.   ***You should not waste*** *your time.*

➡ To express PURPOSE, the French use the construction **pour** + INFINITIVE.

> **Pour réussir,** il faut travailler.   ***(In order) to succeed,*** *you have to work.*

---

8 **Oui ou non?**

Dites ce qu'il faut faire et ce qu'il ne faut pas faire.

▶ Pour réussir à l'examen . . .

- étudier   **Pour réussir à l'examen, il faut étudier.**
- être paresseux   **Il ne faut pas être paresseux.**

1. Pour être en bonne santé *(health)* . . .
   - faire des exercices
   - fumer *(smoke)*
   - manger trop de viande
2. Pour avoir des amis . . .
   - être généreux
   - être égoïste
   - être intolérant
3. Pour être heureux . . .
   - être pessimiste
   - avoir des amis sympathiques
   - avoir beaucoup d'argent
4. Quand on est pressé *(in a hurry)* . . .
   - aller à pied
   - prendre un taxi
   - prendre le bus
5. Quand on est en classe . . .
   - écouter le professeur
   - dormir
   - mâcher *(chew)* du chewing-gum
6. Quand on est invité à dîner . . .
   - être poli avec tout le monde
   - manger tous les plats
   - remercier *(thank)* l'hôtesse

À votre tour!

1 **Le pique-nique**

Avec votre partenaire, vous avez décidé d'organiser un pique-nique pour huit personnes. Décidez des choses que vous allez acheter et en quelles quantités. Écrivez votre liste de courses.

On achète du thon?

D'accord, achetons du thon.

Combien de boîtes est-ce qu'on achète?

cinq boîtes de thon

Achetons cinq boîtes.

La recette du croque-monsieur

Vous êtes dans un café en France et vous avez faim. Qu'est-ce que vous allez commander? Peut-être un sandwich ou une salade. Si vous préférez manger quelque chose de chaud, vous pouvez choisir une omelette ou une pizza. Ou bien, vous pouvez faire comme beaucoup de jeunes Français et commander un «croque-monsieur».

Les croque-monsieur sont des sandwichs chauds faits avec du jambon et du fromage. Pour manger un croque-monsieur, vous n'avez pas besoin d'aller en France. Vous pouvez le préparer chez vous. Voici une recette très simple.

Les ingrédients (pour deux croque-monsieur)

Pour faire deux croque-monsieur, il faut:°
- 4 tranches de pain
- 2 tranches de jambon
- 4 tranches de gruyère°
- un peu de beurre
- un peu de gruyère râpé°
- de la moutarde de Dijon (facultatif°)

(Les tranches de jambon et de fromage doivent avoir les mêmes dimensions que les tranches de pain.)

La recette

1. Allumez le gril° du four.

2. Dans une poêle,° faites fondre° un peu de beurre.

il faut *one needs* **gruyère** *a type of cheese* **râpé** *grated*   **facultatif** *optional* **gril** *broiler* **poêle** *frying pan* **fondre** *melt*

3. Avec une cuillère à café, passez le beurre fondu sur les tranches de pain.

4. Sur une plaque,° mettez deux tranches de pain (côté beurré° contre° la plaque).

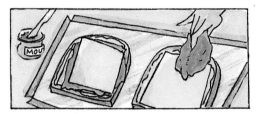

5. Sur chaque tranche, mettez successivement:
- un peu de moutarde
- une tranche de fromage
- une tranche de jambon
- une autre tranche de fromage

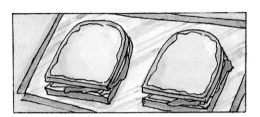

6. Recouvrez avec une autre tranche de pain beurré (côté beurré à l'extérieur).

7. Mettez les deux croque-monsieur au four pendant trois minutes.

8. Avec une spatule, retournez les deux croque-monsieur. Remettez° au four pendant une ou deux minutes.

9. Mettez le gruyère râpé sur les croque-monsieur. Remettez au four pendant une minute.

10. Retirez° du four et mettez les deux croque-monsieur sur deux assiettes. Mangez chaud. Bon appétit!

*À noter: Vous pouvez faire aussi des «croque-madame». Pour cela, mettez un oeuf frit sur chaque croque-monsieur.

plaque *baking sheet*   **côté beurré** *buttered side*   **contre** *against*   **Remettez** *Put back*   **Retirez** *Take out*

Quatre surprises

Avant de lire

The title of this reading is easy to understand: "Four Surprises."

Take a moment to skim over the story, reading the paragraphs below the subheads. The first section is entitled **L'invitation.** Can you figure out what kind of an invitation it is?

Now look at the pictures. What do you think the four surprises are? Write down your four guesses on a piece of paper. Then read the story to see how many you got right.

L'invitation

Paul et David sont deux étudiants américains. Avec l'argent qu'ils ont économisé cette année, ils ont décidé de passer un mois en France. Ils viennent d'arriver à Paris. Malheureusement, ils n'ont pas d'amis français.

> PAUL: Tu connais des gens à Paris?
> DAVID: Non, je ne connais personne. Et toi?
> PAUL: Moi non plus. Attends, si! Ma soeur Christine a une correspondante° française qui habite à Paris. Je crois° que j'ai son nom dans mon carnet d'adresses.

Paul regarde dans son carnet d'adresses.

> PAUL: Voilà. La copine de ma soeur s'appelle Nathalie Descroix. J'ai son numéro de téléphone . . .
> DAVID: Eh bien, téléphone-lui!
> PAUL: Bon, d'accord. Je vais lui téléphoner.

Paul compose° le numéro de Nathalie. Celle-ci° répond. Paul explique qu'il est le frère de Christine et qu'il est à Paris avec un copain. Nathalie propose d'inviter les deux garçons à déjeuner.

> NATHALIE: Tu es libre mardi en huit?°
> PAUL: Oui, bien sûr.
> NATHALIE: Est-ce que tu veux déjeuner chez moi avec ton copain?
> PAUL: Avec grand plaisir. Où est-ce que tu habites?
> NATHALIE: J'habite une modeste chambre d'étudiante au 125, rue de Sèvres.
> PAUL: À quel étage?
> NATHALIE: Au sixième étage. Donc, je vous attends° mardi en huit à midi. Mais je vous préviens, ce sera° un repas très simple.
> PAUL: Merci beaucoup pour ton invitation. À bientôt.
> NATHALIE: Au revoir, à bientôt.

Dans son carnet, Paul note la date du 8 juillet.

Mots utiles

un carnet d'adresses	address book
expliquer	to explain
libre	free
un étage	floor
prévenir	to warn, tell in advance

correspondante pen pal **crois** believe, think
compose dials **Celle-ci** The latter (= Nathalie)
mardi en huit a week from Tuesday
je vous attends I'm expecting you **sera** will be

Avez-vous compris?

1. Qui sont Paul et David? Qui est Nathalie?
2. Quelle est l'invitation de Nathalie?
3. Où est-ce que Nathalie habite?

Première surprise

Le 8 juillet, Paul et David ont mis leurs plus beaux vêtements. Ils ont acheté un gros bouquet de fleurs et il sont allés chez Nathalie.

Arrivé devant l'immeuble° du 125, rue de Sèvres, Paul a regardé son carnet. «Nathalie habite au sixième étage.» Paul et David sont entrés dans l'immeuble. Puis ils ont monté les escaliers et compté les étages. «Deux, trois, quatre, cinq, six.»

PAUL: Nous sommes au sixième étage.

DAVID: Et voilà la chambre de Nathalie.

Sur une porte, il y a en effet° une carte avec le nom: DESCROIX.

Paul a sonné. Pas de réponse.
Il a sonné deux fois,° trois fois, quatre fois . . .
Toujours pas de réponse.

DAVID: Tu es sûr que Nathalie habite ici?

PAUL: Mais oui. Son nom est inscrit° sur la porte.

DAVID: Regarde, il y a une enveloppe sous le tapis.

PAUL: C'est sûrement pour nous.

Paul a ouvert° l'enveloppe. Il a trouvé° des clés avec la note suivante:°

Mots utiles	
gros, grosse	big, large
les escaliers	stairs
compter	to count
sonner	to ring (the doorbell)
un tapis	rug
une clé	key

Chers amis,
 Excusez-moi si je ne suis pas ici pour vous accueillir.° Ce matin, j'ai dû aller à l'hôpital rendre visite à une amie qui a eu un accident. Ce n'est pas grave, mais je ne serai pas de retour° avant trois heures. Entrez chez moi et faites comme chez vous. Le déjeuner est préparé. Ne m'attendez pas.
 À bientôt, N.D.

Avez-vous compris?

1. Quel jour est-ce que Paul et David sont allés chez Nathalie?
2. Comment sont-ils montés chez elle?
3. Quelle est la première surprise?

immeuble (apartment) building **en effet** in fact **fois** times **inscrit** written **a ouvert** opened
a trouvé found **suivante** following **pour vous accueillir** to welcome you
je ne serai pas de retour I won't be back

185

Deuxième surprise

Paul a pris les clés et il a ouvert la porte.

Une autre surprise attend les deux garçons. En effet, ce n'est pas dans «une modeste chambre d'étudiante» qu'ils sont entrés, mais dans un appartement relativement petit, mais très moderne et très confortable.

Et sur la table de la salle à manger est servi un magnifique repas froid. Il y a du saumon fumé,° du poulet rôti° avec de la mayonnaise, une salade, un grand nombre de fromages différents et, comme dessert, un énorme gâteau au chocolat.

DAVID: Nathalie a parlé d'un repas très simple, mais en réalité, elle a préparé un véritable festin.°

PAUL: C'est vrai. Nous allons nous régaler!°

DAVID: On commence?

PAUL: Non! Attendons Nathalie. C'est plus poli.

DAVID: Tu as raison. Attendons-la!

Paul et David ont attendu, mais il est maintenant une heure et Nathalie n'est toujours pas là.

DAVID: J'ai faim.

PAUL: Moi aussi, j'ai une faim de loup.°

DAVID: Alors, déjeunons! Après tout, Nathalie a dit de ne pas attendre.

Les garçons ont pris plusieurs tranches° de saumon fumé. «Hm, c'est délicieux.» Puis, ils ont mangé du poulet rôti. «Fameux° aussi!» Puis ils ont pris de la salade et ils ont goûté à tous les fromages. Finalement, ils sont arrivés au dessert. Ils ont pris un premier morceau de gâteau au chocolat, puis un deuxième, puis un autre et encore° un autre ... Bientôt, ils ont fini tout le gâteau.

DAVID: Quel repas merveilleux! Nathalie est une excellente cuisinière.°

PAUL: C'est vrai ... Mais, euh, maintenant je suis fatigué.

DAVID: Euh, moi aussi ...

Paul et David ont quitté la table. Ils se sont assis° sur le sofa. Quelques minutes plus tard, ils sont complètement endormis.°

Pendant qu'ils dormaient° le téléphone a sonné plusieurs fois. Dring, dring, dring, dring, dring ... Mais personne n'a répondu.

Mots utiles	
énorme	enormous
commencer	to begin
poli(e)	polite
plusieurs	several
goûter	to taste

Avez-vous compris?

1. Quelle est la deuxième surprise?
2. Qu'est-ce qu'il y a pour le déjeuner? Qu'est-ce que Paul et David pensent du repas?
3. Pourquoi n'ont-ils pas répondu au téléphone?

du saumon fumé *smoked salmon* **rôti** *roast* **véritable festin** *real feast* **Nous allons nous régaler!** *We're going to enjoy a delicious meal!* **j'ai une faim de loup** *I'm as hungry as a wolf* **tranches** *slices* **Fameux** *Great* **encore** *still* **cuisinière** *cook* **se sont assis** *sat down* **endormis** *asleep* **dormaient** *were sleeping*

Troisième surprise

Il est maintenant trois heures. Quelqu'un est entré dans l'appartement. Paul et David se sont réveillés.°

DAVID: Tiens, voilà Nathalie.

PAUL: Bonjour, Nathalie.

Mais la personne qui est entrée n'est pas Nathalie. C'est une dame d'une cinquantaine d'années,° très élégante. Elle a l'air très surprise.

LA DAME: Qu'est-ce que vous faites ici?

Paul et David, à leur tour,° sont très surpris.

PAUL: Nous attendons notre amie Nathalie.

LA DAME: Votre amie Nathalie n'habite pas ici.

DAVID: Mais alors, chez qui sommes-nous?

LA DAME: Vous êtes chez moi.

PAUL: Mais alors, qui êtes-vous?

Maintenant la dame sourit.

LA DAME: Je suis la tante de Nathalie et vous, vous êtes certainement ses amis. À votre accent, je vois que vous êtes américains. Elle m'a parlé de vous.

PAUL: Oh, excusez-nous, madame. Nathalie s'est trompée° quand elle nous a donné son adresse. Elle a dit qu'elle habitait° au sixième étage.

La dame semble s'amuser.°

LA DAME: Mais non, elle ne s'est pas trompée. Nathalie habite bien° une chambre d'étudiante au sixième, l'étage au-dessus. C'est vous qui vous êtes trompés! Vous êtes ici au cinquième étage.

DAVID: Au cinquième étage? Je ne comprends pas! Nous avons compté les étages.

LA DAME: Votre erreur est bien excusable. Notre premier étage en France correspond au deuxième étage américain. Ainsi, vous avez pensé être au sixième étage. En réalité, vous êtes seulement au cinquième.

PAUL: Ça, par exemple!°

DAVID: Et le repas?

LA DAME: Je l'ai préparé pour des amis qui viennent passer la journée à Paris.

PAUL: Et la note sous le tapis?

LA DAME: Je l'ai écrite pour dire à mes amis que ... Mais, au fait,° où sont-ils?

Le téléphone sonne à nouveau. La dame va répondre. Elle revient au bout de quelques minutes.

LA DAME: Ce sont justement mes amis qui viennent de téléphoner. Ils m'ont dit qu'ils ont téléphoné plusieurs fois. Ils ont eu une panne° ...

PAUL: Tout s'explique!°

LA DAME: Pour vous et pour moi, mais pas pour Nathalie. Ma nièce vous attend certainement. Allez vite chez elle!

se sont réveillés woke up
d'une cinquantaine d'années about fifty years old
à leur tour in turn   s'est trompée made a mistake
habitait lived   s'amuser to be amused   bien indeed
Ça, par exemple! What do you know!   au fait as a matter of fact
panne breakdown   Tout s'explique! That explains everything!

Mots utiles

sourire	to smile
sembler	to seem
au-dessus	above
une erreur	mistake, error
à nouveau	again
au bout de	at the end of

Avez-vous compris?

1. Qui est la personne qui est entrée dans l'appartement? Pourquoi a-t-elle l'air très surprise?
2. Quelle est la troisième surprise?
3. Pour qui le repas a-t-il été préparé?

Quatrième et dernière surprise

Paul et David sont montés à l'étage supérieur. Ils ont sonné à l'appartement de Nathalie. Celle-ci a ouvert la porte.

PAUL: Bonjour! Nathalie?

Nathalie a l'air étonnée.

NATHALIE: Oui, c'est moi. Et vous, vous êtes . . . ?
PAUL: Je suis Paul. Et voici mon copain David.
NATHALIE: Ah, enchantée! Quelle bonne surprise!

Paul, à son tour, est très étonné de l'air surpris de Nathalie.

PAUL: Euh . . . nous nous excusons de° . . .
NATHALIE: Ne vous excusez pas. Je suis très contente de vous voir. Vous avez de la chance car° j'avais l'intention d'aller au cinéma cet après-midi.
PAUL: Au cinéma? Et l'invitation à déjeuner?
NATHALIE: Quel déjeuner? . . . Ah, oui. J'espère que vous n'avez pas changé d'avis. Je compte absolument sur vous mardi prochain.
DAVID: Comment? Ce n'est pas pour aujourd'hui?
PAUL: Tu as dit «mardi huit». Nous sommes bien le 8 juillet aujourd'hui!
NATHALIE: Non, j'ai dit «mardi en huit». C'est différent. «Mardi en huit» signifie le mardi de la semaine prochaine. Mais au fait, vous avez probablement faim. Malheureusement, je n'ai rien préparé. Ah, si, attendez. J'ai un gâteau au chocolat. Je vais le chercher.°
DAVID: Euh, non merci. Pas aujourd'hui.
NATHALIE: Comment? Vous n'aimez pas le gâteau au chocolat?
DAVID: Si, mais . . .

Mots utiles	
supérieur(e)	*higher*
étonné(e)	*astonished, surprised*
changer d'avis	*to change one's mind*
signifier	*to mean*

Avez-vous compris?

1. Qui habite à l'étage supérieur?
2. Quelle est la quatrième surprise de Paul et de David et la cause de leur erreur?
3. Pourquoi est-ce qu'ils ne veulent pas manger le gâteau de Nathalie?

nous nous excusons de *we're sorry to*   **car** = parce que   **Je vais le chercher.** *I'll go get it.*

L'ART DE LA LECTURE

By now you know that there is not always a word-for-word correspondence between French and English. For example, the French say **je m'appelle . . .** *(I call myself . . .)*, whereas Americans normally say *my name is . . .* However, you can frequently guess what a French phrase means, even though in English you would express it differently.

For example, in the story you have just read, when Nathalie's aunt enters the apartment, **elle a l'air très surprise** (word-for-word: *"she has the air very surprised"*). You know what this description means, even though in normal English you would word it differently, saying: *she looks* (or *seems*) *very surprised.*

Exercice de lecture

How would you express the following phrases in everyday English? (You may want to go back to the story and see how they are used.)

- **mardi en huit** *("Tuesday in eight")*
- **à bientôt** *("till soon")*
- **être de retour** *("to be of return")*
- **faites comme chez vous** *("do as at your house")*

Cognate pattern: ^ ↔ -s-
un hôpital ↔ *hospital*
une forêt ↔ *?*
un poulet rôti ↔ *?*

Cognate pattern: -té ↔ -ty
la réalité ↔ *reality*
la société ↔ *?*
l'autorité ↔ *?*

Cognate pattern: -(vowel) ↔ -te
poli ↔ *polite*
absolu ↔ *?*
favori ↔ *?*

Cognate pattern: -eur ↔ -or
une erreur ↔ *error*
un inspecteur ↔ *?*
un réfrigérateur ↔ *?*

PROTÉGEZ LA FORÊT

ARIF
ACTION
RÉGIONALE
D'INFORMATION
SUR LA FORÊT
MINISTÈRE DE L'AGRICULTURE
CONSEIL RÉGIONAL PROVENCE ALPES COTE D'AZUR

REPRISE 500 F
de votre ancien
RÉFRIGÉRATEUR
ou CONGÉLATEUR

MODERNITÉ ET TRADITION

Électricité de France International

Les loisirs et les spectacles

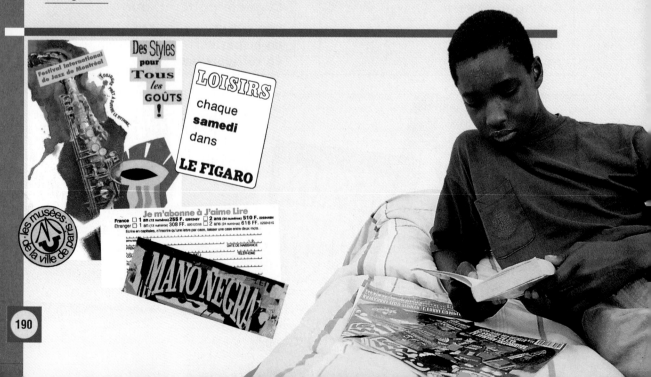

Culture

In this unit, you will learn . . .
- where French young people like to go in their free time
- what kind of entertainment they prefer

You will discover that they love movies and are avid music fans.

Communication

You will learn how . . .
- to describe and discuss various forms of entertainment
- to discuss the types of movies you like
- to talk about your favorite movie and rock stars
- to extend, accept, and turn down invitations
- to write a letter in French
- to talk about what you like to read

You will also learn how . . .
- to talk about people whom you know
- to describe your relationship with them

LE FRANÇAIS PRATIQUE

Allons au spectacle

Aperçu culturel... Le monde des spectacles

Théâtre, musique ou cinéma? Quel spectacle choisir quand on veut sortir?
Pour la majorité des Français, le cinéma est de loin le spectacle favori.
Les jeunes y vont généralement avec leurs copains le samedi après-midi ou
le samedi soir. Leurs films préférés sont les films d'action et les films comiques.

Quand ils ont assez d'argent pour acheter des billets, les jeunes vont aussi
au concert. Là, ils peuvent écouter et applaudir leurs chanteurs et leurs groupes
favoris.

Les jeunes Français fréquentent les musées assez régulièrement. Ils y vont
non seulement pour admirer les oeuvres des grands artistes, mais aussi pour
rencontrer leurs copains.

1. Devant le cinéma Le Triomphe.
Ces jeunes font la queue pour
aller voir le dernier film de
Gérard Depardieu.

Devant le cinéma Le Triomphe

Devant la Villette

2. La salle de concert de la Villette a une capacité
de 6 400 spectateurs. On vient ici pour écouter
les grandes vedettes internationales
de la chanson et du rock.

En face du Centre Pompidou

3. Sur le parvis, en face du Centre Pompidou,
il y a toujours des acrobates, des jongleurs et
des musiciens. Ici, le spectacle est gratuit...

4. Un ciné-club. Beaucoup de lycées ont un ciné-club. Là, on peut voir les grands classiques du cinéma français et étranger. Après la présentation du film, il y a généralement une discussion sur ce film.

Un ciné-club

Au Musée du Cinéma

5. Si on s'intéresse à l'histoire du cinéma, on peut visiter le Musée du Cinéma à Paris. Là, on peut voir les premiers appareils de cinéma, le «kinétoscope» d'Edison* et le «cinématographe» des frères Lumière. **

*Thomas Edison (1847-1931), inventeur américain du cinéma.
**Auguste Lumière (1862-1954) et Louis Lumière (1864-1948), inventeurs français du cinéma.

Le Musée d'Orsay

6. Devant le Musée d'Orsay. Ces jeunes attendent leurs copains. Ensuite, ils visiteront le musée.

Gérard Depardieu

7. Grand, costaud, sympathique, Gérard Depardieu est l'acteur préféré des Français. Acteur aux multiples talents, il a joué des rôles très différents dans un grand nombre de films.

Isabelle Adjani

8. Mystérieuse et romantique, Isabelle Adjani a commencé sa carrière dans le théâtre classique. Aujourd'hui, c'est l'une des grandes stars du cinéma français.

Jean-Jacques Goldman

9. Inspiré par les chanteurs américains comme Eddie Cochran et Aretha Franklin, Jean-Jacques Goldman est l'un des représentants du rock français. Ses disques sont souvent en tête du «hit-parade» français.

A. Les spectacles

—Tu sors souvent?

Oui, je sors assez souvent.

Je vais au concert │ **une fois** (once) │ **par semaine.**
│ **deux fois** (twice) │ **par mois**
│ **trois fois** (three times) │ **par an**
│ **plusieurs fois**

Tu sors souvent?

Oui, je sors assez sou[vent].
Je vais au concert
trois fois par an.

On va . . .	pour . . .	
au cinéma (au ciné)	voir │ **un film.** │ **un acteur / une actrice**	
au théâtre	voir **une pièce de théâtre** (play).	
au concert	entendre │ **un orchestre** (band, orchestra). │ **un groupe** │ **un chanteur/une chanteuse** (singer) │ **une chanson** (song)	
au musée	voir **une exposition** (exhibit).	
au stade	assister à **un match** (game). voir │ **une équipe** (team). │ **un joueur / une joueuse** (player)	

1 **Conversation**

Demandez à vos camarades qui sont
leurs personnes favorites.
[Attention: **favori** (m.), **favorite** (f.)]

▶ l'acteur

Qui est ton acteur favori?

C'est Kevin Costner.

1. l'actrice
2. la chanteuse
3. le chanteur
4. l'orchestre
5. le groupe
6. la chanson

7. le joueur de basket
8. la joueuse de tennis
9. le joueur de baseball
10. le joueur de football
11. l'équipe de baseball
12. l'équipe de basket

2 **Combien de fois?**

Décrivez vos loisirs en choisissant un élément de chaque colonne.

Je vais	au cinéma	une fois par semaine
	au théâtre	une ou deux fois par mois
	au concert	une ou deux fois par an
	au musée	plusieurs fois par an
	au stade	pratiquement jamais

stade 2

Ski • Tennis •
Sports d'Equipe •
Equitation
78250 Meulan   (1) 34 74 53 47

LE PASSEPORT
SPECTACLES

Théâtre • Opéra • Concert •
Danse • Cinéma • Musique

MOINS CHER

S.O.S. SPECTACLES
7 rue Neuve - 69001 LYON
Tél. 78.28.83.50

3 **Questions personnelles**

1. Est-ce qu'il y a un cinéma dans le quartier où tu habites? Comment s'appelle-t-il?
2. Es-tu allé(e) au cinéma récemment *(recently)*? Où? Quel film est-ce que tu as vu? Quels acteurs et quelles actrices jouent dans ce film? Est-ce qu'ils jouent bien dans ce film? Dans quels autres films est-ce qu'ils ont joué?

3. Est-ce que tu vas souvent au concert? Quel genre de musique est-ce que tu préfères? (le rock? le rap? la musique classique?)
4. Est-ce que tu joues dans un orchestre? dans un groupe musical? Comment s'appelle-t-il?

5. Est-ce qu'il y a un club de théâtre à ton école? Quelle pièce est-ce qu'on a jouée récemment?
6. Est-ce que tu as joué dans une pièce de théâtre ou dans une comédie musicale? Quel rôle?

7. Est-ce que tu joues dans une équipe? Dans quelle sorte d'équipe? (basket? baseball? football?)

8. Est-ce que tu es allé(e) à une exposition récemment? Où? Qu'est-ce que tu as vu?
9. Est-ce qu'il y a un musée dans ta ville ou dans ta région? Comment s'appelle-t-il? Quel genre de musée est-ce? un musée scientifique ou historique? un musée de beaux arts *(fine arts)*?

B. Au cinéma

(speech bubbles in photo): Quel film est-ce qu'on joue?

On joue «L'île aux pachydermes 5».

—Quel film est-ce qu'on joue?
Qu'est-ce qu'on joue?

    On joue «Un taxi pour Macao».

—Quelle **sorte** | de film est-ce?
Quel **genre** |

    C'est un film d'aventures.

—À quelle heure **commence** | le film?
                          | **la séance**

    Il/Elle commence à huit heures et demie.

—Combien **coûtent** | **les billets?**
               | **les places**

    Ils/Elles coûtent 35 francs.

> **une sorte:** *kind, sort*
> **un genre:** *type, kind*

> **commencer:** *to begin*
> **la séance:** *show*

> **coûter:** *to cost*
> **un billet:** *ticket*
> **une place:** *seat*

Quel genre de film est-ce?
C'est ...
    un film d'aventures (action movie)
    un film policier (detective movie)
    un film d'horreur
    un film de science-fiction
    un drame psychologique
    un dessin animé (cartoon)

    une comédie
    une comédie musicale

l'officiel des spectacles

EXPLICATION DES SIGNES
GENRE DES FILMS

○ Films classés X   ◊ Recommandés aux très jeu
□ Interdits aux moins de 16 ans   (vo): version originale
△ Interdits aux moins de 12 ans   (va): version anglaise

A Aventure	F Fantastique Science-Fiction	M Film musica
B Biographie	G Guerre	O Comédie dramatique
D Comédie	H Historique	P Policier Espionnage
C Drame	J Dessin animé Vie animaux	W Western
E Epouvante Horreur	K Karaté	X Divers

■ NOTE ■
CULTURELLE

Au cinéma en France

Le cinéma est le spectacle préféré des jeunes Français.
    Pour choisir un film, on peut acheter le journal et regarder
la liste des films à la page des spectacles. (À Paris on peut
acheter *Pariscope* ou *l'Officiel des spectacles* qui donnent
tous les spectacles de la semaine.)
    En général, on a le choix entre plusieurs séances. La séance
de l'après-midi s'appelle **une matinée.** La séance du soir
s'appelle **une soirée.**
    Quand il y a beaucoup de monde, on doit **faire la queue** *(wait,
stand in line).* On achète les billets au **guichet** *(ticket window).*

4 Au cinéma

Ce soir, vous avez décidé d'aller au cinéma. Choisissez un film de la liste. Demandez à un(e) camarade s'il (si elle) veut venir avec vous. Votre partenaire va vous demander des précisions. Composez le dialogue en suivant les instructions et jouez ce dialogue en classe.

VOUS: Est-ce que tu veux aller au *(name of movie theater)*?
PARTENAIRE: *Ask what is playing.*
VOUS: ...
PARTENAIRE: *Ask what kind of movie it is.*
VOUS: ...
PARTENAIRE: *Ask what the tickets cost.*
VOUS: ...
PARTENAIRE: *Ask when the movie starts.*
VOUS: ...
PARTENAIRE: *Decide whether you want to go or not and give your reasons why.*

cinéma	film	première séance à	prix des billets
Vox	**ROCKY VI**	18 h 30	40F
Majestic	LES PIRATES DE L'ÎLE ROUGE	20h	35F
Palace	**LES EXTRA-TERRESTRES CONTRE-ATTAQUENT**	19 h 30	40F
Gaumont	**LE SECRET DE JAMES BOND**	19 h	35F
Studio 25	*LE RETOUR DE DRACULA*	19 h 45	40F

LES FILMS DE LA SEMAINE

Dans beaucoup de cinémas, on ne peut pas choisir sa place. Une **ouvreuse** *(usherette)* prend votre billet et vous accompagne à votre place. On lui donne **un pourboire** *(tip)*.

La séance commence généralement par des **annonces publicitaires** *(advertising)*, puis par l'annonce des prochains films. Il y a souvent **un court métrage** *(short film)*. Puis le film commence.

Parfois il y a un **entracte** *(intermission)* avant la projection du film. Pendant cet entracte, l'ouvreuse passe dans la salle et vend des glaces et **des bonbons** *(candy)* aux spectateurs.

C. Les invitations

> Dis, Jérôme, est-ce que tu es libre samedi?

> Oui, je suis libre.

Comment inviter quelqu'un:

—Dis, Jérôme, est-ce que tu es **libre** samedi?

| **libre:** *free* |

    Oui, je suis libre.

    Non, | je ne suis pas libre.
             | je suis **occupé(e)**

| **occupé:** *busy* |

—Est-ce que tu veux | sortir | avec moi?
                   | dîner
                   | aller au cinéma |

---

5 Invitations

Créez des dialogues où vous invitez des copains aux spectacles suivants.

> Qu'est-ce que tu fais samedi?

> Je suis libre.

> Tu veux voir un film avec moi?

> Oui, avec plaisir. Quel film?

> «Le Retour de Zorro».

> Où?

▶ samedi   1. dimanche   2. lundi soir   3. mardi soir   4. mercredi après-mi

LE RETOUR DE ZORRO   le Rex

James Bond contre DOCTEUR NO   le Cyrano

Roméo et Juliette   le Théâtre Français

CONCERT DE MANO NEGRA   L'OLYMPIA

Exposition *Cézanne*   le Musée d'Orsay

Comment accepter l'invitation:

D'accord.
Oui, bien sûr.
Oui, je veux bien.
Volontiers!
Avec plaisir!

> **d'accord:** *OK, all right*

> **volontiers:** *Sure! I'd love to!*
> **le plaisir:** *pleasure*

 Comment refuser poliment l'invitation:

Je regrette.
Je suis désolé(e).
Je voudrais bien . . . *(I would like to)*
Je te remercie . . . *(I thank you)*

mais . . . | je ne peux pas.
            | j'ai d'autres **projets**
            | je n'ai pas **le temps**
            | je dois travailler

> **regretter:** *to be sorry*
> **désolé:** *very sorry*

> **un projet:** *plan*
> **le temps:** *time*

6 Situations

Avec vos camarades, composez des dialogues correspondant aux situations suivantes.
Jouez ces dialogues en classe.

Au Rex.

D'accord.

Alors, à samedi!

5. demain   6. ??

MATCH de FOOTBALL
France-Italie

le Parc des Princes

Isabelle

1. Isabelle téléphone à Jean-Paul.
Elle propose d'aller à un concert de rock.
Jean-Paul demande quand.
Isabelle répond samedi.
Jean-Paul accepte.

Jean-Paul

2. Christophe veut sortir avec Juliette.
Elle n'est pas libre samedi, mais
elle est libre dimanche.
Christophe invite Juliette dans
un restaurant japonais.
Elle accepte l'invitation.

Christophe et Juliette

3. Marc propose à Sandrine d'aller
au cinéma lundi et au théâtre jeudi.
Sandrine n'aime pas tellement Marc.
Elle refuse les deux invitations
en inventant des excuses différentes.

Marc et Sandrine

Au Jour Le Jour

Au concert en France

1. Quel spectacle est annoncé sur cette affiche?
2. Comment s'appelle la chanteuse? Est-ce que tu la connais? De quelle nationalité est-elle?
3. Où a lieu *(takes place)* le concert?
4. Quel jour a lieu le concert?
5. À quelle heure est la séance?
6. Comment est-ce qu'on peut réserver les billets?

Quelques grands succès du cinéma

Voici les titres français et les titres anglais de dix grands succès du cinéma.
Ces titres ne sont pas placés dans le même ordre. Pouvez-vous faire
correspondre les titres français et les titres anglais de ces films?

CINÉMA REX

1. Autant en emporte le vent	a. Star Wars
2. Le magicien d'Oz	b. Back to the Future
3. Le Roi lion	c. The Lion King
4. La guerre des étoiles	d. Indiana Jones and the Temple of Doom
5. Les aventuriers de l'Arche Perdue	e. Beverly Hills Cop
6. Danse avec les loups	f. Gone with the Wind
7. Le retour vers le futur	g. Raiders of the Lost Ark
8. Le flic de Beverly Hills	h. Dances with Wolves
9. L'empire contre-attaque	i. The Wizard of Oz
10. Indiana Jones et le temple maudit	j. The Empire Strikes Back

Discussion

Choisissez l'un de ces films et discutez de ce film avec vos camarades.
Voici quelques questions que vous pouvez poser:

- Quelle sorte de film est-ce?
- Qui sont les acteurs principaux?
- Où as-tu vu ce film? (au cinéma? à la télévision? sur vidéocassette?)
- Quand as-tu vu ce film?
- Est-ce que tu as aimé ce film? Pourquoi ou pourquoi pas?

Un jeu

En groupe, choisissez l'un des films de la liste ou un film que vous avez vu récemment. Composez un petit paragraphe où vous décrivez ce film. Le porte-parole (spokesperson) du groupe va lire la description au reste de la classe qui va essayer de deviner (try to guess) le nom du film.

▶ C'est un film américain assez ancien. C'est un film historique qui a lieu pendant la guerre civile américaine. On assiste au siège d'Atlanta. L'acteur principal est Clark Gable. Il joue le rôle de Rhett Butler, un homme riche. L'actrice principale est Vivien Leigh. Elle joue le rôle de Scarlett O'Hara.

LE NOM DU FILM: «AUTANT EN EMPORTE LE VENT».

14 LEÇON

Vidéo-scène

Un petit service

Ce weekend, il y a un grand concert à Annecy. Pierre voudrait bien aller au concert avec Armelle, mais il a un problème. Il n'a pas assez d'argent pour acheter les billets. Heureusement, Pierre a une ressource: son frère Jérôme.

Pierre est à la maison. Il lit des bandes dessinées.

Jérôme arrive. Pierre est très content de voir son frère.

Tiens, Jérôme! Quelle bonne surprise! Ça va?

Oui, ça va, ça va.

Dis, dis, dis, Jérôme . . .

Oui?

Est-ce que je peux te demander un petit service? Est-ce que tu peux me prêter de l'argent?

Te prêter de l'argent? Non, mais dis donc, tu exagères! Je t'ai prêté cent francs la semaine dernière . . . . . . que tu ne m'as pas rendus!

Pierre s'excuse.

Euh . . . oui, excuse-moi . . .

Bon, et puis d'abord, est-ce que tu peux me dire pourquoi tu as besoin d'argent?

Euh . . . c'est que je voudrais inviter ma copine Armelle au concert de Mano Negra . . . Et . . . je suis fauché!

Mais il insiste un peu . . .

Alors, vraiment, tu ne peux pas m'aider?

Non!

Ah ça, c'est bien toi! . . . Bon! Tu veux combien?

Oh . . . , tu peux me prêter deux cents francs?

D'abord, Jérôme refuse . . .

Ah non! C'est trop!

Bon, ben alors, prête-moi cent francs. . . . S'il te plaît!

Ouais, ouais, ouais j'ai compris . . . Merci, Jérôme! T'es vraiment super!

Tiens, voilà . . . Et écoute-moi bien . . . C'est la <u>dernière</u> fois que je te prête de l'argent! T'as compris? . . .

Maintenant, Pierre peut inviter Armelle au concert. Il est très heureux!

à suivre . . .

Compréhension

1. Quel est le problème de Pierre?
2. Qu'est-ce qu'il demande à Jérôme?
3. Combien d'argent est-ce que Jérôme a prêté à Pierre la semaine dernière?
4. Combien d'argent est-ce que Pierre veut aujourd'hui?
5. Combien d'argent est-ce que Jérôme lui donne?

A. Les pronoms compléments: *me, te, nous, vous*

The words in heavy type are called OBJECT PRONOUNS.
Note the form and position of these pronouns in the sentences below.

—Tu **me** parles?	*Are you talking **to me?***
—Oui, je **te** parle!	*Yes, I'm talking **to you!***
—Tu **nous** invites au concert?	*Are you inviting **us** to the concert?*
—Oui, je **vous** invite.	*Yes, I'm inviting **you.***

FORMS

The object pronouns that correspond to **je, tu, nous,** and **vous** are:

je	**me (m')**	*me, to me*	Éric **me** téléphone.	Il **m'**invite.
tu	**te (t')**	*you, to you*	Anne **te** parle.	Elle **t'**écoute aussi.
nous	**nous**	*us, to us*	Tu **nous** téléphones.	Tu **nous** invites.
vous	**vous**	*you, to you*	Je **vous** parle.	Je **vous** écoute.

➡ **Me** and **te** become **m'** and **t'** before a VOWEL SOUND.

POSITION

In French, object pronouns come IMMEDIATELY BEFORE the verb.

AFFIRMATIVE

Je **te** téléphone ce soir.
Tu **nous** invites au cinéma.

NEGATIVE

Je ne **te** téléphone pas demain.
Tu ne **nous** invites pas au concert.

① Conversation

Demandez à vos camarades s'ils vont faire les choses suivantes pour vous. Ils vont accepter.

▶ inviter au ciné?
—**Tu m'invites au ciné, d'accord?**
—**D'accord, je t'invite au ciné.**

1. inviter au concert?
2. téléphoner ce soir?
3. aider à faire le problème de maths?
4. passer tes notes de français?
5. attendre après la classe?
6. amener au musée?
7. rendre visite ce weekend?
8. apporter un sandwich?

② Mes amis et moi

Choisissez trois personnes de la liste et dites ce qu'elles font ou ce qu'elles ne font pas pour vous. Pour cela, utilisez les verbes suggérés dans des phrases de votre choix. Utilisez aussi votre imagination!

- mon frère
- ma soeur
- mon copain
- ma copine
- mes voisins
- mes cousins
- mes professeurs
- mon chien
- mon chat

| aimer |
| écouter |
| **obéir** *(to obey)* |
| téléphoner |
| comprendre |
| parler |
| inviter |
| rendre visite |

▶ **Mon chien m'aime mais il ne m'obéit pas.**
▶ **Ma copine me téléphone tous les jours après le dîner.**

Vocabulaire: Rapports et services personnels

présenter . . . à	*to introduce . . . to*	Je **présente** mon copain **à mes parents.**
apporter . . . à	*to bring . . . to*	Tu **apportes** un cadeau *(gift)* **à ta mère.**
donner . . . à	*to give . . . to*	Éric **donne** son adresse **à Pauline.**
montrer . . . à	*to show . . . to*	Nous **montrons** nos photos **à nos amis.**
prêter . . . à	*to lend, loan . . . to*	Anne **prête** son vélo **à Valérie.**
rendre . . . à	*to give back . . . to*	Je **rends** le dictionnaire **au prof.**

Je rends le dictionnaire au prof.

③ Pas de problème!

Les personnes soulignées ont besoin de certaines choses. Heureusement, elles ont des amis qui les aident. Expliquez cela d'après le modèle. Faites des phrases en utilisant le pronom qui correspond à la personne soulignée.

▶ <u>Tu</u> as soif. (Cécile / apporter de la limonade)
Pas de problème! Cécile t'apporte de la limonade.

1. <u>Nous</u> avons faim. (Marc / apporter des sandwichs)
2. <u>Vous</u> organisez une boum. (Céline / prêter ses cassettes)
3. <u>Je</u> ne comprends pas la leçon. (Pauline / montrer ses notes)
4. <u>Tu</u> veux prendre une photo. (Nicolas / prêter son appareil-photo)
5. <u>Je</u> veux téléphoner à Sophie. (Sa cousine / donner son numéro de téléphone)
6. <u>Nous</u> allons à Paris. (Thomas / donner l'adresse de son copain français)
7. <u>Vous</u> voulez étudier. (Philippe / rendre vos livres)
8. <u>Tu</u> veux faire une promenade à la campagne. (Vincent / rendre ton vélo)
9. <u>Tu</u> veux rencontrer de nouveaux copains. (Sophie / présenter à ses amis)

B. Les pronoms *me, te, nous, vous* à l'impératif

Look at the following commands. Compare the position and form of the object pronouns.

AFFIRMATIVE	NEGATIVE
Téléphone-**moi** ce soir.	Ne **me** téléphone pas après onze heures.
Invite-**moi** au concert.	Ne **m'**invite pas au théâtre.
Apportez-**nous** une pizza.	Ne **nous** apportez pas de sandwichs.

In AFFIRMATIVE commands, the object pronoun comes AFTER the verb and is attached with a hyphen.
➡ Note: **me** becomes **moi.**

In NEGATIVE commands, the object pronoun comes BEFORE the verb.

---

4 Emprunts *(Borrowing things)*

Demandez à vos camarades de vous prêter certaines choses et expliquez pourquoi.

S'il te plaît, prête-moi <u>ton vélo</u>.

Pourquoi?

Je voudrais <u>aller à la campagne</u>.

Bon, d'accord. Voilà mon vélo.

1. tes cassettes faire une boum	4. 20 francs acheter un magazine
2. ta batte jouer au baseball	5. 50 francs aller au cinéma
3. ton livre étudier	6. 100 francs acheter un cadeau pour l'anniversaire d'un copain

---

5 S'il te plaît

Vous êtes dans les situations suivantes. Demandez à vos camarades de faire certaines choses pour vous. Utilisez les verbes de la liste.

donner montrer prêter rendre apporter

▶ J'ai soif.
. . . un verre d'eau.
**S'il te plaît, apporte-moi
(donne-moi) un verre d'eau.**

1. J'ai faim.
. . . un sandwich.
2. Je voudrais téléphoner à Marc.
. . . son numéro de téléphone.
3. Je voudrais étudier ce soir.
. . . mon livre de français.
4. Je vais acheter de la limonade.
. . . où est le supermarché.
5. Je n'ai pas d'argent.
. . . dix francs.
6. Je voudrais organiser une boum.
. . . ta radiocassette.
7. Je dois prendre le train.
. . . où est la gare.
8. Je voudrais aller chez ta cousine.
. . . son adresse.

6 Un voyage à Québec

Vous faites un voyage à Québec. Demandez certains services aux personnes suivantes.

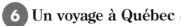

▶ au garçon de café
- apporter un sandwich

> **S'il vous plaît, monsieur, apportez-moi un sandwich.**

1. au chauffeur de taxi
- aider avec les bagages
- montrer la ville
- amener à mon hôtel

2. au réceptionniste de l'hôtel
- montrer ma chambre
- prêter un plan (*map*) de Québec
- donner l'adresse d'un bon restaurant

3. au garçon de café
- montrer le menu
- donner de l'eau
- apporter une glace

4. à la serveuse du restaurant
- apporter le menu
- montrer les spécialités
- donner l'addition (*check*)

7 Non, merci!

Proposez à vos camarades de faire certaines choses pour eux. Ils vont refuser et donner une explication.

▶ téléphoner ce soir?
—**Je te téléphone ce soir?**
—**Non, ne me téléphone pas ce soir.**
 Je vais aller au théâtre.
 (Je dîne chez mes cousins.)

1. inviter demain soir?
2. attendre après la classe?
3. rendre visite ce weekend?
4. prêter mes cassettes?
5. inviter ce weekend?
6. apporter un sandwich?

EXPLICATIONS

Je ne suis pas chez moi.
Je n'ai pas faim.
Je dois étudier.
Je n'ai pas de walkman.
Je vais aller au théâtre.
Je dîne chez mes cousins.
Je dois aller chez le dentiste.

C. Les pronoms compléments à l'infinitif

The sentences below contain infinitive constructions. Note the position of the object pronouns.

—Tu vas **m'inviter** au concert? *Are you going **to invite me** to the concert?*
—Bien sûr, je vais **t'inviter.** *Of course I'm going **to invite you.***

—Tu peux **nous prêter** 100 francs? *Can you **lend us** 100 francs?*
—Non, je ne peux pas **vous prêter** *No, I cannot **lend you** 100 francs.*
 100 francs.

> In an infinitive construction, the object pronoun comes immediately BEFORE the infinitive.

SUBJECT AND VERB + OBJECT PRONOUN	+ INFINITIVE . . .
Je vais **te**	téléphoner demain.
Je ne peux pas **vous**	inviter dimanche.

8 Prête-moi . . .

Demandez à vos copains de vous prêter les choses suivantes. Ils vont accepter ou refuser.

S'il te plaît, prête-moi ta raquette.

D'accord, je vais te prêter ma raquette.

(Non, je ne vais pas te prêter ma raquette.)

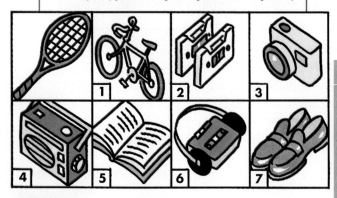

9 Désolé!

Demandez à votre camarade de faire certaines choses pour vous. Votre camarade ne peut pas les faire et va vous donner une raison pour son refus.

▶ prêter 100 francs
 —**Dis, prête-moi 100 francs, s'il te plaît.**
 —**Désolé(e), mais je ne peux pas te prêter 100 francs.**
 —**Ah bon? Pourquoi?**
 —**Je n'ai pas d'argent.**

1. inviter ce weekend
2. donner l'adresse de Pauline
3. amener au concert
4. montrer tes photos
5. acheter un sandwich
6. aider à faire le problème de maths

RAISONS
Je n'ai pas mon album.
Je n'ai pas d'argent.
Je vais aller à la campagne.
Je n'ai pas compris.
Je suis fauché(e) *(broke).*
Je ne sais pas où elle habite.
Je n'ai pas de voiture.

À votre tour!

1 Échanges

Negotiate an exchange of services or favors with a classmate. Continue the dialogue until you both agree to a fair trade-off. You may want to use verbs like **inviter, donner, prêter, acheter, vendre,** and **aider.**

> Dis, Tom, invite-moi au ciné!

> D'accord, je t'invite au ciné si tu m'invites au restaurant après.

> Écoute, je ne peux pas t'inviter au restaurant, mais je peux t'acheter une glace.

> Bon, d'accord.

2 À Québec

You are visiting your friend who lives in Quebec. Since this is your first time there, you ask your friend to do a few things for you. (You may use the suggestions in parentheses or think of something else.) Your friend will accept and tell you when he / she is going to do these things.

Ask your partner to do at least three of the following things:

- to show you . . . (la Citadelle? le Vieux Québec? his / her school? . . .)
- to take **(amener)** you . . . (to a hockey game? to a concert? . . .)
- to introduce you . . . (to his / her friends? to his / her cousins? . . .)
- to lend you . . . (his / her bicycle? his / her camera? . . .)
- to give you . . . (a map [**un plan**] of Quebec? the address [**l'adresse**] of a good restaurant? . . .)
- to invite you . . . (to the theater? to the movies? . . .)

> Dis, Françoise, montre-moi la Citadelle.

> D'accord, je vais te montrer la Citadelle demain après-midi (samedi matin, dimanche . . .).

Voici trois lettres adressées à Lucile. Les réponses de Lucile sont sur la page de droite. Attention, les réponses ne sont pas dans le même ordre que les lettres. Est-ce que vous pouvez faire correspondre chaque lettre avec la réponse de Lucile?

Chère Lucile,

Chère Lucile,

J'ai 16 ans. J'ai des parents généreux, des amis sympathiques . . . et pourtant° je suis malheureux. Voici mon problème: je suis amoureux d'°une jeune fille très timide. En classe, elle me regarde tout le temps, mais elle ne me parle jamais. Et pourtant, je suis sûr qu'elle me trouve sympathique.

Qu'est-ce que je dois faire? Est-ce que vous pouvez m'aider?

Désespéré

pourtant *however* **amoureux de** *in love with*

Chère Lucile,

J'ai un copain. Il s'appelle Christian et il est très sympa. Il dit qu'il m'aime . . . Le problème est que j'ai une rivale. Non, ce n'est pas une autre fille. C'est la moto de Christian. Le weekend, il passe plus de temps° avec elle qu'avec moi. Qu'est-ce que je peux faire contre une Kawasaki? Répondez-moi vite, s'il vous plaît.

Désolée

plus de temps *more time*

Chère Lucile,

Ce weekend, je dois sortir avec un garçon qui m'a offert° une bouteille° de parfum très cher pour mon anniversaire. Le problème est que je déteste ce parfum. Quand je le mets, je suis toujours malade. Je ne veux pas offenser mon ami, mais il m'est impossible de mettre son parfum. Qu'est-ce que vous me conseillez de faire?

Allergique

a offert *gave* **bouteille** *bottle*

Mots utiles

une lettre
un problème
une réponse *answer*
un conseil *advice*
conseiller *to advise*

Chère Désolée,

Chère Allergique,

Cher Désespéré,

Vous avez tort d'être jalouse. Bien sûr, votre rivale a des séductions mécaniques que vous n'avez pas. Mais elle ne peut pas parler ni° penser et surtout elle ne peut pas aimer. Votre problème est que vous avez peur de monter à moto . . . et vous avez raison!

Lucile

ni *or*

Soyez honnête avec vous-même. Votre véritable allergie n'est pas le parfum. C'est le garçon qui vous a offert ce parfum. Êtes-vous sûre de vos sentiments envers lui?

Lucile

Qui est le plus timide? Votre amie ou vous? Si vous êtes vraiment amoureux d'elle, faites le premier pas.

Lucile

Comment écrire à un ami français:

- En principe ne tapez pas votre lettre à la machine à écrire, ni sur un ordinateur. Utilisez un stylo. C'est plus personnel!
- Mettez la date en haut et à droite de la page.
- Commencez votre lettre avec le nom de votre ami(e):
  Cher Paul,
  Chère Nathalie,
  Si vous connaissez très bien cette personne, vous pouvez écrire:
  Mon cher Paul,
  Ma chère Nathalie,
- Écrivez votre lettre.
- Terminez votre lettre par l'une des formules suivantes:
  Je t'embrasse,
  Je t'embrasse affectueusement,
  Bien à toi,
  Amicalement,
  ou plus simplement:
  Ton ami(e)
- Signez lisiblement.

15

LEÇON

Vidéo-scène

Dans une boutique de disques

Dans l'épisode précédent, Pierre a emprunté
cent francs à son frère Jérôme.
Avec cet argent, il a acheté
deux billets pour le concert de Mano Negra.

Cet après-midi, Pierre et Armelle sont allés
au concert.

Après le concert, ils sont allés dans
un magasin de disques pour acheter
le dernier compact de ce groupe.

Dans le magasin, Armelle parle à l'employé.
Pendant ce temps, Pierre écoute de la musique.

Pardon, monsieur.
Est-ce que vous avez le dernier CD
de Mano negra?

Je regrette, mais nous ne l'avons plus.
Nous avons vendu le dernier ce matin.
Mais nous avons d'autres CDs de ce groupe . . .
Tenez, vous connaissez ce compact?

Non,
je ne le connais pas . . .

Et toi, Pierre, tu le connais?

Oui, je le connais.
Il est super!

Vous voulez l'écouter?

Oui,
je vais l'écouter.

Armelle écoute le compact. Puis elle demande à Pierre son opinion.

Armelle paie le compact. Elle demande à Pierre s'il veut venir l'écouter chez elle.

Je l'achète?

Bien sûr.
Si tu l'aimes bien,
achète-le.

Tu veux venir l'écouter
chez moi?

Bonne idée!
Allons chez toi!

Pierre et Armelle sortent du magasin.
Les deux amis vont chez Armelle.

DISQUE
CASSETTE

PICHOLLET

Compréhension

1. Que font Pierre et Armelle après le concert?
2. Qu'est-ce qu'Armelle veut acheter?
3. Pourquoi est-ce qu'elle ne peut pas l'acheter?
4. Qu'est-ce que l'employé lui propose?
5. Est-ce qu'elle achète le compact?
6. Qu'est-ce qu'elle propose à Pierre?

à suivre . . .

A. Le verbe *connaître*

Note the forms of the irregular verb **connaître** *(to know).*

INFINITIVE	**connaître**	
PRESENT	Je **connais** Philippe. Tu **connais** sa soeur. Il/Elle/On **connaît** les voisins.	Nous **connaissons** Québec. Vous **connaissez** cet hôtel. Ils/Elles **connaissent** ce café.
PASSÉ COMPOSÉ	J'**ai connu** Paul l'été dernier.	

➡ **Connaître** means *to know* in the sense of *to be acquainted* or *familiar with.* It is used primarily with PEOPLE and PLACES.

➡ In the passé composé, **connaître** means *to meet for the first time.*

 Où **as-tu connu** François?   Where **did you meet** François?

➡ Note also the expression **faire la connaissance de** *(to meet, to get to know).*

 Où **as-tu fait la connaissance de** François?

➡ The verb **reconnaître** *(to recognize)* is conjugated like **connaître.**

 Je n'**ai** pas **reconnu** ta cousine.

1 Dix ans après

Les élèves du Lycée Paul Valéry reviennent à leur école dix ans après. Dites quelles personnes et quelles choses chacun reconnaît.

▶ Paul / Isabelle
Paul reconnaît Isabelle.

1. Florence / ses copains
2. nous / le prof d'anglais
3. vous / la directrice *(principal)*
4. moi / la bibliothèque
5. toi / le gymnase
6. mes copains / la cantine

2 Tu connais?

Demandez à vos camarades s'ils connaissent les personnes ou les choses suivantes.

▶ Tu connais
ce monument?

Oui, c'est
la Statue de la Liberté.

(Non, je ne connais pas
ce monument.)

le monument

1. la ville
2. la cathédrale
3. la personne
4. le drapeau
5. le drapeau
6. Stevie Wonder
7. Barbra Streisand

B. Les pronoms compléments *le, la, les*

In each of the questions below, the noun in heavy type comes directly after the verb. It is the DIRECT OBJECT of the verb. Note the form and position of the DIRECT OBJECT PRONOUNS that are used to replace them.

Tu connais **Patrick?**	Oui, je **le** connais.	*Yes, I know **him.***
Tu vois souvent **Anne?**	Oui, je **la** vois souvent.	*Yes, I see **her** often.*
Tu connais **mes copains?**	Oui, je **les** connais bien.	*Yes, I know **them** well.*
Tu invites **tes copines?**	Oui, je **les** invite.	*Yes, I invite **them.***

FORMS

Direct object pronouns have the following forms:

	SINGULAR	PLURAL			
MASCULINE	**le (l')** *him, it*	**les** *them*	Je **le** connais.	Je **l'**aime.	Je **les** invite.
FEMININE	**la (l')** *her, it*		Je **la** connais.	Je **l'**aime.	Je **les** invite.

➡ Note that **le** and **la** become **l'** before a vowel sound.

The direct object pronouns **le, la, l',** and **les** can refer to PEOPLE and THINGS.

Tu vois **Hélène?**   Oui, je **la** vois.   *Yes, I see **her.***

Tu vois **cette affiche?**   Oui, je **la** vois.   *Yes, I see **it.***

3 Le bon choix

Complétez les réponses aux questions suivantes. Pour cela, remplacez les noms soulignés par les pronoms **le, la, l'** ou **les.**

▶ Tu connais Cécile?   **Oui, je la connais. C'est ma voisine.**

1. Tu connais Pierre et Alain? Oui, je . . . connais. Ce sont des copains.
2. Tu invites Sylvie? Oui, je . . . invite. C'est une bonne copine.
3. Tu aides ta mère? Oui, je . . . aide. Elle a beaucoup de travail.
4. Tu écoutes ces chanteurs? Oui, je . . . écoute. Ils sont excellents.
5. Tu connais cette comédie? Oui, je . . . connais. Elle est très drôle.
6. Tu regardes le film? Oui, je . . . regarde. Il est amusant.
7. Tu achètes cette nouvelle cassette? Oui, je . . . achète. Elle n'est pas trop chère.
8. Tu vends tes disques? Oui, je . . . vends. J'ai besoin d'argent.
9. Tu attends le bus? Oui, je . . . attends. Il arrive dans cinq minutes.
10. Tu mets ta veste? Oui, je . . . mets. Il fait froid!

POSITION

In general, the object pronouns **le, la, l'**, and **les** come BEFORE the verb.

	AFFIRMATIVE	NEGATIVE
Qui connaît **Éric?**	Je **le** connais.	Tu ne **le** connais pas.

➡ In AFFIRMATIVE COMMANDS, the pronouns come AFTER the verb and are connected to it by a hyphen. In NEGATIVE COMMANDS, they come BEFORE the verb.

	AFFIRMATIVE	NEGATIVE
J'invite **Sylvie?**	Oui, invite-**la.**	Non, ne **l'**invite pas.
J'achète **les billets?**	Oui, achète-**les.**	Non, ne **les** achète pas.

➡ In INFINITIVE constructions, the pronouns come BEFORE the infinitive.

	AFFIRMATIVE	NEGATIVE
Qui va regarder **le film?**	Je vais **le** regarder.	Marc ne va pas **le** regarder.
Tu vas écouter **les cassettes?**	Je vais **les** écouter ce soir.	Je ne vais pas **les** écouter maintenant.

➡ The verbs **attendre, écouter,** and **regarder** take direct objects in French, but not in English. Compare:

attendre	Nous **attendons**		le bus.	Nous l'**attendons.**
	We **are waiting**	**for**	the bus.	We **are waiting for** it.

écouter	Béatrice **écoute**		ses amis.	Elle les **écoute.**
	Béatrice **listens**	**to**	her friends.	She **listens to** them.

regarder	Pierre **regarde**		Nicole.	Il la **regarde.**
	Pierre **looks**	**at**	Nicole.	He **looks at** her.

---

4 Un pique-nique

Vous allez à la campagne avec des copains. Décidez si oui ou non vous allez prendre les choses suivantes.

1. ton frisbee
2. ta radiocassette
3. tes cassettes
4. ta raquette de tennis
5. ton vélo
6. tes livres
7. ton walkman
8. ton blazer

▶ ton appareil-photo?

Tu prends ton appareil-photo?

Oui, je le prends.

5 Conversation

Demandez à vos camarades s'ils font les choses suivantes. Ils vont répondre en utilisant un pronom.

▶ regarder souvent la télé?
—Est-ce que tu regardes souvent la télé?
—Oui, je la regarde souvent.
(Non, je ne la regarde pas souvent.)

1. regarder les matchs de foot à la télé?
2. écouter tes cassettes?
3. inviter souvent ton copain chez toi?
4. aider ta mère à la maison?
5. connaître bien tes voisins?
6. étudier tes leçons le dimanche?
7. voir souvent tes cousins?
8. voir tes grands-parents le weekend?
9. aimer les films d'aventures?
10. aimer la musique rock?

6 À Paris

Vous êtes à Paris avec des copains. Vous décidez de faire les choses suivantes.

▶ visiter le Musée d'Orsay?

On visite le Musée d'Orsay?

Oui, visitons-le!

1. visiter la Cité des Sciences?
2. prendre le métro?
3. acheter le plan *(map)* de Paris?
4. acheter ces affiches?
5. visiter cette église?
6. inviter nos copains français?

7 Décisions

Dites à vos copains de faire ou de ne pas faire certaines choses suivant la situation.

▶ Catherine est sympathique. (inviter?)
—Alors, invite-la!
▶ Thomas et Patrick sont pénibles. (inviter?)
—Alors, ne les invite pas!

1. Ces chemises sont de bonne qualité. (acheter?)
2. Cette veste est trop chère. (acheter?)
3. Cette comédie est stupide. (regarder?)
4. Ce film est intéressant. (regarder?)
5. Nathalie est une bonne copine. (inviter?)
6. Jérôme est snob. (inviter?)
7. Isabelle est toujours en retard. (attendre?)
8. Éric va venir dans dix minutes. (attendre?)

8 Pas maintenant!

Jean-Paul demande à sa copine Christine quand elle va faire certaines choses. Jouez les deux rôles.

▶ visiter le Musée d'Orsay? (samedi après-midi)

1. voir l'Exposition Matisse? (dimanche)
2. voir le nouveau film de Johnny Depp? (vendredi soir)
3. écouter la nouvelle cassette de Céline Dion? (ce soir)
4. acheter les billets pour le concert? (demain)
5. rencontrer ton cousin Philippe? (la semaine prochaine)
6. inviter tes copains? (le weekend prochain)

Quand est-ce que tu vas visiter le Musée d'Orsay?

Je vais le visiter samedi après-midi.

C. Les compléments d'objet direct au passé composé

The sentences below are in the PASSÉ COMPOSÉ. Note the position of the DIRECT OBJECT PRONOUNS in the sentences on the right. Note also the forms of the PAST PARTICIPLE.

As-tu invité **Marc?**	Oui, je l'ai **invité.**
As-tu invité **Juliette?**	Non, je ne l'ai pas **invitée.**
As-tu invité **tes cousins?**	Non, je ne **les** ai pas **invités.**
As-tu invité **tes amies?**	Oui, je **les** ai **invitées.**

In the passé composé, the direct object pronoun comes immediately BEFORE the verb **avoir.**

	AFFIRMATIVE	NEGATIVE
Voici Paul.	Je l'ai invité.	Je ne l'ai pas invité.

In the passé composé, the past participle AGREES with a DIRECT OBJECT, if that direct object comes BEFORE the verb. Compare:

NO AGREEMENT (direct object follows the verb)	AGREEMENT (direct object comes before the verb)
Marc a **vu** Nicole et Sylvie?	Oui, il les a vues.
Éric n'a pas **apporté** sa guitare?	Non, il ne l'a pas apportée.

➡ When the past participle ends in **-é, -i,** or **-u,** the masculine and feminine forms SOUND THE SAME.

➡ When the past participle ends in **-s** or **-t,** the feminine forms SOUND DIFFERENT from the masculine forms.

(mon vélo)	Je l'ai **pris.**	Je l'ai **mis** dans le garage.
(ma guitare)	Je l'ai **prise.**	Je l'ai **mise** dans ma chambre.

---

9 Hier soir

Demandez à vos camarades s'ils ont fait les choses suivantes hier soir.

▶ regarder la télé?
—**Tu as regardé la télé?**
—**Oui, je l'ai regardée.**
  (**Non, je ne l'ai pas regardée.**)

1. écouter la radio?
2. écouter tes cassettes?
3. aider tes parents?
4. ranger ta chambre?
5. apprendre la leçon de français?
6. faire la vaisselle?
7. faire tes devoirs?
8. mettre la télé?
9. faire ton lit?
10. mettre la table?

10 Chaque chose à sa place

Demandez à vos camarades où ils ont mis certaines choses.

▶ ta bicyclette (au garage)
—**Où as-tu mis ta bicyclette?**
—**Je l'ai mise au garage.**

1. la glace (au réfrigérateur)
2. les assiettes (dans la cuisine)
3. la limonade (sur la table)
4. le programme de télé (au salon)
5. les livres (sur le bureau)
6. l'argent (à la banque)

11 Jean Pertout

Jean Pertout n'a jamais rien. Expliquez pourquoi il n'a pas les choses suivantes dans des phrases affirmatives ou négatives. Soyez logique!

▶ Il a le journal? (trouver)
   Non, il ne l'a pas trouvé.

▶ Il a les billets? (perdre)
   Non, il les a perdus.

1. Il a sa raquette? (laisser à la maison)
2. Il a ses livres? (oublier dans l'autobus)
3. Il a ses cassettes? (oublier dans le magasin)
4. Il a le programme de télé? (chercher)

5. Il a les magazines? (garder)
6. Il a son appareil-photo? (perdre)
7. Il a les billets de cinéma? (trouver)
8. Il a les invitations? (chercher)

À votre tour!

1

Décrivez vos relations avec votre meilleur(e) ami(e). Pour cela, composez un petit paragraphe de cinq à six phrases, en utilisant votre ordinateur si vous voulez. Vous pouvez utiliser le présent ou le passé composé des verbes suivants:

> connaître / voir / écouter
> comprendre / inviter
> trouver / aider
> retrouver

▶ Ma meilleure amie s'appelle Linda. Je la connais depuis six ans. Je la vois tous les weekends.

2 Quelques activités récentes

Faites une liste de quatre choses que vous avez faites récemment. Par exemple:

- voir (quel film? quelle pièce de théâtre?)
- regarder (quel programme de télé? quel match sportif?)
- écouter (quelle cassette? quel concert?)
- visiter (quel endroit?)
- rencontrer (qui?)

▶ J'ai vu "Hamlet
1.

Puis demandez à vos camarades s'ils ont fait les mêmes choses. En cas de réponse affirmative, continuez la conversation en demandant des détails.

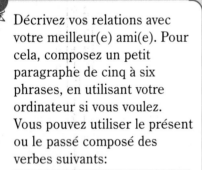

Récemment j'ai vu «Hamlet». Et toi, tu l'as vu?

Oui, je l'ai vu.

Ah bon. Quand?

Je l'ai vu samedi dernier avec un copain.

LECTURE — Au jardin du Luxembourg*

Alain fait une promenade au jardin du Luxembourg.
Sur un banc il y a une jeune fille. Elle est jolie.
Alain ne la connaît pas, mais il voudrait bien faire
sa connaissance. Oui, mais comment?

Alain a une idée. Il s'approche de la jeune fille
et commence une conversation.

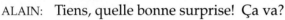

ALAIN:	Tiens, quelle bonne surprise! Ça va?
LA FILLE:	Oui, ça va! Mais . . . je ne vous connais pas!
ALAIN:	Comment, vous ne me connaissez pas? C'est moi, Alain.
LA FILLE:	Vous êtes peut-être Alain, mais je ne vous connais pas.
ALAIN:	Mais si, mais si . . . Je vous ai rencontrée cet été en Angleterre. Vous vous souvenez° bien maintenant!
LA FILLE:	J'ai passé mes vacances en Italie.
ALAIN:	Tiens, c'est bizarre . . . Pourtant,° j'ai une excellente mémoire . . . Où donc° est-ce que je vous ai rencontrée? Ah, oui! Je vous ai rencontrée chez ma cousine, Laure Blanchet! Vous la connaissez bien?
LA FILLE:	Non, je ne la connais pas.
ALAIN:	Bon, ça n'a pas d'importance. Est-ce que je peux vous inviter à prendre quelque chose dans un café?
LA FILLE:	Non, merci! Et ce jeune homme qui vient là-bas . . . vous le reconnaissez, n'est-ce pas?

Alain regarde dans la direction indiquée par la jeune fille.
Il voit un jeune homme grand et athlétique.

ALAIN:	Non, je ne le reconnais pas.
LA FILLE:	C'est mon copain!
ALAIN:	Ah bon, euh . . . je vois . . . Eh bien, au revoir!

*A park in Paris that is popular with students.

vous vous souvenez *you remember*   **Pourtant** *And yet*   **Où donc** *So where*

▮ Vrai ou faux? ▮

1. Alain a rencontré la jeune fille en Angleterre.
2. La jeune fille a rencontré Alain chez Laure Blanchet.
3. Alain veut faire la connaissance de la jeune fille.
4. La jeune fille veut faire la connaissance d'Alain.

Vidéo-scène

La voisine d'en bas

Dans l'épisode précédent,
Armelle a acheté
un nouveau compact.
Armelle a proposé à Pierre
d'écouter ce compact chez elle.
Pierre a accepté l'invitation
d'Armelle.

Maintenant les deux amis sont chez Armelle.
Armelle met le compact qu'elle a acheté.

Armelle voudrait danser, mais Pierre
ne semble pas très intéressé.

Soudain, le téléphone
sonne.

Drrrring!

Armelle répond.

Qui est-ce qui t'a téléphoné?

C'est le voisin
d'en haut.

Et qu'est-ce qu'il t'a dit?

Il m'a demandé de baisser le volume.

Après quelques minutes, le téléphone sonne à nouveau.

Drrrring!

Armelle répond.

C'est qui cette fois?

C'est la voisine d'en bas.

Et qu'est-ce qu'elle veut?

Elle m'a demandé d'augmenter le volume. Elle m'a dit que c'était son groupe préféré!

Et qu'est-ce que tu lui as répondu?

Je lui ai répondu que je ne pouvais pas faire ça. Mais je l'ai invitée à venir écouter la musique ici.

Quelqu'un sonne à la porte.

C'est la voisine d'en bas qui arrive.

Elle est venue écouter son groupe préféré!

Compréhension

1. Où se passe la scène?
2. Qui téléphone d'abord? Pourquoi?
3. Qui téléphone ensuite? Pourquoi?
4. Qu'est-ce qu'Armelle propose à sa voisine?

FIN

The verbs **dire** *(to say, tell)*, **lire** *(to read)*, and **écrire** *(to write)* are irregular. Note the forms of these three verbs.

INFINITIVE	dire	lire	écrire
PRESENT	je **dis** tu **dis** il/elle/on **dit** nous **disons** vous **dites** ils/elles **disent**	je **lis** tu **lis** il/elle/on **lit** nous **lisons** vous **lisez** ils/elles **lisent**	j' **écris** tu **écris** il/elle/on **écrit** nous **écrivons** vous **écrivez** ils/elles **écrivent**
PASSÉ COMPOSÉ	j'ai **dit**	j'ai **lu**	j'ai **écrit**

➡ The verb **décrire** *(to describe)* is conjugated like **écrire.**

Que (qu') is often used after **dire** and similar verbs to introduce a clause. In English, the equivalent *that* is often left out. In French, **que** must be used.

Pierre dit **que** le film est génial. *Pierre says **(that)** the movie is great.*
Je pense **qu'**il a raison. *I think **(that)** he's right.*

---

1 **Après le film**

Des copains sont allés au cinéma. Maintenant ils parlent du film.
Décrivez ce que chacun dit.

▶ Pauline / le film est bon **Pauline dit que le film est bon.**

1. nous / nous avons aimé le film
2. toi / le film est mauvais
3. moi / les acteurs jouent bien
4. Sophie / elle n'aime pas l'actrice principale
5. Frédéric et Marc / le film est trop long
6. vous / les billets sont trop chers

Vocabulaire: On lit, on écrit, on dit

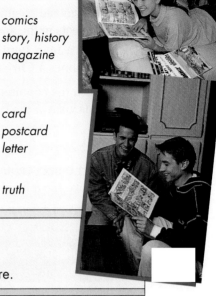

On lit
des bandes dessinées.

On lit ...

un journal (*pl.* **journaux**)	paper, newspaper	**des bandes dessinées**	comics
		une histoire	story, history
un magazine	magazine	**une revue**	magazine
un roman	novel		

On écrit ...

un journal	diary, journal	**une carte**	card
un poème	poem	**une carte postale**	postcard
		une lettre	letter

On dit ...

un mensonge	lie	**la vérité**	truth

➡ The French have two words that mean *to tell*.

dire	to tell or say (something)	**Dites**-nous la vérité.
raconter	to tell or narrate (a story)	**Racontez**-nous une histoire.

2 À la bibliothèque

Les étudiants suivants sont à la bibliothèque. Dites ce que chacun lit et ce que chacun écrit.

▶ Jérôme (un magazine / une lettre)   **Jérôme lit un magazine. Après, il écrit une lettre.**

1. nous (un magazine de sport / des lettres)
2. Antoine (un livre d'histoire / des notes)
3. Françoise et Adèle (un article scientifique / un poème)
4. toi (une lettre / une carte postale à Jacques)
5. vous (un livre de français / un résumé [*summary*])
6. moi (une carte postale / une lettre à Sylvie)

3 Questions personnelles

1. Quels journaux et quels magazines est-ce que tu lis?
2. Est-ce que tu lis les bandes dessinées? Quelle est ta bande dessinée favorite?
3. En général, est-ce que tu aimes lire? Est-ce que tu as lu un bon livre récemment? Comment s'appelle ce livre?
4. Est-ce que tu as lu un roman cet été? Quel roman?

5. En classe, est-ce que tu écris avec un stylo ou avec un crayon? Et quand tu écris une lettre?
6. Quand tu es en vacances, est-ce que tu écris des cartes postales? À qui est-ce que tu as écrit l'été dernier?
7. Est-ce que tu as écrit une lettre récemment? À qui as-tu écrit?

8. Est-ce que tu dis toujours la vérité? D'après toi, est-ce que les journalistes disent toujours la vérité? Et les hommes et les femmes politiques? Quand est-ce qu'ils disent des mensonges?

B. Les pronoms compléments *lui, leur*

In the questions below, the nouns in heavy type are INDIRECT OBJECTS. These nouns represent PEOPLE and are introduced by **à.**

Note the form and position of the INDIRECT OBJECT PRONOUNS that are used to replace the indirect objects in the answers.

Tu parles **à Jean-Paul?**	Oui, je **lui** parle.
Tu téléphones **à Christine?**	Non, je ne **lui** téléphone pas.
Tu écris **à tes copains?**	Oui, je **leur** écris.
Tu rends visite **à tes cousines?**	Non, je ne **leur** rends pas visite.

FORMS

INDIRECT OBJECT PRONOUNS replace
They have the following forms:

à + nouns representing PEOPLE

MASCULINE or FEMININE	SINGULAR	PLURAL	
	lui *(to) him, (to) her*	**leur** *(to them)*	Je **lui** parle. Je **leur** parle.

Vocabulaire: Quelques verbes suivis d'un complément indirect

écrire à	*to write (to)*	J'**écris à** ma cousine.
parler à	*to speak, talk to*	Je **parle à** mon professeur.
rendre visite à	*to visit*	Nous **rendons visite à** nos amis.
répondre à	*to answer*	Les élèves **répondent au** professeur.
téléphoner à	*to phone, call*	Stéphanie **téléphone à** Éric.
acheter . . . à	*to buy for*	Madame Masson **achète** un vélo **à son fils.**
demander . . . à	*to ask for*	Philippe **demande** 10 francs **à son père.**
dire . . . à	*to say, tell (to)*	Je **dis** toujours la vérité **à mes parents.**
donner . . . à	*to give (to)*	Thomas **donne** son adresse **à un copain.**
emprunter . . . à	*to borrow from*	J'**emprunte** un livre **à mon prof.**
montrer . . . à	*to show (to)*	Je **montre** mon album de photos **à Pauline.**
prêter . . . à	*to lend, loan (to)*	Marc ne **prête** pas ses cassettes **à son frère.**

➡ The verbs **téléphoner, répondre,** and **demander** take indirect objects in French, but not in English. Compare:

Je **téléphone**	à	Isabelle.	Je **lui téléphone.**
I am calling		*Isabelle.*	*I am calling her.*

Je téléphone à Isabelle.

POSITION

The position of **lui** and **leur** is the same as that of the other object pronouns.

	AFFIRMATIVE	NEGATIVE
PRESENT TENSE	Je **lui** parle.	Je ne **lui** parle pas.
IMPERATIVE	Parle-**lui.**	Ne **lui** parle pas.
INFINITIVE CONSTRUCTION	Je vais **lui** parler.	Je ne vais pas **lui** parler.
PASSÉ COMPOSÉ	Je **lui** ai parlé.	Je ne **lui** ai pas parlé.

➡ In the passé composé, there is NO AGREEMENT with a preceding indirect object. Compare:

	INDIRECT OBJECT (no agreement)	DIRECT OBJECT (agreement)
Voici **Nathalie.**	Je **lui** ai téléphoné.	Je l'ai invité**e**.
Voici **mes copains.**	Je **leur** ai parlé.	Je **les** ai rencontré**s** dans la rue.

4 Générosité

Dites quelles choses vous prêtez
aux personnes suivantes.

▶ Christine veut faire une promenade
à la campagne.
Je lui prête mon vélo.

1. Éric et Vincent veulent prendre
des photos.
2. Thomas veut jouer au tennis.
3. Catherine veut écrire à son copain.
4. Antoine et Jacques veulent faire
un film.
5. Isabelle veut écouter une cassette.
6. Paul et Marc veulent étudier la leçon.

ma caméra *(movie camera)*
mon walkman
mes notes
mon appareil-photo
ma raquette de tennis
mon vélo
mon stylo

5 Questions personnelles

Dans tes réponses, utilise les pronoms
lui ou **leur.**

1. Le weekend, est-ce que tu rends visite
à ton copain? à ta copine?
2. Pendant les vacances, est-ce que
tu rends visite à tes cousins?
à tes grands-parents?
3. Est-ce que tu écris souvent à
tes grands-parents? à quelle occasion?
4. Est-ce que tu demandes des conseils
(advice) à ta mère? à tes copains?
à ton prof?
5. Est-ce que tu donnes des conseils
à ton frère? à ta copine?
6. Quand tu as un problème, est-ce que
tu parles à tes parents? à ton copain?
7. Est-ce que tu demandes de l'argent
à tes parents? Pour quelle(s) raison(s)?
8. Est-ce que tu prêtes tes cassettes
à ton frère? à ta soeur? à tes copains?
9. Est-ce que tu empruntes beaucoup de
choses à tes copains? Qu'est-ce que
tu leur empruntes?

6 Cadeaux

Anne veut savoir ce que Joël va acheter et pour qui. Avec un(e) camarade, jouez les rôles d'Anne et de Joël.

▶ ANNE: **Qu'est-ce que tu achètes à <u>ton</u> père pour <u>son anniversaire</u>?**
    JOËL: **Je vais lui acheter <u>une cravate</u>.**
    ANNE: **Ah bon, et qu'est-ce que tu lui as acheté l'année dernière?**
    JOËL: **Je lui ai acheté une cravate aussi.**
    ANNE: **Vraiment? Tu n'as pas beaucoup d'imagination!**

1. ta mère / son anniversaire
   des fleurs

2. tes grands-parents / Noël
   une boîte de chocolats

3. ta copine / sa fête
   une cassette de Whitney Houston

4. tes cousins jumeaux *(twin)* / leur anniversaire
   des tee-shirts

7 Entre copains

Dites ce que font les personnes suivantes pour leurs copains en répondant affirmativement aux questions. (Attention: Utilisez un pronom complément d'objet **direct** ou **indirect**.)

▶ Isabelle invite sa copine?
  Oui, elle l'invite.

▶ Florence téléphone à Philippe?
  Oui, elle lui téléphone.

1. Thomas écrit à Stéphanie?
2. Nicolas écoute Caroline?
3. Hélène comprend Patrick?
4. Catherine répond à Olivier?
5. Corinne rend visite à ses copains?
6. Françoise invite Marc au cinéma?
7. Jean-Claude attend Cécile après la classe?
8. Frédéric voit souvent ses cousines?
9. Jérôme dit la vérité à Éric?
10. Alice parle souvent à Jean-Pierre?

8 Décisions

Lisez les situations suivantes et dites ce que vous allez faire pour les personnes en question. Pour cela, utilisez les verbes suggérés et le pronom complément d'objet **direct** ou **indirect** qui convient. Vos phrases peuvent être affirmatives ou négatives.

▶ Un ami est à l'hôpital.
  • rendre visite?   **Je lui rends visite. (Je ne lui rends pas visite.)**

1. Il y a un étudiant français à votre école. Cet étudiant ne parle pas anglais.
   • parler français?   • présenter à vos copains?
   • inviter?   • téléphoner?
2. Vous avez un correspondant *(pen pal)* français qui arrive dans votre ville.
   • attendre à l'aéroport?   • inviter chez vous?
   • montrer votre ville?   • acheter un cadeau?
3. Vous avez une amie qui est très curieuse ... et très bavarde *(talkative)*.
   • inviter chez vous?   • dire toujours la vérité?
   • montrer vos photos?
4. Il y a une nouvelle élève dans votre classe. Cette fille est très timide.
   • parler?   • aider?
   • inviter?
5. Un copain veut emprunter votre cassette favorite. En général, cet ami rend rarement les choses qu'il emprunte.
   • dire oui?   • prêter votre cassette?
   • dire non?
6. Votre meilleure copine est en France.
   • écrire?   • téléphoner souvent?
   • oublier?

C. L'ordre des pronoms

The questions below contain both a DIRECT and an INDIRECT object. Note the sequence of the corresponding pronouns in the answers.

—Tu donnes **ta photo** **à ta copine** ?

        Oui, je **la** **lui** donne.   *I give **it to her.***

—Tu prêtes **ton vélo** **à tes cousins** ?

        Non, je ne **le** **leur** prête pas.   *I do not lend **it to them.***

—Tu montres **tes notes** **à ton copain** ?

        Oui, je **les** **lui** montre.   *I show **them to him.***

« L'Amérique pour mon amie? Je la lui donne avec Flâneries Américaines »

When the following object pronouns are used in the same sentence, the order is:

le		lui
la	before	
les		leur

---

9 Conversation

Demandez à vos camarades s'ils font les choses suivantes.

▶ prêter tes cassettes à tes amis?

Tu prêtes tes cassettes à tes amis?

Oui, je les leur prête.

1. prêter ton vélo à tes amis?
2. prêter tes magazines à ton frère?
3. donner ton numéro de téléphone à tes copains?
4. montrer tes photos à ton meilleur ami?
5. montrer tes photos aux élèves de la classe?
6. montrer tes notes à tes parents?
7. dire toujours la vérité à ta meilleure amie?
8. dire la vérité à tes parents?

10 Pourquoi pas?

Complétez les dialogues suivants en utilisant des pronoms.

▶ —Est-ce que Pierre montre ses photos à ses cousins?
 —Non, **il ne les leur montre pas.** Ils sont trop curieux.

1. —Est-ce que Stéphanie prête sa raquette à son frère?
 —Non, . . . Il ne sait *(know how)* pas jouer au tennis.
2. —Est-ce que Marc prête son appareil-photo à Claire?
 —Non, . . . Elle casse *(breaks)* tout.
3. —Est-ce que Catherine montre son journal à sa petite soeur?
 —Non, . . . Elle est indiscrète.
4. —Est-ce que Patrick prête ses compacts à ses copains?
 —Non, . . . Ils détestent le rock.

D. Le verbe *savoir; savoir* ou *connaître*

Note the forms of the verb **savoir** *(to know)*.

INFINITIVE	savoir	
PRESENT	Je **sais** où tu habites. Tu **sais** quand je pars. Il/Elle/On **sait** avec qui tu sors.	Nous **savons** où vous êtes. Vous **savez** où je travaille. Ils/Elles **savent** que tu es anglaise.
PASSÉ COMPOSÉ	J'**ai su** pourquoi tu es allé à Bruxelles.	

➡ The construction **savoir** + INFINITIVE means *to know how to do something.*

  Savez-vous faire la cuisine? ***Do you know how*** *to cook?* (***Can you*** *cook?*)

➡ Both **savoir** and **connaître** mean *to know.* The chart shows when to use **connaître** and when to use **savoir.**

Connaître means *to know* in the sense of *to be acquainted with* or *to be familiar with.*	
connaître + PEOPLE	Je **connais** Jacqueline. Je ne **connais** pas **sa cousine.**
connaître + PLACES	Marc **connaît Lyon.** Il **connaît un bon restaurant.**

Savoir means *to know* in the sense of *to know information* or *to know how.*	
savoir *(used alone)*	Je **sais!** Mais mon frère ne **sait** pas.
savoir + **que** . . .	Je **sais que** tu parles français.
savoir + **si** *(if, whether)* . . .	**Sais**-tu **si** Paul a une moto?
savoir + INTERROGATIVE EXPRESSION . . .	Je **sais où** tu habites. Je **sais qui** a téléphoné. Je ne **sais** pas **comment** je dois répondre. Je ne **sais** pas **pourquoi** Claire ne vient pas.
savoir + INFINITIVE	Nous **savons jouer** au Nintendo.

11 Qu'est-ce qu'ils savent faire?

Expliquez ce que les personnes suivantes savent faire.

▶ Stéphanie joue au bridge.   **Elle sait jouer au bridge.**

1. Vous jouez au tennis.
2. Nous parlons français.
3. Je joue de la guitare.
4. Mon oncle fait la cuisine.
5. Tu nages.
6. Catherine pilote un avion.
7. Anne et Éric dansent le rock.
8. Ces garçons chantent.
9. Je développe mes photos.
10. Vous programmez un ordinateur.

12 Dommage!

Proposez à vos camarades de faire certaines choses.
Ils vont refuser en expliquant pourquoi. (Ils peuvent
considérer les suggestions de la liste.)

1. On va à la discothèque?
2. On fait un match?
3. On prépare le dîner?
4. On s'inscrit *(join)* à la chorale?
5. On téléphone à la fille italienne?
6. On invite les étudiants mexicains?

chanter
danser
jouer au tennis
nager
parler italien
parler espagnol
faire la cuisine

▶ On va à la plage?

On va à la plage?

Je ne sais pas nager.

Dommage!

13 Une fille bien informée

Dites que Florence connaît les personnes
suivantes. Dites aussi ce qu'elle sait
à leur sujet *(about them)*.

▶ Jacques / où il habite
  Florence connaît Jacques.
  Elle sait où il habite.

1. Véronique / où elle habite
2. Monsieur Moreau / où il travaille
3. Paul / quand il joue au tennis
4. Annie / avec qui elle va au cinéma
5. Robert / à quelle heure il vient
6. Thérèse / qui est son acteur favori
7. cette fille / quels films elle aime
8. mes cousins / quand ils vont aller
   à Bordeaux

14 Connaître ou savoir?

Complétez les phrases avec **sait** ou
connaît.

1. Philippe . . . Alice.
2. Sophie ne . . . pas mes cousins.
3. Frédéric . . . un bon restaurant.
4. Stéphanie ne . . . pas à quelle heure
   est le film.
5. Thomas . . . où est le cinéma.
6. Jérôme . . . le propriétaire *(owner)*
   du cinéma.
7. Juliette . . . qui joue dans le film.
8. Pauline ne . . . pas cet acteur.

À votre tour!

1 Une soirée musicale

You are organizing a musical talent show
and you are looking for participants.

Ask your partner . . .

- if he / she knows how to play the guitar
- if he / she knows how to dance
- what (other things) he / she knows how
  to do
- if he / she knows some good singers
- if he / she knows a good band

Es-tu une personne généreuse?

Tu as beaucoup d'amis, n'est-ce pas? Mais es-tu vraiment une personne généreuse? Voici un test simple. Analyse les huit situations suivantes. Réponds aux questions par oui ou par non.

1

Ce soir, il y a un programme très intéressant à la télé. Ta mère (ou ton père) a beaucoup de travail dans la cuisine. Est-ce que tu l'aides?

    A. Oui, je l'aide.

    B. Non, je ne l'aide pas.

2

Tu as l'intention d'aller à un match de hockey ce soir avec tes copains. Ton petit frère qui a neuf ans veut vous accompagner. Est-ce que tu l'amènes au match?

    A. Oui, je l'amène.

    B. Non, je ne l'amène pas.

3

Tu vas au cinéma. Le film va commencer dans une minute. Ta copine n'est pas arrivée. Est-ce que tu l'attends?

    A. Oui, je l'attends.

    B. Non, je ne l'attends pas.

4

Ta grand-mère est malade. Est-ce que tu lui téléphones pour prendre de ses nouvelles?

    A. Oui, je lui téléphone.

    B. Non, je ne lui téléphone pas.

Tu es dans l'autobus. Une vieille dame monte dans le bus mais il n'y a pas de siège° pour elle. Est-ce que tu lui donnes ton siège?

    A. Oui, je lui donne mon siège.

    B. Non, je ne lui donne pas mon siège.

siège *seat*

Un camarade de classe a perdu ses notes d'histoire. Est-ce que tu lui prêtes tes notes avant l'examen?

    A. Oui, je lui prête mes notes.

    B. Non, je ne lui prête pas mes notes.

Des copains organisent une boum, mais ils n'ont pas de chaîne stéréo. Est-ce que tu leur prêtes ta nouvelle radiocassette?

    A. Oui, je la leur prête.

    B. Non, je ne la leur prête pas.

Tu as un billet pour le concert de ton groupe favori. Ta cousine voudrait aussi aller au concert, mais elle n'a pas de billet. Est-ce que tu lui donnes ton billet?

    A. Oui, je le lui donne.

    B. Non, je ne le lui donne pas.

Interprétation ••

Combien de réponses «A» avez-vous?

de 6 à 8	→	Bravo! Tu es une personne généreuse et bien élevée. Tu as certainement beaucoup d'amis.
de 3 à 5	→	Tu as assez bon caractère, mais tu n'es pas toujours très sociable.
1 ou 2	→	La générosité n'est pas ta qualité principale. Fais un effort!
0	→	Sans commentaire!

UN AMÉRICAIN
à Paris

Avant de lire

Look at the title of this reading. Have you ever visited France or another foreign country? When we travel, we know we will find differences in language as well as in other customs. In China, for example, we would expect to hear people speak Chinese and to have our meals served with chopsticks.

What kinds of differences would you expect to discover in France? The American in this reading encountered some difficulties he did not anticipate.

*A*llez-vous visiter la France un jour? Si vous allez en France, vous observerez° certaines différences entre la vie quotidienne en France et aux États-Unis. Ces différences ne sont pas très importantes, mais elles existent tout de même. Et parfois, elles sont la source de petits problèmes.

Voici certains problèmes qui sont arrivés à Harry Hapless, un touriste américain qui ne connaît pas très bien les habitudes françaises. Pouvez-vous expliquer la cause de ces problèmes?

Mots utiles

la vie quotidienne	*daily life*	**une habitude**	*custom*
tout de même	*all the same, nevertheless*	**expliquer**	*to explain*

1 _____

le lendemain matin	*the next morning*	**seulement**	*only*
ouvert ≠ fermé	*open ≠ closed*	**un jour férié**	*holiday*

2 _____

heureusement	*fortunately*	**une ouvreuse**	*usherette*
encore	*still*	**s'asseoir**	*to sit down*
une place	*seat*	**un pourboire**	*tip*

3 _____

un cadeau	*gift, present*	**ouvrir**	*to open*
énorme	*large, enormous*	**l'amour**	*love*
sonner	*to ring (the doorbell)*	**le deuil**	*mourning*

observerez *will observe*

1 Harry Hapless arrive en France le 30 avril au soir. Il prend un taxi et va directement à son hôtel. Le lendemain matin, qui est un mercredi, Harry dit: «J'ai besoin d'argent. Je vais aller changer des dollars à la banque.» La première banque où il va est fermée. La deuxième et la troisième aussi. En fait,° toutes les banques sont fermées ce matin. Pourquoi?

- En France, les banques sont ouvertes seulement l'après-midi.
- En France, les banques sont fermées le mercredi.
- En France, le premier mai est un jour férié.

RÉPONSE

2 Un soir, Harry Hapless va au cinéma. Il arrive dix minutes après le début du film. Heureusement, il y a encore des places. Harry achète un billet et le donne à l'ouvreuse. L'ouvreuse prend le billet, accompagne Harry et lui montre sa place. Harry lui dit merci et va s'asseoir. L'ouvreuse a l'air furieuse. Pourquoi?

- Harry ne lui a pas donné de pourboire.
- Elle n'aime pas les touristes américains.
- En France, il ne faut jamais arriver en retard au cinéma.

RÉPONSE

3 Un jour, Harry Hapless est invité à dîner chez Jacques Lachance, son copain de collège. Harry, qui est un homme poli, veut apporter un cadeau à Madame Lachance, la femme de son copain. Oui, mais quoi? Harry sait que les Françaises aiment beaucoup les fleurs. Il passe chez une marchande de fleurs. Il regarde les roses, les tulipes, les bégonias, les géraniums . . . Finalement il choisit un énorme pot de chrysanthèmes. La marchande prend le pot, l'enveloppe dans du joli papier, décore le paquet° avec un ruban° et le donne à Harry.

Très content de son achat, Harry arrive chez les Lachance. Il sonne. Son ami Jacques lui ouvre la porte. Harry entre et présente son cadeau à Madame Lachance. Celle-ci° le prend et remercie° Harry profusément . . . Mais quand elle ouvre le paquet, elle a l'air consternée. Pourquoi?

- Madame Lachance est allergique aux fleurs.
- En France, les chrysanthèmes sont un signe de grand amour.
- En France, les chrysanthèmes sont un signe de deuil.

RÉPONSE

En fait *in fact*   **paquet** *package*   **ruban** *ribbon*   **Celle-ci** *The latter*   **remercie** *thanks*

Interprétation

1 En France, le premier mai est un jour férié.

En France et dans beaucoup d'autres pays, le premier mai est la fête du Travail. Évidemment, on ne travaille pas ce jour-là. Les magasins, les bureaux et les banques sont fermés. (Aux États-Unis, la fête du Travail est le premier lundi de septembre.)

2 Harry ne lui a pas donné de pourboire.

Dans beaucoup de cinémas français, une ouvreuse accompagne les spectateurs à leur place. Pour ce service, on lui donne un pourboire: généralement un ou deux francs par personne.

3 En France, les chrysanthèmes sont un signe de deuil.

Le premier novembre, qui est la fête de la Toussaint,° les Français honorent leurs défunts.° Traditionnellement on va au cimetière° et on met des pots de chrysanthèmes sur la tombe des gens de sa famille.

Mots utiles

4

avoir mal aux dents	*to have a toothache*	**un étage**	*floor (of a building)*
un rendez-vous	*appointment*	**un peintre**	*painter*
un immeuble	*building*	**un renseignement**	*information*

5

la veille	*the day before*	**rappeler**	*to remind*
le vol	*flight*	**la note**	*bill*

la Toussaint *All Saints' Day*   **défunts** *dead*   **cimetière** *cemetery*

4 Harry Hapless a mal aux dents. Il a rendez-vous chez un dentiste qui habite dans un immeuble ancien. Arrivé dans cet immeuble, Harry demande à la concierge° à quel étage habite le dentiste. La concierge lui répond: «Le docteur Ledentu? C'est au cinquième étage, mais aujourd'hui l'ascenseur ne marche pas.»° Harry dit: «Ça ne fait rien,° je vais monter à pied.»

Harry monte les escaliers et compte les étages: deux, trois, quatre, cinq. «Je suis au cinquième étage», dit Harry, et il sonne. Un homme en blanc ouvre la porte. Ce n'est pas un dentiste mais un peintre. Harry lui explique qu'il a rendez-vous avec le docteur Ledentu. Le peintre lui répond: «Je ne connais pas le docteur Ledentu. Ici, c'est chez Madame Masson. Je repeins son appartement. Allez voir la concierge.»

Quel est le problème?

- Harry s'est trompé° d'étage.
- La concierge a donné un mauvais° renseignement à Harry.
- Ce jour-là, le docteur Ledentu s'est déguisé en° peintre.

RÉPONSE

5 Finalement, les vacances de Harry Hapless finissent. La veille de son départ il téléphone à la compagnie aérienne pour confirmer l'heure de son vol. L'employée lui rappelle que son avion est à 8 h 15. Elle lui recommande d'être à l'aéroport une heure et demie avant le départ.

PARIS-NEW YORK 18 h 05

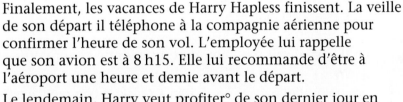

Le lendemain, Harry veut profiter° de son dernier jour en France. Le matin, il fait une promenade à pied et prend quelques photos. À midi, il déjeune dans un bon restaurant. L'après-midi, il va dans les magasins et achète quelques souvenirs. Puis il retourne à son hôtel, paie sa note et prend un taxi. Arrivé à l'aéroport, il regarde sa montre et dit: «Il est 6 heures 15. J'ai encore deux heures avant le départ de mon avion.» Puis il va au comptoir° de la compagnie aérienne. Là, l'hôtesse lui dit: «Mais, Monsieur Hapless, le dernier avion pour New York est parti il y a dix minutes.»

Qu'est-ce qui s'est passé?°

- En France, les avions sont souvent en avance.
- L'employée a donné à Harry un mauvais renseignement.
- Harry ne sait pas comment fonctionne l'heure officielle.

RÉPONSE

---

concierge *building superintendent* **ne marche pas** *isn't working* **Ça ne fait rien** *That doesn't matter*
s'est trompé *made a mistake* **mauvais** *wrong* **s'est déguisé en** *disguised himself as* **profiter** *to take advantage*
comptoir *counter* **Qu'est-ce qui s'est passé?** *What happened?*

4 Harry s'est trompé d'étage.

Il y a une différence d'un étage entre les étages français et américains. Voici la correspondance entre ces étages:

ÉTAGES FRANÇAIS	ÉTAGES AMÉRICAINS
rez-de-chaussée	*first floor*
premier étage	*second (not first) floor*
deuxiéme étage	*third (not second) floor*
dix-neuvième étage	*twentieth (not nineteenth) floor*

Ainsi, quand Harry Hapless pensait° qu'il était° au cinquième étage, il était en réalité au quatrième étage.

5 Harry ne sait pas comment fonctionne l'heure officielle.

En France, on utilise l'heure officielle pour donner l'heure des trains, des avions, etc. L'heure officielle commence à 0 heure le matin et finit à 23 heures 59 le soir.

Harry Hapless pensait que son avion était à 8 h 15 du soir (ou 20 h 15 à l'heure officielle). En réalité, l'avion était à 8 h 15 du matin.

pensait *thought* **était** *was*

PARIS → NICE

VOLS	DÉPART PARIS CDG2	ORLY W	ARRIVÉE NICE Aérogare 2	L	M	M	J	V	S	D
AF411		15 h 40	17 h 00	V	▣	V	●	o		●
IT745		16 h 10	17 h 30							V
IT345		16 h 20	17 h 40		●	●	●	o	o	●
IT 445		16 h 55	18 h 15	●	V	●	o	o	V	●
AF 413	17 h 35		19 h 00	V	V	o	V	o	o	V
AF415		18 h 15	19 h 35	●	o	o	●	●	●	●
IT545		19 h 15	20 h 35	●	o	o	●	●	●	●
AF419	20 h 00		21 h 25	●	●		V	o	o	V
AF 417		20 h 15	21 h 35	●	●	●	o	o		●
AF429	21 h 20		22 h 45							
IT645		21 h 35	22 h 55			▣	o	o		V
AF429	22 h 15		23 h 40				o			

AIR FRANCE

L'ART DE LA LECTURE

Sometimes you can guess the meaning of a new French word because it looks like an English word that you know. For example, in Episode 4 you encountered the phrase:

Harry monte **les escaliers** . . .

Perhaps the word **escaliers** reminded you of *escalator,* and then you figured out that he must be going up the *stairs.*

Exercice de lecture

Were you able to figure out the following words by using your knowledge of English?

Episode 2: Il arrive dix minutes après **le début** du film.
> *Hint: What does a ballerina do when she makes her "debut" on stage?*

Episode 3: Il passe chez **une marchande de fleurs.**
> *Hint: What does a merchant do?*

Episode 3: Elle **enveloppe** le pot dans du joli papier.
> *Hint: What happens when you are envelopped in fog?*

Episode 3: Madame Lachance a l'air **consternée.**
> *Hint: How do people feel when they are in a state of consternation?*

Episode 4: C'est au cinquième étage, mais **l'ascenseur** ne marche pas.
> *Hint: What does a hot-air balloon do when it ascends?*

LE SAVOIR FAIRE...
7 JOURS SUR 7

nice fleurs

MARCHAND DE FLEURS

Compositions pour toutes cérémonies

(1) 45 75 04 50

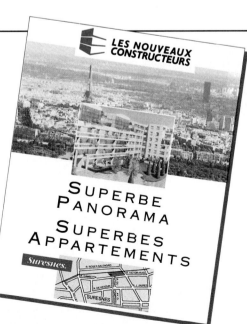

LES NOUVEAUX CONSTRUCTEURS

SUPERBE PANORAMA
SUPERBES APPARTEMENTS

Suresnes.

LECTURE

239

IMAGES DU MONDE FRANCOPHONE

L'Amérique et la France d'outre-mer

LE CANADA

LE QUÉBEC

LE NOUVEAU-BRUNSWICK

LA NOUVELLE-ÉCOSSE

LA NOUVELLE-ANGLETERRE

LES ÉTATS-UNIS

LA LOUISIANE

HAÏTI

LA GUADELOUPE

LA MARTINIQUE

LA GUYANE FRANÇAISE

Où et pourquoi parle-t-on français en Amérique?

Aux dix-septième et dix-huitième siècles,° la France avait° un vaste empire colonial en Amérique. Ceci explique la présence de la langue française sur ce continent. L'empire français comprenait° les éléments suivants:

Le Canada

Autrefois, une grande partie du Canada était° française. Ce territoire s'appelait° la Nouvelle-France. En 1763, après une guerre° entre les Français et les Anglais, le territoire est devenu une colonie britannique. Beaucoup de Canadiens d'origine française ont cependant gardé° leurs coutumes, leurs traditions . . . et leur langue. Aujourd'hui, la majorité des Québécois° parlent français. On parle français aussi dans certaines parties de l'Ontario et des Provinces Maritimes (la Nouvelle-Écosse° et le Nouveau-Brunswick).

Aux dix-neuvième et vingtième siècles, un grand nombre de familles québécoises ont émigré aux États-Unis, principalement dans les états de la Nouvelle-Angleterre (le Maine, le Vermont, le New Hampshire, le Massachusetts, le Connecticut et le Rhode Island). Aujourd'hui, leurs descendants, les «Franco-Américains», sont deux millions.

La Louisiane

En 1682, un explorateur français, Robert Cavelier de La Salle, est parti de la région des Grands Lacs en direction du golfe du Mexique. Après un long et difficile voyage, il a descendu tout le Mississippi. Il a donné aux territoires qu'il a traversés° le nom de Louisiane, en l'honneur du roi° de France, Louis XIV. (À cette époque, la Louisiane était toute la vallée du Mississippi.) La Louisiane est devenue espagnole en 1763, et française à nouveau en 1802. Finalement, en 1803, la France a vendu la Louisiane aux États-Unis pour 80 millions de francs.

VIVE LA DIFFÉRENCE, LA LOUISIANE EST BILINGUE!

Autrefois, on parlait° français à la Nouvelle-Orléans. Aujourd'hui, certaines familles parlent encore français dans la région des bayous.

Haïti

Autrefois, Haïti était une colonie française et s'appelait Saint-Domingue. En 1801, les esclaves° noirs, sous la direction de leur chef Toussaint Louverture, se sont révoltés contre les Français. En 1804, ils ont obtenu leur indépendance. Haïti est devenue la première république noire. Aujourd'hui, beaucoup d'Haïtiens parlent français et créole.

La Martinique et La Guadeloupe

Autrefois ces deux îles étaient des colonies françaises. Aujourd'hui, ce sont des départements français d'outre-mer.° À la Martinique et à la Guadeloupe, vous êtes en France, comme si vous étiez° à Paris.

air martinique

Guadeloupe

siècles *centuries* avait *had* comprenait *included* était *was* s'appelait *was called* guerre *war*
ont . . . gardé *kept* Québécois *people of Quebec* Nouvelle-Écosse *Nova Scotia* a traversés *crossed*
roi *king* parlait *used to speak* esclaves *slaves* d'outre-mer *overseas* comme si vous étiez *as if you were*

QUÉBEC, la Belle Province

Les Canadiens francophones° représentent trente pour cent de la population canadienne. Ils habitent principalement dans la province de Québec, qu'on appelle souvent «la Belle Province».

- La ville de Québec est la capitale administrative de cette province, mais la plus grande ville est Montréal.
- Le drapeau° québécois est bleu avec une croix° blanche et des fleurs de lys. Ce sont les emblèmes de l'ancienne France.
- La devise° du Québec est «Je me souviens».° Les Québécois se souviennent de leurs traditions, de leur culture et de leur langue.

Avec trois millions d'habitants, Montréal est la deuxième ville du Canada, après Toronto. C'est aussi la deuxième ville d'expression française du monde,° après Paris. Montréal est à la fois° une ville moderne avec des gratte-ciel et une ville historique avec des quartiers° anciens. Le «Vieux Montréal» est typiquement français avec ses cafés, ses restaurants et ses boutiques. Au centre de la ville, il y a aussi une immense ville souterraine° avec un métro et de longues galeries où on trouve des restaurants, des magasins, des cinémas, etc. En hiver, quand il fait très froid, c'est ici que les Montréalais font leur «magasinage».°

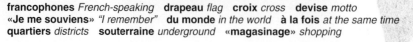

francophones *French-speaking* **drapeau** *flag* **croix** *cross* **devise** *motto*
«Je me souviens» *"I remember"* **du monde** *in the world* **à la fois** *at the same time*
quartiers *districts* **souterraine** *underground* **«magasinage»** *shopping*

CARNaVaL à Québec

On célèbre le Carnaval de façons différentes dans les différentes parties du monde français. À Québec, le Carnaval, c'est la fête de la neige. En février, il y a dix jours de fêtes, d'activités et de compétitions diverses. La grande attraction est la course° de canoës sur le Saint-Laurent. Vingt équipes de cinq hommes participent à cette course très dangereuse et très mouvementée.° Il y a aussi des courses de voiture sur glace,° et des concours° de sculpture de glace et de neige. (Si on n'a pas peur du froid, on peut aussi mettre un maillot de bain et prendre un «bain de neige».)

La mascotte du Carnaval, c'est «Bonhomme», un grand bonhomme de neige° avec un bonnet rouge. Le premier jour du Carnaval, Bonhomme couronne° la reine° du Carnaval. Ensuite, il y a un grand feu d'artifice° et la fête commence!

La Saint-Jean à Québec

La Saint-Jean a lieu° le 24 juin. C'est la fête nationale de la province de Québec. La Saint-Jean est une fête particulièrement importante pour les Québécois d'expression française. Elle est célébrée avec grande joie dans la ville de Québec.

Le matin, il y a des processions et des défilés° dans les rues de la ville. À midi, on pique-nique sur l'herbe. L'après-midi, il y a des compétitions sportives. Le soir, la ville entière assiste à un concert de musique folklorique et populaire sur les plaines d'Abraham, le grand parc historique. On chante et on allume un feu de joie° gigantesque. À minuit, il y a un feu d'artifice. «Vive le Québec!» «Vive les Québécois!»

Le français au Québec

Le français qu'on parle à Québec est généralement semblable° au français qu'on parle en France. Mais il y a certaines différences. Notez, par exemple, comment on dit les choses suivantes en français et en québécois.

français	québécois	français	québécois
Au revoir!	Bonjour!	la glace	la crème glacée
le weekend	la fin de semaine	la pastèque	le melon d'eau
le petit déjeuner	le déjeuner	le chewing-gum	la gomme
le déjeuner	le dîner	faire des achats	magasiner
le dîner	le souper	faire du shopping	dépenser

Comprenez-vous les phrases suivantes?

- Bonjour et bonne fin de semaine!
- Je vais magasiner. Et toi?
- Après le dîner, qu'est-ce que tu préfères comme dessert? du melon d'eau ou de la crème glacée?

---

course *race* **mouvementée** *action-packed* **glace** *ice* **concours** *contests* **bonhomme de neige** *snowman* **couronne** *crowns* **reine** *queen* **feu d'artifice** *fireworks* **a lieu** *takes place* **défilés** *parades* **feu de joie** *bonfire* **semblable** *similar*

Les Acadiens:
du Canada à la Louisiane

*P*renez une carte de la Louisiane et regardez bien
la région à l'ouest et au sud de la Nouvelle-Orléans.
Les paroisses° de cette région ont des noms français:
Lafourche, Terrebonne, Vermilion, Saint Martin, Acadia, Lafayette,
Iberville et, plus au nord, Avoyelles, Évangéline, Pointe Coupée.

Ici nous sommes au centre du pays° «cajun». Le mot° «cajun»
vient du mot français «acadien». Dans ces paroisses en effet,°
la majorité de la population est d'origine acadienne et
beaucoup de gens comprennent le français. Qui sont
les Acadiens? Quelle est leur origine?
Pourquoi parlent-ils français?
Voici leur histoire . . .

L'histoire des Acadiens
commence non pas en Louisiane
mais au Canada. Les Acadiens sont
en effet les descendants des premiers
colons° français au Canada. Ces colons sont arrivés en 1604 dans
l'est du Canada. Là, ils ont établi une colonie très prospère qu'ils ont appelée
l'Acadie. (Cette région est aujourd'hui la Nouvelle-Écosse.) En 1713, la France
a signé un traité° qui a cédé l'Acadie à l'Angleterre. L'Acadie est devenue
une colonie britannique, mais les Acadiens ont voulu rester fidèles° à leurs traditions
françaises. Ils ont décidé de préserver leur culture et leur langue. Ils ont refusé de
prêter serment° à la couronne° britannique.

NOUS SOMMES FIERS
DE PARLER
FRANÇAIS.

CONSEIL POUR LE DÉVELOPPEMENT
CODOFIL
DU FRANÇAIS EN LOUISIANE

Le gouverneur anglais a décidé alors
d'expulser° les Acadiens. En juin 1755, l'armée
anglaise a attaqué les villages acadiens sans°
défense. Toute la population a été faite
prisonnière. Le gouverneur a donné l'ordre de
brûler° les maisons, de détruire° les villages
et finalement de déporter la population.
Pour la majorité des Acadiens, un long et
terrible exode° a commencé.

paroisses *parishes (counties)*   **pays** *country*   **mot** *word*   **en effet** *as a matter of fact*   **colons** *colonists*
traité *treaty*   **fidèles** *faithful*   **prêter serment** *pledge allegiance*   **couronne** *crown*   **expulser** *expel*
sans *without*   **brûler** *burn*   **détruire** *destroy*   **exode** *exodus*

C'est l'époque° du «grand dérangement».° Les soldats° anglais ont séparé les familles. Les hommes ont été déportés d'abord, puis les femmes et les enfants. Des groupes sont arrivés dans le Massachusetts, d'autres en Virginie, d'autres en Géorgie, d'autres dans les Antilles° . . . Finalement, les familles acadiennes se sont regroupées.° Certaines ont décidé d'aller en Louisiane qui était alors une colonie française.

FESTIVAL ACADIEN
~
EXPOSITION
~
Lafayette, LA

Les premiers Acadiens sont arrivés en Louisiane vers 1760, après un voyage de 3 000 kilomètres et cinq ans d'exode. Là, ils ont reconstruit° leurs maisons, leurs écoles, leurs églises. Ils ont commencé une nouvelle existence où ils étaient° finalement libres.

De nouveaux immigrants sont arrivés en pays «cajun»: des Allemands, des Espagnols, des Anglais, des Africains et des Antillais . . . Certains ont appris le français et sont devenus Acadiens d'adoption. Aujourd'hui, les Acadiens sont très nombreux,° peut-être un million, peut-être plus.

Évangéline

Le grand poète américain, Longfellow, a immortalisé l'exode cruel et tragique des Acadiens dans son poème *Evangeline*. Ce poème est basé sur une histoire vraie. Évangéline Bellefontaine, une jeune Acadienne, est fiancée à Gabriel Lajeunesse. Au moment où ils vont se marier, Évangéline et Gabriel sont déportés en Louisiane. Malheureusement, ils prennent des bateaux différents. Évangéline passe le reste de sa vie à rechercher la trace de son fiancé. Finalement, elle trouve Gabriel au moment où il va mourir.°

Aujourd'hui, on peut voir la statue d'Évangéline à côté de l'église Saint Martin de Tours à St. Martinville (Louisiane).

époque *period* **dérangement** *turmoil* **soldats** *soldiers* **Antilles** *West Indies* **se sont regroupées** *regrouped* **ont reconstruit** *rebuilt* **étaient** *were* **nombreux** *numerous* **mourir** *to die*

LES CONNAISSEZ-VOUS?

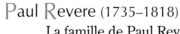

Connaissez-vous les personnes suivantes? Qu'est-ce qu'elles ont en commun? Au moins° deux choses. Elles sont d'origine française et chacune a sa place dans l'histoire américaine.

Paul Revere (1735–1818)

La famille de Paul Revere s'appelait° Rivoire. C'était une famille huguenote d'origine française. Dans sa vie, Paul Revere a exercé un grand nombre de métiers:° soldat, commerçant,° imprimeur,° graveur,° orfèvre° ... Si Paul Revere est resté célèbre, c'est à cause du rôle qu'il a joué pendant la Révolution américaine.

Jean-Baptiste Point du Sable (17??–1814)

Venait-il° du Canada? de la Louisiane ou de Saint Domingue? On ne connaît pas bien les origines de ce Français d'ascendance africaine. On sait que, vers° 1780, il est venu dans la région des Grands Lacs pour faire le commerce de la fourrure° avec les Indiens. Il a établi plusieurs comptoirs° dans la région. Pour sa maison, il a choisi un site près du lac Michigan. Autour de cette maison s'est développé un petit village qui a grandi° très vite et est devenu Chicago. Aujourd'hui, on considère Jean-Baptiste Point du Sable comme le fondateur° de la troisième ville des États-Unis.

Le marquis de La Fayette (1757–1834)

La Fayette était issu° d'une famille française très célèbre et très riche. À dix-huit ans, il a entendu parler° de la Révolution américaine. Il a alors décidé de rejoindre° les patriotes américains et de combattre° avec eux contre les Anglais. Malheureusement, sa famille et ses amis se sont opposés à ses projets et le roi de France lui a interdit° de partir. Que faire?

La Fayette n'a pas hésité longtemps. Il est allé en Espagne où il a acheté un bateau avec son propre° argent et il est parti pour l'Amérique. Dès° son arrivée, La Fayette s'est engagé° dans l'armée américaine. À vingt ans, le Congrès continental l'a nommé général. Il est devenu l'ami de Washington, avec qui il a participé aux grandes batailles de la guerre de l'Indépendance. La Fayette est l'un des grands héros de la Révolution américaine.

E. Irénée Du Pont de Nemours (1771–1834)

En France, le jeune Irénée était° un apprenti chimiste° spécialisé dans la fabrication des explosifs. Arrivé aux États-Unis en 1800, il a réalisé le rêve de tous les immigrants en créant sa propre entreprise.° Cette entreprise, la firme E. I. Du Pont de Nemours, est aujourd'hui l'une des plus grandes compagnies chimiques du monde.

Au moins At least **s'appelait** was named **métiers** professions **commerçant** businessman
imprimeur printer **graveur** engraver **orfèvre** silversmith **Venait-il?** Did he come? **vers** around
commerce de la fourrure fur trade **comptoirs** trading posts **a grandi** grew **fondateur** founder
était issu came **a entendu parler** heard about **rejoindre** join **combattre** fight **a interdit** forbade
propre own **Dès** Immediately on **s'est engagé** enlisted **était** was **apprenti chimiste** chemist's apprentice
entreprise business

Jean Laffite (1780–18??)

Jean Laffite est un héros de légende. C'était le chef d'un groupe de contrebandiers° qui opérait dans la région de la Nouvelle-Orléans. C'était aussi un ardent patriote. Jean Laffite a défendu victorieusement la Nouvelle-Orléans quand les Anglais ont attaqué cette ville en 1814. Après la guerre, il a reconstitué son groupe de contrebandiers, puis il a mystérieusement disparu° . . .

John James Audubon (1785–1851)

Où est né Audubon? À la Nouvelle-Orléans? À Haïti? En France? Les origines de ce grand artiste restent mystérieuses. Après avoir fait ses études en France, Audubon est arrivé à Philadelphie en 1803. Puis, pendant trente ans, il a passé sa vie à voyager et à peindre° la nature autour de lui. Dans son oeuvre° *Les oiseaux d'Amérique,* Audubon combine le talent artistique avec l'esprit d'observation scientifique.

Sarah Grimké (1792–1873) et Angélina Grimké (1805–1879)

Sarah et Angélina Grimké étaient issues d'une famille huguenote française émigrée en Amérique au XVIIIᵉ siècle. Les deux soeurs ont consacré° leur vie° à l'abolition de l'esclavage° aux États-Unis. Par leurs écrits° et leurs discours,° elles ont joué un rôle très important dans la lutte° pour l'émancipation des Noirs et pour les droits° de la femme. Leur neveu,° Archibald Grimké (1849–1930), a continué leur lutte contre° la discrimination. Il a été vice président de la NAACP (Association nationale pour l'avancement des personnes de couleur).

John Charles Frémont (1813–1890)

Né en Géorgie, Frémont était le fils d'un officier français. Est-ce un héros ou un aventurier? Peut-être les deux! Frémont a commencé sa carrière comme professeur de mathématiques, mais bien vite, il a abandonné ce métier pour devenir explorateur. C'est l'un des grands explorateurs de l'Ouest. Il a exploré les montagnes Rocheuses,° le Nevada, l'Oregon. Arrivé en Californie en 1846, il a proclamé l'indépendance de ce territoire espagnol. Puis il est devenu gouverneur et sénateur du nouvel état. En 1856, Frémont a été le candidat républicain aux élections présidentielles. Battu,° Frémont a continué à défendre ses idées alors révolutionnaires: l'abolition de l'esclavage, la construction d'un chemin de fer° transcontinental qui rejoindrait° le Pacifique. Plus tard, Frémont a été gouverneur du territoire de l'Arizona.

L'histoire de ces personnes illustre la contribution des gens d'origine française à l'histoire des États-Unis. Cette contribution est très importante. Pensez aux colons français qui se sont installés° en Louisiane, aux soldats français qui ont combattu° pendant la guerre de l'Indépendance, aux grands explorateurs qui ont parcouru° le continent américain, aux chercheurs° d'or français qui sont arrivés en Californie en 1848 . . . Pensez surtout aux deux millions de Franco-Américains qui vivent aujourd'hui aux États-Unis!

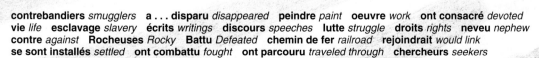

contrebandiers *smugglers*   **a . . . disparu** *disappeared*   **peindre** *paint*   **oeuvre** *work*   **ont consacré** *devoted*
vie *life*   **esclavage** *slavery*   **écrits** *writings*   **discours** *speeches*   **lutte** *struggle*   **droits** *rights*   **neveu** *nephew*
contre *against*   **Rocheuses** *Rocky*   **Battu** *Defeated*   **chemin de fer** *railroad*   **rejoindrait** *would link*
se sont installés *settled*   **ont combattu** *fought*   **ont parcouru** *traveled through*   **chercheurs** *seekers*

La FRANCE d'outre-mer

Il y a une France métropolitaine et une France d'outre-mer. La France d'outre-mer est constituée par° un certain nombre de départements et de territoires dispersés dans le monde entier.° Les départements et territoires d'outre-mer font partie intégrante de la France. Leurs habitants sont citoyens° français. Ils ont les mêmes droits et les mêmes obligations que tous les Français.

Voici quelques-uns de ces territoires et départements:

	POPULATION	CAPITALE	PRODUITS
La Martinique	350 000	Fort-de-France	sucre, bananes, ananas°
La Guadeloupe	400 000	Basse-Terre	sucre, bananes, ananas
La Guyane française	100 000	Cayenne	fruits tropicaux, sucre, bananes, riz,° tabac°
La Polynésie française	200 000	Papeete	fruits tropicaux, café, vanille, noix de coco°

Le créole

Quelle est la langue officielle de la Martinique? C'est le français, bien sûr! Mais à la maison et avec leurs amis, les jeunes Martiniquais parlent créole. Le créole reflète la personnalité et l'histoire de la Martinique. Cette langue originale est née du contact entre les Européens et les esclaves noirs. Influencé par les langues africaines, le créole contient° des mots d'origine française, anglaise, espagnole et portugaise. On parle aussi créole à la Guadeloupe et en Guyane française.

Voici certaines expressions créoles:

créole	français
Ça ou fé?	Comment allez-vous?
Moin bien.	Je vais bien.
Ça ou lé?	Qu'est-ce que vous voulez?
Moin pa savé.	Je ne sais pas.

Et voici un proverbe créole:

Gros poisson ka mangé piti.	Les gros poissons mangent les petits.

Ça ou fé?

constituée par *made up of*   **dans le monde entier** *around the world*
citoyens *citizens*   **ananas** *pineapple*   **riz** *rice*   **tabac** *tobacco*
noix de coco *coconuts*   **contient** *contains*

Le Carnaval à la Martinique

À la Martinique, le Carnaval est toujours une fête° extraordinaire. C'est la fête de la musique, de la danse, du rythme, de l'exubérance. C'est surtout la fête de la bonne humeur.

On prépare le Carnaval des mois à l'avance° . . . Finalement la semaine du Carnaval arrive. Le lundi, les jeunes gens et les jeunes filles mettent leurs masques et leurs costumes. Dans les rues, les orchestres de musique créole (clarinette, tambour° et banjo) jouent des airs typiques. Tout le monde chante et danse . . . Le mardi, c'est le jour des diables.° Ce jour-là, tout le monde porte des vêtements rouges.

Le Carnaval finit le mercredi. Ce jour-là, on met des vêtements blancs et noirs. Le soir, on brûle° «Vaval», une immense effigie de papier mâché qui représente le Carnaval. Le Carnaval est fini. «Au revoir, Vaval! À l'année prochaine!»

Les fêtes de juillet à Tahiti

Tahiti est la plus grande île de la Polynésie française. En juillet, Tahiti est en fête. Il y a des danses folkloriques. Il y a des cérémonies traditionnelles. Il y a des défilés.° Il y a des épreuves° sportives. Mais le grand événement est la course de pirogues.° Chaque village a son équipage.° Ces équipages s'entraînent° pendant des semaines. Finalement le jour de la course arrive. Les équipages sont prêts.° Le signal du départ est donné. Qui va gagner cette année?

La Guyane française

Située au nord-est de l'Amérique du Sud, la Guyane française est un pays de forêt équatoriale. Autrefois, la Guyane était une colonie pénale où étaient° déportés les criminels condamnés aux travaux forcés.° (Le bagne° le plus célèbre se trouvait° sur la fameuse «Île du Diable».°)

Avec la technologie moderne, le caractère de la Guyane a complètement changé. C'est en Guyane, en effet, que se trouve le centre spatial de Kourou. De ce centre sont lancées° les fusées° Ariane. Ces fusées, construites° par la France en coopération avec d'autres pays européens, sont utilisées pour le lancement de satellites européens, japonais . . . et américains.

---

fête *festival*   **à l'avance** *in advance*   **tambour** *drum*   **diables** *devils*   **brûle** *burn*   **défilés** *parades*
épreuves *competitions*   **course de pirogues** *canoe race*   **équipage** *crew*   **s'entraînent** *train*
prêts *ready*   **étaient** *were*   **travaux forcés** *forced labor*   **bagne** *prison*   **se trouvait** *was located*
«Île du Diable» *Devil's Island*   **lancées** *launched*   **fusées** *rockets*   **construites** *built*

Rencontre
avec Myrtise et Garine

Myrtise Maurice et Garine Jean-Philippe sont étudiantes dans une université américaine. Elles sont amies et habitent dans le même appartement. Je les ai rencontrées chez elles. Elles étaient en train de faire la cuisine.

JEAN-PAUL:	Bonjour, Myrtise! Bonjour, Garine! Qu'est-ce que vous faites?
MYRTISE:	Nous préparons un repas haïtien. Nous avons des invités ce soir.
JEAN-PAUL:	Qu'est-ce qu'il y a au menu?
MYRTISE:	Du lambi° avec du riz et de la «sauce pois».
JEAN-PAUL:	Qu'est-ce que c'est?
MYRTISE:	Le lambi, c'est un gros coquillage° qu'on trouve partout dans les Antilles. Et la sauce pois, c'est une sauce avec des haricots rouges.
JEAN-PAUL:	Et toi, Garine, qu'est-ce que tu fais?
GARINE:	Je fais des «bananes pesées». Ce sont des bananes frites. C'est aussi une spécialité haïtienne.
JEAN-PAUL:	Vous êtes haïtiennes toutes les deux?
GARINE:	Non, moi, je suis américaine, mais mes parents sont nés à Haïti.
JEAN-PAUL:	Et toi, Myrtise?
MYRTISE:	Moi, je suis haïtienne. Je suis venue ici à l'âge de douze ans avec ma famille.
JEAN-PAUL:	Est-ce que tu parles français avec tes parents?
MYRTISE:	Bien sûr! Nous parlons français et créole.
JEAN-PAUL:	Et toi, Garine?
GARINE:	Je comprends le créole, mais à la maison, mes parents préfèrent que je parle français.
JEAN-PAUL:	Qu'est-ce que tu étudies à l'université?
GARINE:	J'étudie les sciences sociales. Et après, je vais faire des études de droit.° Je voudrais être avocate.

lambi *conch*   **coquillage** *shellfish*   **droit** *law*

JEAN-PAUL: Et toi, Myrtise?

MYRTISE: Je fais des études de psychologie. Je voudrais être psychologue pour enfants.

JEAN-PAUL: Ici, aux États-Unis?

MYRTISE: Non, après mes études je compte° retourner à Haïti.

JEAN-PAUL: Pourquoi?

MYRTISE: Parce que c'est mon pays . . . Il y a beaucoup de choses à faire là-bas . . .

GARINE: Au fait, Jean-Paul, est-ce que tu veux dîner avec nous?

JEAN-PAUL: Oui, avec plaisir!

LE SAVEZ-VOUS?

1. La Louisiane a été nommée ainsi en l'honneur . . .
 a d'une province française
 b d'une jeune fille française nommée Louisette
 c du roi de France Louis XIV

2. Toussaint Louverture est . . .
 a un explorateur français
 b le premier gouverneur de la Louisiane
 c le chef des esclaves haïtiens révoltés contre les Français

3. Aujourd'hui, la Martinique et la Guadeloupe sont . . .
 a des pays indépendants
 b des départements français
 c des colonies espagnoles

4. La devise du Québec est . . .
 a «Je me souviens.»
 b «Vive la différence!»
 c «Vive le français!»

5. Après Paris, la deuxième ville d'expression française du monde est . . .
 a Québec
 b Montréal
 c la Nouvelle-Orléans

6. À Paris on dit «Au revoir».
 À Québec on dit . . .
 a «Bonjour»
 b «Bonne nuit»
 c «Bon voyage»

7. Le mot «cajun» vient du mot français . . .
 a «acadien»
 b «canadien»
 c «indien»

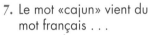

8. Avant de venir en Louisiane, les Acadiens habitaient *(lived)* . . .
 a au Mexique
 b en Nouvelle-Angleterre
 c dans l'est du Canada

9. Certaines villes américaines sont nommées Lafayette en l'honneur . . .
 a d'un explorateur français
 b d'un général canadien
 c d'un héros de la Révolution américaine

10. L'un des premiers gouverneurs de Californie était d'origine française. Il s'appelle . . .
 a Paul Revere
 b John Charles Frémont
 c John James Audubon

11. Tahiti est une île . . .
 a canadienne
 b française
 c haïtienne

12. Les jeunes Martiniquais parlent français et . . .
 a créole
 b espagnol
 c italien

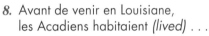

compte *plan*

UNITÉ 5

Les sports et la vie quotidienne

Silhouette
"Sport et détente"

CHEZ SILHOUETTE
11, ter, rue de Fontenelle,
76000 ROUEN
Tél. : 35.70.60.37

MINISTÈRE DE LA JEUNESSE ET DES SPORTS

CPA
Le Sport Plaisir

Ministère de la Santé
Ontario

VTT

LA SANTÉ
quelle sensation !

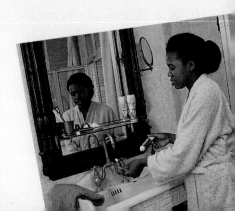

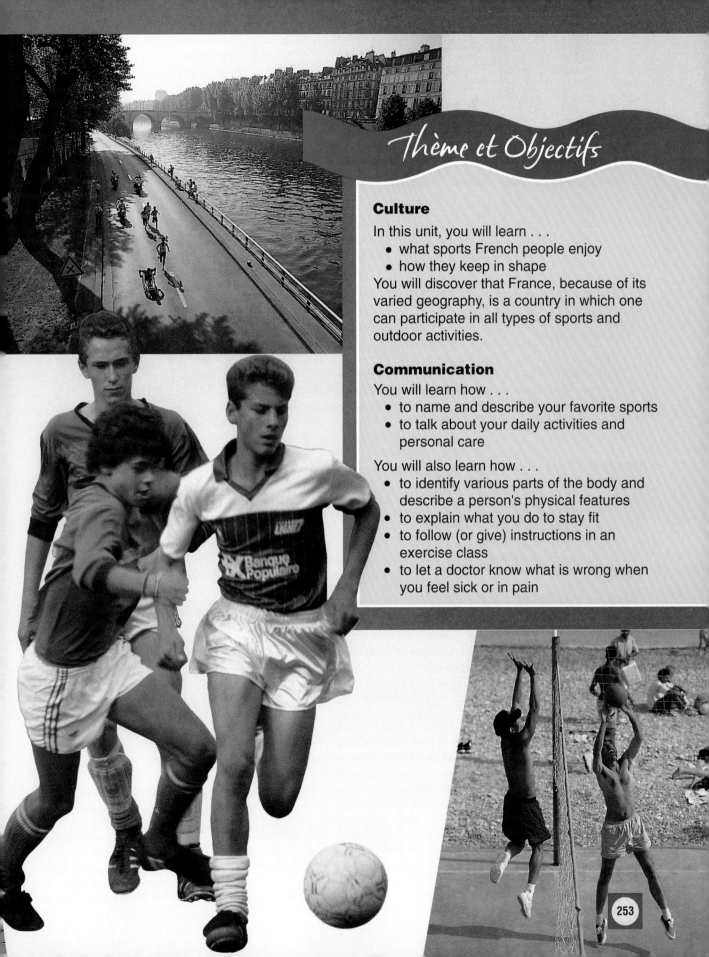

Thème et Objectifs

Culture

In this unit, you will learn . . .
- what sports French people enjoy
- how they keep in shape

You will discover that France, because of its varied geography, is a country in which one can participate in all types of sports and outdoor activities.

Communication

You will learn how . . .
- to name and describe your favorite sports
- to talk about your daily activities and personal care

You will also learn how . . .
- to identify various parts of the body and describe a person's physical features
- to explain what you do to stay fit
- to follow (or give) instructions in an exercise class
- to let a doctor know what is wrong when you feel sick or in pain

LEÇON 17

Le sport, c'est la santé

Aperçu culturel... **Le sport en France**

«Un esprit sain dans un corps sain»[1] dit le proverbe. Les jeunes Français mettent ce proverbe en action en pratiquant toutes sortes de sports. À l'école ils font de la gymnastique et du jogging. Ils jouent aussi au foot, au volley et au basket. En dehors° de l'école, la pratique des sports varie avec les saisons: ski en hiver, tennis et natation au printemps et en été, planche à voile et alpinisme pendant les vacances.

[1]"A healthy mind *(spirit)* in a healthy body"

dehors *outside*

1. La planche à voile est un sport très populaire sur les plages de la Méditerranée et de l'Atlantique. Ici des jeunes pratiquent leur sport favori sur la plage de Verneuil-sur-Seine.

2. À Noël et pendant les vacances d'hiver, des milliers° de jeunes Français vont faire du ski dans les Alpes et les Pyrénées. En hiver, certaines écoles organisent des classes de neige. Les élèves étudient le matin et font du ski l'après-midi.

3. Le football reste le sport favori des jeunes Français. Pendant la semaine, ils pratiquent ce sport au lycée. Le soir et pendant le weekend, ils regardent les matchs professionnels à la télé. Le grand événement de l'année est la Finale de la Coupe de France. Ce match a lieu° en mai au stade du Parc des Princes à Paris. Traditionnellement, c'est le président de la République qui donne la coupe à l'équipe victorieuse.

4. Quand on fait du parapente, on a l'impression de voler° comme° un oiseau. Le parapente est un sport très exaltant° mais il peut être dangereux. Ce n'est donc pas un sport pour tout le monde.

milliers *thousands* **a lieu** *takes place* **voler** *to fly* **comme** *like* **exaltant** *exciting*

5. La pétanque, au contraire, est un sport pour tout le monde. Ce jeu de boules est d'origine provençale. Aujourd'hui, tous les Français, jeunes et vieux, jouent à la pétanque.

6. On peut être handicapé physiquement et rester très sportif. Aux Jeux Olympiques de 1988, le Français Mustapha Badid a gagné la médaille d'or° du 1 500 mètres en fauteuil roulant. En 1990, il a aussi gagné le marathon de Boston.

7. L'alpinisme est un sport qui consiste à escalader les montagnes. Le nom de ce sport vient du mot «Alpes». Les Alpes sont des montagnes très élevées° qui séparent la France, la Suisse et l'Italie. En France, on fait de l'alpinisme non seulement° dans les Alpes, mais aussi dans les Pyrénées et dans toutes les régions où il y a des montagnes et des rochers.° Une des grandes spécialistes de l'alpinisme est une Française, Catherine Destivelle. Ici, la «reine»° des grimpeuses ° fait l'escalade° d'un sommet° près de Chamonix.

8. Chaque année, au mois de mai, les meilleurs joueurs de tennis du monde viennent à Paris disputer° les Internationaux de France.[2] Ce tournoi a lieu au stade Roland-Garros. Avec les Internationaux d'Angleterre, d'Australie et des États-Unis, c'est l'un des quatre tournois° qui comptent pour le «grand chelem».[3] Ici Henri Leconte, l'un des grands du tennis mondial,° en pleine° action.

9. Le vélo tout terrain,° ou VTT, est un sport qu'on pratique en montagne pendant les vacances. Aujourd'hui, beaucoup de Français utilisent leur VTT pour circuler° en ville.

10. Le patinage artistique° allie la grâce et la technique. La championne française, Surya Bonaly, est l'une des meilleures patineuses° du monde.

[2]French Open
[3]Grand Slam (Note how the French spell the English phrase.)

d'or *gold* **élevées** *high* **seulement** *only* **rochers** *rocks* **reine** *queen* **grimpeuses** *climbers*
fait l'escalade *is climbing* **sommet** *peak* **disputer** *to compete in* **tournois** *tournaments*
mondial *world* **pleine** *full* **vélo tout terrain** *mountain biking* **circuler** *to get around*
patinage artistique *figure skating* **patineuses** *skaters*

Tu es sportive?

Oui, je fais du sport.

A. Les sports individuels

—Tu es **sportif (sportive)?**
—Oui, je **fais du sport.**
—Quels sports est-ce que tu **pratiques?**
—Je fais de la gymnastique et du jogging.
—Est-ce que tu **cours** beaucoup?
—Je cours 20 kilomètres par semaine.

pratiquer: to practice

courir: to run

INFINITIVE	courir			
PRESENT	je **cours**		nous **courons**	
	tu **cours**		vous **courez**	
	il/elle/on **court**		ils/elles **courent**	
PASSÉ COMPOSÉ	j'**ai couru**			

Quelques sports individuels

le jogging
l'aérobic (m.)
le vélo (cycling)
le VTT (mountain biking)

la marche à pied (hiking)
la gymnastique
l'équitation (f.) (horseback riding)

le ski (skiing)
le ski nautique (waterskiing)
le surf (surfboarding)

la natation (swimming)
la voile (sailing)
la planche à voile (windsurfing)

le patinage (skating)
le patin à roulettes (roller skating)

le roller (rollerblading)
la planche à roulettes (skateboarding)

➡ To talk about individual sports, the French use the construction:

$$\text{faire} \begin{cases} \textbf{du} \\ \textbf{de la} \\ \textbf{de l'} \end{cases} + \text{NAME OF SPORT}$$

Je **fais du vélo.**
Éric **fait de la voile.**
Nous **faisons de l'aérobic.**

In negative sentences, **du/de la → de.**   Je **ne** fais **pas de** ski.

COMMENT, PHILIPPE! TU ES EN VACANCES ET TU NE FAIS PAS DE SPORT?

C'EST QUE J'HÉSITE ENTRE LE TENNIS, LE VOLLEY, LE GOLF, LA NATATION, LA VOILE, LA PLANCHE À VOILE, LE SKI NAUTIQUE...

1 Le sport et vous

Indiquez vos préférences en complétant les phrases suivantes.

1. Je fais du sport . . .
   - tous les jours
   - une fois par semaine
   - trois fois par semaine
   - pratiquement jamais

2. Je fais du sport parce que . . .
   - c'est amusant
   - c'est bon pour la santé *(health)*
   - c'est obligatoire à mon école
   - ?

3. Je préfère courir . . .
   - seul(e) *(alone)*
   - avec un copain ou une copine
   - avec mon chien
   - ?

4. Je préfère faire de la natation . . .
   - dans une piscine
   - dans un lac
   - dans une rivière
   - à la mer *(ocean)*

5. En hiver, mon sport préféré est . . .
   - le ski
   - le patinage
   - la marche à pied
   - ?

6. En été, mon sport préféré est . . .
   - l'équitation
   - la voile
   - le ski nautique
   - ?

7. Dans mon quartier, les jeunes font . . .
   - du patin à roulettes
   - de la planche à roulettes
   - du jogging
   - ?

8. Je voudrais apprendre à faire . . .
   - du ski nautique
   - du parachutisme
   - du parapente *(parasailing)*
   - de la plongée sous-marine *(scuba diving)*

2 Et vos camarades?

Demandez à vos camarades s'ils pratiquent les sports suivants. S'ils répondent que **oui,** continuez le dialogue avec des questions comme **où? quand? avec qui?**

Tu fais du jogging?

Oui, je fais du jogging.

(Non, je ne fais pas de jogging.)

Où?

Je fais du jogging dans les rues de mon quartier (dans le parc de la ville).

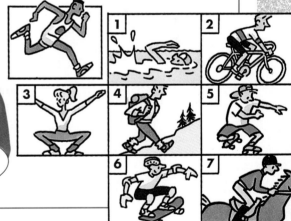

3 Le sport et la géographie

Dites quels sports individuels on pratique dans les régions suivantes.

▶ À la Martinique . . .   À la Martinique, on fait de la voile, du ski nautique, de la planche à voile . . .

1. À Hawaii . . .
2. Dans le Colorado . . .
3. En Floride . . .
4. En Californie . . .
5. Au Canada . . .
6. Dans ma région, en hiver . . .
7. Dans ma région, en été . . .

B. Un peu de gymnastique

**Je lève
le bras droit.**

**Je lève
le bras gauche.**

**Je plie
les jambes.**

**Je mets
les mains
derrière le dos.**

**Je mets
les mains
sur la tête.**

lever: *to raise*

plier: *to bend*

Les parties du corps

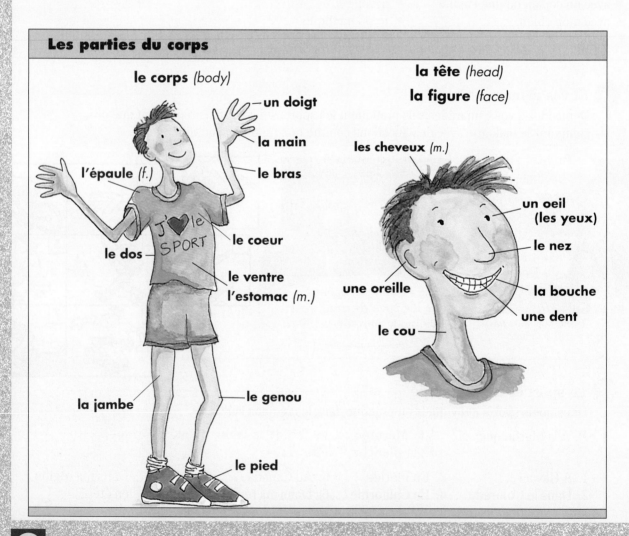

le corps *(body)*

— **un doigt**

la main

l'épaule *(f.)*

le bras

le coeur

le dos

**le ventre
l'estomac** *(m.)*

la jambe

le genou

le pied

la tête *(head)*
la figure *(face)*

les cheveux *(m.)*

**un oeil
(les yeux)**

le nez

une oreille

la bouche

une dent

le cou

Jacques a dit «Touchez les cheveux.»

4 **«Jacques a dit»**

Le jeu de «Jacques a dit» est l'équivalent du jeu américain «Simon says». Jouez à ce jeu avec vos camarades. Vous pouvez utiliser les instructions suivantes ou créer d'autres instructions.

▶ Jacques a dit / touchez les cheveux

1. levez la main droite
2. levez la jambe gauche
3. levez la tête
4. mettez la main gauche derrière le dos
5. mettez la main droite sur l'oreille gauche
6. mettez un doigt sur le nez
7. mettez deux doigts sur la bouche

8. ouvrez *(open)* la bouche
9. fermez *(close)* les yeux
10. mettez les mains autour *(around)* du cou
11. pliez les genoux
12. montrez vos dents
13. mettez les mains sur les épaules
14. touchez votre pied gauche avec la main droite

5 **Anatomie**

Complétez les phrases suivantes avec la partie du corps qui convient.

▶ On mange . . .
   On mange avec la bouche et les dents.

1. On regarde avec . . .
2. On court avec . . .
3. On écoute avec . . .
4. On joue au foot avec . . .
5. On respire *(breathes)* par . . .
6. On joue au basket avec . . .
7. On joue de la guitare avec . . .
8. On porte un chapeau sur . . .

C. La santé

—Ça va?

Oui, **ça va.**
Je suis **en forme** *(in shape).*
Je suis **en bonne santé** *(health).*
Je me **sens** *(feel)* bien.
Ça va **mieux** *(better).*

Non, **ça ne va pas.**
Je ne suis pas en forme.
Je suis en mauvaise santé.
Je ne me sens pas bien.

Ça va?

Non, ça ne va pas.

Qu'est-ce que tu as?

J'ai un rhume.

—**Qu'est-ce que tu as?** *(What's wrong? What's the matter?)*

Je suis | **malade** *(sick).*
        | **fatigué(e)** *(tired)*

J'ai | **la grippe** *(flu).*
     | **un rhume** *(cold)*

—**Où est-ce que tu as mal?** *(Where does it hurt?)*

J'ai mal | **à la tête.** | *(I have a headache. My head hurts.)*
         | **au ventre** | *(I have a stomachache. My stomach hurts.)*
         | **au dos** | *(I have a sore back. My back hurts.)*
         | **aux oreilles** | *(I have an earache. My ear hurts.)*

➡ To indicate where you have a pain or where you are sore, use the construction:

avoir mal	au (à l') à la (à l') aux	+ PART OF THE BODY

---

6 **Aïe!** *(Ouch!)*

Demandez à vos camarades où ils ont mal.

▶ —**Où as-tu mal?**
  —**J'ai mal au pied.**

7 **Questions personnelles**

1. Qu'est-ce que tu fais pour rester en bonne santé?
2. Est-ce que tu es en forme? Qu'est-ce que tu fais pour rester en forme?
3. Est-ce que tu as mal à la tête quand tu étudies trop? Quel médicament *(medicine)* est-ce que tu prends quand tu as mal à la tête? Et quand tu as mal au ventre?
4. Est-ce que tu as eu la grippe l'année dernière? Où est-ce que tu as eu mal?
5. Quels sports est-ce que tu pratiques? Est-ce que tu as mal après avoir pratiqué ces sports? Où?
6. Est-ce que tu es allé(e) chez le dentiste récemment? Pourquoi? Est-ce que ça va mieux maintenant?

8 Ça va?

Créez des dialogues, suivant le modèle, en choisissant un élément de chaque colonne.

Ça va?

Non, j'ai mal aux yeux.

Vraiment? Qu'est-ce que tu as fait?

J'ai regardé la télé.

A la partie du corps	B le problème
les yeux	jouer au foot
le nez	manger trop de chocolats
les dents	faire de la marche
les pieds	regarder la télé
les doigts	travailler dans le jardin
la tête	jouer de la guitare
le ventre	être piqué *(stung)* par
les jambes	un moustique
le dos	??

Au Jour Le Jour

À L'AIR MARIN
SPÉCIAL SALON

vous trouverez cet été :

Votre emplacement délimité

PRIX SPÉCIAL
JUILLET - AOÛT
2 semaines 4 personnes
1000F

Inclus gratuitement
• piscine
• électricité
• animations
• soirées dansantes

Juin et Septembre
2 semaines 4 personnes
500F

Piscine
Tennis
Tir à l'arc
Volley-ball
Pétanque
Ping-pong
Canoës
Planches à voile
Pédalos
Ski nautiques
Voile
Promenade à cheval
Pêche
Location de bicyclette
Vélo-cross
Mini-golf
Excursions

INFORMATIONS ET RESERVATIONS : TEL.67.94.21.89
CAMPING L'AIR MARIN
34450 VIAS-SUR-MER - FRANCE

Veuillez m'adresser des informations sans engagement
Nom :
Prénom :
Adresse :
Tél

En été, beaucoup de Français passent les vacances dans les terrains de camping. Ces terrains de camping sont généralement bien équipés. Ils offrent souvent la possibilité de pratiquer différents sports.

Imaginez que, l'été prochain, vous allez faire du camping en France avec des copains. Vous êtes chargé(e) de trouver un terrain de camping.

Regardez la brochure.
• Comment s'appelle le terrain de camping?
• Où est-il situé? (à la mer? à la campagne? à la montagne?)
• Comment est-ce que vous pouvez obtenir des informations sur ce camping?
• Combien coûte le séjour *(stay)* de deux semaines en juillet? en juin?

air marin *sea air* **tir à l'arc** *archery* **pédalos** *pedal boats*
location *rental* **vélo-cross** *dirt bike (circuit)*
emplacement délimité *marked camp site*
inclus gratuitement *included at no extra cost*
animations *organized activities*
veuillez m'adresser *please send me*
sans engagement *at no obligation*

LEÇON 18

Vidéo-scène

Un vrai sportif

Aimez-vous le sport?
Comme beaucoup
de jeunes Français,
Pierre et Armelle font
du sport assez souvent.
En hiver ils font du ski
dans les Alpes. En été,
ils font de la natation et
de la planche à voile
sur le lac d'Annecy.

Ce matin, ils font du jogging . . .

En route ils voient quelqu'un qui fait du jogging aussi.

Tiens, regarde.
C'est pas Jérôme là-bas?

Salut!

Salut!

Armelle et Pierre disent bonjour à Jérôme.

Si, si, c'est lui.

Il fait souvent du jogging?

Oh . . . Il en fait
de temps en temps.
Comme nous.

Tu y vas souvent?

Ah oui!
J'y vais tous les matins.

D'où viens-tu?

Je viens
du gymnase.

262 Unité 5

Jérôme, c'est quoi ton sport préféré?

Oh, tu sais, j'aime tous les sports. Mais maintenant ma spécialité, c'est le parapente.

Ah bon? Où est-ce que tu en fais?

À Talloires, au-dessus du lac. J'y vais tous les weekends.

Tu vas y aller le weekend prochain?

Et tu n'as pas peur?

Bien sûr. Je vais même participer à une compétition samedi matin avec mes copains. J'ai des chances de gagner.

Non, pourquoi?

Parce que c'est dangereux, non?

Allez, au revoir.

Au revoir, champion!

Mais non, c'est pas dangereux quand on est en forme, comme moi . . .

Jérôme continue son jogging.

Dis donc, ton frère, c'est un vrai sportif!

Tu parles!

Armelle semble impressionnée par les exploits de Jérôme.

Pierre, lui, n'est pas très impressionné.

Compréhension
1. Qui est-ce que Pierre et Armelle rencontrent?
2. D'où vient Jérôme?
3. Quel est son sport préféré maintenant?
4. Qu'est-ce qu'il va faire samedi matin?

à suivre . . .

A. Le pronom *y*

Note the use of the pronoun **y** *(there)* in the answers to the following questions.

Vas-tu souvent **à la plage?**	Oui, j'**y** vais souvent en été.
Vas-tu **au gymnase** le soir?	Non, je n'**y** vais pas.
Est-ce que tu vas **chez ton copain?**	Oui, j'**y** vais assez souvent.
Est-ce que ta raquette est **dans ta chambre?**	Non, elle n'**y** est pas.
Es-tu allé **en France?**	Oui, j'**y** suis allé.
Est-ce qu'Éric est allé **chez son cousin?**	Non, il n'**y** est pas allé.

The pronoun **y** is the equivalent of the English *there*. It replaces names of places introduced by PREPOSITIONS OF PLACE such as **à, en, dans, chez,** etc.

Like other object pronouns, **y** comes BEFORE the verb, except in affirmative commands.

➡ Note the word order in negative sentences.

Je **n'y** vais **pas.**   Je **n'y** suis **pas** allé.

➡ Note the position of **y** in affirmative commands. There is liaison between the verb and **y**.

On va **au stade?**	Oui, allons-**y!**
Je vais **à la bibliothèque?**	Oui, vas-**y!**

➡ The expression **Vas-y!** is used to encourage people.

Vas-y!   *Go on! Go ahead! Keep going!*

➡ The pronoun **y** may also replace **à** + NOUN designating a THING.

Tu joues **au foot?**	Oui, j'**y** joue.
Tu réponds **à cette lettre?**	Non, je n'**y** réponds pas.

➡ Note the following conversational expressions with **y**.

Vas-y!	*Go on! Go ahead! Keep going!*
On y va?	*Should we go? Are we going?*
Allons-y!	*Let's go!*

flunch
Le Restaurant Liberté
« Chez Flunch, tous les gourmands s'y retrouvent »

Vocabulaire: Quelques expressions de temps

souvent	*often*	L'été, je vais **souvent** à la plage.
quelquefois	*sometimes*	Je joue **quelquefois** au volley.
de temps en temps	*from time to time*	Je vais **de temps en temps** à la campagne.
parfois	*occasionally*	Je fais **parfois** une promenade à vélo.
rarement	*seldom, rarely*	Je vais **rarement** chez mon cousin.
ne ... presque jamais	*almost, never*	Je **ne** vais **presque jamais** au théâtre.

À l'origine des grandes réussites, on trouve parfois une idée simple.

① **Conversation**

Demandez à vos camarades s'ils vont aux endroits suivants. Ils vont répondre en utilisant une expression de temps.

▶ à la piscine?

1. à la bibliothèque?
2. au gymnase?
3. à la campagne?
4. au concert?
5. en ville?
6. au supermarché?
7. dans les magasins?
8. chez ton copain (ta copine)?
9. chez tes grands-parents?
10. chez le dentiste?

Tu vas à la piscine?

Oui, j'y vais de temps en temps (souvent).

(Non, je n'y vais presque jamais.)

② **Pas le weekend!**

Le weekend on ne fait pas ce qu'on fait pendant la semaine. Exprimez cela en utilisant le pronom **y**.

▶ Nous déjeunons à la cantine de l'école.
   Le weekend, nous n'y déjeunons pas.

1. On va à l'école.
2. Ma mère va à son travail.
3. Je vais à la bibliothèque.
4. Les élèves sont en classe.
5. Vous restez chez vous.
6. Ma tante déjeune au restaurant.
7. Nous jouons au foot.
8. Vous jouez au volley.

③ **Questions personnelles**

Utilisez le pronom **y** dans vos réponses.

1. Maintenant, es-tu en classe?
2. Le samedi, vas-tu au cinéma?
3. Le dimanche, dînes-tu au restaurant?
4. Le weekend, restes-tu chez toi?
5. Es-tu allé(e) en France?
6. Es-tu allé(e) à Disney World?
7. Es-tu monté(e) à la Statue de la Liberté?
8. Es-tu descendu(e) dans le Grand Canyon?

B. Le pronom *en*

Note the use of the pronoun **en** in the answers to the questions below.

Tu fais **du jogging?**	Oui, j'**en** fais.
Vous avez fait **de la gymnastique?**	Oui, nous **en** avons fait.
Tu veux **de l'eau minérale?**	Oui, merci, j'**en** veux bien.
Tu as mangé **des spaghetti?**	Oui, j'**en** ai mangé.
Tu ne fais pas **de ski,** n'est-ce pas?	Non, je n'**en** fais pas.
Tu ne veux pas **de frites,** n'est-ce pas?	Non, je n'**en** veux pas.

> Tu veux de l'eau minérale?

> Oui, merci, j'en veux bie[n]

POSITION

Like other object pronouns, **en** comes BEFORE the verb except in affirmative commands.

⇒ Liaison is required after **en** when the verb begins with a vowel sound.

   J'**en** ai.   Tu n'**en** as pas.

⇒ Note the position of **en** in negative sentences.

Je ne fais pas **de sport.**	Je n'**en** fais pas.
Je n'ai pas acheté **de pain.**	Je n'**en** ai pas acheté.

⇒ Note the position of **en** in affirmative commands. There is liaison between the verb and **en.**

Fais **des exercices.**	Fais-**en**!
Prends **de l'eau minérale.**	Prends-**en**!

⇒ Note the position of **en** with **il y a.**

Est-ce qu'il y a **des pommes?**	Oui, il y **en** a.
	Non, il n'y **en** a pas.

> Tu veux une orange?

> Non, merci. Est-ce qu'il y a des pommes?

> Oui, il y en a.

---

4 **Vive les loisirs!**

Demandez à vos camarades s'ils pratiquent les sports suivants ou les activités suivantes.

▶ de la photo

> Tu fais de la photo?

> Oui, j'en fais.

1. du ski nautique
2. de la voile
3. de la planche à voile
4. de la danse moderne
5. des exercices
6. du patinage
7. du camping
8. du ski
9. du surf
10. de la planche à roulettes

(Non, je n'en fais pas.)

USES

	du, de la (de l')	
The pronoun **en** replaces	**des**	+ NOUN
	de (d')	

Je voudrais **de la limonade.**	J'**en** voudrais.	*I would like **some.***
On a acheté **des croissants.**	On **en** a acheté.	*We bought **some.***
Je ne veux pas **de fromage.**	Je n'**en** veux pas.	*I don't want **any.***

⟹ The pronoun **en** is often the equivalent of the English pronoun *some, any*. While these pronouns are sometimes omitted in English, **en** must always be used in French.

    Tu as **de l'argent?**   Oui, j'**en** ai.   *Yes, I have **(some).***
                        Non, je n'**en** ai pas.   *No, I don't have **any.***

Tu as un walkman?

Other uses of **en**

⟹ **En** replaces a noun introduced by **un** or **une**.

    Tu as **un walkman?**   Oui, j'**en** ai **un.**   *Yes, I have **one.***

Note that **un** and **une** are not used in negative sentences.

    Tu as **une voiture?**   Non, je n'**en** ai pas.   *No, I don't have **one.***

Oui, j'en ai un.

⟹ **En** replaces the preposition **de** + NOUN.

    Tu viens **de la plage?**   Oui, j'**en** viens.   *Yes, I am coming **from there.***
    Tu parles **de tes projets?**   Non, je n'**en** parle pas. *No, I don't talk **about them.***
    Tu as besoin **de ton livre?**   Oui, j'**en** ai besoin.   *Yes, I need **it.***

⟹ **En** replaces a noun introduced by a NUMBER.

    Marc a **trois frères.** Et toi?   Moi, j'**en** ai **deux.**   *I have **two.***
    Sandrine a **trente cassettes.**   Moi, j'**en** ai **trente** aussi.   *I also have **thirty.***

Sandrine a trente cassettes. Moi, j'en ai trente aussi.

⟹ **En** replaces **de** + NOUN after an expression of QUANTITY.

    Tu as **beaucoup d'amis?**   Oui, j'**en** ai **beaucoup.**   *Yes, I have **many.***
    Tu as **assez d'argent?**   Non, je n'**en** ai pas **assez.**   *No, I don't have **enough.***

---

5 **Un régime de championne** ───────────

Un journaliste interviewe une athlète. Jouez les deux rôles.

▶ faire du jogging? (tous les matins)

Vous faites du jogging?

Oui, j'en fais tous les matins.

1. faire de la gymnastique? (tous les jours)
2. faire du vélo? (avant le dîner)
3. faire de la marche à pied? (quelquefois)
4. boire du jus d'orange? (au petit déjeuner)
5. boire de l'eau minérale? (à tous les repas)
6. manger du yaourt? (très souvent)
7. manger des produits naturels? (tout le temps)
8. donner des interviews? (de temps en temps)
9. prendre des vacances? (rarement)

6 Pourquoi pas?

Nicolas demande à ses copains s'ils font certaines choses. Ils répondent négativement et expliquent pourquoi. Avec vos camarades, jouez les rôles en choisissant une réponse logique.

▶ manger de la viande?
—Tu manges de la viande?
—Non, je n'en mange pas.
—Ah bon? Pourquoi est-ce que tu n'en manges pas?
—Je suis végétarien(ne).

1. manger du sucre?
2. vouloir de la limonade?
3. vouloir du gâteau?
4. faire du jogging?
5. faire du camping?
6. prendre des photos?
7. faire de l'espagnol?
8. faire des exercices?

Je n'ai pas d'appareil-photo.
Je n'ai pas de tente.
Je n'ai pas soif.
Je n'ai pas faim.
J'ai mal aux pieds.
Je suis fatigué(e).
J'ai mal aux dents.
Je suis végétarien(ne).
Je ne suis pas doué(e)
  (gifted) pour les langues.

7 Et vous?

Demandez à vos camarades s'ils mangent et s'ils boivent les choses suivantes.

▶ —Est-ce que tu manges du poisson?
—Oui, j'en mange de temps en temps (souvent, tous les jours, quelquefois, parfois).
(Non, je n'en mange jamais.
Non, je n'en mange presque jamais.)

8 Nos possessions

Demandez à vos camarades s'ils ont les choses suivantes.

▶ une radiocassette

1. un walkman
2. un appareil-photo
3. un vélo
4. une guitare
5. une montre
6. un chien
7. un poisson rouge *(goldfish)*
8. une raquette de tennis
9. une batte de baseball
10. un ballon de basket

Tu as une radiocassette?

Oui, j'en ai une.

(Non, je n'en ai pas.)

9 Questions personnelles

Utilisez le pronom **en** dans vos réponses.

1. Est-ce que tu as mangé des céréales ce matin? Est-ce que tu as bu du jus d'orange? du lait?
2. Est-ce que tu as fait du jogging hier? Où et avec qui?
3. Est-ce que tu as fait du baby-sitting la semaine dernière? Pour qui?
4. Est-ce que tu as acheté des vêtements le weekend dernier? Où?
5. L'été dernier, est-ce que tu as fait de la natation? de la voile? de la planche à voile? Où?
6. Est-ce que tu as gagné de l'argent pendant les vacances? Comment?
7. Est-ce que tu as déjà fait du camping? Où? Quand? Avec qui?
8. Est-ce que tu as déjà fait du ski? du ski nautique? Où? Quand?

Vocabulaire: Pour exprimer son opinion

à mon avis	*in my opinion*	**À mon avis,** le français est une langue facile.
selon moi	*according to me*	**Selon moi,** le rugby est un sport trop violent.
d'après moi	*according to me*	**D'après moi,** la natation est un très bon exercice.
je pense que	*I think (that)*	**Je pense que** le jogging est un excellent sport.
je trouve que	*I think (that)*	**Je trouve qu'**on ne fait pas assez de sport à l'école.
je crois que	*I believe (that)*	**Je crois que** pour rester en forme, il faut faire du sport tous les jours.

➡ **Penser** and **trouver** are regular **-er** verbs.

INFINITIVE	**croire** *(to believe)*	
PRESENT	je **crois**	nous **croyons**
	tu **crois**	vous **croyez**
	il/elle/on **croit**	ils/elles **croient**
PASSÉ COMPOSÉ	j'**ai cru**	

"Je crois que je ferais mieux d'appeler."

Les Etats-Unis.
Un coup de fil
et vous y êtes.

FRANCE TELECOM

10 **Vous et le sport**

Exprimez votre opinion sur les sports suivants.

le tennis	le football américain
le jogging	le karaté
la planche à voile	l'aérobic
la marche à pied	le deltaplane
le ski	*(hanggliding)*

est un sport

dangereux	trop violent
intéressant	très bon pour la santé
amusant	passionnant *(exciting)*
facile	ennuyeux *(boring)*
difficile	

▶ À mon avis, (Je crois que) le deltaplane est un sport très dangereux.

À votre tour!

1 **Vive le sport!**

Faites une liste de quatre sports que vous aimez. Décrivez où et quand vous pratiquez ces sports.

le jogging — J'aime faire du jogging.
J'en fais dans mon quartier.
J'en fais deux ou trois fois par semaine.

le volley — J'aime jouer au volley.
J'y joue souvent à l'école avec mes copains.
J'y joue généralement après les classes.

2 **Situation: Vacances à la Martinique**

Your partner went to the Caribbean island of Martinique for spring vacation. Ask your partner at least four questions. For instance, ask . . .

- if he / she went to the beach every day
- if he/she went sailing **(faire de la voile)**
- if he/she went windsurfing
- if he/she played volleyball
- if he/she met French young people
- if he/she often went to a restaurant
- if he/she took many photographs
- if he/she bought some souvenirs **(des souvenirs)**

Pouvez-vous identifier les sports suivants?
Lisez les définitions et faites correspondre chaque définition avec l'illustration correspondante.

1 C'est un sport d'hiver. Aux États-Unis, on en fait dans le Colorado, mais on n'en fait pas en Floride. En France, on en fait en Savoie, mais on n'en fait pas en Normandie.

2 Ce sport est d'origine anglaise, mais aujourd'hui on y joue dans tous les pays du monde. En général, on y joue à deux,° mais on peut aussi y jouer à quatre. On n'y joue jamais à six.

3 C'est un sport d'été. Pour pratiquer ce sport, il est nécessaire de savoir nager. On en fait en mer° ou sur un lac, mais on n'en fait pas en piscine.

4 C'est un sport d'équipe très populaire en France et dans les pays africains d'expression française. On y joue sur un terrain° rectangulaire avec un ballon rond. On peut utiliser les pieds et la tête, mais pas les mains. En semaine, les jeunes y jouent à l'école. Le weekend, ils regardent les matchs professionnels à la télé.

à deux *with two people*   **en mer** *at the ocean*   **terrain** *field*

l'aérobic   le parapente   l'équitation   le ski   le ski nautique

5 Ce sport ne nécessite pas d'équipement spécial et il ne coûte rien. Tout le monde peut le pratiquer: hommes et femmes, jeunes et vieux. On peut en faire en toute saison, à toute heure de la journée et n'importe où:° en ville et à la campagne, dans la rue ou dans les parcs publics. C'est un excellent sport pour la santé, spécialement pour le coeur, pour les poumons° et pour les muscles des jambes.

6 C'est un sport dangereux. Ce n'est pas un sport pour tout le monde, mais on peut le pratiquer à tout âge. Quand on en fait, on a l'impression de voler° comme un oiseau.

7 Ce sport nécessite un équipement spécial et un excellent sens de l'équilibre. On peut le pratiquer dans la rue, mais ce n'est pas un sport pour tout le monde. Quand on en fait, il est recommandé de porter un casque.°

8 Pour pratiquer ce sport, on a besoin de musique. On en fait généralement dans une salle de gymnastique avec un professeur et des cassettes. On peut aussi en faire à la maison avec des vidéocassettes. Tout le monde peut pratiquer ce sport, mais ce sont principalement les femmes qui en font.

Si vous n'avez pas trouvé les solutions, allez à la page R13.

9 Pour pratiquer ce sport, on doit aller à la campagne. On peut en faire seul,° mais généralement on en fait en groupe. On ne peut pas en faire sans° un fidèle° compagnon qui a quatre pattes° et qui ne parle pas.

n'importe où *anywhere* **poumons** *lungs* **voler** *to fly* **casque** *helmet* **seul** *alone* **sans** *without* **fidèle** *faithful* **pattes** *feet*

CONSTRUCTIONS *Utiles*

1. Compare the word order in French and English when one noun modifies another:
   un sport d'hiver
   ⤬
   a winter sport.
How many other examples of this pattern can you find in the reading?

2. Note how **tout** can correspond to *any*:
   à tout âge ↔ at *any* age.
How many other examples of this usage can you find in the reading?

? le football

? le jogging

? le tennis

? la planche à roulettes

Jérôme se lève?

Dans l'épisode précédent, Jérôme nous a parlé de son sport préféré. Aujourd'hui, c'est samedi. Jérôme doit participer à une compétition de parapente.

Ce matin, cependant, Jérôme a oublié de se réveiller.

C'est son camarade Bernard qui va le réveiller.

Dis, Jérôme! Tu te lèves?!

Oui, je me lève . . . Quelle heure est-il?

Il est huit heures. Eh! Lève-toi! La compétition commence à dix heures.

Bon, bon . . . Je me lève.

Jérôme se lève.

Puis, il va dans la salle de bains. Là, il se regarde dans la glace.

Compréhension

1. Où se passe la scène?
2. Pourquoi est-ce que Bernard vient dans la chambre de Jérôme?
3. Que fait Jérôme dans la salle de bains?
4. Qu'est-ce qui est arrivé à Jérôme en descendant les escaliers?

à suivre . . .

A. L'usage de l'article défini avec les parties du corps

Note the use of the definite article in the sentences below.

J'ai **les** cheveux bruns.	*I have brown hair. (**My** hair is brown.)*
Tu as **les** yeux bleus.	*You have blue eyes. (**Your** eyes are blue.)*
Lève **la** main.	*Raise **your** hand.*
Ferme **les** yeux.	*Close **your** eyes.*

▌ In French, parts of the body are usually introduced by the DEFINITE article **le, la,** or **les.**

1 Questions personnelles

1. Est-ce que tu as les yeux bleus, bruns ou noirs?
2. Est-ce que tu as les cheveux courts *(short)* ou longs?
3. Est-ce que ta copine a les yeux noirs?
4. Est-ce que ton copain a les cheveux blonds?
5. Qui a les yeux bleus dans la classe?
6. Qui a les cheveux noirs? Qui a les cheveux longs? Qui a les cheveux frisés *(curly)*?

B. Les verbes réfléchis

Getting up, washing, and *getting dressed* are activities that we do every day. In French, these activities are expressed by REFLEXIVE VERBS.

Note the forms of the French reflexive verbs in the sentences below.

> À quelle heure est-ce que tu te lèves?
>
> Je me lève à sept heures.
>
> Et puis, tu te laves dans la salle de bains?
>
> Oui.

Je **me lève** à sept heures.	*I **get up** at seven.*
Tu **te laves** dans la salle de bains.	*You **wash up** in the bathroom.*
Nous **nous habillons.**	*We **are getting dressed.***

REFLEXIVE VERBS are formed according to the following pattern:

> REFLEXIVE VERB = REFLEXIVE PRONOUN + VERB

Note the forms of the reflexive verbs **se laver** *(to wash up)* and **s'habiller** *(to get dressed):*

INFINITIVE	**se laver**	**s' habiller**
PRESENT	je **me lave** tu **te laves** il/elle/on **se lave**	je **m' habille** tu **t' habilles** il/elle/on **s' habille**
	nous **nous lavons** vous **vous lavez** ils/elles **se lavent**	nous **nous habillons** vous **vous habillez** ils/elles **s' habillent**
NEGATIVE	je **ne me lave pas**	je **ne m' habille pas**
INTERROGATIVE	est-ce que **tu te laves?**	est-ce que **tu t' habilles?**

⇒ Reflexive pronouns represent the same person as the SUBJECT.

> Éric **se** lave.   *Éric is washing **(himself).***
>
> Nous **nous** habillons.   *We are getting **(ourselves)** dressed.*

⇒ Reflexive pronouns come immediately BEFORE the verb.

Note that **me, te,** and **se** become **m', t',** and **s'** before a vowel sound.

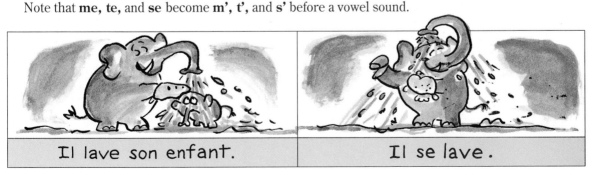

Il lave son enfant.   Il se lave.

2 **Après le match de basket** ——————————

Des copains ont joué au basket. Après le match, ils se lavent.

▶ Stéphanie   **Stéphanie se lave.**

1. Patrick   3. Éric et Olivier   5. nous   7. moi
2. Nathalie   4. Corinne   6. vous   8. toi

> **Vocabulaire: Les occupations de la journée**

se réveiller	to wake up	Je **me réveille** à sept heures.
se lever	to get up	Le dimanche, nous **nous levons** à neuf heures.
se laver	to wash, to wash up	Tu **te laves** avant le petit déjeuner.
s'habiller	to get dressed	Vincent **s'habille** pour la boum.
se promener	to go for a walk	Tu **te promènes** avec tes copains.
se reposer	to rest	Le weekend, nous **nous reposons.**
se coucher	to go to bed	À quelle heure est-ce que tu **te couches?**

Tu te promènes?

Oui, j'aime bec
me promen
dans le pa

➡ **Se lever** and **se promener** are conjugated like **acheter.**

je **me lève**   nous **nous levons**
je **me promène**   nous **nous promenons**

---

3 **Qu'est-ce qu'ils font?** —————————

Complétez les phrases avec le pronom réfléchi qui convient.

▶ Thomas **se** lève à huit heures.

1. Les élèves . . . habillent pour aller à l'école.
2. Vous . . . lavez après le match de foot.
3. Nous . . . promenons à la campagne.
4. Le dimanche, mes parents . . . reposent.
5. Je . . . habille bien pour aller au restaurant.
6. À quelle heure est-ce que Brigitte . . . lève?
7. À quelle heure est-ce que tu . . . couches?
8. Le lundi, je . . . réveille à sept heures moins le quart.

4 **Après le dîner** —————————

Dites si oui ou non les personnes suivantes se reposent après le dîner.

▶ Nous étudions.
  Nous ne nous reposons pas.

1. Madame Boulot travaille.
2. Tu fais la vaisselle.
3. Je regarde la télé.
4. Monsieur Canard lit le journal.
5. Les élèves préparent l'examen.
6. Nous regardons la télé.
7. Vous dormez.
8. Sophie écoute ses compacts.
9. Je fais mes devoirs.
10. Mes copains vont au stade.

5 Expression personnelle

Complétez les phrases suivantes en utilisant les suggestions entre parenthèses.

1. En général, je me réveille . . .
   (à quelle heure?)
2. Le dimanche, je me lève . . .
   (à quelle heure?)
3. Je me lave . . . (avant ou après le petit déjeuner?)
4. Je m'habille . . . (dans ma chambre ou dans la salle de bains?)
5. Le weekend, je me promène souvent . . .
   (en ville ou à la campagne?)
6. En général, je me repose . . .
   (avant ou après le dîner?)
7. En général, je me couche . . .
   (à quelle heure?)

6 Équivalences

Lisez ce que font les personnes suivantes. Décrivez leurs activités en utilisant un verbe refléchi équivalent à l'expression soulignée.

▶ Tu <u>vas au lit</u>.
  Tu te couches.

1. Catherine <u>met une belle robe</u>.
2. Nous <u>faisons une promenade</u> à la campagne.
3. Le dimanche, ma mère <u>ne travaille pas</u>.
4. Philippe <u>ouvre</u> *(opens)* <u>les yeux</u>.
5. Mes copains <u>font une promenade</u> en ville.
6. Je <u>sors du lit</u> à six heures et demie.
7. Tu <u>prends un bain</u> *(bath)*.
8. Vous <u>allez au lit</u>.
9. Tu <u>mets tes vêtements</u>.

7 Conversation

Avec vos camarades, discutez de ce que vous faites en différentes circonstances.

À quelle heure?	À quelle heure?	Où?	Comment?

À quelle heure?	À quelle heure?	Où?	Comment?
le lundi?	pendant la semaine?	le weekend?	quand tu vas à l'école?
le dimanche?	la samedi soir?	avec ta famille?	quand tu vas à la plage?
pendant les vacances?	pendant les vacances?	avec tes copains?	quand tu vas à une boum?
			quand il fait froid?

▶ —À quelle heure est-ce que tu te lèves le lundi?
  —Je me lève à sept heures et demie.

C. La construction: *je me lave les mains*

Note the use of REFLEXIVE VERBS and the DEFINITE ARTICLE in the following sentences.

Je **me lave les** mains.   *I am washing my hands.*
Tu **te laves la** figure.   *You are washing your face.*
Stéphanie **se brosse les** dents.   *Stéphanie is brushing her teeth.*

To describe actions that one performs on one's body, French speakers use the construction:

SUBJECT	+ REFLEXIVE VERB	+ DEFINITE ARTICLE	+ PART OF THE BODY
Je	**me lave**	**les**	**cheveux.**

Est-ce que tu te laves la figure?

Non, je me lave les mains.

Vocabulaire: La toilette

Les articles de toilette

 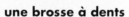

une brosse à dents   un peigne   une brosse à cheveux   du shampooing

du rouge à lèvres   du dentifrice   du savon   un rasoir

---

se laver (les cheveux)	*to wash (one's hair)*	Est-ce que tu **te laves** les cheveux tous les jours?
se brosser (les dents)	*to brush (one's teeth)*	Je **me brosse** les dents après le dîner.
se maquiller	*to put on make-up*	Corinne **se maquille.**
se peigner	*to comb one's hair*	Éric **se peigne** souvent.
se raser	*to shave*	Mon père **se rase.**

Claire va se brosser les dents.

Jérôme se lave la figure.

Sophie se brosse les cheveux.

8 Dans la salle de bains

Les personnes suivantes sont dans la salle de bains. Dites ce qu'elles font en utilisant les éléments des colonnes A, B, C et D dans des phrases logiques. Combien de phrases pouvez-vous faire en cinq minutes?

A	B	C	D
je	se laver	les dents	du shampooing
tu	se brosser	les mains	du dentifrice
Jacqueline		les pieds	du savon
Paul et Marc		les cheveux	une brosse à dents
nous		la figure	une brosse à cheveux
vous			

▶ **Je me lave les mains avec du savon.**

9 Questions personnelles

1. Est-ce que tu te brosses toujours les dents après le dîner?
2. Avec quel dentifrice est-ce que tu te brosses les dents?
3. Est-ce que tu te laves les mains avec de l'eau chaude ou de l'eau froide?
4. Avec quel savon est-ce que tu te laves?
5. Avec quel shampooing est-ce que tu te laves les cheveux?
6. Est-ce que tu te peignes souvent pendant la journée *(day)?*
7. Est-ce que les filles de ton âge se maquillent?
8. Est-ce que les garçons de ton âge se rasent?

À votre tour!

1 La routine quotidienne *(Daily routine)*

Sur une feuille de papier, écrivez à quelle heure vous faites les choses suivantes. Puis demandez à trois camarades à quelle heure ils font les mêmes choses. Est-ce que quelqu'un a la même routine quotidienne que vous?

▶ se réveiller?
se lever?
partir pour l'école?
rentrer à la maison?
se coucher?

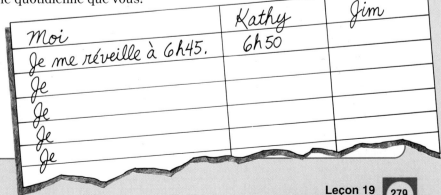

	Kathy	Jim
Moi		
Je me réveille à 6h45.	6h50	
Je		
Je		
Je		
Je		

7:00

Il est sept heures du matin. Monsieur Bernard se réveille. Il se lève et va à la salle de bains.

7:05

La salle de bains est occupée.

    M. BERNARD: Toc, toc, toc!°
MME BERNARD: Oui?
    M. BERNARD: C'est toi, Monique?
MME BERNARD: Oui, c'est moi.
               Je me lave.
    M. BERNARD: Ah, excuse-moi.
               Je vais revenir.

Et Monsieur Bernard retourne dans sa chambre.

7:20

Monsieur Bernard retourne à la salle de bains, mais elle est encore occupée.

M. BERNARD: Toc, toc . . . Monique?
 CHARLOTTE: Non, Papa! C'est Charlotte.
M. BERNARD: Mais qu'est-ce que tu fais?
 CHARLOTTE: Je me lave les cheveux.
M. BERNARD: Tu te laves les cheveux?. . .
              Dépêche-toi!
 CHARLOTTE: Je me dépêche, Papa.

Monsieur Bernard retourne dans sa chambre.

Toc, toc, toc! *Knock, knock!*

How to express yourself when you are in a rush:	
être pressé	*to be in a hurry, a rush*
être prêt	*to be ready*
toujours	*still*
ne . . . (pas) encore	*still, not yet*
se dépêcher	*to hurry, to hurry up*
tout de suite	*right away*
à toute vitesse	*very quickly*

Monsieur Bernard retourne à la salle de bains, mais elle est toujours occupée.

M. BERNARD: Toc, toc, toc ! ! !
Comment Charlotte, tu es encore dans la salle de bains? !
FRANÇOIS: Ce n'est pas Charlotte. C'est François.
M. BERNARD: Qu'est-ce que tu fais?
FRANÇOIS: Je me brosse les dents.
M. BERNARD: Tu te brosses les dents . . .
Tu te brosses les dents . . .
Mais, dépêche-toi! Je suis très pressé ce matin!

Je **suis** très **pressée** ce matin.
Est-ce que tout le monde **est prêt?**
Vous êtes **toujours** au lit?
Vous **n'êtes pas encore** habillés?
Dépêche-toi, Monique.
Dépêchez-vous, les enfants.
Descendez **tout de suite**.
Il faut partir **à toute vitesse**.

Monsieur Bernard retourne à la salle de bains. Cette fois, elle n'est plus° occupée. Monsieur Bernard se lave. Il se rase. Il s'habille à toute vitesse. Puis il va dans la salle à manger.

Dans la salle à manger, la famille prend le petit déjeuner.

MME BERNARD: Tu veux du café, François?
M. BERNARD: Quelle heure est-il?
MME BERNARD: Il est huit heures.
M. BERNARD: Ah, mon Dieu!° Non, merci! Je suis pressé. J'ai rendez-vous° avec le patron à huit heures et demie. Je dois partir tout de suite. Au revoir.
MME BERNARD: Au revoir.
CHARLOTTE: Au revoir, Papa.
FRANÇOIS: Au revoir, et bonne journée!°

Monsieur Bernard met son manteau et son chapeau. Il sort de chez lui sans° prendre de petit déjeuner. Pauvre Monsieur Bernard !

ne . . . plus *no longer* **mon Dieu** *my goodness*
rendez-vous *appointment* **bonne journée** *have a good day*
sans *without*

Vidéo-scène

J'ai voulu me dépêcher

Dans l'épisode précédent,
Jérôme devait participer à
une compétition de parapente,
mais il ne s'est pas levé
à l'heure. Il a voulu se dépêcher.
Mais il est tombé dans les
escaliers et il s'est cassé la jambe.

Évidemment, il n'a pas pu participer
à la compétition.

Maintenant il est dans le living
de son appartement. Pierre lui téléphone.

Alors, cette compétition,
ça s'est bien passé?

Euh . . . Pas vraiment.
J'ai eu un accident.

Pas grave, j'espère.

Je me suis
cassé la jambe.

Tu t'es cassé la jambe?!
Comment ça? . . .
Pendant la compétition?

Euh, non, . . . ce matin . . .

Pierre, très surpris, veut savoir ce qui s'est passé.

Eh ben, alors quoi? Qu'est-ce qui t'est arrivé?

Mon pauvre vieux! Est-ce qu'on peut te rendre visite?

Eh bien, voilà . . . J'étais en retard, alors j'ai voulu me dépêcher. Et paf! je suis tombé dans l'escalier!

Oui, si tu veux.

Dis, Jérôme, je peux écrire quelque chose sur ton plâtre?

Peu après, Pierre et Armelle arrivent chez Jérôme.

Comment ça va?

Oui, vas-y.

Ça va mieux.

Tiens, on t'a apporté des magazines.

Armelle prend un stylo et écrit sur le plâtre de Jérôme.

À Jérôme, Super champion de parapente, Armelle.

Compréhension

1. Qu'est-ce qui est arrivé à Jérôme?
2. Qu'est-ce que Pierre veut savoir?
3. Que fait Armelle avec son stylo?

FIN

Vocabulaire: Quelques verbes réfléchis

s'amuser	*to have fun*	Je **m'amuse** toujours quand je suis avec mes copains.
s'arrêter	*to stop*	Le bus **s'arrête** devant l'école.
se dépêcher	*to hurry*	Marc **se dépêche** parce qu'il a un rendez-vous.
s'excuser	*to apologize*	Je **m'excuse** parce que j'ai tort.
se souvenir (de)	*to remember*	Est-ce que tu **te souviens de** moi?

➡ **Se souvenir** is conjugated like **venir**.
   Je **me souviens**.   Nous **nous souvenons**.

---

❶ Oui ou non?

Lisez la description des personnes suivantes et dites si oui ou non elles font les choses entre parenthèses.

Ces garçons sont impolis. (s'excuser?)
Ils ne s'excusent pas.

1. Je suis pressé *(in a hurry)*. (se dépêcher?)
2. Nous avons soif. (s'arrêter au café?)
3. Pauline est triste. (s'amuser?)
4. Les joueurs *(players)* continuent le match. (s'arrêter?)
5. Vous êtes polis. (s'excuser?)
6. Tu as une bonne mémoire. (se souvenir de tout?)
7. Nous sommes à une boum. (s'amuser?)
8. Je ne peux pas téléphoner à Marc. (se souvenir de son numéro de téléphone?)

A. L'impératif des verbes réfléchis

Note the affirmative and negative forms of the imperative of the verb **se reposer** *(to rest)*.

AFFIRMATIVE		NEGATIVE	
Repose-toi!	*Rest!*	**Ne te repose pas!**	*Don't rest!*
Reposons-nous!	*Let's rest!*	**Ne nous reposons pas!**	*Let's not rest!*
Reposez-vous!	*Rest!*	**Ne vous reposez pas!**	*Don't rest!*

➡ In AFFIRMATIVE commands, reflexive pronouns come AFTER the verb and are attached to it by a hyphen. Note that **te** becomes **toi**.

➡ In NEGATIVE commands, reflexive pronouns come BEFORE the verb.

➡ The following reflexive verbs are often used in the imperative:

se taire	*to be quiet*	**Tais-toi!**	**Taisez-vous!**
s'asseoir	*to sit down*	**Assieds-toi!**	**Asseyez-vous!**

LE MOINS CHER
DE NOS RADIO-REVEILS!
GO-FM. 99ᶠ

2 Publicité

Vous travaillez pour une agence de publicité *(ad agency)* française. Complétez les messages publicitaires avec une expression de la liste.

Lavez-vous les mains avec . . .
Lavez-vous les cheveux avec . . .
Brossez-vous les dents avec . . .

Brossez-vous les cheveux avec . . .
Réveillez-vous en musique avec . . .
Rasez-vous avec . . .

le dentifrice **SOURIRE**
le rasoir **BLIP**
le savon **SUAVE**
la brosse à dents **DENTAL**
RADIO TAM TAM
le shampooing **CAPELLO**
la brosse à cheveux **PILOU**

3 En colonie de vacances
(At summer camp)

Vous êtes en colonie de vacances avec des camarades français. Dites à vos camarades de faire les choses entre parenthèses.

▶ Il est sept heures! (se réveiller)
  Il est sept heures! Réveille-toi!

1. Il est sept heures dix. (se lever)
2. Voici du savon! (se laver)
3. Voici un peigne! (se peigner)
4. Il fait très beau aujourd'hui!
   (se promener)
5. Tu es en retard pour le dîner!
   (se dépêcher)
6. Voici une chaise! (s'asseoir)
7. Tu vas à la fête *(party)!* (s'amuser)
8. Tu as tort! (s'excuser)

4 Que répondre?

Votre copain français vous dit les choses suivantes. Dites-lui ce qu'il doit faire. Pour cela, choisissez une expression de la liste.

s'amuser se dépêcher se reposer se coucher
s'habiller bien s'arrêter à la banque
s'arrêter à la pharmacie
se promener à la campagne

▶ Je suis fatigué. —**Alors, repose-toi!**

1. Je voudrais acheter du shampooing.
2. J'ai un bus dans dix minutes.
3. Je vais à un concert avec des copains.
4. Je vais à un mariage élégant.
5. J'ai sommeil.
6. J'ai besoin d'air pur.
7. J'ai besoin d'argent.

B. Le passé composé des verbes réfléchis

Note the forms of the passé composé of the reflexive verb **se laver.**

	MASCULINE FORMS	FEMININE FORMS
AFFIRMATIVE	je **me suis lavé** tu **t'es lavé** il/on **s'est lavé**	je **me suis lavée** tu **t'es lavée** elle **s'est lavée**
	nous **nous sommes lavés** vous **vous êtes lavé(s)** ils **se sont lavés**	nous **nous sommes lavées** vous **vous êtes lavée(s)** elles **se sont lavées**
NEGATIVE	je **ne me suis pas lavé**	je **ne me suis pas lavée**
INTERROGATIVE	tu **t'es lavé?** est-ce que tu **t'es lavé?**	tu **t'es lavée?** est-ce que tu **t'es lavée?**

The passé composé of reflexive verbs is formed as follows:

> SUBJECT + REFLEXIVE PRONOUN + PRESENT of **être** + PAST PARTICIPLE

In general (but not always) the past participle agrees with the subject.

Éric s'est promen**é.**   Mélanie s'est promen**ée.**

⇒ There is no agreement in the construction: REFLEXIVE VERB + PART OF THE BODY. Compare:

AGREEMENT	NO AGREEMENT
se laver	**se laver les mains**
Paul et Vincent se sont lav **és.**	Ils se sont lav **é** les mains.

---

5 Hier

Décrivez ce que les personnes suivantes ont fait hier.

▶ Frédéric / se lever à sept heures
Frédéric s'est levé à sept heures.

1. Catherine / se réveiller à 7 h 30
2. Jean-Paul / se lever à 8 h 10
3. Monsieur Poly / se raser
4. Christine / se dépêcher pour prendre son bus
5. Madame Dumont / s'habiller élégamment pour aller au restaurant
6. Alice et Céline / se promener en ville
7. mon grand-père / se reposer
8. mes sœurs / se coucher à dix heures

6 Qui s'est amusé?

Lisez ce que les personnes ont fait le weekend dernier et dites si oui ou non elles se sont amusées.

▶ Nous avons étudié.
Nous ne nous sommes pas amusés.

1. Je suis allé à une boum.
2. Isabelle est sortie avec un copain.
3. Vous avez préparé l'examen.
4. Madame Lanson a travaillé.
5. Tu as vu une comédie très drôle.
6. Nous avons rencontré des copains à la plage.
7. Mon oncle a nettoyé son appartement.
8. Anne et Sophie sont allées danser.

7 Et vous?

Demandez à vos camarades s'ils ont fait les choses suivantes dimanche dernier.

1. se lever après dix heures?
2. s'habiller élégamment?
3. se promener en ville?
4. se lever tôt (early)?
5. s'amuser avec des copains?

▶ s'arrêter dans un café?

6. se promener avec ta famille?
7. se reposer?
8. se coucher tôt?

> Tu t'es arrêtée dans un café?

> Oui, je me suis arrêtée dans un café.

> (Non, je ne me suis pas arrêtée dans un café.)

C. L'infinitif des verbes réfléchis

Note the position of the reflexive pronoun in the following sentences.

Je vais **me promener.**   *I am going **to take a walk.***
Nous n'allons pas **nous reposer.**   *We are not going **to rest.***

▌ In an INFINITIVE construction, the reflexive pronoun comes immediately BEFORE the infinitive.

➡ Note that the reflexive pronoun always represents the same person as the subject.

Tu vas **te** promener.   **Véronique** va **se** promener.

8 En ville

Les personnes suivantes sont en ville. Dites où chacune va s'arrêter.

▶ J'ai faim.

> Je vais m'arrêter dans une pizzeria.

à la poste
à la gare
dans une banque
dans un magasin
   de vêtements
dans un café
dans une pizzeria
dans un parc

1. Tu as soif.
2. Vous voulez acheter une chemise.
3. Isabelle veut acheter des timbres (stamps).
4. Nous voulons regarder les horaires (schedules) de train.
5. Les touristes veulent changer de l'argent.
6. J'ai envie de m'asseoir.

9 Vive le weekend!

Dites ce que les personnes suivantes vont faire ce weekend.

▶ Nous aimons la nature.
(se promener à la campagne)
Nous allons nous promener à la campagne.

1. J'aime dormir.
(se lever à onze heures)
2. Tu aimes faire des achats.
(se promener en ville)
3. Vous êtes fatigués.
(se reposer)
4. Catherine va danser. (s'habiller élégamment)
5. Nous allons à une boum.
(s'amuser)
6. Mes copains vont au ciné.
(se coucher tard [late])

À votre tour!

1 Une page de journal

Dans son journal, Stéphanie décrit les événements de la journée. Lisez le journal de Stéphanie et écrivez votre propre *(own)* journal—réel ou imaginaire—pour la journée d'hier.

mardi 18 avril

Je me suis levée à sept heures et quart comme d'habitude. Puis, je me suis lavée et je me suis habillée. (J'ai mis un jean et ma nouvelle chemise bleue.) J'ai pris le petit déjeuner avec mes parents (café au lait, pain grillé avec beurre et confiture). Ensuite, j'ai pris le bus et je suis arrivée au lycée à huit heures et demie pour la classe de français. Nous avons eu un examen assez difficile, mais je pense que j'ai réussi.

À midi et demi, j'ai déjeuné à la cantine avec ma copine Catherine. Après le déjeuner, nous nous sommes promenées en ville. Nous nous sommes arrêtées dans les magasins mais nous n'avons rien acheté. Ensuite, nous sommes rentrées au lycée pour la classe d'anglais.

Après les cours, je suis rentrée directement chez moi. Je me suis reposée un peu et j'ai commencé mes devoirs. Puis j'ai aidé ma mère à préparer le dîner. Nous avons dîné à sept heures et demie.

Après le dîner, je suis montée dans ma chambre et j'ai fini mes devoirs. Ensuite, j'ai téléphoné à Catherine pour organiser la boum de samedi. J'ai lu un peu et je me suis couchée à dix heures et demie.

2 Un sondage

Choisissez cinq camarades et demandez à chacun:

- à quelle heure il / elle s'est couché(e) hier soir
- à quelle heure il / elle s'est levé(e) ce matin

Inscrivez les résultats sur une feuille de papier et déterminez qui a le plus besoin de sommeil et qui a le moins besoin de sommeil.

NOM	☽✩✩	☼	heures de sommeil
Jennifer	10h15	6h45	7 heures 30 minutes

288 Unité 5

LECTURE — La gymnastique du matin

Scène 1.

Il est sept heures du matin.

À cette heure, tout le monde met la télé pour regarder l'émission° du célèbre° Monsieur Muscle. Cette émission s'appelle «La gymnastique du matin».

À sept heures précises, Monsieur Muscle entre en scène.° C'est un homme jeune et athlétique. Il commence la leçon de gymnastique:

Couchez-vous sur le dos.
   Une, deux, une, deux, levez la tête!
   Une, deux, une, deux, levez les jambes!
Et maintenant, levez-vous.
   Une, deux, une, deux, levez les bras!
   Une, deux, une, deux, pliez les jambes!
   Une, deux, une, deux, . . . !

Et tout le monde lève la tête, lève les jambes, lève les bras et plie les jambes avec Monsieur Muscle.

Scène 2.

Il est neuf heures du matin. Un homme rentre chez lui. Il a l'air pâle et fatigué. Sa femme est inquiète.°

FEMME: Ça ne va pas?
HOMME: Non, ça ne va pas.
FEMME: Qu'est-ce que tu as?
HOMME: J'ai mal à la tête, j'ai mal aux jambes, j'ai mal aux bras. J'ai mal partout.°
FEMME: Est-ce que tu veux prendre ton petit déjeuner?
HOMME: Non, je suis trop fatigué!
FEMME: Mon pauvre chéri,° tu travailles trop. Repose-toi un peu!
HOMME: Tu as raison, je vais me coucher.

Et l'homme est allé dans sa chambre. Là, il s'est regardé longuement° dans la glace. Puis, il s'est déshabillé° et il s'est couché.

Cet homme, vous l'avez certainement reconnu, c'est le célèbre Monsieur Muscle!

émission *program* **célèbre** *famous* **en scène** *on stage*
inquiète *worried* **partout** *all over* **chéri** *darling*
longuement *for a long time* **s'est déshabillé** *got undressed*

Mots utiles

Be careful not to confuse:

se reposer	*to rest*	Claire est fatiguée. Elle a envie de **se reposer.**
rester	*to stay*	Ce soir, elle ne va pas sortir. Elle va **rester** chez elle.

Le véritoscope

Avant de lire

Avec un «microscope», nous pouvons voir des objets très petits (*micro* = petit). Avec un «télescope», nous pouvons voir des choses qui sont loin de nous (*tele* = distance).

Par conséquent, avec un «véritoscope», nous pouvons voir la vérité. Mais, comment fonctionne cette machine imaginaire? Vous allez découvrir cela en lisant cette histoire.

1

Une mauvaise nouvelle

une caisse

Ce matin, Monsieur Dumas, avocat, est arrivé tard° à son bureau. Quand il est entré, Julien, le comptable, l'attendait.°

— Monsieur, je voudrais vous parler en privé.
— Mais qu'est-ce qu'il y a, Julien?
— Eh bien, monsieur, c'est arrivé encore une fois.
— Quoi?
— Quelqu'un a pris de l'argent dans la caisse.
— Combien?
— Deux mille francs.
— Vous êtes sûr?
— Absolument sûr. J'ai compté l'argent hier soir et je l'ai recompté ce matin. Il manque deux mille francs.
— Bien, bien, merci! Je vais voir ce que je peux faire.

Mots utiles

en privé	*in private*
qu'est-ce qu'il y a	*what's wrong*
encore une fois	*once again*
compter	*to count*
il manque . . .	*. . . is missing*

tard *late*
l'attendait *was waiting for him*

Avez-vous compris?

1. Monsieur Dumas a un problème. Qu'est-ce que c'est?
2. Selon le comptable, combien d'argent est-ce qu'il manque dans la caisse?

2

Monsieur Dumas, en train de bricoler

un atelier

Seul dans son bureau, Monsieur Dumas a réfléchi à la situation. C'est la troisième fois en deux mois que «quelqu'un» s'est servi dans la caisse. La première fois, c'était° cinq cents francs. La deuxième fois, c'était mille francs. Et maintenant, c'est deux mille francs.

«Si cela continue comme cela,° je vais bientôt° être ruiné» a pensé Monsieur Dumas. «Oui, mais que faire? Appeler° la police? C'est inutile. La police a d'autres choses à faire. Renvoyer tous mes employés? C'est impossible. Un seul est coupable . . . Ah, j'ai trouvé la solution . . .»

Mots utiles	
seul	*alone*
réfléchir	*to think, reflect*
se servir	*to help or serve oneself*
renvoyer	*to fire (an employee)*
un seul	*only one person*
coupable	*guilty*

Le weekend suivant, Monsieur Dumas n'est pas sorti comme d'habitude. Il n'a pas dîné en ville. Il n'est pas allé au théâtre. Il n'a pas joué au bridge à son club . . . Il est resté chez lui. Et qu'est-ce qu'il a fait chez lui? Il est descendu dans son atelier. Il a travaillé jour et nuit sur un «projet spécial». Il faut dire° que Monsieur Dumas n'est pas seulement un brillant avocat. C'est aussi un bricoleur de génie.°

Avez-vous compris?

1. Pourquoi est-ce que Monsieur Dumas ne peut pas renvoyer tous ses employés?
2. Comment a-t-il passé son weekend?

c'était *it was* **comme cela** *like that* **bientôt** *soon* **Appeler** *Call* **Il faut dire** *It should be said* **bricoleur de génie** *brilliant tinkerer*

3

La réunion de lundi matin

un paquet

un fil

une électrode

un compteur

un récipient

Lundi, Monsieur Dumas est sorti de chez lui avec un mystérieux paquet sous le bras. Puis il est allé à son bureau. Là, il a convoqué° tous ses employés pour une réunion.°

À dix heures, tout le monde était assis° autour de° la grande table dans la salle de réunion.° Il y avait° Alice et Claudine, les deux assistantes de Monsieur Dumas, Julien, le comptable, Madeleine, la réceptionniste, Gilbert, le secrétaire, et Pierrot, le garçon de courses.°

Monsieur Dumas est entré dans la salle avec son mystérieux paquet. Il a posé le paquet au centre de la table. Puis il a pris la parole.°

> — J'ai le regret de vous annoncer qu'il y a un voleur° parmi° vous.

Silence dans la salle.

Monsieur Dumas a continué.

> — À trois reprises° différentes, quelqu'un a pris de l'argent dans la caisse. Si le coupable se dénonce, je lui demanderai° de restituer° l'argent et l'affaire sera réglée. Est-ce que le coupable veut se dénoncer?

Personne n'a répondu.

> — Eh bien, puisque personne n'est coupable, vous ne verrez pas° d'inconvénient à vous soumettre au test de vérité.

Mots utiles	
se dénoncer	to give oneself up
l'affaire sera réglée	the matter will be settled
puisque	since
s'allumer	to light up
rien à craindre	nothing to fear

a convoqué *called together* **réunion** *meeting* **assis** *seated* **autour de** *around*
salle de réunion *conference room* **Il y avait** *There were* **garçon de courses** *errand boy*
a pris la parole *began to speak* **voleur** *thief* **parmi** *among* **reprises** *occasions*
demanderai *will ask* **de restituer** *to return* **ne verrez pas** *won't see*

Monsieur Dumas a ouvert° le mystérieux paquet. Les employés ont vu une étrange machine. L'élément central était un petit récipient rempli° d'eau. À ce récipient étaient attachés des électrodes, des fils électriques et un compteur.

— Cette machine s'appelle un véritoscope. C'est une machine ultrasensible qui capte° les impulsions nerveuses de l'individu.° Son fonctionnement est très simple. Elle est reliée° à une lampe dans mon bureau. Vous mettez la main dans l'eau et vous dites une phrase. Si vous dites la vérité, rien ne se passe.° Si vous ne dites pas la vérité, la machine détecte votre nervosité et la lampe qui est dans mon bureau s'allume. Évidemment,° cette machine fonctionne seulement° dans l'obscurité° la plus complète.

— Qu'est-ce qu'on fait? a demandé Madeleine, la réceptionniste.

— Et bien, vous allez tour à tour° mettre la main dans l'eau et vous allez dire: «Ce n'est pas moi qui ai pris l'argent.»

— Mais puisque personne n'est coupable . . . , a dit Pierrot, le garçon de courses.

— Alors, vous n'avez rien à craindre. C'est simplement un test pour confirmer votre innocence.

Avez-vous compris?

1. Qu'est-ce que Monsieur Dumas annonce à ses employés à la réunion de lundi matin?

2. Comment fonctionne le véritoscope?

a ouvert *opened* **rempli (d')** *filled (with)* **capte** *picks up* **individu** *person* **reliée** *linked*
rien ne se passe *nothing happens* **Évidemment** *Obviously* **seulement** *only* **obscurité** *darkness*
tour à tour *one after the other*

4

Le moment de vérité

Monsieur Dumas a éteint° les lumières et il est sorti. Il est allé à son bureau où il a attendu dix minutes. Puis il est retourné dans la salle de réunion.

— Alors, est-ce que la lampe s'est allumée? a demandé Alice,
la première assistante.

— Non, elle ne s'est pas allumée, a répondu
Monsieur Dumas.

— Vous voyez, personne ici n'est malhonnête,
a ajouté Claudine, la seconde assistante.

— Est-ce qu'on peut sortir? a demandé Gilbert,
le secrétaire.

— Attendez un peu, a dit Monsieur Dumas.
Montrez-moi d'abord vos mains.

Tout le monde a levé les mains.

— Eh bien, maintenant, je sais qui est le coupable. Voilà, j'ai oublié
de vous dire que dans le liquide il y a un produit incolore qui devient
vert au contact de la peau.

— C'est vrai, j'ai la main verte, a dit Madeleine.

— Et moi aussi, a dit Pierrot.

— Mais vous, Julien, a dit Monsieur Dumas, vous avez la main blanche.
Expliquez-nous donc pourquoi vous n'avez pas voulu vous soumettre
au test du véritoscope!

Mots utiles	
une lumière	*light*
un produit	*(chemical) product*
incolore	*colorless*
la peau	*skin*

a éteint *turned off*

Avez-vous compris?
1. Que font les employés pendant l'absence de Monsieur Dumas?
2. Comment sait Monsieur Dumas que c'est Julien le coupable?

294

L'ART DE LA LECTURE

You have probably noticed that in French, as in English, new words can be formed by adding PREFIXES. Here are some common French prefixes:

- **re-** (or **r-**) meaning *again, back, away, over*

recompter (re- + compter)	*to count again, recount*
revenir (re- + venir)	*to come back*
renvoyer (r- + envoyer)	*to send away, fire*
refaire (re- + faire)	*to do over, redo*

  Exemples: Julien **a recompté** l'argent de la caisse.
  Monsieur Dumas ne veut pas **renvoyer** tous ses employés.

- **in-** (or **im-**) meaning *not* and corresponding to the English *in-, un-, dis-, -less*

un inconvénient (in- + convénient)	*inconvenience*
incertain (in- + certain)	*uncertain*
incolore (in- + colore)	*colorless*

  Exemples: Nous ne voyons pas d'**inconvénient** à ce test.
  Monsieur Dumas a mis un produit **incolore** dans l'eau.

- **dé-** (or **d-**) corresponding to the English *dis-* or *des-*

découvrir (dé- + couvrir)	*to discover*
décrire (d- + écrire)	*to describe*

  Exemple: Vous allez **découvrir** cela en lisant cette histoire.

- **mal-** meaning *evil* and corresponding to the English *un-, dis-, bad, evil*

malheureux (mal- + heureux)	*unfortunate, unhappy*
malhonnête (mal- + honnête)	*dishonest*
la malchance (mal- + chance)	*bad luck*
un malfaiteur (mal- + faiteur)	*evildoer*

  Exemple: — Vous voyez, personne ici n'est **malhonnête**, a ajouté Claudine.

- **sous-** (or **sou-**) meaning *under* and corresponding to the English *sub-*

soumettre (sous- + mettre)	*to submit*

  Exemple: Vous n'avez pas voulu vous **soumettre** au test du véritoscope.

UNITÉ 6

Chez nous

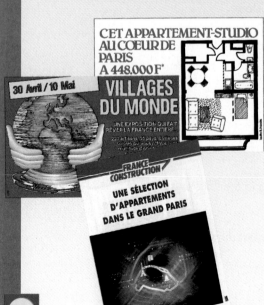

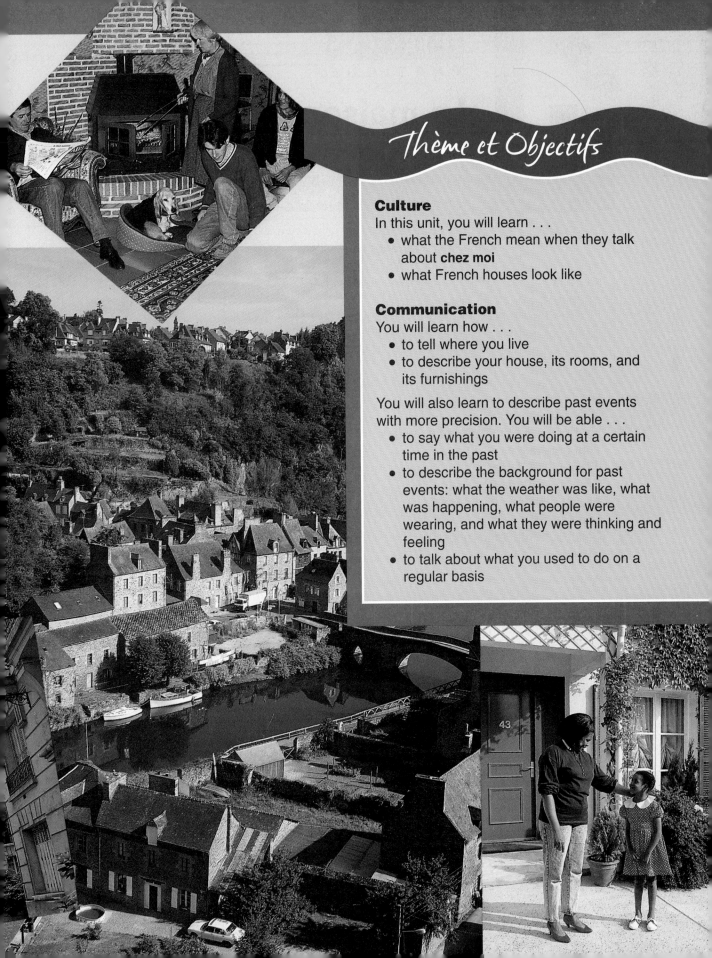

Thème et Objectifs

Culture
In this unit, you will learn . . .
- what the French mean when they talk about **chez moi**
- what French houses look like

Communication
You will learn how . . .
- to tell where you live
- to describe your house, its rooms, and its furnishings

You will also learn to describe past events with more precision. You will be able . . .
- to say what you were doing at a certain time in the past
- to describe the background for past events: what the weather was like, what was happening, what people were wearing, and what they were thinking and feeling
- to talk about what you used to do on a regular basis

LE FRANÇAIS PRATIQUE

La maison

Les Français qui habitent dans les grandes villes vivent en général en appartement. Dans le centre-ville, les immeubles ont un maximum de six étages. Dans la banlieue, les «grands ensembles» ont parfois vingt-cinq étages ou plus.

Dans les petites villes et à la campagne, les gens préfèrent habiter dans des maisons individuelles.

1. En France, les maisons individuelles sont généralement entourées d'un mur. À l'intérieur, il y a souvent un petit jardin avec des fleurs au printemps et en été. (Les Français aiment beaucoup cultiver les fleurs!)

2. Le salon, salle de séjour ou «living» est souvent la plus grande pièce de la maison. Il y a un sofa, des fauteuils et d'autres meubles modernes ou anciens. Beaucoup de familles françaises ont des meubles anciens qui sont transmis de génération en génération.

3. Dans beaucoup d'appartements modernes, la salle à manger est une extension du salon.

4. Les cuisines françaises sont généralement plus petites et moins bien équipées que les cuisines américaines. C'est dans la cuisine qu'on prend le petit déjeuner le matin.

5. Les jeunes Français aiment décorer leur chambre avec des photos ou des posters. Cette chambre est leur domaine privé où ils étudient, écoutent de la musique et invitent leurs amis.

6. La majorité des maisons françaises ont seulement une ou deux salles de bains. Ainsi, les jeunes Français doivent partager la salle de bains avec leurs frères et sœurs, et parfois avec leurs parents. En général, les toilettes et la salle de bains sont séparées.

À quel étage
habites-tu?

Au rez-de-chaussée.

A. La résidence

—Où habites-tu?

J'habite | **dans une ville.**
dans le centre-ville
dans un quartier | **moderne**
| **ancien**
dans la banlieue
dans un village
à la campagne

le centre-ville: *downtown*
un quartier: *district, section, part*
ancien(ne): *old*
la banlieue: *suburbs*

—Dans quel genre de maison?

J'habite | **dans un immeuble.**
dans un appartement
dans une maison individuelle
dans une ferme

un immeuble: *apartment building*
un appartement: *apartment*

—À quel **étage** habites-tu?

J'habite | **au rez-de-chaussée.**
au premier (1er) étage
au troisième (3e) étage
au neuvième (9e) étage

un étage: *floor*
le rez-de-chaussée: *ground floor*

---

1 **Questions personnelles**

1. Dans quelle ville (ou quel village) habites-tu?
   Depuis combien de temps est-ce que tu habites là?
2. Si tu habites dans une grande ville, est-ce que
   tu habites dans le centre ou dans un autre quartier?
3. Dans quel genre de maison habites-tu?
4. Si tu habites un immeuble, à quel étage est
   ton appartement? Si tu habites une maison,
   à quel étage est ta chambre?
5. Combien de pièces est-ce qu'il y a chez toi?
   Combien de chambres à coucher?
6. Quelle est la pièce la plus *(most)* confortable?
   la plus grande? Quelle est la pièce où vous passez
   le plus de temps en famille?
7. Est-ce que votre cuisine est grande? De quelle
   couleur sont les murs? De quelle couleur est
   le sol? et le plafond?
8. Est-ce qu'il y a un grenier chez toi?
   Qu'est-ce qu'il y a dans ce grenier?

■NOTE■
CULTURELLE

Il y a une différence d'un étage
entre les étages français et
les étages américains.

- Le rez-de-chaussée correspond
  au premier étage américain.
- Le premier étage français
  correspond au deuxième
  étage américain.
- Le deuxième étage français
  correspond au troisième
  étage américain.

Les parties de la maison

- le toit
- le grenier
- les escaliers (un escalier)
- le premier étage
- le jardin
- le rez-de-chaussée
- le garage
- le sous-sol

Les pièces de la maison

la chambre (à coucher) ([bed]room)
la salle de bains (bathroom)
les toilettes (les WC) (toilet)

la cuisine (kitchen)
le living (informal living room)
le salon (formal living room)
la salle à manger (dining room)

la cave (cellar)

Une pièce (room)

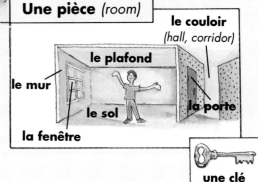

- le couloir (hall, corridor)
- le plafond
- le mur
- le sol
- la porte
- la fenêtre

une clé

FLASH d'information

In French homes, the toilet typically is in a small room separate from the bathroom. **WC** (an abbreviation for the British *water closet*) is pronounced <u>double vécé</u> or simply <u>vécé</u>.

2 Un jeu de logique

Lisez les phrases suivantes et décidez si elles sont logiques ou non. Écrivez les lettres correspondant à vos réponses sur une feuille de papier *(sheet of paper)*. Vous allez découvrir le mot français qui correspond à *skyscraper*.

	logique	pas logique
1. On se lave dans la salle de bains.	G	F
2. On dort dans la salle à manger.	U	R
3. On monte au premier étage par l'escalier.	A	V
4. On sort de la maison par la fenêtre.	X	T
5. On peut mettre des posters sur les murs.	T	B
6. On met les vieilles choses au grenier.	E	M
7. Le réfrigérateur est dans la cuisine.	C	O
8. La cave est généralement au sous-sol.	I	S
9. On marche sur le plafond.	T	E
10. Un écureuil peut se promener sur le toit.	L	K

1	2	3	4	5	6	.	7	8	9	10

Où est Papa?

Il est dans le salon.

B. Le mobilier *(furniture)* et l'équipement de la maison

Dans le salon/le living	Dans la salle à manger

un tableau
(painting)

une étagère
(bookshelf)

un sofa

un tapis
(rug, carpet)

un fauteuil
(armchair)

des rideaux *(m.)*
(curtains)

une table

une chaise

---

3 **Chaque chose à sa place**

Dites où se trouvent *(are located)* normalement les choses de la colonne de gauche.

le lait		le bureau
les livres		la cuisine
les vêtements		les étagères
l'ordinateur		la machine
les assiettes		à laver
propres *(clean)*	sur	le lave-vaisselle
les assiettes	dans	le placard
sales *(dirty)*		le réfrigérateur
les chemises sales		la salle de bains
le tapis		le sol
le lavabo		la table
l'évier		

▶ **Le lait est dans le réfrigérateur.**

4 **Déménagements** *(Moving)*

Vous aidez votre copine française à emménager *(to move in)* dans sa nouvelle maison. Faites des dialogues suivant le modèle. Soyez logique!

▶ Où est-ce que je mets la lampe?

Mets-la dans le salon.

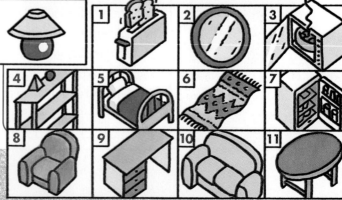

Dans la cuisine

un grille-pain
(toaster)

des placards *(m.)*
(cabinets)

un évier
(kitchen sink)

une cuisinière
(stove, range)

un four
(oven)

un four
à micro-ondes
(microwave)

un lave-vaisselle
(dishwasher)

une machine à laver
(washing machine)

un réfrigérateur

un appareil
(machine, appliance)

Dans une chambre

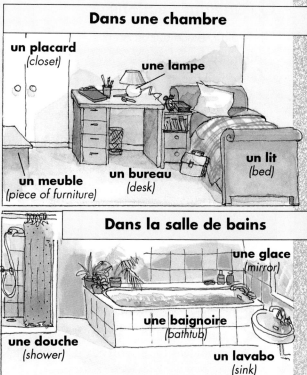

un placard
(closet)

une lampe

un meuble
(piece of furniture)

un bureau
(desk)

un lit
(bed)

Dans la salle de bains

une glace
(mirror)

une baignoire
(bathtub)

une douche
(shower)

un lavabo
(sink)

---

5 **Chez vous**

Décrivez le mobilier et l'équipement de votre maison. Donnez des détails. (Vous pouvez utiliser les adjectifs de la liste dans des phrases affirmatives ou négatives.)

1. Dans le salon, il y a . . .
   ▶ **Dans le salon, il y a un sofa vert. Il est assez vieux, mais il est très confortable. Il y a aussi . . .**
2. Dans ma chambre, il y a . . .
3. Dans la cuisine, . . .
4. Dans la salle à manger, . . .

- **grand(e)** ≠ **petit(e)**
- **ancien(ne)** ≠ **moderne**
- **vieux (vieille)** *(old)* ≠ **neuf (neuve)** *(new)*
- **confortable** ≠ **inconfortable**
- **pratique**
- **joli(e)**

6 **Ma chambre**

1. Est-ce que ta chambre est une grande ou une petite pièce?
2. De quelle couleur sont les murs?
3. Est-ce qu'il y a des posters sur les murs? Qu'est-ce qu'ils représentent?
4. Est-ce qu'il y a un tapis sur le sol?
5. Combien de fenêtres est-ce qu'il y a?
6. Est-ce que ta chambre a une salle de bains indépendante?
7. En général, est-ce que tu fermes *(close)* la porte quand tu es dans ta chambre?
8. Est-ce qu'il y a un couloir entre ta chambre et la chambre de tes parents?

C. Quelques actions

S'il te plaît, est-ce que tu peux . . .

ouvrir la fenêtre?	Ouvre la fenêtre!
fermer la porte?	Ferme la porte!

allumer	la télé?	Allume	la télé!
mettre		Mets	
éteindre	la radio?	Éteins	la radio!

ouvrir: *to open*
fermer: *to close*

allumer: *to turn on*
mettre: *to put on*
éteindre: *to turn off*

INFINITIVE	**ouvrir** *(to open)*	
PRESENT	j' **ouvre**	nous **ouvrons**
	tu **ouvres**	vous **ouvrez**
	il/elle/on **ouvre**	ils/elles **ouvrent**
PASSÉ COMPOSÉ	j'**ai ouvert**	

➡ French has two ways of saying *to turn off*.
Éteindre is generally used with electrical power and heating systems.
Fermer means to turn off any sort of switch, knob, or faucet.

    Éteins l'électricité.   **Ferme** l'eau.

➡ Note the expression **fermer à clé** *(to lock)*.
    J'ai fermé la porte **à clé**.

➡ The following verbs are conjugated like **ouvrir:**

couvrir	*to cover*	Sophie **a couvert** son lit.
découvrir	*to discover*	Nous **avons découvert** un joli fauteuil.

---

7 **S'il te plaît!**

Demandez à vos camarades de faire certaines choses
en complétant les phrases avec l'expression qui convient.

▶ Il fait chaud! (l'air conditionné)

1. Il fait froid. (la fenêtre)
2. Je voudrais regarder «La roue de la fortune». (la télé)
3. Je n'aime pas ce genre de musique. (la radio)
4. Je voudrais prendre mon vélo. (la porte du garage)
5. Je vais faire un gâteau. (le four)
6. Il faut économiser l'énergie. (cette lampe)
7. J'ai chaud. (le chauffage *[the heating]*)

Au Jour Le Jour

Les petites annonces

Quand on veut trouver un logement, on peut lire les petites annonces du journal. Ces annonces présentent une liste d'appartements à louer avec une courte description et le prix du loyer *(rent)*.

Quel appartement?

Analysez les petites annonces et choisissez un appartement pour les personnes suivantes:

- un(e) étudiant(e)
- une personne célibataire
- une famille qui a deux enfants
- une famille qui a un enfant (un seul parent travaille)
- une famille qui a un enfant (les deux parents travaillent)

Au téléphone

Vous avez décidé de louer l'un des cinq appartements. Vous téléphonez à l'agence immobilière *(real estate agency)* qui a mis l'annonce. Un agent, joué par un(e) camarade, vous répond. Composez et jouez le dialogue suivant.

- Confirmez le numéro de téléphone que vous appelez.
  Allô, monsieur (mademoiselle). C'est bien le . . . ?
- Dites que vous êtes intéressé(e) par l'annonce.
  Je suis intéressé(e) par . . .
- Demandez des détails sur l'appartement.
  Par exemple:
  Où est-il situé?
  Est-ce que l'immeuble est moderne ou ancien?
  Combien de pièces est-ce qu'il y a?
  Combien de salles de bain?
  Est-ce que la cuisine est bien équipée?
  Quels appareils est-ce qu'il y a?
  Est-ce qu'il y a un living? Est-ce qu'il est grand ou petit?
  Quel est le prix de l'appartement?
- Demandez quand vous pouvez visiter l'appartement.

QUARTIER LATIN
chambre d'étudiant
avec s.d.b.
possibilité cuisine
1.500 Frs
Tél. 42-21-35-64

MONTMARTRE
dans immeuble rénové
bel appt.
2 ch., s.d.b., w.c.
cuisine équipée
grand living
5.000 Frs
Tél. 44-61-12-49

PARC MONCEAU
immeuble ancien
2 ch, balcon
double living
tout confort
8 500 Frs
Tél. 45-12-70-36

NATION
immeuble moderne
studio, s.d.b.
kitchenette
2 500 Frs
Tél. 42-28-54-85

PASSY
superbe 5 pièces
3 ch, 2 bains
h. cft.
10 000 F
Tél. 46-95-16-02

Une année à Paris

Imaginez que vous allez passer une année à Paris avec un(e) ami(e). Avec votre camarade, décidez de l'appartement que vous allez louer. Expliquez les raisons de votre choix. Vous pouvez considérer les éléments suivants:

- nombre de pièces
- confort
- prix

Est-ce que vous vous souvenez de Corinne? C'est la cousine de Pierre. Aujourd'hui, elle est chez Pierre avec sa copine Armelle. Les trois amis écoutent de la musique.

Sur la table, il y a un album de photos. Armelle veut le regarder.

Dis, Pierre, est-ce que je peux regarder l'album qui est sur la table?

Qui est-ce, ce petit garçon qui joue de la trompette?

Oui, bien sûr.

C'est quelqu'un que tu connais.

C'est vrai? Qui est-ce?

Mais oui, c'est lui. Tu sais, quand il était petit, Pierre était beaucoup moins mignon que maintenant.

Et bien, c'est moi quand j'avais sept ans.

Vraiment?

Ha . . .

Comment?
Tu ne me reconnais pas?

C'est toi?

Eh bien oui,
c'est moi.

Et cette petite fille qui
joue sur la plage?

C'est vrai que
pour Corinne c'est le contraire!
Elle était beaucoup plus jolie
quand elle était petite.

Toi, tais-toi!

Dis donc Pierre, où
est-ce que tu habitais quand
tu étais petit?

Vraiment?
C'est un petit village
que j'aime beaucoup.

J'habitais
à Menthon-Saint-
Bernard!

C'est vrai!
C'est un village
qui est très sympa.

Si vous voulez, on peut
y faire un tour en scooter
samedi prochain.

D'accord.

Et tu me montreras
la maison où
tu habitais?

Bien sûr!

à suivre . . .

Compréhension

1. Qu'est-ce qu'Armelle veut regarder?
2. Qui est le petit garçon sur la photo?
3. Qui est la petite fille?
4. Qu'est-ce que Pierre propose de faire
   samedi prochain?

FLASH d'information

La France a un très grand nombre de châteaux historiques qu'on peut visiter en été. Le plus célèbre de ces châteaux est le château de Versailles, près de Paris. C'est ici qu'a vécu Louis XIV° ou «Roi Soleil»° (1638–1715), l'un des grands rois de l'histoire de France.

Louis XIV = Louis Quatorze   **Roi Soleil** *Sun King*

A. Le verbe *vivre*

Note the forms of the irregular verb **vivre** *(to live)*.

INFINITIVE	**vivre**	
PRESENT	Je **vis** à Paris. Tu **vis** à Québec. Il/Elle/On **vit** bien en France.	Nous **vivons** à la campagne. Vous **vivez** simplement. Ils/Elles **vivent** bien.
PASSÉ COMPOSÉ	J'**ai vécu** deux ans à Toulouse.	

➡ Both **vivre** and **habiter** mean *to live.* **Habiter** is used only in the sense of *to live in a place.* Compare:

*Alice **lives** in Paris.*	*She **lives** well.*
Alice **vit** à Paris. Alice **habite** à Paris.	Elle **vit** bien. —

JE VIS POUR MANGER!

PROVERBE
Il faut manger pour vivre et non pas vivre pour manger.

1 Expression personnelle

1. J'habite . . . (dans une grande ville? dans une petite ville? à la campagne? . . . ??)
2. Nous vivons dans notre maison (appartement) depuis . . . (un an? cinq ans? . . . ??)
3. Avant, nous avons vécu . . . (dans une autre ville? dans un autre état? . . . ??)
4. Dans ma région, on vit . . . (assez bien? bien? assez mal? . . . ??)
5. L'état où on vit le mieux *(the best)* est . . . (la Californie? le Texas? . . . ??)
6. Un jour, je voudrais vivre . . . (à Québec? à Paris? . . . ??)
7. Pour vivre bien, il faut . . . (être riche? avoir beaucoup de vacances? . . . ??)

B. Révision: Le passé composé

Où est-ce que tu es allé?

Je suis allé à Québec.

The PASSÉ COMPOSÉ is used to describe past actions and events.
Review the forms of the passé composé in the following sentences.

WITH **avoir**	WITH **être**
J'**ai visité** le Canada.	Je **suis allé(e)** à Québec.
Stéphanie **a pris** le bus.	Elle **est descendue** au centre-ville.
Les touristes **ont visité** Paris.	Ils **sont montés** à la Tour Eiffel.
Nous **n'avons pas étudié.**	Nous **sommes sortis** avec des copains.
Éric m'**a téléphoné.**	Il **n'est pas venu** chez moi.

⇒ The passé composé of most verbs is formed with **avoir.**

⇒ The passé composé of several verbs of MOTION (going, coming, staying) is formed
with **être.** (The past participles of these verbs agree with the subject.)

aller (allé)	**rester (resté)**	**partir (parti)**
entrer (entré)	**monter (monté)**	**sortir (sorti)**
passer (passé)	**descendre (descendu)**	**venir (venu)**

⇒ The passé composé of REFLEXIVE verbs is formed with **être.**

   Alice **s'est promenée** en ville.   Paul et Marc **se sont reposés.**

---

2 À Montréal

Les personnes suivantes habitent à Montréal. Dites ce qu'elles ont fait hier.

▶ mes parents (aller à l'Opéra de Montréal / voir «Carmen»)
   Mes parents sont allés à l'Opéra de Montréal. Ils ont vu «Carmen».

1. moi (sortir / prendre le bus / faire une promenade dans le Vieux Montréal)
2. Stéphanie (passer à la Place Ville Marie / acheter des vêtements / choisir un jean)
3. toi (passer à la bibliothèque municipale / rendre les livres / choisir d'autres livres)
4. nous (prendre le métro / monter à Bonaventure / descendre à Mont-Royal)
5. les touristes (visiter le Parc Olympique / monter à la Tour Olympique / acheter des souvenirs)
6. Jean-Paul (venir chez moi / étudier avec moi / partir à six heures)
7. Claire et Sophie (faire une promenade / s'arrêter dans une crêperie / manger une crêpe)
8. nous (se promener / s'arrêter au Parc du Mont-Royal / se reposer)

▶

3 Conversations

Des copains discutent de ce qu'ils ont fait.
Jouez les rôles en faisant les substitutions
suggérées.

Qu'est-ce que tu as fait <u>samedi soir?</u>

Et après?

Je <u>suis allé au cinéma.</u>

J'ai dîné <u>chez ma cousine.</u>

1. hier après-midi
   faire des achats
   rentrer chez moi
2. à midi
   passer à la bibliothèque
   déjeuner à la cantine
3. après le dîner
   finir mes devoirs
   se coucher
4. samedi après-midi
   acheter des vêtements
   sortir avec des copains
5. dimanche soir
   aider ma mère
   voir un film à la télé
6. samedi matin
   ranger ma chambre
   se promener

C. Le pronom relatif *qui*

RELATIVE PRONOUNS are used to CONNECT, or RELATE, sentences to one another. Note below how the two sentences on the left are joined into a single sentence on the right with the relative pronoun **qui.**

J'ai <u>des copines</u>. Elles habitent à Paris.	J'ai des copines **qui** habitent à Paris. *I have friends **who (that)** live in Paris.*
J'habite dans <u>un immeuble</u>. <u>Il</u> a 20 étages.	J'habite dans un immeuble **qui** a 20 étages. *I live in a building **that** has 20 stories.*

The relative pronoun **qui** *(who, that, which)* may refer to PEOPLE or THINGS. It is the SUBJECT of the verb that follows it.

---

4 En ville

Mélanie est en ville. Elle décrit ce qu'elle voit et ce qu'elle fait. Jouez le rôle de Mélanie.

▶ Je rencontre un copain. / Il va au cinéma.
Je rencontre un copain qui va au cinéma.

1. Je parle à une dame. / Elle attend le bus.
2. Je regarde des maisons. / Elles ont une architecture intéressante.
3. Je rends visite à une copine. / Elle habite dans la banlieue.
4. Je vais dans un café. / Il sert *(serves)* d'excellents sandwichs.
5. J'entre dans un magasin. / Il vend des disques de rock.
6. Je rencontre des copains. / Ils vont à un concert.
7. Je vois des touristes. / Ils prennent des photos.
8. Je prends un bus. / Il va au centre-ville.

5 Au choix

Pour chaque catégorie, choisissez ce que vous préférez.

▶ une station de radio / jouer du rock ou de la musique classique?

1. une maison / avoir une piscine ou un beau jardin?
2. un quartier / être très calme ou très animé *(lively)*?
3. une ville / avoir beaucoup de magasins ou un grand parc?
4. des voisins / être sympathiques ou très riches?
5. des magasins / vendre des vêtements chers ou bon marché?
6. des copains / aimer les sports ou la musique?
7. un appartement / être moderne ou ancien?
8. des professeurs / donner de bonnes notes ou de bons conseils *(advice)*?

> **Je préfère une station de radio qui joue du rock (qui joue de la musique classique).**

D. Le pronom relatif *que*

Note below how the two sentences on the left are joined into
a single sentence on the right with the RELATIVE PRONOUN **que.**

> Nous allons dans un café
> que je ne connais pas.

> Ah, bon?
> C'est vrai?

J'ai des voisins.	J'ai des voisins **que** j'invite souvent.
Je les invite souvent.	*I have neighbors **whom (that)** I often invite.*

Nous allons dans un café.	Nous allons dans un café **que** je ne connais pas.
Je ne le connais pas.	*We are going to a café **that** I do not know.*

The relative pronoun **que** *(whom, that, which)* may refer to PEOPLE or
THINGS. It is the DIRECT OBJECT of the verb that follows it.

➡ Although in English the object pronouns *whom, that,* and *which* are often
  omitted, in French the pronoun **que** cannot be left out.

   Voici l'affiche **que** je viens d'acheter.   *Here's the poster **(that)** I just bought.*

➡ **Que** becomes **qu'** before a vowel sound.

   Alice écoute le compact **qu'**elle a acheté.

The choice between **qui** and **que** is determined by their function in the sentence:

- **qui** is the SUBJECT of the verb that follows it
- **que** is the DIRECT OBJECT of the verb that follows it

Compare:

SUBJECT (of **est**)	DIRECT OBJECT (of **je connais**)
Alice est une fille **qui** est très sportive.	C'est une fille **que** je connais bien.
Paris est une ville **qui** est très belle.	C'est une ville **que** je connais bien.

---

6 **Expression personnelle**

Nommez les personnes ou les choses
suivantes.

▶ . . . une personne que j'admire.
  **Martin Luther King (Le président,
  Mon prof) est une personne
  que j'admire.**

▶ . . . une ville que je voudrais visiter.
  **Paris (Québec, San Francisco)
  est une ville que je voudrais visiter.**

1. . . . une ville que j'aime.
2. . . . un magazine que je lis.
3. . . . une émission de télé *(TV show)* que
   j'aime regarder.
4. . . . un film que je voudrais voir.
5. . . . une actrice que je voudrais rencontrer.
6. . . . un acteur que j'admire beaucoup.
7. . . . une personne que j'aimerais *(would
   like)* connaître.

7 **Oui ou non?**

Expliquez ce que vous faites et ce que
vous ne faites pas, suivant le modèle.

▶ le français est une langue (parler bien?)
  **Le français est une langue
  que je parle bien.**
  **Le français est une langue
  que je ne parle pas bien.**

1. la biologie est une matière (étudier?)
2. l'espagnol est une langue
   (comprendre?)
3. San Francisco est une ville (connaître?)
4. mes voisins sont des gens
   (voir souvent?)
5. le président des États-Unis est
   une personne (admirer?)
6. Oprah Winfrey est une personne
   (trouver intéressante?)

8 Qu'est-ce qu'ils font?

Des amis sont allés en ville cet après-midi. Dites ce qu'ils font maintenant.

▶ Alice / regarder le magazine / acheter
   Alice regarde le magazine qu'elle a acheté.

1. Frédéric / écouter le disque / acheter
2. Pauline / lire le livre / prendre à la bibliothèque
3. Marc / téléphoner à la fille / rencontrer au café
4. nous / dîner avec les amis / retrouver
5. tu / parler du film / voir
6. Catherine / mettre la robe / choisir
7. mes copains / regarder la vidéocassette / louer *(rent)*
8. je / manger la pizza / commander

9 La visite de la ville

Jean-Pierre montre sa ville à un copain américain. Complétez les phrases de Jean-Pierre avec **qui** ou **que**.

▶ **Voici le bus que je prends pour aller à l'école.**

▶ **Voici le bus qui va au centre-ville.**

1. Voici une librairie *(bookstore)* . . . vend des magazines anglais
2. Voici une boutique . . . n'est pas très chère.
3. Voici un musée . . . je visite souvent.
4. Voici un monument . . . tu dois visiter.
5. Voici un cinéma . . . donne souvent des films américains.
6. Voici un restaurant . . . sert des spécialités régionales.
7. Voici le restaurant . . . je préfère.
8. Voici un hôtel . . . est très confortable.
9. Voici un hôtel . . . les guides touristiques recommandent.

10 Commentaires personnels

Complétez les phrases en utilisant votre imagination.

▶ J'ai un copain qui . . .
   J'ai un copain qui joue du piano (qui habite à Chicago, etc.).
▶ J'ai une copine que . . .
   J'ai une copine que j'invite souvent chez moi (que mes parents aiment bien, etc.).

1. J'ai une copine qui . . .
2. J'ai un copain que . . .
3. J'ai des voisins qui . . .
4. J'ai des voisins que . . .
5. J'habite dans une ville qui . . .
6. J'habite dans une ville que . . .
7. J'habite dans une maison qui . . .
8. J'ai une chambre qui . . .

À votre tour!

1 Une devinette *(A guessing game)*

Choisissez une personne, un endroit ou un objet. Faites cinq ou six phrases où vous décrivez ce que vous avez choisi, mais ne mentionnez pas son nom. Proposez cette devinette à vos camarades.

C'est une ville qui est en France. C'est une ville qui a beaucoup de monuments. C'est une ville que les touristes américains aiment visiter . . .

(Réponse: Paris)

LECTURE — Qu'est-ce qu'ils achètent?

Quatre personnes font des achats dans un centre commercial. Chaque personne achète quelque chose de différent. Lisez les descriptions suivantes et identifiez la chose que chaque personne achète.

- Amélie est en train de décorer sa chambre. Elle va dans un magasin qui vend des livres, des souvenirs et beaucoup d'autres objets. L'objet qu'elle achète est en papier° et représente son groupe favori. C'est quelque chose qu'elle peut mettre au mur de sa chambre.

- Frédéric veut acheter quelque chose pour l'anniversaire de sa mère. Le cadeau° qu'il choisit est fabriqué en France. C'est quelque chose qui sent° très, très bon.

- Madame Durand veut acheter un cadeau pour sa nièce qui va se marier l'été prochain. Elle va dans un magasin qui vend des appareils électroménagers°. Là, elle achète un appareil qu'on trouve généralement dans la cuisine. C'est une chose que beaucoup de personnes utilisent pour préparer leurs repas.

- Monsieur Pascal veut acheter quelque chose pour les amis qui l'ont invité à dîner chez eux. Il choisit quelque chose qu'on peut manger. Mais attention! Ce n'est pas très recommandé pour les personnes qui veulent maigrir.

en papier *made of paper* **cadeau** *present, gift* **sent** *smells*
appareils électroménagers *kitchen appliances*

Amélie Frédéric Madame Durand Monsieur Pascal	achète	une bouteille de parfum	une boîte de chocolats	un four à micro-ondes	un poster

Si vous n'avez pas trouvé la solution, allez à la page R13.

Vidéo-scène
À Menthon-Saint-Bernard

Dans l'épisode précédent, Pierre a proposé à Corinne et à Armelle de faire un tour à Menthon-Saint-Bernard, le village où il habitait quand il était petit.

Menthon-Saint-Bernard est un village très pittoresque, à une dizaine de kilomètres d'Annecy.

Il y a un vieux château . . .

. . . beaucoup de chalets

. . . et une plage sur le lac.

Pierre, Armelle et Corinne viennent d'arriver à Menthon-Saint-Bernard.

Ils vont d'abord à l'école primaire.

Tu vois cette école?

Oui.

C'est l'école où j'allais quand j'étais petit. Et là, c'est la cour où je jouais avec mes copains.

Il paraît que tu étais une vraie terreur!

Au contraire! J'étais un élève-modèle!

Ensuite, les trois amis vont à la plage.

Pas du tout! C'est moi qui t'ai appris à nager.

Ah oui, peut-être . . .

Ça, c'est la plage où nous allions en été. Tu te souviens, Corinne? C'est là où je t'ai appris à nager.

Puis, ils vont à l'ancienne maison de Pierre.

Et voilà la maison où nous habitions. Tu veux la voir?

Dis donc, elle a beaucoup changé, ta maison.

Oui, je veux bien.

C'est vrai.

Là, il y avait des fleurs. Là, il y avait une table et des chaises. En été, c'était là où nous dînions quand il faisait beau.

C'était où, ta chambre?

C'etait la chambre là-haut.

Pierre explique comment était sa maison autrefois.

Et là, c'était ma chambre quand je venais vous voir en été.

Là, c'était le salon. Et là, c'était la salle à manger.

Et ici, c'était la porte de la cuisine.

En touchant la porte de la cuisine, Pierre déclenche l'alarme.

Driinng

Driinng

Driinng

Corinne et Armelle pensent qu'il vaut mieux° partir.

Les trois amis retournent à leurs scooters. Mais qu'est-ce qu'ils voient?

Compréhension

1. Où est Menthon-Saint-Bernard?
2. Où les amis vont-ils d'abord?
3. Où vont-ils ensuite?
4. Où vont-ils finalement?
5. Qu'est-ce qui arrive là-bas?

à suivre . . .

vaut mieux *is better (to)*

A. L'imparfait: formation

MAINTENANT, J'AI UNE VOITURE.

AVANT, J'AVAIS UN VÉLO.

ET AVANT, J'AVAIS UN TRICYCLE.

In French, as in English, people use different tenses to talk about the past.

- The most common past tense is the PASSÉ COMPOSÉ, which you have been using.
- Another frequently used past tense is the IMPERFECT, or L'IMPARFAIT.

In the sentences below, the verbs are in the IMPERFECT.

Où est-ce que tu **habitais** avant?	*Where **did** you **live** before?*
J'**habitais** à Bordeaux.	*I **lived** in Bordeaux.*
Qu'est-ce que vous **faisiez** à six heures?	*What **were** you **doing** at six?*
Nous **finissions** nos devoirs.	*We **were finishing** our homework.*

The imperfect is a *simple* tense. It consists of *one* word. It is formed as follows:

> IMPERFECT STEM + IMPERFECT ENDINGS

➡ For all verbs (except **être**) the imperfect stem is derived as follows:

> IMPERFECT STEM = **nous**-form of PRESENT *minus* **-ons**

➡ The IMPERFECT ENDINGS are the *same* for all verbs.

TYPE OF VERB	REGULAR	-er	-ir	-re	IRREGULAR	IMPERFECT ENDINGS
INFINITIVE		parler	finir	vendre	faire	
PRESENT	nous	parlons	finissons	vendons	faisons	
IMPERFECT STEM		parl-	finiss-	vend-	fais-	
IMPERFECT	je parlais		finissais	vendais	faisais	-ais
	tu parlais		finissais	vendais	faisais	-ais
	il/elle/on parlait		finissait	vendait	faisait	-ait
	nous parlions		finissions	vendions	faisions	-ions
	vous parliez		finissiez	vendiez	faisiez	-iez
	ils/elles parlaient		finissaient	vendaient	faisaient	-aient
NEGATIVE	je ne parlais pas					
INTERROGATIVE	est-ce que tu parlais? parlais-tu?					

➡ Note how the above pattern applies to other verbs:

acheter:	nous **achet**ons	→ j'**achetais**	lire:	nous **lis**ons	→ je **lisais**	
manger:	nous **mange**ons	→ je **mangeais**	écrire:	nous **écriv**ons	→ j'**écrivais**	
			prendre:	nous **pren**ons	→ je **prenais**	
sortir:	nous **sort**ons	→ je **sortais**	voir:	nous **voy**ons	→ je **voyais**	
dormir:	nous **dorm**ons	→ je **dormais**	boire:	nous **buv**ons	→ je **buvais**	

➡ Note the imperfect forms of the following expressions:

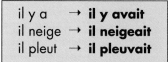

il y a → **il y avait**
il neige → **il neigeait**
il pleut → **il pleuvait**

❶ Les voisins

Vous habitez dans un immeuble à Genève. Dites où chaque personne de l'immeuble habitait avant.

▶ Catherine / à Lyon
Avant, Catherine habitait à Lyon.

1. Jérôme / à Bordeaux
2. Alice et Thomas / à la campagne
3. vous / dans la banlieue
4. toi / chez tes grands-parents
5. moi / en Amérique
6. nous / à San Francisco
7. Marc et André / à Paris
8. les Dupont / à Strasbourg

❷ Pendant la classe

Hier pendant la classe de français, personne n'écoutait le professeur. Chacun faisait autre chose. Dites ce que chacun faisait.

▶ Paul / regarder Juliette
Paul regardait Juliette.

1. Sophie / se regarder dans une glace
2. Jacques / manger du chocolat
3. vous / vous amuser
4. toi / te peigner
5. vous / parler à vos amis
6. moi / finir le problème de maths
7. nous / finir les exercices d'anglais
8. Pauline / répondre à une lettre

3 La tempête de neige *(The blizzard)*

À cause de la tempête de neige, tout le monde était à la maison hier. Dites si oui ou non les personnes suivantes faisaient les choses indiquées pendant la tempête.

▶ Robert (jouer au foot?)
  Non, Robert ne jouait pas au foot.

▶ Sophie (regarder la télé?)
  Oui, Sophie regardait la télé.

1. nous (jouer aux cartes?)
2. vous (jouer au volley?)
3. toi (te promener à vélo?)
4. Charles (attendre le bus?)
5. Corinne (dormir?)

6. Sylvie et Claire (faire du jogging?)
7. moi (faire mes devoirs?)
8. ma mère (écrire des lettres?)
9. François (lire un livre?)
10. nous (faire une promenade?)

B. L'imparfait du verbe *être*

The imperfect of **être** has an irregular stem ét- . The endings are regular.

j'	**étais**	I was	nous	**étions**	we were
tu	**étais**	you were	vous	**étiez**	you were
il/elle/on	**était**	he/she/one was	ils/elles	**étaient**	they were

➡ The imperfect of **être** is used to tell where people *were* or how they *were feeling*.
It is NOT used to describe what they WERE DOING. Compare:

IMPERFECT of **être**		IMPERFECT of verb of action	
J'**étais** chez moi.	*I **was** at home.*	J'**étudiais**.	*I **was studying**.*
Alice **était** malade.	*Alice **was** sick.*	Elle **regardait** la télé.	*She **was watching** TV.*

4 L'explosion

Hier, il y a eu une explosion dans le quartier. Dites où chacun était et ce que chacun faisait au moment de l'explosion.

▶ Thomas (au supermarché / faire les courses)
  Thomas était au supermarché. Il faisait les courses.

1. nous (au café / boire une limonade)
2. Alice (à la bibliothèque / lire un livre)
3. vous (à la maison / faire la vaisselle)
4. toi (dans ta chambre / écrire une lettre)
5. les touristes (au jardin public / prendre des photos)
6. mon grand-père (chez lui / dormir)
7. moi (chez les voisins / faire du baby-sitting)

SUPERMARCHÉ
Auchan
AUCHAN STRASBOURG
Ctre Cial + Strasbourg 2, BP n° 7
67033 STRASBOURG CEDEX
88 26 26 26

PHOTOJOUR
Photo 1 Heure
45 rue Carnot
78000 Versailles - - - - - - (1) 39 53 25 88

C. L'usage de l'imparfait: événements habituels

In the sentences below, people are talking about the past. On the left, they describe what they *used to do* regularly. On the right, they describe what they *did* on a particular occasion. Compare the verbs in each pair of sentences.

Habituellement *(Usually)* . . .	Un jour . . .
Je **regardais** les programmes de sport.	J'**ai regardé** un film.
Nous **allions** au cinéma.	Nous **sommes allés** à un concert.
Paul **sortait** avec Nathalie.	Il **est sorti** avec Nicole.

Although both the IMPERFECT and the PASSÉ COMPOSÉ are used to talk about the past, each describes a different type of event.

> The **IMPERFECT** is used to describe **habitual actions and conditions** that existed in the past. It describes what people **USED TO DO,** what **USED TO BE.**

Quand j'**étais** jeune,	*When I **was** young,*
nous **habitions** à la campagne.	*we **lived (used to live)** in the country.*
En été, j'**allais** à la piscine	*In the summer, I **used to go (would go)***
avec mes copains.	*to the swimming pool with my friends.*

> The **PASSÉ COMPOSÉ** is used to describe **specific past events.** It describes what people **DID,** what **TOOK PLACE,** what **HAPPENED.**

Ma mère **a acheté** une voiture.	*My mother **bought** a car.*
Le weekend dernier, nous **sommes allés**	*Last weekend we **went** to the beach.*
à la plage.	

5 **Quand j'étais petit (e) . . .**

Décrivez ce que vous faisiez quand vous étiez petit(e) en complétant les phrases suivantes.

1. Ma famille et moi, nous habitions . . .
   - dans le centre-ville
   - à la campagne
   - dans la banlieue
   - ??
2. J'allais à l'école . . .
   - à pied
   - à vélo
   - en bus
   - ??
3. À la télé, je regardais surtout *(mainly)* . . .
   - les dessins animés
   - les sports
   - les films d'aventures
   - ??
4. Mon acteur favori était . . .
   - Tom Cruise
   - Bill Cosby
   - Michael J. Fox
   - ??
5. Ma bande dessinée favorite était . . .
   - «Garfield»
   - «Peanuts»
   - «Batman»
   - ??

6. Mes amis et moi, nous jouions . . .
   - au Nintendo
   - au Monopoly
   - à Pacman
   - ??
7. Comme animal, j'avais . . .
   - un hamster
   - un chat
   - un poisson rouge *(goldfish)*
   - ??
8. Je collectionnais . . .
   - les timbres *(stamps)*
   - les poupées *(dolls)*
   - les cartes de baseball
   - ??
9. Le soir, je me couchais . . .
   - après le dîner
   - à dix heures
   - à neuf heures
   - ??
10. Je voulais être . . .
   - pilote
   - acteur/actrice
   - astronaute
   - ??

6 Il y a cent ans

Dites si oui ou non on faisait les choses suivantes il y a cent ans.

▶ on / travailler avec des ordinateurs?
   On ne travaillait pas avec des ordinateurs.

1. beaucoup de gens / habiter à la campagne?
2. on / vivre dans des gratte-ciel *(skyscrapers)?*
3. on / manger des produits naturels?
4. on / voyager en train?
5. on / aller en France en avion?

6. les gens / avoir des réfrigérateurs?
7. les maisons / avoir l'air conditionné?
8. les gens / travailler beaucoup?
9. tout le monde / aller à l'université?
10. on / regarder les nouvelles *(news)* à la télé?

7 Un millionnaire

Monsieur Michel a gagné dix millions de francs à la loterie. Cet événement a changé sa vie *(life)*. Décrivez sa vie maintenant et sa vie avant. Utilisez les phrases suggérées et votre imagination.

MAINTENANT   AVANT

▶ **Maintenant, Monsieur Michel vit à la campagne. Il habite . . .**

▶ **Avant, Monsieur Michel vivait en ville. Il habitait . . .**

- dans quel genre de maison / habiter?
- quelle voiture / avoir?
- quels vêtements / porter?
- dans quel restaurant / dîner?
- quels sports / faire?
- comment / voyager?
- où / passer ses vacances?

Vocabulaire: Quelques expressions de temps

Événements spécifiques		Événements habituels	
un soir	one evening	**le soir**	in the evening
		tous les soirs	every evening
mardi	Tuesday	**le mardi**	on Tuesdays
un mardi	one Tuesday	**tous les mardis**	every Tuesday
un jour	one day	**chaque jour**	every day
le 4 mai	on May 4	**tous les jours**	every day
une fois	once	**d'habitude**	usually
deux fois	twice	**habituellement**	usually
plusieurs fois	several times	**autrefois**	in the past
		parfois	sometimes

8 En vacances

Décrivez les vacances des personnes suivantes. Pour cela, complétez les phrases avec **allait** ou **est allé(e)**.

Le cœur de l'Afrique
Spécialités africaine
3 rue Française (1er)
Tél: (1) 45.08.81.41- Mª E. Marcel

▶ Un dimanche, Frédéric **est allé** chez sa tante.
▶ Le dimanche, Isabelle **allait** au restaurant.

1. L'après-midi, Philippe . . . à la piscine.
2. Tous les mardis, Mélanie . . . à un concert de jazz.
3. Le matin, Vincent . . . au marché.
4. Plusieurs fois, Paul . . . au concert.
5. D'habitude, Marc . . . à la plage.

6. Le samedi soir, Pauline . . . à la discothèque.
7. Le 3 août, Sylvie . . . à Monaco.
8. Un jour, Anne . . . chez sa grand-mère.
9. Une fois, mon cousin . . . au cirque.
10. Le 14 juillet, Claudine . . . voir le feu d'artifice *(fireworks)*.

9 Une fois n'est pas coutume *(Once does not make a habit.)*

Hélène demande à Patrick s'il faisait les choses suivantes tous les jours pendant les vacances. Patrick dit qu'un jour il a fait des choses différentes. Jouez les deux rôles.

▶ aller à la piscine (à la plage)

1. jouer au volley (au rugby)
2. déjeuner chez toi (au restaurant)
3. dîner à sept heures (à neuf heures)
4. sortir avec Monique (avec Sylvie)
5. aller à la discothèque (à un concert)
6. danser le rock (le cha-cha-cha)
7. rentrer à onze heures (à minuit)
8. se lever à neuf heures (à midi)

Tu allais tous les jours à la piscine?

Oui, mais un jour je suis allé à la plage.

D. L'usage de l'imparfait: actions progressives

Compare the uses of the IMPERFECT and the PASSÉ COMPOSÉ in the following sentences.

À sept heures, je **regardais** un film.	*At seven, I **was watching** a movie.*
Après le film, je **suis sorti.**	*After the movie, I **went out.***
Nous **attendions** Marc au café.	*We **were waiting** for Marc at the café.*
Finalement, il **est arrivé.**	*Finally, he **arrived.***

> The **IMPERFECT** is used to describe *actions that were in progress* at a certain point in time. It describes what **WAS GOING ON,** what people **WERE DOING.**

À sept heures, je **faisais** mes devoirs.	*At seven, I **was doing** my homework.*

➡ The imperfect is used to express the English construction *was/were + . . . ing.*

> The **PASSÉ COMPOSÉ** is used to describe *specific actions that occurred at a specific time.* It describes what **TOOK PLACE,** what people **DID.**

À sept heures, quelqu'un **a téléphoné.**	*At seven, someone **phoned.***

10 À ce moment-là . . .

Décrivez ce que les personnes faisaient quand les choses suivantes sont arrivées.

1. Quelqu'un a téléphoné après le dîner.
   - mes parents / regarder la télé
   - moi / faire la vaisselle
   - ma soeur / ranger sa chambre
2. Ce matin, le principal est venu dans notre classe.
   - le professeur / raconter une histoire
   - nous / écouter
   - toi / prendre des notes
3. Il y a eu un tremblement de terre *(earthquake)* hier soir.
   - nous / jouer aux cartes
   - les voisins / dîner
   - mon grand-père / dormir
4. Le weekend dernier, j'ai vu une soucoupe volante *(flying saucer).*
   - moi / être avec mes copains
   - nous / faire une promenade à la campagne
   - on / regarder le ciel *(sky)*

11 Conversations

Hier Isabelle a téléphoné à ses copains mais personne n'a répondu.

Maintenant elle veut savoir où chacun était et ce qu'il faisait.

Jouez les dialogues.

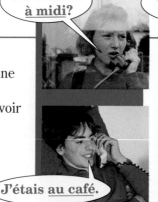

Où étais-tu à midi?

Qu'est-ce que tu faisais?

Et qu'est-ce que tu as fait après?

J'étais au café.

J'attendais ma copine.

Je suis allé au ciné avec elle.

1. après le déjeuner
   au garage
   réparer mon vélo
   faire une promenade
2. à quatre heures
   dans le jardin
   aider mon père
   sortir
3. avant le dîner
   dans la rue
   faire du jogging
   finir mes devoirs
4. à sept heures
   chez un copain
   dîner avec lui
   rentrer chez moi

À votre tour!

1 Situation: Samedi dernier

Last Saturday, as you were on the bus going downtown, you saw your partner walking in the street with someone else.

Ask your partner . . .
- who was with him/her
- where they were going
- what they did

2 Une enquête *(A survey)*

Vous êtes un(e) journaliste français(e) qui fait une enquête sur les jeunes Américains. Vous voulez savoir comment ils occupent leurs soirées.

Choisissez quatre camarades et demandez à chacun . . .

- ce qu'il/elle faisait hier soir à sept heures
- ce qu'il/elle faisait hier soir à huit heures
- ce qu'il/elle faisait hier soir à neuf heures

Inscrivez les résultats de votre enquête sur une feuille de papier.

	à 7 heures	à 8 heures	à 9 heures
1. Claudia	Claudia aidait sa mère.	Claudia faisait ses devoirs.	Claudia lisait un livre.
2. Jim			

3 Notre enfance *(Our childhood)*

Avec un(e) camarade discutez de votre enfance. Vous pouvez parler des sujets suivants.

La vie quotidienne
- Dans quelle ville habitiez-vous?
- À quelle école alliez-vous?
- Comment est-ce que vous y alliez?
- Quelles classes est-ce que vous aimiez? (et aussi, quelles classes est-ce que vous n'aimiez pas?)

Les loisirs
- Est-ce que vous regardiez souvent la télé?
- Quelle était votre émission *(program)* favorite?
- Qui était votre acteur favori? et votre actrice favorite?
- Qui était votre groupe favori?
- Qu'est-ce que vous faisiez le weekend?
- Qu'est-ce que vous faisiez pendant les vacances?

4 À six heures hier

En un petit paragraphe de 10 lignes, dites quelles étaient les occupations de votre famille hier à six heures du soir. Mettez les verbes à l'imparfait. Vous pouvez utiliser les verbes suivants:

> **parler / travailler / téléphoner / étudier / regarder / écouter / jouer / préparer / dîner / être / avoir / faire / se promener / se reposer**

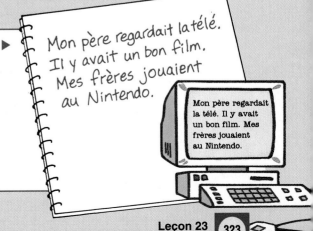

Mon père regardait la télé.
Il y avait un bon film.
Mes frères jouaient au Nintendo.

Mon père regardait la télé. Il y avait un bon film. Mes frères jouaient au Nintendo.

LECTURE — À l'école autrefois

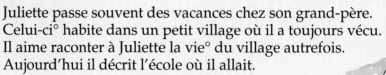

Juliette passe souvent des vacances chez son grand-père.
Celui-ci° habite dans un petit village où il a toujours vécu.
Il aime raconter à Juliette la vie° du village autrefois.
Aujourd'hui il décrit l'école où il allait.

«Quand j'étais jeune, nous habitions dans une ferme située à six
kilomètres du village. À cette époque-là, il n'y avait pas de car scolaire°
et je n'avais pas de vélo. Alors, j'allais à l'école à pied. Six kilomètres
aller° et six kilomètres retour.° C'était long, surtout quand il pleuvait
ou quand il neigeait. Évidemment,° je me levais tôt le matin et en hiver,
quand je rentrais le soir, il faisait noir.°

Les écoles d'autrefois n'étaient pas mixtes comme aujourd'hui.
Il y avait une école pour les garçons et une école pour les filles. Moi,
évidemment, j'allais à l'école de garçons. En classe, nous portions tous
un tablier° gris. (À leur école, les filles portaient des tabliers bleus.)
C'était obligatoire!

Nous arrivions à l'école à huit heures. Une cloche° annonçait
le commencement des classes. (Quand on arrivait en retard, on était puni!)
À dix heures, il y avait une grande récréation.° Souvent mes camarades
et moi, on se battait° pendant la récréation, mais après on était amis.

Il y avait un seul° maître pour toute l'école. C'était un homme petit,
mais très costaud.° Il n'hésitait pas à nous tirer° les oreilles quand
on parlait en classe ou quand on faisait des bêtises.° C'est vrai, il était
sévère, mais il était juste et avec lui on apprenait beaucoup. Tout le monde
le respectait. Les gens du village l'ont beaucoup regretté° quand il a pris
sa retraite.°

À quatorze ans, j'ai passé mon certificat et j'ai quitté l'école. Je suis allé
en ville où j'ai trouvé un travail dans une usine.° Je n'aimais pas ce travail.
Alors, je me suis engagé° sur un bateau qui faisait le commerce avec
l'Amérique du Sud. Mais ça, c'est une autre histoire . . .»

celui-ci *the latter* **la vie** *life* **car scolaire** *school bus* **aller** = pour aller à l'école
retour = pour rentrer à la maison **Évidemment** = Bien sûr **il faisait noir** *it was dark* **tablier** *smock*
cloche *bell* **récréation** *recess* **se battait** *used to fight* **seul** *only one* **costaud** *strong* **tirer** *to pull*
bêtises *silly things* **ont regretté** *missed* **a pris sa retraite** *retired* **usine** *factory*
je me suis engagé *I signed on*

▌Note culturelle▐

Les écoles françaises d'autrefois

Autrefois, l'école était obligatoire jusqu'à l'âge de 14 ans.
À la fin de leur scolarité, les élèves des écoles primaires passaient
un examen et recevaient un diplôme appelé le «certificat d'études».
En général, la discipline était très stricte et les élèves devaient
étudier beaucoup pour obtenir leur certificat.

*Le maître était sévère
mais il était juste.*

*En classe, les élèves portaient
des tabliers.*

*À dix heures, il y avait
une grande récréation.*

▬ Vrai ou faux? ▬

1. Autrefois, les enfants allaient à l'école en car scolaire, c'est à-dire en bus.
2. Autrefois, les écoles étaient mixtes, c'est-à-dire les filles et les garçons allaient en classe ensemble.
3. Autrefois, les filles portaient des tabliers bleus et les garçons portaient des tabliers gris.
4. Autrefois, dans les villages, le maître était très respecté.
5. Autrefois, on pouvait quitter l'école à quatorze ans.

Vidéo-scène

Montrez-moi vos papiers!

Dans l'épisode précédent, Pierre a montré à Armelle et à sa cousine Corinne la maison où il habitait quand il était petit.

Mais quand il a voulu ouvrir la porte de la cuisine, l'alarme s'est déclenchée.

L'alarme a alerté un gendarme qui passait dans le quartier.

Oh, non . . . !

Les amis montrent leurs papiers d'identité.

Le gendarme a l'air sévère.

Montrez-moi vos papiers. Qu'est-ce que vous faisiez ici?

Pierre explique ce qu'ils faisaient.

Euh, nous nous promenions . . . Je voulais montrer cette maison à ma copine.

Pourquoi cette maison?

Vous ne saviez pas que c'était une propriété privée?

Euh, c'est la maison où j'habitais quand j'étais petit.

Euh, si . . . mais il n'y avait personne . . . Alors, on est entré.

Bon, ça va pour cette fois . . . Mais ne recommencez pas!

Le gendarme est parti. . . . Les trois amis retrouvent leur bonne humeur.

Compréhension

1. Qui arrive sur la scène?
2. Qu'est-ce qu'il demande?
3. Comment Pierre explique-t-il sa présence ici?
4. Que fait le gendarme à la fin de la scène?

FIN

Un Accident

Petit vocabulaire: Un accident

Qu'est-ce qui est arrivé?	*What happened?*
Un accident a eu lieu.	*An accident took place.*
un conducteur (une conductrice)	*driver*
un témoin	*witness*
un panneau	*(traffic) sign*
heurter	*to run into*
traverser	*to cross*

1 Un accident

Savez-vous observer? Imaginez que vous avez assisté à la scène de l'accident représenté par les illustrations à gauche. Regardez bien ces illustrations et faites attention aux détails. Puis, répondez aux questions suivantes.

1. Quelle heure était-il?
   - Il était une heure.
   - Il était deux heures.
   - Il était six heures.

2. Quel temps faisait-il?
   - Il faisait beau.
   - Il pleuvait.
   - Il neigeait.

3. Combien de personnes est-ce qu'il y avait dans la rue?
   - Il y avait une personne.
   - Il y avait deux personnes.
   - Il y avait trois personnes.

4. Combien de personnes est-ce qu'il y avait dans la voiture?
   - Il y avait une personne.
   - Il y avait deux personnes.
   - Il y avait trois personnes.

5. Qui était le conducteur?
   - C'était un jeune homme.
   - C'était une jeune fille.
   - C'était un vieux monsieur.

6. Qui a traversé la rue?
   - le garçon
   - la dame
   - le chien

7. Qu'est-ce que la voiture a fait?
   - Elle a continué sa route.
   - Elle est entrée dans le magasin d'antiquités.
   - Elle a heurté le panneau de stop.

8. Qu'est-ce que la dame a fait?
   - Elle a téléphoné à la police.
   - Elle est partie.
   - Elle a aidé le conducteur.

9. Qu'est-ce que le conducteur a fait?
   - Il est resté dans la voiture.
   - Il est sorti de sa voiture.
   - Il a parlé aux témoins de l'accident.

10. Qu'est-ce que le garçon a fait?
   - Il a parlé au conducteur.
   - Il est parti avec son chien.
   - Il a pris une photo de l'accident.

11. Qu'est-ce qui est arrivé ensuite?
   - Le jeune homme est entré dans le magasin.
   - Une voiture de police est arrivée.
   - Une ambulance a transporté le jeune homme à l'hôpital.

A. L'usage de l'imparfait: circonstances d'un événement

In the sentences below, an accident is described. Note the use of the PASSÉ COMPOSÉ and the IMPERFECT.

The **PASSÉ COMPOSÉ** is used to describe a **well-defined action,** completed at a specific point in time. (The mention of time may be omitted.)

Hier, Pauline **a vu** un accident.	Yesterday Pauline **saw** an accident.
Elle **a téléphoné** à la police.	She **called** the police.
Une ambulance **est arrivée.**	An ambulance **arrived.**

The **IMPERFECT** is used to describe **conditions and circumstances** that form the **background** of another past action.

TIME AND WEATHER

Il **était** deux heures.	It **was** two (o'clock).
La visibilité **était** mauvaise.	The visibility **was** poor.
Il **neigeait.**	It **was** snowing.

OUTWARD APPEARANCE; PHYSICAL, MENTAL, OR EMOTIONAL STATE

Le conducteur **était** un homme jeune.	The driver **was** a young man.
Il **portait** un manteau gris.	He **was wearing** a gray coat.
Il **n'était pas** prudent.	He **was not** careful.

EXTERNAL CIRCUMSTANCES

Il n'y avait pas d'autres passagers.	**There were no** other passengers.
La voiture **allait** vite.	The car **was going** fast.

OTHER ACTIONS IN PROGRESS

Pauline **allait** en ville.	Pauline **was going** downtown.
Sa copine l'**attendait.**	Her friend **was waiting** for her.

2 Pourquoi pas?

Les personnes suivantes ne sont pas allées à certains endroits. Expliquez pourquoi.

▶ Patrick / au lycée (il est malade)
  Patrick n'est pas allé au lycée parce qu'il était malade.

1. Catherine / à la classe de français (elle a la grippe)
2. Jérôme / au cinéma (il a mal à la tête)
3. Isabelle / au restaurant (elle n'a pas faim)
4. Marc / au stade (il est fatigué)
5. Thomas / au concert (il n'a pas de billet)
6. Hélène / au musée (elle veut ranger sa chambre)
7. Monsieur Panisse / au bureau (c'est samedi)
8. nous / à la plage (il fait froid)
9. vous / en ville (il pleut)

3 Excuses

Avec un(e) camarade, faites des conversations où vous expliquez pourquoi vous n'avez pas fait certaines choses.

Tu as fait du jogging hier?

Non, je n'ai pas fait de jogging.

Ah bon? Pourquoi pas?

J'avais mal aux jambes.

1. étudier
   avoir une migraine
2. faire les courses
   être fatigué(e)
3. dîner au restaurant
   n'avoir pas assez d'argent
4. aller en classe
   être malade

5. téléphoner à Cécile
   n'avoir pas son numéro
   de téléphone
6. faire tes devoirs
   vouloir regarder un film
   à la télé

4 Un coup de chance
(A stroke of luck)

L'été dernier, vous étiez à Paris. Un jour vous avez eu un coup de chance. Racontez ce qui est arrivé. (Dans votre narration, choisissez bien entre l'imparfait et le passé composé.)

1. C'est le 3 juillet.
2. Il est deux heures.
3. Il fait chaud.
4. J'ai soif.
5. Je vais dans un café.
6. Je commande une limonade.
7. Une femme entre dans le café.
8. Elle est blonde.
9. Elle porte des lunettes noires.
10. Elle est très belle.
11. Je reconnais la grande chanteuse Bella Labelle.
12. Je me lève.
13. Je lui demande un autographe.
14. Elle me donne un autographe, sa photo et un billet pour son prochain concert.

5 Pas de chance

Vous passez l'année scolaire en France. Hier soir, vous avez eu un petit accident. En rentrant chez vous, vous avez été heurté(e) par une moto et vous êtes tombé(e) dans la rue. Vous passez au poste de police. Répondez (en français, bien sûr) aux questions de l'inspecteur de police.

— À quelle heure avez-vous eu votre accident?
Say that it was nine o'clock.

— Où étiez-vous?
Say that you were on Boulevard Victor Hugo.

— Qu'est-ce que vous faisiez?
Say that you were going home.

— Vous avez traversé la rue et une moto vous a heurté(e)?
Answer affirmatively and say that you fell in the street.

— Avez-vous noté la marque *(make)* de la moto?
Say that it was a Honda.

— Avez-vous noté son numéro?
Answer negatively and say that the visibility was bad.

— Avez-vous vu le conducteur de la moto?
Answer affirmatively. Say that it was a tall man with a mustache (**une moustache).**

— Quels vêtements est-ce qu'il portait?
Say that he was wearing jeans and a black sweater.

— Est-ce que vous avez téléphoné à la police?
Answer negatively and say that you were too upset (**énervé).**

— Merci, nous allons faire notre enquête.

B. Résumé: L'usage de l'imparfait et du passé composé

In talking about the past, the French use both the IMPERFECT and the PASSÉ COMPOSÉ. The choice of tense reflects the type of actions or events that are being described.

IMPERFECT	PASSÉ COMPOSÉ
HABITUAL OR REPEATED ACTIONS Le samedi soir, nous **allions** au cinéma.	**SPECIFIC AND ISOLATED ACTIONS** Samedi dernier, nous **sommes allés** au concert.
PROGRESSIVE ACTIONS J'**allais** en ville . . .	**ACTIONS THAT TAKE PLACE AT A GIVEN TIME OR FOR A GIVEN PERIOD** . . . quand j'**ai rencontré** ma cousine.
CIRCUMSTANCES OF A MAIN EVENT Il **pleuvait.**	**MAIN EVENT** Nous **sommes allés** dans un café.

6 Un accident qui finit bien

Racontez au passé l'accident de Philippe. Pour cela, combinez les deux phrases avec **parce que.** (Notez que la première phrase décrit une action précise: utilisez le passé composé. La seconde phrase décrit les circonstances: utilisez l'imparfait.)

▶ Philippe va en ville. Il a un rendez-vous chez le dentiste.
Philippe est allé en ville parce qu'il avait un rendez-vous chez le dentiste.

1. Il met sa veste. Il fait froid.
2. Il prend sa moto. Il veut être à l'heure.
3. Il tombe. Il y a de la neige *(snow)*.
4. Il va à l'hôpital. Il est blessé *(hurt)*.
5. Il reste dix jours à l'hôpital. Il a une jambe cassée *(broken)*.
6. Il aime l'hôpital. Tout le monde est gentil *(nice)* avec lui.
7. Il rentre chez lui. Il peut marcher avec des béquilles *(crutches)*.

Hôpital Sainte Anne

1r Cabanis
75014 Paris.......**(1)45 65 80 00**

7 Pas possible!

Avec un(e) camarade, racontez les événements suivants en faisant les substitutions suggérées.

▶ —J'ai vu Arnold Schwarzenegger.
—Pas possible! Où étais-tu?
—J'étais à l'aéroport.
—Qu'est-ce que tu faisais?
—J'attendais un avion.
—Alors, qu'est-ce que tu as fait?
—Et bien, j'ai pris sa photo.

1. rencontrer Jay Leno
   à Hollywood
   visiter les studios de télévision
   demander un autographe
2. voir un accident
   dans un café
   lire un magazine
   téléphoner à la police
3. voir un OVNI *(UFO)*
   à la campagne
   faire du jogging
   partir à toute vitesse
4. assister à l'arrivée du Tour de France
   sur les Champs-Élysées
   se promener avec des amis
   prendre des photos

8 Êtes-vous un bon témoin?

Imaginez que vous avez été le témoin de la scène suivante. La police vous pose quelques questions. Répondez.

1. Quelle heure était-il?
2. Est-ce qu'il y avait beaucoup de clients dans la banque?
3. Combien de personnes sont entrées?
4. Comment était l'homme physiquement? Était-il grand ou petit? blond ou brun? Quel âge avait-il?
5. Quels vêtements portait-il?
6. Décrivez l'aspect physique de la femme.
7. Décrivez ses vêtements. Portait-elle une jupe longue ou courte *(short)?*

8. À qui est-ce que l'employé a donné l'argent?
9. Qu'est-ce que l'homme a fait avec l'argent?
10. Où est-ce que la femme a mis l'argent?

11. Quelle heure était-il quand les deux bandits sont sortis?
12. Quel temps faisait-il?
13. Est-ce qu'il y avait d'autres voitures dans la rue?
14. Qu'est-ce que les bandits ont fait?
15. Décrivez leur voiture.

À votre tour!

1 Un événement important

Racontez l'un des événements suivants en utilisant au moins cinq verbes à l'imparfait et cinq verbes au passé composé.

Voici les événements:

1. votre dernier dîner de Thanksgiving
2. votre anniversaire
3. un pique-nique ou une boum
4. un mariage

Et voici ce que vous pouvez décrire:

Les circonstances . . .

- La date: le jour?
- L'heure?
- L'endroit: la ville? chez vous? chez des amis?
- Les invités: combien étaient-ils? qui étaient-ils?
- Le repas: qu'est-ce qu'il y avait à manger? à boire?

Ce que vous avez fait . . .

- À qui avez-vous parlé? De quoi avez-vous parlé?
- Qu'est-ce que vous avez mangé? bu?
- Est-ce qu'il y a eu une surprise? pour vous? pour vos amis?
- Qu'est-ce que vous avez fait avant l'événement? pendant l'événement? après l'événement?
- Qu'est-ce que les autres personnes ont fait?

Au voleur!

Philippe est au café avec sa copine Martine. Il raconte une histoire curieuse.

— C'était jeudi dernier. Comme il pleuvait, je me suis arrêté dans ce café. Il était une heure de l'après-midi. J'étais assis° ici, à la même table qu'aujourd'hui. Je mangeais un sandwich.

Tout à coup,° j'ai entendu du bruit. J'ai regardé à la fenêtre. J'ai vu un homme qui courait. Il portait une casquette et des lunettes noires, et à la main, il avait un sac de dame. Il courait très, très vite . . .

Derrière, il y avait une petite dame qui courait aussi. Mais elle ne courait pas aussi vite que le voleur. Elle criait: «Au voleur! Au voleur! Arrêtez-le! Arrêtez-le!»

J'ai entendu une sirène. C'était une voiture de police qui venait en sens inverse.° La voiture de police s'est arrêtée. Deux policiers sont descendus pour bloquer le passage au bandit.

assis *seated*   **Tout à coup** *All of a sudden*
en sens inverse *from the opposite direction*

Un policier a sorti° son revolver et il a tiré
en l'air. Le voleur a eu très peur et il est tombé
dans la rue. Je me suis levé pour voir
ce qui se passait.

C'est alors que j'ai vu quelque chose
de très curieux. Le bandit s'est levé, il a serré
la main du policier et il lui a dit: «Bravo, c'est
parfait!» Puis il a enlevé° sa casquette et
ses lunettes de soleil.

J'ai tout de suite reconnu Jean-Paul Maldonado, le célèbre° acteur de cinéma.
Je suis sorti et j'ai vu les projecteurs et la caméra qui filmait la scène.
J'ai compris que j'assistais au tournage° de son nouveau film *Le Crime ne paie pas.*

— Tu lui as parlé? a demandé Martine.
— Non, je voulais lui demander un autographe, mais je n'ai pas osé.°
    Je suis rentré chez moi, content d'avoir vu mon acteur favori.

a sorti *pulled out* **a enlevé** *took off* **célèbre** *famous* **tournage** *filming* **n'ai pas osé** *didn't dare*

Cognate pattern: -que ↔ -ck, -k, -c

moquer ↔ *to mock*
bloquer ↔ ?
masquer ↔ ?
un chèque ↔ ?
la banque ↔ ?
la musique ↔ ?

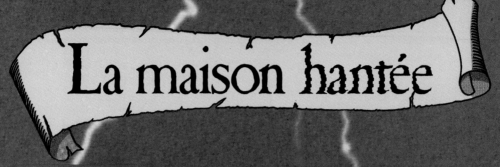

La maison hantée

Avant de lire

Quand quelqu'un mentionne une maison hantée, à quoi pensez-vous?
- à une maison abandonnée?
- à des bruits étranges?
- à un fantôme qui se manifeste de temps en temps?

Et vous-même, avez-vous peur des fantômes ou aimez-vous explorer les maisons abandonnées?

Dans l'histoire que vous allez lire, Jean-François et son copain vont visiter une maison qui a la réputation d'être hantée. Qu'est-ce qu'ils vont trouver?

Une vieille maison hantée

hou-hou-hou

un bruit *(noise)* **étrange**

un fantôme

une cheminée

une lucarne

des volets fermés

une vitre cassée

un volet ouvert

une échelle

une marche

une toile d'araignée

une pierre

un chemin de terre

une ombre

Le défi

Je m'appelle Jean-François Dupré.
J'ai 21 ans et je suis étudiant. J'habite à
Paris, mais en réalité je ne suis pas parisien.
Ma famille est originaire de province.°

Quand j'avais 14 ans, ma famille s'est installée°
à Marcillac, une petite ville dans le centre
de la France. La raison de ce déplacement°
est que mon père venait d'être nommé
sous-directeur de la banque locale.
Nous avons vécu deux ans là-bas.

Comme nous étions nouveaux au village, je n'avais pas beaucoup
d'amis. J'avais un camarade de classe qui s'appelait Benoît.
Nous étions voisins, mais nous n'étions pas vraiment copains.
Nous allions ensemble° à l'école, et parfois nous jouions
au foot après les classes, mais c'était tout.

Benoît avait 14 ans comme moi, mais il était plus grand
et beaucoup plus fort que moi. Ce qui m'irritait en lui,
c'est qu'il voulait toujours avoir raison et quand
nous jouions à un jeu, il voulait toujours gagner.

Un jour, pendant les vacances de printemps, Benoît m'a demandé:
«Dis, Jean-François, est-ce que tu veux aller explorer la maison
hantée avec moi?» La maison hantée, c'était une vieille ferme
abandonnée à deux kilomètres du village. J'avais bien envie d'aller
visiter la maison hantée, mais je ne voulais pas y aller avec Benoît.
Je lui ai répondu . . .

—Non, merci! Je ne me sens pas très bien aujourd'hui.
—Tu ne te sens pas très bien? Ah, oh, . . . dis plutôt que
   tu te dégonfles° . . .
—Non, je ne me dégonfle pas.
—Si, tu te dégonfles parce que tu as peur des fantômes . . .
   Ha, ha, ha!
—Je n'ai pas peur des fantômes plus que toi.
—Alors, dans ce cas, viens avec moi. Si tu ne viens pas, je vais
   dire à tout le monde que tu es une poule mouillée.°

Mots utiles	
un défi	challenge, dare
comme	since
plutôt	rather
dans ce cas	in that case

Avez-vous compris?
1. Qui est Jean-François?
2. Pourquoi est-ce que Jean-François n'aimait pas Benoît?
3. Quel est le défi de Benoît?

originaire de province *comes from one of the French provinces*   **s'est installée** *settled*
déplacement *move*   **ensemble** *together*   **tu te dégonfles** *you are losing courage*
(lit. *becoming deflated*)   **une poule mouillée** *"chicken"* (lit. *wet hen*)

337

B L'expédition

J'ai bien été obligé d'accepter le défi de Benoît. Je suis allé chez moi prendre une lampe de poche et je suis parti avec Benoît . . . sans rien dire à mes parents.

Nous sommes sortis du village et nous sommes allés dans la direction de la maison hantée. Nous avons d'abord pris un chemin de terre, puis nous avons marché à travers champs. Finalement, nous sommes arrivés devant la ferme. J'ai regardé ma montre. Il était six heures et demie. La nuit commençait à tomber.

La ferme était une grande maison rectangulaire de deux étages avec un grenier. Dans le village, on disait qu'elle était habitée par le fantôme d'un ancien° fermier, assassiné par des brigands° au siècle dernier. C'est vrai que, isolée au milieu des champs, la ferme avait un aspect sinistre . . .

J'ai pris une pierre que j'ai lancée dans la porte et j'ai crié:

—Fantôme, es-tu là?
—Arrête, a dit Benoît, on ne sait jamais . . .
—On ne sait jamais quoi? lui ai-je répondu.
—Euh, rien!
—Alors, on entre?
—Écoute, Jean-François, on peut peut-être revenir demain. Regarde, il pleut.

Mots utiles	
une lampe de poche	*flashlight*
à travers champs	*across the fields*
au siècle dernier	*in the last century, 100 years ago*
au milieu de	*in the middle of*
lancer	*to throw*

C'est vrai, la pluie commençait à tomber. À vrai dire, j'avais aussi un peu peur, mais je voulais donner une leçon à Benoît. Alors, je lui ai dit:

—Dis donc, Benoît, tu ne veux pas entrer dans la maison, hein? C'est toi la poule mouillée!
—Non, mais dis donc, ça ne va pas?°

Avez-vous compris?
1. Pourquoi la maison avait-elle la réputation d'être hantée?
2. Que voulait dire Benoît quand il a dit: «On ne sait jamais . . . »?
3. Pourquoi est-ce-que Jean-François a insisté pour visiter la maison?

ancien *former*
brigands *robbers*
ça ne va pas? *are you crazy?*

C Dans la maison hantée

Nous avons donc décidé d'entrer dans
la maison. Oui, mais comment? La porte était
fermée. Les volets aussi étaient fermés à
l'exception d'un volet du salon. Nous avons
cassé une vitre et nous sommes entrés par
la fenêtre. À l'intérieur, il faisait très noir.
J'ai allumé ma lampe de poche et nous avons
exploré les pièces du rez-de-chaussée.

La maison était vraiment abandonnée. Le salon, la salle à manger,
la cuisine, tout était vide . . . Maintenant, on entendait la pluie qui
tombait de plus en plus fort. C'était sinistre . . .

J'ai dit à Benoît: «Tu me suis?° Nous allons explorer le premier
étage.» Je n'avais vraiment pas envie d'aller au premier étage,
mais je voulais voir ce que Benoît allait faire.

«D'accord, je te suis, mais ne va pas trop vite», a-t-il répondu.
Nous avons monté l'escalier en faisant très attention° car°
les marches n'étaient pas très solides. Le premier étage était
encore plus désolé et plus sinistre que le rez-de-chaussée.
Des piles de vieux journaux traînaient° sur le sol. Les murs
étaient couverts de toiles d'araignées. Dans la salle de bains,
le lavabo et la baignoire étaient cassés.

Tout à coup, l'orage s'est mis à éclater. Un coup de tonnerre, suivi
d'un autre coup de tonnerre . . . Puis, entre les coups de tonnerre,
un bruit beaucoup plus étrange.

> Hou, hou, hou, hou, hou . . .

—Tu as entendu? m'a demandé Benoît.
—Oui, j'ai entendu.

> Hou, hou, hou . . .

Le bruit étrange venait du grenier.

> Hou, hou, hou . . .

J'ai dit à Benoît: —Je vais voir ce que c'est.

—Non, non, c'est le fantôme. Ne monte pas. Reste avec moi.
J'ai peur . . . , a supplié Benoît.
—Écoute, reste ici si tu veux, mais moi, je vais dans le grenier.

Mots utiles	
vide	*empty*
de plus en plus fort	*harder and harder*
se mettre à	*to begin to*
supplier	*to beg*

Avez-vous compris?

1. Décrivez l'intérieur de la maison.
2. Décrivez l'orage.
3. Pourquoi Benoît ne voulait-il pas monter au grenier?

Tu me suis? *Are you following me?*   **en faisant très attention** *being very careful*   **car** *because*
traînaient *were lying around*

Le fantôme

HÉ, BENOÎT !!!

Moi aussi, j'avais terriblement peur, mais je ne pouvais plus reculer. Alors, je suis allé jusqu'à l'échelle qui menait au grenier.

Hou, hou, hou . . .

Je ne sais pas comment j'ai eu la force de monter à l'échelle, mais bientôt j'étais dans le grenier. J'ai alors vu le «fantôme». C'était une chouette effrayée par l'intrusion de visiteurs dans son domaine. Alors, j'ai ouvert une lucarne et la chouette s'est envolée dans la nature . . . J'ai regardé dehors. J'ai vu aussi une ombre qui courait. C'était Benoît.

Je lui ai crié: «Hé, Benoît! N'aie pas peur! J'ai découvert le fantôme . . . C'est une vieille chouette. Attends-moi!»

Mais Benoît ne m'a pas entendu. Et il a continué à courir à toute vitesse dans la direction du village.

Mots utiles	
reculer	*to back up, back down*
mener	*to lead*
bientôt	*soon*
une chouette	*owl*
effrayer	*to frighten*
s'envoler	*to fly off*
dehors	*outside*

Avez-vous compris?

1. Pourquoi est-ce que Jean-François a dit qu'il ne pouvait pas reculer?
2. Qu'est-ce qui était à l'origine du bruit mystérieux?
3. Quelle leçon Jean-François a-t-il donné à Benoît?

L'ART DE LA LECTURE

- There are many French words that closely resemble English words, but whose meanings differ to some extent. These are called PARTIAL COGNATES. Some of the partial cognates in this story are familiar to you:

grand　　may mean *grand*　　but it often corresponds to　*big, large*
répondre may mean *to respond* but it often corresponds to　*answer*

Exercice de lecture

Can you find the more usual meanings of the following partial cognates from the story?

un fantôme may mean　*phantom*　　but it often corresponds to　??
commencer　may mean　*to commence* but it often corresponds to　??
marcher　　may mean　*to march*　　but it often corresponds to　??
crier　　　may mean　*to cry (out)* but it often corresponds to　??

- Some expressions in French are considered IDIOMATIC because they cannot be translated word for word into English. For example, French has many IDIOMS built on the word **un coup** *(a stroke* or *blow)*. Here are a few that are found in the **Interlude** stories:

tout à coup　　　　　　*all at once*　**Tout à coup,** l'orage a éclaté.
un coup de tonnerre　　*thunder clap*　J'ai entendu **un coup de tonnerre.**
un coup de téléphone　*phone call*　　Il y a eu **un coup de téléphone** pour toi.
un coup d'oeil　　　　*glance*　　　　Donne **un coup d'oeil** à cet article.

Cognate pattern: -er ↔ -ate
participer ↔ *to participate*
estimer ↔ ?
créer ↔ ?

Cognate pattern: -é ↔ -ated, -ate
assassiné ↔ *assassinated*
séparé ↔ *separate, separated*
isolé ↔ ?
désolé ↔ ?

Participer, c'est gagner!
La Fête du Sport

Pour créer
une planète propre...
(Campagne Canadienne)

Canon
Canon Canada Inc.

UNITÉ 7

Soyez à la mode!

342

Thème et Objectifs

Culture

In this unit, you will learn where French people buy their clothes and how they dress.

Communication

You will learn how . . .
- to describe your clothes and other accessories: their color, design, fabric or material, size, and fit
- to shop in a French department store

You will also learn how . . .
- to count beyond 100
- to rank items in a series
- to make comparisons
- to tell who and what is the best
- to ask people to make a choice
- to be more specific when talking about people or things

343

LE FRANÇAIS

P R A T I Q U E

Achetons des vêtements!

Aperçu culturel . . . Les Français s'habillent

Saint Laurent, Cardin, Dior, Chanel . . . Ces grands noms assurent une réputation internationale à la mode française. Pour les Français, il est très important d'être bien habillé. Mais être à la mode ne coûte pas nécessairement cher, surtout quand on a un budget limité. Les jeunes Français sont très judicieux dans l'achat de leurs vêtements. Ils achètent peu de vêtements, mais ils insistent sur le style et la qualité. Ils vont dans les maisons de soldes qui vendent toute l'année des grandes marques de vêtements à des prix très raisonnables. Ils ajoutent une note personnelle à leur façon de s'habiller en portant des accessoires intéressants: bagues, colliers et boucles d'oreilles pour les filles, ceintures et foulards pour les garçons.

1. En France, comme aux États-Unis, le jean et le tee-shirt constituent l'uniforme des jeunes. Avec un tee-shirt on peut communiquer beaucoup de choses. On peut dire, par exemple, «Embrassez-moi! Je suis français!»

2. Les jeunes Français font particulièrement attention aux choix de leurs chaussures. D'accord, la pointure est importante, mais aussi la forme, le style et la couleur.

3. Chez les jeunes, le choix des vêtements est souvent le moyen d'affirmer sa personnalité.

4. En France, les vêtements de qualité sont généralement très chers. Beaucoup de jeunes attendent donc la période des soldes pour acheter leurs vêtements. Pendant les soldes, les boutiques font des réductions de 30 à 50% sur le prix des vêtements. Certains magasins, comme «Le mouton à cinq pattes» font des soldes toute l'année.

5. Au Marché aux puces on peut acheter des vêtements neufs à très bon prix. On peut aussi trouver des vêtements d'occasion° très originaux.

d'occasion *secondhand*

6. Au printemps et en automne, les «grands couturiers» présentent leurs collections. Les mannequins présentent les nouvelles créations de Dior et d'autres grands couturiers français.

A. Les vêtements

Je vais | **porter** un pantalon et un blouson.
       | **mettre** ma veste bleue

> Je vais porter un pantalon et un blouson.

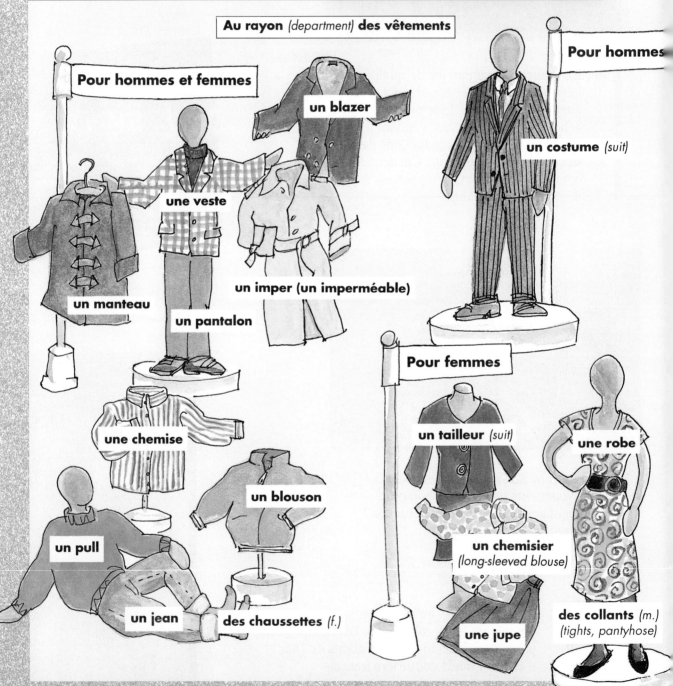

Au rayon *(department)* **des vêtements**

Pour hommes et femmes

Pour hommes

un blazer

un costume *(suit)*

une veste

un imper (un imperméable)

un manteau

un pantalon

Pour femmes

une chemise

un tailleur *(suit)*

une robe

un blouson

un chemisier
(long-sleeved blouse)

un pull

un jean

des chaussettes *(f.)*

un chemisier
(long-sleeved blouse)

une jupe

des collants *(m.)*
(tights, pantyhose)

Au rayon des vêtements de sports

un polo (polo shirt)

un tee-shirt

un short

un maillot de bain

un sweat

un survêtement (jogging, track suit)

Au rayon des chaussures

des chaussures (f.)

des bottes (f.) (boots)

des sandales (f.)

des baskets (m.) (high tops)

des tennis (m.) (sneakers, running shoes)

---

1 Qu'est-ce que tu vas mettre?

Choisissez les vêtements que vous allez porter dans les circonstances suivantes. Indiquez votre choix dans une conversation avec un(e) camarade.

▶ Il fait très froid ce matin.

—Il fait très froid ce matin.
—Qu'est-ce que tu vas mettre?
—Je vais mettre un pull,
   un jean et un manteau.

1. Il va pleuvoir.
2. La météo *(weather forecast)* a annoncé de la neige.
3. Je vais jouer au tennis.
4. Je vais aller à la plage.
5. Je suis invité(e) à un mariage.
6. Je vais sortir avec mon nouveau copain (ma nouvelle copine).
7. Mon copain français m'a invité(e) à dîner.
8. Je vais faire une promenade à cheval.

---

2 Les valises

Nommez cinq choses que vous allez mettre dans votre valise *(suitcase)* dans les circonstances suivantes.

1. Vous allez faire du camping cet été.
2. Vous allez faire du ski cet hiver.
3. Vous allez passer une semaine à la campagne en avril.
4. Vous allez passer deux semaines à la Martinique en juin.
5. Vous allez passer une semaine à Québec en février.
6. Vous allez visiter Paris en juillet.

B. D'autres choses que l'on porte

Les accessoires et les articles personnels

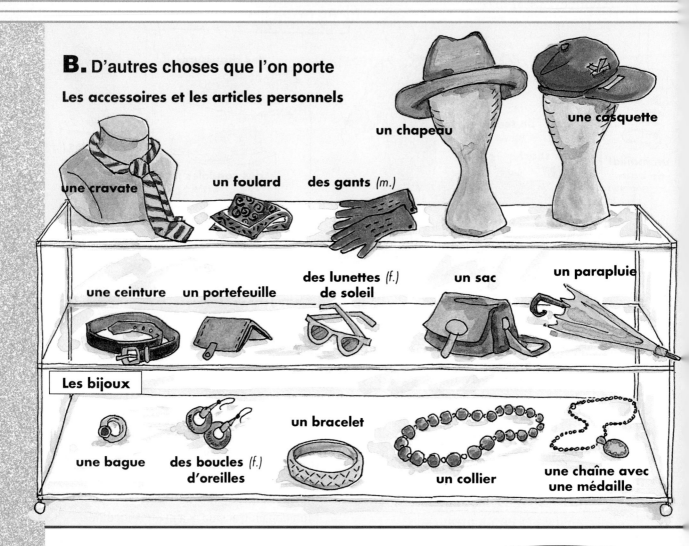

un chapeau

une casquette

une cravate

un foulard

des gants *(m.)*

une ceinture   un portefeuille

des lunettes *(f.)* de soleil

un sac

un parapluie

Les bijoux

une bague

des boucles *(f.)* d'oreilles

un bracelet

un collier

une chaîne avec une médaille

---

3 **Joyeux anniversaire!** ──────────────

C'est l'anniversaire des personnes suivantes. Vous allez acheter un cadeau différent pour chaque personne. Dites ce que vous allez choisir. Utilisez votre imagination!

▶ mon père

1. mon meilleur copain
2. ma petite soeur
3. mon petit frère
4. ma cousine
5. ma meilleure copine
6. ma soeur aînée *(older)*
7. ma mère
8. mon prof de français

> Pour mon père, je vais acheter une cravate (un portefeuille . . .).

C. La description des vêtements

Les couleurs

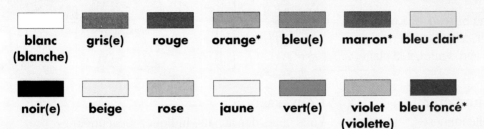
— De quelle couleur est ton nouveau polo?

— Il est bleu et vert.

— **De quelle couleur** est ton nouveau polo?
— Il est bleu et vert.

la couleur: *color*

blanc (blanche)	gris(e)	rouge	orange*	bleu(e)	marron*	bleu clair*

noir(e)	beige	rose	jaune	vert(e)	violet (violette)	bleu foncé*

➡ Colors indicated by an asterisk are invariable.
   Paul porte une chemise **bleu foncé** et des chaussures **marron.**

Le dessin

le dessin: *pattern, design*
le tissu: *fabric*

— Aimes-tu **ce tissu à rayures?**
— Oui, il est assez joli, mais je préfère le tissu uni.

uni	à rayures	à carreaux	à fleurs	à pois

Les tissus et les autres matières

la matière: *material*

— Cette chemise est **en coton?**
— Non, elle est **en laine.** C'est **une chemise de laine.**

le coton	le velours *(velvet)*	la laine *(wool)*
le nylon	le velours côtelé *(corduroy)*	la toile *(linen, canvas)*
le polyester		la soie *(silk)*
l'argent *(m.) (silver)*	le cuir *(leather)*	la fourrure *(fur)*
l'or *(m.) (gold)*	le caoutchouc *(rubber)*	
	le plastique	

---

4 **Et vous?**

Décrivez en détail (couleur, dessin, matière) les vêtements suivants.

1. vos vêtements: Je porte . . .
2. les vêtements du professeur: Il/Elle porte . . .
3. les vêtements du garçon à votre droite: Il porte . . .
4. les vêtements de la fille à votre gauche: Elle porte . . .

5 La transformation de Mademoiselle Jolivet

Décrivez ce que portait Mademoiselle Jolivet en différentes circonstances ce weekend.

- Vendredi au bureau, elle portait . . .
- Samedi soir, à la discothèque, . . .
- Dimanche après-midi, à la plage, . . .

AU BUREAU	À LA DISCOTHÈQUE	À LA PLAGE

6 En quelle matière?

Dites en quelle matière peuvent être les choses suivantes.

▶ une cravate
Une cravate peut être en coton, en laine, en polyester ou en soie.

1. une chemise
2. un pantalon
3. un blouson
4. un sac
5. un portefeuille
6. des chaussures
7. une veste
8. une ceinture
9. un pull
10. des bottes
11. une bague
12. des boucles d'oreilles

7 Conversation

Vous faites des achats. Indiquez au vendeur (à la vendeuse) [joué(e) par un(e) camarade] ce que vous voulez acheter et ce que vous préférez.

nylon ou coton?

1 caoutchouc ou cuir?

2 laine ou velours?

3 toile ou velours côtelé?

4 cuir ou plastique?

5 laine ou soie?

Vous désirez?

Je cherche une chemise.

En nylon ou en coton?

Je préfère les chemises de coton (de nylon).

8 Questions personnelles

1. Quelle est ta couleur préférée? Quels vêtements as-tu de cette couleur?
2. Est-ce que tu as un portefeuille? une montre? une chaîne? En quelle matière sont-ils?
3. Est-ce que tu portes une chemise (un chemisier)? De quelle couleur est-elle / il? En quel tissu est-elle / il?
4. Est-ce que quelqu'un dans la classe porte une chemise avec un dessin particulier? Décris ce dessin.
5. Imagine que tu achètes une cravate pour l'anniversaire de ton oncle favori. Quelle couleur choisis-tu? Quel dessin?

D. Où et comment acheter des vêtements

J'aime être **à la mode** *(in fashion)*.

J'achète mes vêtements dans . . .

une boutique	**une boutique de soldes** *(discount shop)*
un magasin	**un grand magasin** *(department store)*

J'achète mes vêtements dans une boutique.

Bien sûr. Moi aussi.

—Vous désirez?

Je **cherche** des chaussettes. | **chercher:** *to look for* |
Je voudrais un pantalon.
Je voudrais **essayer** cette veste. | **essayer:** *to try on* |

—Quelle est | votre **taille?** | **la taille:** *(clothing) size* |
            | votre **pointure** | **la pointure:** *shoe size* |

Je **fais** | du 40.
Je **porte** |

—Est-ce que ce pantalon **vous va** *(fit you)*?

Oui, **il me va bien.**
Non, **il ne me va pas.**
Non, il est trop | **grand.**   ≠   **petit**
                 | **court** *(short)*   ≠   **long** *(f.* **longue***)*
                 | **étroit** *(tight)*   ≠   **large** *(wide, baggy)*

—Est-ce que ce pull **vous plaît**? *(Do you like this sweater? [lit: Does it please you?])*

Oui, **il me plaît.**	Non, **il ne me plaît pas.**
Il est	joli.	Il est	**moche** *(ugly)*.
	super		**affreux** *(f.* **affreuse***) (awful)*
	élégant		**ridicule** *(ridiculous)*
	bon marché *(inexpensive)*		**trop cher** *(f.* **chère***) (expensive)*
	en solde *(on sale)*		

—Vous avez choisi?

Oui, je vais acheter ces chaussures.
Non, | je ne suis pas **décidé(e).**
     | je vais **réfléchir** *(think it over)*
     | je vais chercher **quelque chose**
     | **d'autre** *(something else)*

Vous avez choisi?

Non, je vais réfléchir.

Prix "Coup de Soleil" -30%

➡ Note the plural forms of the following expressions:

Est-ce que **ces chaussures vous vont?**
   Oui, **elles me vont** très bien.

Est-ce que **ces lunettes vous plaisent?**
   Non, **elles ne me plaisent pas** beaucoup.

9 Questions personnelles

1. Est-ce qu'il y a des grands magasins dans la ville où tu habites, ou près de ta ville? Comment est-ce qu'ils s'appellent?
2. Est-ce qu'il y a des boutiques de vêtements? Comment est-ce qu'elles s'appellent? Quel genre de vêtements est-ce qu'on vend dans ces boutiques?
3. Quand tu achètes des vêtements, quelle est la chose la plus importante? le style? la qualité? le prix?
4. Quand tu achètes des vêtements (ou des chaussures), est-ce que tu essaies beaucoup de choses avant de prendre une décision?

10 Qu'est-ce qui ne va pas?

Jouez le dialogue entre vendeurs et clients sur la base des illustrations.

▶ —Ce pantalon vous va?
—Non, il est trop court.

11 Questions et réponses

Vous travaillez dans une boutique de vêtements. Posez des questions à un(e) client(e) qui va vous répondre en choisissant une réponse logique.

QUESTIONS	RÉPONSES
1. —Vous désirez?	a. Je fais du 38.
2. —Ce manteau vous va?	b. Non, je vais réfléchir.
3. —Ces bottes vous vont?	c. Je voudrais essayer ce manteau.
4. —Quelle est votre pointure?	d. Non, il est trop court.
5. —Comment trouvez-vous cette veste?	e. Oui, elles sont très confortables.
6. —Vous avez choisi?	f. Elle me plaît beaucoup, mais elle est un peu chère.

Au Jour Le Jour

Tailles et pointures

Les tailles et les pointures sont différentes en France et aux États-Unis. Le tableau suivant présente les équivalences entre ces tailles et ces pointures.

34	6	36	14	30	24	36	5½	39	6½
36	8	37	14½	32	26	37	6	40	7
38	10	38	15	34	28	38	7	41	8
40	12	39,40	15½	36	29	39	7½	42	9
42	14	41	16	38	30	40	8½	43	10
44	16	42	16½	40	32	41	9	44	10½
		43	17	42	34	42	10	45	11

12 **Shopping**

Vous avez passé une semaine à Paris. La veille *(day before)* de votre départ, vous allez dans différentes boutiques. Complétez les dialogues avec le vendeur (la vendeuse). Jouez ces dialogues avec un(e) camarade.

A

—Vous désirez, monsieur (mademoiselle)?
— *Say that you are looking for a jacket.*

—Est-ce que cette veste vous va?
— *Say that it does not fit you and say why: too short? tight? . . .*

—Et cette veste bleue? Est-ce qu'elle vous plaît?
— *Say you like it and think it is very elegant and ask how much it costs.*

—Mille francs.
— *Say that it is too expensive and that you are going to look for something else.*

B

—Vous désirez?
— *Say that you are looking for a pair of shoes: indicate the type and color.*

—Quelle est votre pointure?
— *Give your French shoe size.*

—Est-ce que vous voulez essayer ces chaussures?
— *Answer affirmatively . . . Having tried them on, say that they fit and ask what they cost.*

—Cinq cents francs. Elles sont en solde.
— *Say that you are buying them.*

26

Vidéo-scène

Armelle compte
son argent

Dimanche prochain, Pierre va
célébrer son anniversaire.
À cette occasion, il a organisé
une grande soirée
pour tous ses amis . . .
et particulièrement pour Armelle.
Pour cette occasion, Armelle
voudrait mettre quelque chose
de spécial et d'original.
Oui, mais voilà, elle a
un problème commun
à beaucoup de jeunes.

Cet après-midi, Corinne est allée chez Armelle.

Cent, cent cinquante, deux cents,
deux cent cinquante, deux cent soixante-dix,
deux cent quatre-vingt-dix . . .

Mais,
qu'est-ce que tu fais?

Tu vois,
je compte mon argent.

Pourquoi?

Je voudrais m'acheter
une nouvelle robe pour aller
à la soirée de Pierre.

Armelle et Corinne sortent pour faire leurs achats.

Compréhension

1. Où se passe la scène?
2. Quel est le problème d'Armelle?
3. Combien d'argent a-t-elle?
4. Qu'est-ce que Corinne lui suggère?

à suivre . . .

100	cent	**500**	cinq cents	**2 000**	deux mille
101	cent un	**510**	cinq cent dix	**5 000**	cinq mille
110	cent dix				
200	deux cents	**600**	six cents	**10 000**	dix mille
250	deux cent cinquante	**900**	neuf cents	**100 000**	cent mille
420	quatre cent vingt	**1 000**	mille	**1 000 000**	un million

1 C'est combien?

Vous faites des achats dans un grand magasin.
Choisissez trois articles et demandez combien
ils coûtent. Un(e) camarade va vous répondre.

Pardon, monsieur,
combien coûtent les gants?

Ils coûtent
cent quatre-vingts francs.

Merci.

ORDINAL NUMBERS (*first, second, third, fourth,* etc.) are used to indicate rank or order.

In French, ordinal numbers are formed according to the following pattern:

ORDINAL NUMBER	=	NUMBER	+	**ième**
		(minus **-e,** if any)		

	EXCEPTIONS:
deux → **deuxième**	
trois → **troisième**	un(e) → **premier (première)**
onze → **onzième**	cinq → **cinquième**
cent → **centième**	neuf → **neuvième**

2 **La course** *(The race)*

Vous avez participé à une course de dix kilomètres avec des camarades.
Dites dans quel ordre ils sont arrivés.

Stéphanie est arrivée
dix-huitième.

▶ Stéphanie (18)

1. Nathalie (25)
2. Jean-Pierre (6)
3. Jérôme (12)
4. Éric (1)
5. Philippe (40)
6. Pauline (9)
7. François (10)
8. Corinne (17)
9. Isabelle (100)

C. Révision: Les adjectifs irréguliers

Many irregular adjectives have endings that follow predictable patterns.

Irregular FEMININE endings:

-on	-onne	bon	bonne
-ien	-ienne	canadien	canadienne
-el	-elle	naturel	naturelle
-et	-ète	discret	discrète
-er	-ère	cher	chère
-eux	-euse	généreux	généreuse
-f	-ve	attentif	attentive

Irregular MASCULINE PLURAL ending:

-al	-aux	normal	normaux

3 **Substitutions**

Remplacez les noms soulignés par les noms entre parenthèses et faites les changements nécessaires.

1. Philippe porte un pantalon vert. (une chemise, des chaussettes, un pull)
2. Je vais acheter un costume italien. (des chaussures, une veste, une ceinture)
3. Est-ce que cet imper est anglais? (ce foulard, ces lunettes, cette cravate)
4. Ce tee-shirt est mignon. (cette robe, ces chemises, ce maillot de bain)
5. Cette bague est trop chère. (ce bracelet, ces boucles d'oreilles, ces colliers)
6. Cette vendeuse est très sérieuse. (ce vendeur, ces employés, mes copines)
7. Nathalie est sportive. (Éric, Paul et David, mes cousines)
8. Cette casquette est originale. (ces sandales, ce chapeau, ces tee-shirts)
9. Ces produits sont naturels. (ces couleurs, ce textile, cette boisson)
10. En classe, Jean-Paul est très attentif. (ses copains, Mélanie, Isabelle et Sophie)

D. Les adjectifs *beau, nouveau, vieux*

The adjectives **beau** *(beautiful, pretty, good-looking)*, **nouveau** *(new)*, and **vieux** *(old)* are irregular.

SINGULAR			
MASCULINE (+ VOWEL)	le **beau** costume le **bel** imper	le **nouveau** costume le **nouvel** imper	le **vieux** costume le **vieil**/i/imper
FEMININE	la **belle** veste	la **nouvelle** veste	la **vieille** veste

PLURAL			
MASCULINE (+ VOWEL)	les **beaux** costumes les **beaux**/z/impers	les **nouveaux** costumes les **nouveaux**/z/impers	les **vieux** costumes les **vieux**/z/impers
FEMININE	les **belles** vestes	les **nouvelles** vestes	les **vieilles** vestes

▌ The adjectives **beau, nouveau,** and **vieux** usually come BEFORE the noun.

⟹ When the noun begins with a vowel sound, liaison is required.
les **vieux**/z/acteurs   les **nouvelles**/z/actrices

⟹ Often **des** → **de** before a plural adjective.
Ce sont **des** sandales.   Ce sont **de** vieilles sandales.

In French, there are two adjectives that correspond to the English *new:*

nouveau (nouvelle)	*new (to the owner)*	Mes parents ont une **nouvelle** voiture.
neuf (neuve)	*brand-new*	Ce n'est pas une voiture **neuve.**

---

4 Expression personnelle

Décrivez les choses suivantes. Utilisez la forme appropriée de **beau, nouveau** ou **vieux.**

▶ J'ai un . . . vélo.
J'ai un beau vélo. (J'ai un vieux vélo.
J'ai un nouveau vélo.)

1. Notre école est une . . . école.
2. Mon immeuble est un . . . immeuble.
3. Dans mon quartier, il y a beaucoup de . . . maisons.
4. Les voisins ont une . . . voiture.
5. Avec mon argent, je voudrais acheter un . . . appareil-photo.
6. Quand je travaille dans le jardin, je mets un . . . tee-shirt et de . . . chaussures.
7. Ma copine a mis de . . . vêtements pour aller à un mariage.
8. Au Marché aux puces *(flea market),* on peut acheter de . . . choses.
9. Dans les musées, on peut voir de . . . voitures.

5 Pas d'accord

Christine n'est pas d'accord avec les achats de Jean-Michel. Jouez les deux rôles.

▶ ma chemise

1. mon imper
2. mon blouson
3. mes chaussures
4. ma veste
5. mes baskets
6. mon jean

E. Les adverbes en -ment

To tell HOW we do certain things, we use ADVERBS OF MANNER. In English, most adverbs of manner end in **-ly.** In French, many adverbs of manner end in **-ment.**

Nous étudions **sérieusement.**	*We study **seriously.***
Tu parles **calmement.**	*You speak **calmly.***
J'attends **patiemment.**	*I am waiting **patiently.***

French adverbs of manner are formed from adjectives according to the following patterns:

■ Most adjectives (regular and irregular)

> FEMININE ADJECTIVE + **ment**

normal **normale** → **normale**ment	sérieux **sérieuse** → **sérieuse**ment
calme **calme** → **calme**ment	actif **active** → **active**ment
	naturel **naturelle** → **naturelle**ment

⇒ When the adjective ends in **-i** or **-é,** the adverb is derived from the masculine form.
   poli → **poliment**   **spontané** *(spontaneous)* → **spontané**ment

⇒ Adverbs based on ordinal numbers follow the same pattern.
   premier **première** → **première**ment *first*   **deuxième** → **deuxième**ment

■ Adjectives ending in **-ant** and **-ent**

-ant → **-amment**	élég**ant** → élég**amment**
-ent → **-emment**	pati**ent** → pati**emment**

---

6 Expression personnelle

Dites comment vous faites les choses suivantes en complétant les phrases avec un adverbe de la liste.

▶ Je parle français . . .
Je parle français facilement (difficilement, rapidement).

1. J'étudie . . .
2. Je fais mes devoirs . . .
3. J'écoute le professeur . . .
4. En général, j'aide mes amis . . .
5. Je parle à mes parents . . .
6. En général, j'attends mes amis . . .
7. En général, j'arrive à l'école . . .
8. Quand j'ai un problème, j'agis *(act)* . . .
9. Quand je vais à un match de baseball, je m'habille . . .
10. Quand je vais à un mariage, je m'habille . . .

attentivement
calmement
consciencieusement
difficilement *(with difficulty)*
élégamment
facilement *(easily)*
généreusement
lentement *(slowly)*
patiemment
poliment
ponctuellement
prudemment *(carefully)*
rapidement
rarement
sérieusement
simplement

7 Comment?

Dites que les personnes suivantes agissent *(act)* d'une manière qui correspond à leur personnalité.

▶ Jean-Claude est calme. (faire tout)
Il fait tout calmement.

1. Catherine est rapide. (lire le livre)
2. Jean-Pierre est actif. (faire du sport)
3. Alice est généreuse. (aider ses amis)
4. Nicolas est consciencieux. (faire ses devoirs)
5. Paul est élégant. (s'habiller)
6. Mélanie est intelligente. (répondre au professeur)

1 Situation: Au grand magasin

You meet your partner at a department store.
Ask your partner . . .
- which floor he/she is going to
- what he/she is going to buy
- how much he/she wants to spend
- if the item is a present and, if so, for whom

ÉTAGE	RAYONS
rez-de-chaussée	parfums, accessoires
1er	librairie, papeterie
2^e	équipement ménager
3^e	vêtements d'hommes
4^e	vêtements de femmes
5^e	articles de sport, vêtements d'enfants
6^e	photo et équipement stéréo

2 Préparatifs de voyage

Vous allez faire un voyage en France cet été. Faites
une liste de trois choses que vous devez acheter
avant votre départ. Choisissez un(e) partenaire et
comparez vos listes d'achats.

LISTE D'ACHATS
1.
2.
3.

Ensuite, imaginez que vous allez ensemble *(together)* dans un grand magasin
de votre ville pour acheter ces choses. Avec votre partenaire, composez un dialogue
où vous dites . . .

- dans quel magasin vous allez aller
- à quels rayons vous allez faire vos achats
- combien d'argent vous allez dépenser

LECTURE — Le 5 000 mètres

Six amis font du sport régulièrement. Le weekend dernier, ils ont fait une course de 5 000 mètres. Chacun portait un maillot de couleur différente: bleu, rouge, vert, jaune, orange et rose.

Lisez attentivement les descriptions suivantes. Avec ces renseignements, déterminez l'ordre d'arrivée des coureurs et la couleur de leurs maillots.

1. Stéphanie est arrivée immédiatement avant Nicolas.
2. Christine portait un maillot bleu.
3. Le maillot vert est arrivé premier.
4. Nicolas est arrivé quatrième.
5. André est arrivé avant Nicolas mais il n'était pas le premier.
6. Le maillot rouge est arrivé deuxième.
7. Paul portait un maillot vert.
8. Le dernier portait un maillot jaune.
9. Christine est arrivée entre Nicolas et Thomas.
10. Stéphanie portait un maillot orange.

Mots utiles

une course *race*
un coureur *runner*
un maillot *athletic T-shirt*

Suggestions:

■ Sur une feuille de papier, faites une grille semblable à la grille suivante.

■ Lisez le texte plusieurs fois.
À chaque fois, remplissez la grille avec des nouvelles informations.

■ Si vous ne trouvez pas la solution, allez à la page R13.

ordre d'arrivée	nom	couleur du maillot
1		
2		
3		
4		
5		
6		

Corinne a une idée

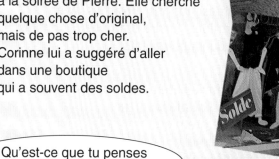

Armelle voudrait acheter
une nouvelle robe pour aller
à la soirée de Pierre. Elle cherche
quelque chose d'original,
mais de pas trop cher.
Corinne lui a suggéré d'aller
dans une boutique
qui a souvent des soldes.

**Armelle et Corinne
sont maintenant
dans cette boutique.**

Qu'est-ce que tu penses
de cette jupe et de cette veste?

Regarde cette robe!
Elle est plus jolie?

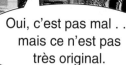

Oui, c'est pas mal . . .
mais ce n'est pas
très original.

Oui, tu as raison!
Elle est beaucoup plus jolie.

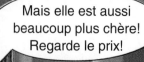

Mais elle est aussi
beaucoup plus chère!
Regarde le prix!

2000

Oh là là! Je parie que
c'est la robe la plus chère
du magasin!

Les deux amies sortent du magasin pour aller chez la grand-mère de Corinne.

à suivre . . .

Compréhension

1. Où sont Armelle et Corinne?
2. Qu'est-ce qu'elles font là?
3. Pourquoi est-ce qu'Armelle n'achète rien?
4. Quelle solution Corinne propose-t-elle à son amie?

A. Le comparatif des adjectifs

Note how comparisons are expressed in the following sentences:

La veste est **plus** chère **que** le pull.	*The jacket is **more** expensive **than** the sweater.*
La moto est **plus** rapide **que** la voiture.	*The motorcycle is fast**er than** the car.*
Le pull est **moins** cher **que** le blouson.	*The sweater is **less** expensive **than** the jacket.*
La moto est **moins** confortable **que** la voiture.	*The motorcycle is **less** comfortable **than** the car.*
Paul est **aussi** intelligent **que** toi.	*Paul is **as** intelligent **as** you.*
Tu n'es pas **aussi** sérieux **que** lui.	*You are not **as** serious **as** he (is).*

COMPARISONS with adjectives are expressed according to the following pattern:

+	**plus**			**plus cher (que)**	*more expensive (than)*
−	**moins**	}	ADJECTIVE (**+ que . . .**)	**moins cher (que)**	*less expensive (than)*
=	**aussi**			**aussi cher (que)**	*as expensive (as)*

➡ LIAISON is required after **plus** and **moins**.

plus͜ intelligent   moins͜ intelligent

➡ STRESS pronouns are used after **que**.

Paul est plus grand que **toi.**   Tu es moins grand que **lui.**

➡ The comparative of **bon / bonne** *(good)* is **meilleur / meilleure** *(better)*.

La tarte aux pommes est **bonne.**   La tarte aux poires est **meilleure.**

1 **Et vous?**

Choisissez une personne de la colonne B et comparez-vous à cette personne en utilisant au moins deux adjectifs de la colonne A.

	A	B
je suis	jeune grand(e) optimiste patient(e) sportif (sportive) sérieux (sérieuse) bon(ne) en français bon(ne) en maths	mon copain ma copine mon frère ma soeur mes camarades de classe ??

▶ **Je suis plus jeune que mon frère.**
Je ne suis pas aussi grand que lui.
Je suis moins bon en maths,
mais je suis meilleur en français.

Vocabulaire: Quelques adjectifs

Les personnes

fort (strong)	≠	**faible** (weak)
gentil (gentille) (nice)	≠	**méchant** (mean, nasty)

Les choses

chaud (warm, hot)	≠	**froid** (cold)
facile (easy)	≠	**difficile** (difficult)
rapide (fast)	≠	**lent** (slow)
léger (légère) (light)	≠	**lourd** (heavy)
cher (chère) (expensive)	≠	**bon marché** (inexpensive, cheap)
utile (useful)	≠	**inutile** (useless)

Mon sac est plus lourd que ton sac.

➡ **Bon marché** is invariable. Its comparative form is **meilleur marché.**

➡ In French there are two words that mean *fast:* **rapide** (an adjective) and **vite** (an adverb). Compare their use:

    Cette voiture est **rapide.**   This car is **fast.**
    Elle va **vite.**   It goes **fast.**

2 À votre avis

Comparez les choses ou les personnes suivantes.

▶ le français / facile / l'allemand
Le français est plus (moins, aussi) facile que l'allemand.

1. le français/utile/italien
2. Paris/grand/New York
3. la Californie/jolie/la Floride
4. King Kong/méchant/Dracula
5. Batman/fort/Tarzan
6. Bart Simpson/gentil/Charlie Brown
7. les filles/indépendantes/les garçons

8. les adultes/idéalistes/les jeunes
9. l'argent/important/l'amitié *(friendship)*
10. les Yankees/bons/les Red Sox
11. les voitures japonaises/bonnes/
    les voitures américaines
12. la cuisine française/bonne/
    la cuisine américaine

3 Rien n'est parfait!

Avec vos camarades, composez et jouez les dialogues en faisant les substitutions suggérées et les changements nécessaires.

1. acheter la chemise de laine
   la chemise de nylon
   léger
   joli
2. prendre le sac en plastique
   le sac en toile
   grand
   solide
3. mettre ta veste de laine
   ma veste de velours
   élégant
   chaud
4. louer *(rent)* la voiture de sport
   le minivan
   confortable
   rapide

5. manger la tarte aux fraises
   le gâteau au chocolat
   bon
   gros *(big)*

▶

Tu vas acheter les bottes de cuir?

Non, je vais acheter les bottes de caoutchouc.

Ah bon. Pourquoi?

Parce qu'elles sont plus pratiques.

C'est vrai, mais elles ne sont pas aussi confortables.

Rien n'est parfait!

4 Préférences

Pour chaque illustration, indiquez votre préférence et comparez les deux objets en utilisant les adjectifs suggérés.

▶ **Je préfère la Mercedes.**
Elle est plus confortable.
Elle n'est pas aussi rapide, mais elle est . . .

▶

1. Préfères-tu la Corvette ou la Mercedes?

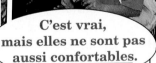

confortable / rapide / grand / joli / cher / économique

2. Préfères-tu la maison blanche ou la maison jaune?

grand / confortable / joli / moderne / intéressant

3. Préfères-tu la veste de cuir ou le blazer?

élégant / léger / confortable / pratique / cher

4. Préfères-tu le chien blanc ou le chien noir?

grand / joli / méchant / mignon

B. Le comparatif des adverbes

Comparisons with adverbs follow the same pattern as comparisons with adjectives.

Je fais du jogging	{ plus moins aussi }	**souvent que** toi.	I jog	{ more less as }	**often**	{ than than as }	you.

➡ The comparative of **bien** *(well)* is **mieux** *(better)*.
Contrast the use of **meilleur(e)** and **mieux** in the following sentences:

Je suis **bon** en français.   *I am **good** in French.*
Je suis **meilleur** que toi.   *I am **better** than you.*

Je parle **bien**.   *I speak **well**.*
Je parle **mieux** que toi.   *I speak **better** than you.*

Le lundi, je me lève tôt.

Vocabulaire: Quelques adverbes

tôt	*early*	Le lundi, je me lève **tôt**.
tard	*late*	Le samedi, je me couche **tard**.
vite	*fast*	Cette moto va très **vite**!
lentement	*slowly*	Allez plus **lentement**!
longtemps	*(for) a long time*	Où étais-tu? Je t'ai attendu **longtemps**.

⑤ Expression personnelle

Complétez les phrases en choisissant l'une des expressions proposées.

1. Je vais plus vite à l'école . . . (en bus ou à vélo?)
2. Je me lève plus tard . . . (le dimanche ou le lundi?)
3. Je me couche plus tôt . . . (le samedi soir ou le jeudi soir?)
4. Je regarde la télé plus longtemps . . . (le weekend ou pendant la semaine?)
5. Je cours plus lentement . . . (quand je suis en forme ou quand je suis fatigué[e]?)
6. Je vais plus souvent à la piscine . . . (en hiver ou en été?)
7. Je m'habille plus élégamment . . . (pour une boum ou pour un mariage?)
8. Je m'habille plus simplement . . . (pour un pique-nique ou pour une boum?)
9. J'étudie mieux . . . (le soir ou le matin?)
10. On mange mieux . . . (à la cantine de l'école ou à la maison?)
11. On mange mieux . . . (dans un restaurant chinois ou dans un restaurant italien?)

C. Le superlatif des adjectifs

In a superlative construction, one or several people or things are compared to the rest of the group. Note the superlative constructions in the following sentences.

Anne est la fille **la plus gentille** de la classe. *Anne is **the nicest** girl in the class.*
C'est l'hôtel **le plus moderne** de la ville. *It's **the most modern** hotel in the city.*

Où est la boutique **la moins chère?** *Where is **the least expensive** shop?*
Qui sont les élèves **les moins sérieux?** *Who are **the least serious** students?*

Superlative constructions are formed according to the pattern:

le / la / les	plus / moins	ADJECTIVE	le/la/les plus moderne(s)	the most modern
			le/la/les moins moderne(s)	the least modern

6 Le savez-vous?

Pouvez-vous faire correspondre les choses suivantes avec le pays où elles sont situées?

1. le plus grand stade de foot		a. en Chine
2. la plus grande piscine		b. en Israël
3. la plus grande statue		c. en Russie
4. le tunnel routier *(highway)* le plus long	se trouve	d. en France
5. le train le plus rapide		e. en Suisse
6. le sommet *(peak)* le plus élevé		f. au Brésil
7. la ville la plus peuplée		g. au Maroc
8. la ville la plus ancienne		h. au Mexique

Réponses: 1. f, 2. g, 3. c, 4. e, 5. d, 6. a, 7. h, 8. b   **(Pour un supplément d'information, allez à la page R13.)**

7 Les champions

Dites qui est meilleur dans les catégories suivantes. Vous pouvez faire un sondage *(poll)* d'opinion dans la classe.

1. le meilleur acteur de cinéma
2. la meilleure actrice
3. le meilleur chanteur
4. la meilleure chanteuse
5. le meilleur groupe musical
6. le meilleur athlète professionnel
7. la meilleure athlète
8. le comédien le plus drôle
9. la comédienne la plus drôle
10. la meilleure émission de télé *(TV show)*
11. le meilleur film de l'année
12. la meilleure équipe de baseball
13. la meilleure équipe de basket
14. la meilleure équipe de football américain

8 Questions personnelles

1. Quel est le sport le plus intéressant? le plus difficile? dangereux? le moins intéressant?
2. Quelle est la classe la plus intéressante? Quelle est la matière la plus facile? la matière la plus utile?
3. Qui est la fille la plus sportive de la classe? le garçon le plus sportif?
4. Qui est la plus jeune personne de ta famille? la personne la plus âgée?
5. Quelle est la plus grande pièce de ta maison (de ton appartement)? la pièce la plus petite? la pièce la plus confortable? la pièce la moins confortable?
6. Quelle est la plus grande ville de ta région? la plus jolie ville? la ville la plus intéressante?

➡ The position of the superlative adjective (BEFORE or AFTER the noun) is usually the same as the simple adjective.

    Voici une fille **intelligente.**   C'est la fille **la plus intelligente** de la classe.
    Voici une **jolie** boutique.   C'est **la plus jolie** boutique de la ville.

➡ Note that if the superlative adjective comes AFTER the noun, the definite article **le, la, les** is used twice: both BEFORE and AFTER the noun.

➡ After a superlative construction, French uses **de** whereas English uses *in.*

    C'est la boutique la plus chère **de** la ville.   *It's the most expensive shop **in** the city.*

➡ The superlative of **bon/bonne** is **le meilleur/la meilleure** *(the best).*

    Qui est **le meilleur** athlète du lycée?   *Who is **the best** athlete in the school?*

---

9 Tu as raison

Thomas et Florence sont d'accord sur beaucoup de choses. Jouez les deux rôles.

▶ une boutique chère / la ville

1. un hôtel moderne / la ville
2. un costume cher / le magasin
3. une pièce confortable / l'appartement
4. un professeur intéressant / l'école
5. un élève sérieux / la classe
6. un copain sympathique / notre groupe
7. une fille sportive / le club

À votre tour!

1 Situation: En visite

You are a French exchange student. You are new in town and have a few questions.
Ask your partner to name . . .

▶ the best restaurant

    Quel est le meilleur restaurant?

- the least expensive restaurant
- the most interesting shops
- the least expensive boutique
- the largest supermarket
- the best music shop

2 Anniversaire

C'est votre anniversaire. Choisissez l'un des deux objets proposés. Votre camarade va choisir l'autre objet.
Entre vous, expliquez les raisons de votre choix. Pour cela, vous pouvez utiliser le comparatif des adjectifs à droite:

    économique pratique utile rapide
    intéressant joli cher solide
    confortable chaud

▶ —J'ai choisi le VTT parce qu'il est **plus pratique.**
    —Oui, mais le vélo de course est **plus rapide.**
    —D'accord, mais il n'est pas **aussi solide que** le VTT.
    —Je trouve que le vélo de course est **plus joli.**
    —Peut-être, mais le VTT . . .

▶ • un VTT ou un vélo de course *(racing bike)*?
- des sandales ou des baskets?
- un survêtement ou une veste?
- un walkman ou un discman?
- un appareil-photo ou une montre?
- un polo ou un pull?
- des bottes ou des chaussures?

LECTURE Quelques records

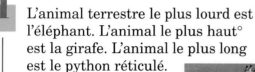

Lisez la description de certains records dans les paragraphes suivants. Pouvez-vous répondre aux questions?

1 L'animal terrestre le plus lourd est l'éléphant. L'animal le plus haut° est la girafe. L'animal le plus long est le python réticulé.

<u>Quel est l'animal le plus rapide?</u>

- ○ le léopard
- ○ l'antilope
- ○ le cheval

2 La plus longue voiture est une limousine de 100 pieds de long. Cette voiture est équipée d'une piscine, d'un plongeoir° et d'une piste d'atterrissage° pour hélicoptère.

<u>Combien de roues° a-t-elle?</u>

- ○ 12
- ○ 26
- ○ 48

3 Le 19 août 1988, quatre personnes ont pris un taxi à Londres. Le 27 octobre, elles sont arrivées à Sydney, en Australie, après avoir parcouru° une distance de 13 670 milles. Ce voyage représente la plus longue course° en taxi du monde.

<u>Combien a coûté cette course?</u>

- ○ 1 500 dollars
- ○ 5 000 dollars
- ○ 55 000 dollars

4 Le plus long voyage spatial a été accompli par deux cosmonautes russes et un cosmonaute français.

<u>Combien de temps a duré° ce voyage?</u>

- ○ 12 jours
- ○ 55 jours
- ○ 365 jours

5 Plus de 100 millions de personnes portent le nom de Chang. C'est le nom de famille le plus commun du monde. Aux États-Unis, le nom de famille le plus commun est Smith.

<u>Quel est le nom de famille le plus commun en France?</u>

- ○ Dupont
- ○ Leblanc
- ○ Martin

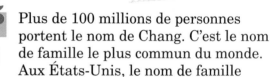

6 Le plus jeune champion olympique est un Français. Ce garçon a participé aux Jeux Olympiques de Paris en 1900 et a gagné une médaille d'or en aviron.°

<u>Quel âge avait-il?</u>

- ○ moins de dix ans
- ○ douze ans
- ○ quinze ans

le plus haut *tallest*   **plongeoir** *diving board*   **piste d'atterrissage** *landing area*   **roues** *wheels*
avoir parcouru *having covered*   **course** *ride*   **a duré** *lasted*   **aviron** *crew, rowing*

7 La plus grande publicité° lumineuse a été créée en 1925 pour la marque° d'automobile Citroën. Réalisée en six couleurs avec 250 000 ampoules° électriques, cette publicité était visible à une distance de 40 kilomètres.

<u>Quel monument a servi de support à cette publicité?</u>

- ◯ l'Arc de Triomphe
- ◯ la Tour Eiffel
- ◯ l'Empire State Building

 8 Le peintre Vincent Van Gogh (1853-1890) a probablement été l'un des artistes les plus malheureux et les moins chanceux° de l'histoire. Durant sa vie,° il a vendu un seul° tableau.° Aujourd'hui, ses tableaux sont parmi les plus chers du monde. Le prix payé en 1990 pour son tableau «Le portrait du Docteur Gachet» a établi un record mondial.°

<u>Quel était le prix de ce tableau?</u>

- ◯ un million de dollars
- ◯ dix millions de dollars
- ◯ plus de quatre-vingt millions de dollars

 9 Couru sur une distance de plus de 3 000 kilomètres, le Tour de France est la plus longue course cycliste du monde. D'une durée de° 21 jours, c'est aussi la plus grande épreuve° d'endurance. Finalement, c'est l'événement sportif qui attire° le plus grand nombre de spectateurs.

<u>Combien de personnes vont voir le Tour de France chaque année?</u>

- ◯ un million
- ◯ cinq millions
- ◯ dix millions

 10 Le plus grand dîner du monde a eu lieu à Paris le 2 septembre 1900. C'est le président de la République qui a offert ce dîner. Il y avait 22 925 personnes à ce grand banquet.

<u>Qui étaient ces invités?</u>

- ◯ des artistes
- ◯ des supporters politiques
- ◯ tous les maires° de France

Cognate pattern:
-ir ↔ -ish

finir ↔ *finish*
accomplir ↔ *?*
établir ↔ *?*

Si vous voulez vérifier vos réponses, tournez à la page R14.

publicité *advertisement* **marque** *make* **ampoules** *bulbs* **chanceux** *lucky* **vie** *life* **un seul** *only one*
tableau *painting* **mondial** *world* **D'une durée de** *Lasting* **épreuve** *trial* **attire** *attracts* **maires** *mayors*

Vidéo-scène

Les vieilles robes de Mamie

Dans l'épisode précédent, Armelle est allée dans une boutique avec Corinne pour acheter une robe, mais elle n'a rien trouvé d'intéressant. Corinne a proposé à Armelle d'aller chez sa grand-mère qui a une collection de robes anciennes. Les deux amies viennent d'arriver chez la grand-mère de Corinne.

La grand-mère de Corinne est dans son jardin. Elle n'entend pas la sonnette.

Les deux amies retrouvent la grand-mère au jardin.

Bonjour, Mamie.

Bonjour, madame.

Bonjour, ma chérie. Je suis contente de te voir.

Bonjour, Armelle.

Dis, Mamie, on peut aller voir tes vieilles robes?

Ah oui, tu veux dire celles qui sont dans le grenier?

Lesquelles?

Oui, c'est ça.

Tu sais bien, celles que tu m'as montrées le mois dernier.

Mais bien sûr, allez les voir si ça vous amuse!

Les deux amies sont montées au grenier. Là, elles découvrent des choses très intéressantes.

C'est vrai, il y a des tas de robes géniales ici!

Laquelle est-ce que tu vas choisir?

Je ne sais pas . . . Celle-ci peut-être .

Je crois que je vais essayer celle-ci aussi . . . et celle-là! Et toi?

Je vais essayer celle-ci . . . et celle-là.

Tu ne veux pas essayer ce chapeau?

Corinne et Armelle essaient toutes sortes de robes . . .

Celle-ci me va <u>très</u> bien...! Et toi, essaie donc celle-là!

Le jour de la boum, la soirée de Pierre a commencé, mais Armelle et Corinne ne sont pas là.

Finalement les voilà qui arrivent.

Bonsoir, Armelle. Bonsoir, Corinne. Elles sont géniales, vos robes! Où est-ce que vous les avez achetées?

Les robes de "chez Mamie" ont beaucoup de succès!

Compréhension

1. Où est la grand-mère de Corinne?
2. Pourquoi Corinne et Armelle lui rendent-elles visite?
3. Qu'est-ce qu'elles font dans le grenier?
4. Qu'est-ce que Pierre pense des robes d'Armelle et de Corinne?

FIN

A. Le pronom interrogatif *lequel*

Note the forms and use of the pronoun **lequel** *(which one)* in the following sentences.

Voici un disque de jazz et un disque de rock.
Lequel veux-tu écouter?   ***Which one** do you want to listen to?*

Voici plusieurs chaussures.
Lesquelles voulez-vous essayer?   ***Which ones** do you want to try on?*

The interrogative pronoun **lequel** agrees with the noun it replaces. It has the following forms:

	SINGULAR	PLURAL
MASCULINE	**lequel?**	**lesquels?**
FEMININE	**laquelle?**	**lesquelles?**

Lesquelles veux-tu essayer?

➡ Note that **lequel** consists of two parts, both of which agree with the noun it replaces:

DEFINITE ARTICLE + INTERROGATIVE ADJECTIVE
le + **quel**

1 **Au centre commercial**
Des clients veulent essayer certaines choses. Jouez le rôle des clients et des vendeurs. (Notez que chaque chose est identifiée par sa couleur.)

Est-ce que je peux essayer <u>ces chaussures</u>?

Ces chaussures roses.

Lesquelles?

Mais oui, bien sûr. Voilà.

Merci.

B. Le pronom démonstratif *celui*

Note the forms and use of **celui** *(the one)* in the answers to the questions below.

Tu aimes **ce pantalon?**   Non, je préfère **celui-ci.**   *No, I prefer **this one.***
Tu vas acheter **ces bottes?**   Non, je vais acheter **celles-là.**   *No, I am going to buy **those.***

FORMS

The demonstrative pronoun **celui** agrees with the noun it replaces. It has the following forms:

	SINGULAR	PLURAL
MASCULINE	celui	ceux
FEMININE	celle	celles

MADELIOS
Place de la Madeleine, Paris
Pour ceux qui savent choisir

USES

The pronoun **celui** cannot stand alone. It is used in the following constructions:

- **celui-ci** and **celui-là**
  Celui-ci usually means *this one* (or *these,* in the plural).
  Celui-là usually means *that one* (or *those,* in the plural).

    Quelle veste préfères-tu? **Celle-ci** ou **celle-là?**   ***This one** or **that one?***

- **celui de** + NOUN
  This construction is used to express ownership or relationship.

    Est-ce que c'est ton parapluie?   *Is it your umbrella?*
    Non, c'est **celui de ma soeur.**   *No, it's **my sister's** (umbrella). [=the one belonging
                                                         to my sister]*

- **celui qui** and **celui que**
  Usually **celui qui** and **celui que** mean *the one(s) that* or *the one(s) who/whom.*

    Tu aimes cette veste?
      Je préfère **celle qui** est en solde.   *I prefer **the one that** is on sale.*
      Je préfère **celle que** je porte.   *I prefer **the one (that)** I am wearing.*

    Qui est cette fille?
      C'est **celle qui** parle espagnol.   *She is **the one who** speaks Spanish.*
      C'est **celle que** je vais inviter   *She is **the one (whom)** I am going to
        à la boum.   invite to the party.*

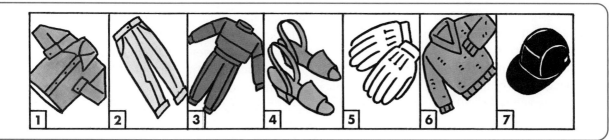

une veste . . .

courte

petite

longue

ET CELLE-CI?

ET CELLE-LÀ?

2 Clients difficiles

Vous travaillez dans un grand magasin. Vous présentez certains articles à un(e) camarade qui va jouer le rôle d'un(e) client(e) difficile.

COMMENT TROUVEZ-VOUS CETTE VESTE?

ELLE EST TROP LONGUE!

ELLE EST TROP COURTE!

ELLE EST TROP PETITE!

1. des chaussures . . .			4. des cravates . . .		
larges	étroites	grandes	simples	criardes *(tacky)*	chères
2. un imper . . .			5. un maillot de bain . . .		
court	long	cher	grand	étroit	moche
3. des tee-shirts . . .			6. une raquette de tennis . . .		
petits	longs	bizarres	lourde	légère	chère

3 À qui est-ce?

Claire pense que certains objets sont à Philippe. Philippe dit que non et il indique leurs propriétaires *(owners)*.

Jouez les deux rôles.

▶ ta guitare (mon frère)

C'est ta guitare?

Non, c'est celle de mon frère.

1. ton portefeuille (mon cousin)
2. ta cravate (mon père)
3. ta casquette (ma soeur)
4. tes lunettes de soleil (mon copain)
5. ton survêtement (Nicolas)
6. tes gants (Thomas)
7. ton parapluie (Alice)
8. ta ceinture (Marc)

4 Au choix *(Your choice)*

Imaginez que vous avez le choix entre les personnes ou entre les choses suivantes. Exprimez votre choix, d'après le modèle.

▶ des amis qui sont sincères
   ou des amis qui sont riches?

Je préfère ceux qui sont riches.
(Je préfère ceux qui sont sincères.)

1. des profs qui sont stricts
   ou des profs qui donnent de bonnes notes?
2. une voiture qui est économique
   ou une voiture qui va vite?
3. un appartement qui est grand
   ou un appartement qui est très moderne?
4. une amie qui aime les sports
   ou une amie qui aime la musique?
5. des amis qui ont des idées originales
   ou des amis qui pensent comme toi?
6. une boutique qui vend des vêtements élégants
   ou une boutique qui vend des vêtements bon marché?
7. des chaussures qui sont confortables
   ou des chaussures qui sont à la mode?

5 **À vrai dire** *(To tell the truth)*

Caroline exprime des réserves sur le choix de Jean-Pierre. Jouez les deux rôles en faisant les substitutions suggérées.

Tu aimes mes chaussures?

À vrai dire, je préfère celles que tu portais la semaine dernière.

Ah bon? Pourquoi?

Elles étaient plus élégantes.

1. ma veste
   porter hier
   plus jolie

2. ma nouvelle copine
   avoir l'année dernière
   moins snob et plus gentille

3. ces compacts
   écouter hier soir
   plus intéressants

4. cette vidéocassette
   regarder ce matin
   plus amusante

5. mon nouveau chien
   avoir avant
   plus mignon

6. ma nouvelle maison
   habiter avant
   plus confortable

À votre tour!

1 **Emprunts**

Qu'est-ce que vous faites quand vous avez besoin de certaines choses? Dites à qui vous les empruntez *(borrow)*. Complétez les phases suivantes avec la forme appropriée de **celui de** + un nom de votre choix.

▶ Si je n'ai pas ma planche à roulettes, . . .
Si je n'ai pas ma planche à roulettes, j'emprunte celle de mon frère (de ma soeur . . .).

1. Si je n'ai pas mon livre de français, . . .
2. Si je n'ai pas mes clés, . . .
3. Si je n'ai pas mon appareil-photo, . . .
4. Si je n'ai pas de vélo pour faire une promenade, . . .
5. Quand j'ai besoin d'un ballon pour jouer au basket, . . .
6. Si j'ai envie d'écouter des cassettes, . . .
7. Si j'oublie mes lunettes de soleil, . . .

2 **Un catalogue**

Apportez un catalogue ou un magazine en classe. Dans ce catalogue ou magazine, choisissez deux objets de la même nature et demandez à un(e) camarade d'indiquer l'objet qu'il/elle préfère. Par exemple, vous pouvez trouver des photos de:

- deux vestes
- deux paires de chaussures
- deux vélos
- deux voitures . . .

Regarde ces deux vestes. Laquelle préfères-tu?

Je préfère celle-ci.

Ah bon? Pourquoi?

Elle est plus élégante.

(J'aime la couleur. Je la trouve jolie . . .).

Et celle-là, pourquoi est-ce que tu ne l'aimes pas?

Eh bien, c'est que je n'aime pas le tissu.

(Je la trouve moche . . .). **Leçon 28**

LECTURE

Monsieur Belhomme cherche une veste

Monsieur Belhomme est un homme très élégant. Aujourd'hui, il cherche une veste. Il entre dans une boutique. Un vendeur aimable° vient vers lui.

—Vous désirez, monsieur?

—Je cherche une veste.

—Vous avez de la chance. Notre nouvelle collection vient justement d'arriver . . .° Nous avons un très grand choix de vestes.

Le vendeur prend les mesures de Monsieur Belhomme. Puis il va chercher plusieurs vestes qu'il lui présente.

—Dans votre taille, nous avons celles-ci. Laquelle voulez-vous essayer d'abord?

—Celle-ci en bleu.

Monsieur Belhomme essaie la veste.

—Hm, elle est un peu trop grande.

—Alors, essayez celle-ci en beige.

—J'aime le style, mais je n'aime pas beaucoup la couleur.

—Qu'est-ce que vous pensez de celle-ci en marron?

—Hm, c'est un peu trop classique pour moi.

—Et celle-là alors?

—Elle est bien! Combien coûte-t-elle?

—2 000 francs.

—C'est un peu trop cher pour moi.

—Alors, essayez celle-ci. Elle est en solde.

Monsieur Belhomme essaie la veste, mais elle ne lui va pas.

D'autres clients entrent dans la boutique. Le vendeur va s'occuper d'eux, laissant à Monsieur Belhomme le soin de choisir lui-même.°

aimable *friendly*   **vient justement d'arriver** *has just come in*   **lui-même** *himself*

Mots utiles

un cintre	*hanger*	La veste beige est sur **un cintre.**
au fond de	*at the back of*	**Au fond de** la boutique, il y a une porte.
prendre les mesures de quelqu'un	*to take someone's measurements*	Le vendeur **prend les mesures** du client.
s'occuper de quelqu'un	*to take care of someone*	**Le vendeur s'occupe de** ses clients.
laisser le soin à quelqu'un de . . .	*to leave it up to someone to . . .*	Le vendeur **laisse au client le soin de** choisir une veste.

Monsieur Belhomme essaie toutes les vestes de la boutique, les unes après les autres. Après trois quarts d'heure, il appelle° le vendeur:

—J'ai essayé toutes vos vestes. Eh bien, finalement, j'ai trouvé
  celle que je veux.
—C'est laquelle?
—C'est celle qui est sur le cintre là-bas.
—Au fond du magasin?
—Oui, c'est celle-là. Je l'ai essayée. Elle me va parfaitement.
—Hélas, monsieur, je regrette, mais c'est la seule veste
  que je ne peux pas vous vendre.
—Ah bon? Pourquoi?
—Parce que c'est celle du patron!

appelle *calls*

Avez-vous compris?

Monsieur Belhomme n'a pas de chance aujourd'hui. Faites correspondre chaque veste avec le problème qu'elle présente.

LES VESTES	LES PROBLÈMES
• la veste bleue	▪ Elle est trop classique.
• la veste en solde	▪ Elle n'est pas à vendre.
• la veste à 2 000 francs	▪ Elle ne va pas à Monsieur Belhomme.
• la veste sur le cintre	▪ Elle est un peu trop grande.
• la veste marron	▪ La couleur ne plaît pas à Monsieur Belhomme.
• la veste beige	▪ Elle est trop chère.

L'affaire des bijoux

Avant de lire

- D'abord, regardez le titre de cette histoire: «L'affaire des bijoux». D'après vous, est-ce que c'est une histoire d'amour ou une histoire criminelle?
- Regardez maintenant le format de la lecture et le premier extrait de journal: C'est évidemment l'histoire d'un crime, plus précisément l'histoire d'un vol.
- Maintenant vous savez que vous devez faire attention aux détails si vous voulez découvrir le criminel!

Mots utiles

un vol	*theft*
un voleur	*thief*
un malfaiteur	*criminal*
la disparition	*disappearance*
un bijou, des bijoux	*jewel, jewelry*
un bijoutier	*jeweler*
une bijouterie	*jewelry store*
un diamant	*diamond*

Chatel-Royan, 28 juillet

La série des vols de bijoux continue

Pour la troisième fois en un mois, un bijou-tier de notre ville a été victime d'un audacieux malfaiteur. M. Kramer, propriétaire de la bijouterie Au Bijou d'Or, a signalé à la police la disparition de plusieurs diamants de grande valeur.° Comme° les fois précédentes, le vol a été découvert peu après le passage dans la bijouterie d'un mystérieux mon-sieur blond. Selon la description donnée par M. Kramer, l'homme portait des lunettes de soleil et un imperméable beige. Il parlait avec un léger accent britannique. La police continue son enquête.°

valeur *value* **Comme** *Like*
enquête *investigation*

Avez-vous compris?
1. De quelle sorte de crime s'agit-il dans le journal?
2. Quelle est la description du voleur, selon Monsieur Kramer?

Mots utiles

commettre (commis)	*to commit*
vers	*toward*
satisfait	*satisfied*
la vitrine	*store window*
un plateau	*tray*
une bague ornée de rubis	*ring set with rubies*
gros (grosse)	*large*

Quelques jours plus tard . . .

Monsieur Rochet, propriétaire de la bijouterie
Top Bijou, a engagé une nouvelle employée.
Bien entendu,° il lui a recommandé d'être très
prudente:

> — Soyez très vigilante, mademoiselle!
> Vous savez que des vols importants
> ont été commis dans les bijouteries
> de notre ville. Je ne veux pas être
> la prochaine victime.
> — Vous pouvez compter sur moi, Monsieur Rochet!
> Je vais faire très attention.

Ce matin-là, il n'y a pas beaucoup de clients au Top Bijou.
La première cliente est une vieille dame. Elle demande
à regarder des médailles. Peu après, un autre client entre
dans la boutique. Il est blond et très élégant. Il ne porte pas
de lunettes de soleil, mais il a un imperméable beige
sur le bras.

Bien entendu *Of course*

Monsieur Rochet appelle son employée:

— C'est certainement lui. Faites très, très attention, mais ne soyez pas trop nerveuse. Je suis là. Si quelque chose arrive, je déclenche° le signal d'alarme.

L'employée accueille° le client.

— Bonjour, monsieur. Vous désirez?
— Je voudrais une bague . . .

L'employée remarque que l'homme parle avec un accent étranger.° Elle tourne nerveusement les yeux vers Monsieur Rochet. Celui-ci° reste très calme.

L'employée est rassurée.

— C'est pour un homme ou pour une femme?
— Pour une femme.

Prudemment, l'employée montre quelques bagues assez bon marché au client. Celui-ci répond:

— Ces bagues sont jolies, mais vous avez certainement mieux.

L'employée montre d'autres bagues beaucoup plus chères au client qui ne semble pas satisfait.

— Ces bagues sont plus jolies, mais je cherche quelque chose de vraiment exceptionnel. C'est pour l'anniversaire de ma femme.

L'employée jette un coup d'oeil désespéré° vers Monsieur Rochet. Celui-ci, impassible, lui dit:

— Eh bien, mademoiselle, qu'est-ce que vous attendez? Montrez à monsieur la «collection Top Bijou».

L'employée va chercher dans une vitrine un plateau de bagues ornées d'émeraudes, de rubis et de diamants de plusieurs carats. C'est la «collection Top Bijou».

Le client examine chaque bague sous la surveillance de Monsieur Rochet et de son employée. Finalement, il choisit une bague ornée d'un gros rubis.

— Voilà, c'est cette bague que je voudrais acheter. Combien coûte-t-elle?
— Cinq cent mille francs.
— Cinq cent mille francs? Très bien. Est-ce que je peux payer par chèque?

---

déclenche *set off* **accueille** *welcomes* **étranger** *foreign* **Celui-ci** *The latter*
jette un coup d'oeil désespéré *glances desperately*

Monsieur Rochet est très prudent.

— Excusez-nous, monsieur, mais la maison
accepte seulement les traveller's chèques.
Pouvez-vous payer en travellers?
— Oui, monsieur. C'était mon intention.
— Très bien. Est-ce que vous voulez
un paquet-cadeau?°
— Oui, s'il vous plaît.
— Mademoiselle, est-ce que vous pouvez faire
un paquet-cadeau pour monsieur?

L'employée va dans l'arrière-boutique° préparer le paquet.
Pendant ce temps, le client signe les traveller's chèques sous
le regard extrêmement vigilant de Monsieur Rochet.
L'employée revient dans la boutique avec un joli paquet.

— Voici votre paquet, monsieur.
— Merci, mademoiselle . . . Au revoir,
mademoiselle.
— Au revoir, monsieur.

Le client sort de la boutique.

L'employée s'adresse alors à la première cliente.
Mais celle-ci sort de la boutique sans acheter
de médaille.

Après le départ de la vieille dame, l'employée va trouver Monsieur Rochet.

— Eh bien, dites donc, j'ai eu peur.
— À vrai dire, moi aussi!
— J'ai vraiment pensé que c'était lui le malfaiteur.
— Et même si c'est lui, cela n'a pas d'importance. Il m'a payé!
Regardez . . . cinq cent mille francs en traveller's chèques.

Expressions utiles	
bien entendu	*of course*
dites donc	*hey! I say*
à vrai dire	*to tell the truth*
cela n'a pas d'importance	*that doesn't matter*

Avez-vous compris?

1. Pourquoi est-ce que la nouvelle employée est nerveuse pendant cette scène?
2. Décrivez la visite du client à la bijouterie. Comment est-il? Qu'est-ce qu'il achète?
3. Que fait la vieille dame pendant la scène?
4. Pourquoi Monsieur Rochet est-il content?

paquet-cadeau *gift-wrapped package*   **l'arrière-boutique** *back of the store*

Quelques minutes plus tard . . .

L'employée va remettre la «collection Top Bijou» dans la vitrine. Elle a alors une surprise très désagréable.

— Monsieur Rochet, Monsieur Rochet!

— Qu'est-ce qu'il y a?

— Venez voir, les diamants ont disparu!

— Mon Dieu, ce n'est pas possible!

Monsieur Rochet est bien obligé de se rendre à l'évidence.° Il manque trois bagues serties° de gros diamants. Les trois bagues les plus chères de la boutique . . . Trois bagues qui valent° un million de francs chacune!

— J'appelle la police tout de suite!

Grâce à la signature sur les chèques et à la description donnée par Monsieur Rochet et son employée, la police n'a eu aucune difficulté à arrêter le client de la bijouterie.

Mots utiles	
disparaître (disparu)	to disappear
paraître (paru)	to appear
grâce à	thanks to
ne . . . aucun(e)	not any, no
le lendemain	the next day
nier	to deny

Pour la dixième fois, une vieille dame relit l'article publié dans *L'Écho du Centre*. Cette vieille dame est la première cliente de la bijouterie. Elle pense: «La police n'a pas retrouvé les bijoux? Tiens, c'est curieux! Moi, je sais où ils sont. Mais d'abord, je dois vérifier quelque chose.»

Elle se lève et va téléphoner.

. . .

— Ah bon? Tu es absolument sûr? Alors, dans ce cas, je vais à la police immédiatement.

La vieille dame met son chapeau, prend sa canne et sort.

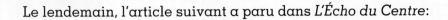

Le lendemain, l'article suivant a paru dans *L'Écho du Centre:*

Chatel-Royan, 6 août
Le voleur de bijoux arrêté

La police a arrêté hier soir un certain Sven Ericsen, touriste suédois, de passage dans notre ville. M. Rochet, propriétaire de la bijouterie Top Bijou, et son employée, Mlle Picard, ont formellement identifié ce personnage comme étant° l'auteur d'un vol de trois bagues. M. Ericsen a reconnu avoir rendu visite à la bijouterie, mais il nie catégoriquement le vol. Malgré° une longue perquisition° dans la chambre de M. Ericsen à l'Hôtel Excelsior, la police n'a pas encore retrouvé la trace des bijoux, à l'exception d'une bague que le touriste suédois affirme avoir payée en traveller's chèques.

se rendre à l'évidence *face facts*   **serties** *set*   **valent**° *are worth*
comme étant *as (being)*   **Malgré** *Despite*   **perquisition** *search*

Avez-vous compris?
1. Quelle est la désagréable surprise de Mademoiselle Picard?
2. Qu'est-ce que Monsieur Rochet dit à la police?
3. Que dit l'article du 6 août?

Mots utiles

ce n'est qu'une affaire de temps	*it's only a matter of time*
coupable	*guilty*
faire erreur	*to make a mistake*
un passe-partout	*passkey*

Une demi-heure plus tard, elle se trouve° dans le bureau de l'inspecteur.

— Alors, Inspecteur, est-ce que vous avez retrouvé les bijoux?

— Non, non, pas encore! Mais nous avons arrêté le voleur. Il n'a pas encore confessé son crime, mais ce n'est qu'une affaire de temps!

— Ce n'est pas parce que vous avez arrêté quelqu'un que cette personne est coupable.

se trouve *is*

— Qu'est-ce que vous dites? Le voleur a été
formellement identifié par Monsieur Rochet
et son employée.
— Je dis que vous faites erreur.
— Mais c'est impossible!
— Moi aussi, j'étais dans la bijouterie au moment
de la disparition des bijoux. J'ai tout vu et
je sais où sont les trois bagues de diamants.
— Mais . . .
— Suivez-moi,° Inspecteur.
— Mais, où allons-nous?
— À la bijouterie, pour la reconstitution du vol!
Et n'oubliez pas de prendre votre passe-partout!

Avez-vous compris?
1. Que pense la vieille dame quand elle lit l'article?
2. À qui téléphone-t-elle?
3. Pourquoi est-ce qu'elle va voir l'inspecteur de police?

Suivez-moi *Follow me*

5

L'inspecteur Poiret et la vieille dame entrent dans la bijouterie.
Monsieur Rochet est seul à l'intérieur.

— Bonjour, Inspecteur! Alors, vous avez retrouvé
mes bijoux?
— Non, Monsieur Rochet. Mais madame
prétend savoir où ils sont.
— Eh bien, où sont-ils?

La vieille dame prend la parole.

— Ils sont là . . . Dans ce tiroir!

Monsieur Rochet devient très pâle.

— Mais c'est impossible, madame.
Les bijoux ont été volés.
Le voleur a été arrêté!

L'inspecteur s'adresse au bijoutier:

— Ouvrez ce tiroir, s'il vous plaît.

Monsieur Rochet est devenu de plus en plus° pâle.

— Euh, c'est que j'ai laissé la clé chez moi.

La vieille dame se tourne alors vers l'inspecteur.

— Inspecteur, pouvez-vous ouvrir le tiroir?

L'inspecteur Poiret prend son passe-partout et ouvre
le tiroir. À l'intérieur, tout au fond,° il y a trois magnifiques
bagues. Monsieur Rochet paraît° très surpris.

— Ça alors! Mais qui a pu mettre les bagues dans ce
tiroir? Vraiment, je ne comprends pas. Je vais
demander à mon employée si elle a remarqué
quelque chose.

La vieille dame lui répond:

— Allons, Monsieur Rochet, ne faites pas l'innocent.
C'est vous-même° qui les avez mises dans le tiroir.
— Moi?
— Oui, vous! J'étais là. Je vous ai vu. Quand votre
employée est allée dans l'arrière-boutique, vous avez
discrètement sorti les bagues du plateau et vous les
avez mises dans votre poche. Après le départ de votre
client, vous avez mis les bagues dans le tiroir et vous
l'avez fermé à clé.

Mots utiles	
prétendre	to claim
prendre la parole	to speak, take the floor
le tiroir	drawer
faire l'innocent	to act innocent
une poche	pocket
l'assurance	insurance
simuler	to fake
fou (folle)	crazy

de plus en plus *more and more* **tout au fond** *all the way at the back* **paraît** *looks, appears*
vous-même *yourself*

— Mais, c'est ridicule! Pourquoi voler mes propres°
  bagues?
— À cause de° l'assurance! Hier après-midi, après
  le constat° de la police, vous avez téléphoné à votre
  compagnie d'assurance et vous avez réclamé
  trois millions de francs.
— Mais comment savez-vous cela?
— Ce matin, j'ai téléphoné à mon cousin. C'est lui
  le directeur de votre compagnie d'assurance.
  Il m'a tout expliqué.
— Qu'est-ce que vous inventez là?
— Je n'invente rien. Vous êtes en difficultés financières.
  Vous avez besoin d'argent. Alors, vous profitez
  de la série de vols qui affligent° les bijoutiers de
  notre ville pour simuler un vol dans votre propre boutique.

propres *own*   **À cause de** *Because of*   **constat** *report*   **affligent** *afflict*

L'ART DE LA LECTURE

If you look in a dictionary, you will notice that many English words have two or more meanings. For example, a *bat* might be either something you play baseball with or a small flying animal. When you encounter the word *bat* in an English sentence, you know from the CONTEXT which meaning is appropriate. When people are afraid of *bats,* you know they are not scared of sports equipment.

Similarly, if you look up a French word in a dictionary, you will often discover that it has several meanings. For example, **un vol** could be *a theft* or *a flight.* However, in the phrase **nous arrivons sur le vol 23 d'Air France,** the word **vol** can only mean *flight.* As in English, it is the context that helps you decide which meaning is appropriate.

Hier matin, vous avez vu entrer un client ressemblant vaguement au signalement de la police. C'était l'occasion idéale pour commettre votre crime!

— Cette femme est folle!

L'inspecteur intervient.

— C'est inutile, Monsieur Rochet. Suivez-moi au poste de police.

> **Avez-vous compris?**
> 1. Où se trouvent les trois bagues ornées de diamants? Qui les a mises là?
> 2. Pourquoi Monsieur Rochet a-t-il simulé ce vol?

Épilogue

Sven Ericsen est rentré chez lui avec les excuses de la police.

La vieille dame a reçu° une médaille de la compagnie d'assurance et les félicitations du maire° de Chatel-Royan.

L'inspecteur Poiret a reçu une promotion.

Monsieur Rochet attend d'être jugé.

a reçu *received*   **maire** *mayor*

Exercice de lecture

Select the appropriate meaning of the key word in each of the following sentences.

1. **arrêter** a. *to arrest*   b. *to stop*
   - La police **a arrêté** le voleur.
   - Le gendarme **a arrêté** la voiture.

2. **arriver** a. *to arrive*   b. *to happen*
   - L'accident **est arrivé** hier à 11 heures.
   - Mon cousin **est arrivé** hier à 11 heures.

3. **assurance** (*f.*) a. *assurance*   b. *insurance*
   - Jacques parle avec beaucoup d'**assurance.**
   - Jacques a acheté beaucoup d'**assurance.**

4. **porter** a. *to wear*   b. *to carry*
   - La dame **portait** un imper.
   - La dame **portait** son enfant.

5. **temps** (*m.*) a. *time*   b. *weather*
   - Nous allons trouver le voleur. C'est une question de **temps.**
   - Je ne sais pas si nous pouvons faire du ski. Ça dépend du **temps.**

IMAGES DU MONDE FRANCOPHONE

L'AFRIQUE

Le français en Afrique

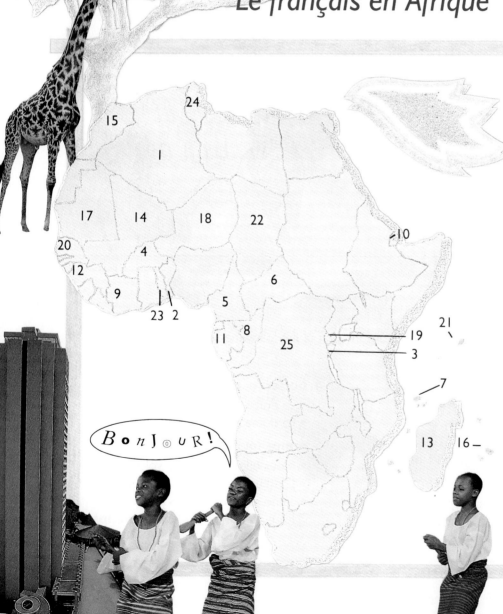

1. l'Algérie
2. le Bénin
3. le Burundi
4. le Burkina Faso
5. le Cameroun
6. la République Centrafricaine
7. les Comores
8. le Congo
9. la Côte d'Ivoire
10. Djibouti
11. le Gabon
12. la Guinée
13. Madagascar
14. le Mali
15. le Maroc
16. l'île Maurice
17. la Mauritanie
18. le Niger
19. le Rwanda
20. le Sénégal
21. les Seychelles
22. le Tchad
23. le Togo
24. la Tunisie
25. le Zaïre

Bonjour!

C'est en Afrique que le domaine du français est géographiquement le plus étendu.° Une vingtaine de pays africains utilisent cette langue à titres divers.° Dans certains pays, le français est la langue officielle ou administrative (exclusivement ou avec d'autres langues nationales). Dans d'autres pays, le français est utilisé comme langue d'enseignement° dans le système public. Dans tous ces pays, le français est souvent utilisé dans le commerce et l'industrie.

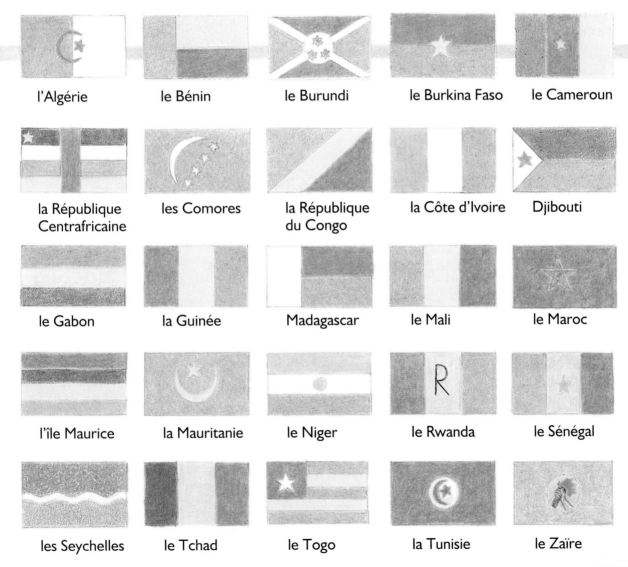

l'Algérie   le Bénin   le Burundi   le Burkina Faso   le Cameroun

la République Centrafricaine   les Comores   la République du Congo   la Côte d'Ivoire   Djibouti

le Gabon   la Guinée   Madagascar   le Mali   le Maroc

l'île Maurice   la Mauritanie   le Niger   le Rwanda   le Sénégal

les Seychelles   le Tchad   le Togo   la Tunisie   le Zaïre

étendu *widespread*   **à titre divers** *in different ways*
enseignement *instruction*

L'Afrique occidentale

Un peu d'histoire

L'histoire de l'Afrique occidentale est très ancienne. On sait, par exemple, qu'un vaste royaume° existait au neuvième siècle° dans la région du Sénégal actuel. Ce royaume s'appelait le royaume de Tekrour. Au dixième siècle, les Arabes sont arrivés dans cette région et ils ont converti ses habitants à l'Islam. Au quatorzième siècle, des marins° français ont exploré la Côte d'Ivoire (qu'on appelait alors la «côte des dents», c'est-à-dire des dents d'éléphant) pour faire le commerce de l'ivoire. À partir du° quinzième siècle, les Portugais, les Hollandais, les Anglais et les Français ont occupé l'île de Gorée au Sénégal.

Dans la seconde moitié° du dix-neuvième siècle, la France a colonisé une grande partie de l'Afrique occidentale. Dans ses colonies, elle a établi une administration et un système d'enseignement public. En 1960, les colonies françaises d'Afrique sont devenues des républiques indépendantes. Aujourd'hui, tous ces pays sont membres des Nations Unies.

Le rôle du français en Afrique occidentale

Après l'indépendance, les pays d'Afrique occidentale ont conservé° le français comme langue officielle. Pourquoi? La raison est très simple. La population de ces pays est composée d'un grand nombre de tribus qui parlent généralement des dialectes différents. Pour faciliter la communication entre ces tribus et ainsi promouvoir° l'unité nationale, il était nécessaire d'adopter une langue commune. Pour cela, on a choisi le français.

Dans la majorité des pays africains, l'instruction est faite en français. Chez eux, les jeunes Africains parlent la langue locale, mais à l'école secondaire ils font leurs études en français. Aujourd'hui, le français est non seulement une langue d'enseignement. C'est la langue utilisée dans le commerce, dans les journaux, à la radio et à la télévision.

JEUNE AFRIQUE
le devoir d'informer, la liberté

zaïre

merci l'AFR

royaume *kingdom* **siècle** *century* **marins** *sailors*
À partir du *Beginning with the* **moitié** *half*
ont conservé *kept* **promouvoir** *to promote*

Les relations franco-africaines

La France a d'excellentes relations avec les pays d'Afrique occidentale avec qui elle a signé des traités° de coopération économique, scientifique et culturelle.

Des milliers° de Français viennent en Afrique comme professeurs et conseillers° techniques. À l'inverse,° un grand nombre d'étudiants africains font leurs études dans des universités françaises. Quand ils ont obtenu leurs diplômes de médecins, d'ingénieurs ou de professeurs, ils retournent en Afrique et contribuent au développement social et économique de leur pays.

L'Afrique du nord

Le Maroc, l'Algérie et la Tunisie constituent l'Afrique du Nord ou le Maghreb. La majorité des habitants de ces pays sont arabes et pratiquent la religion musulmane.° Beaucoup d'Algériens, de Marocains et de Tunisiens travaillent en France où ils représentent un pourcentage important de la population immigrée.

L'Algérie est le plus grand pays du Maghreb. Une vaste partie de son territoire est occupée par le Sahara, un immense désert de sable.° L'Algérie produit du pétrole et du gaz naturel qui sont exportés en France et aussi aux États-Unis.

traités *treaties*   **milliers** *thousands*   **conseillers** *advisers*   **À l'inverse** *Conversely*
musulmane *Moslem*   **sable** *sand*

Images d'Afrique

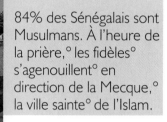

84% des Sénégalais sont Musulmans. À l'heure de la prière,° les fidèles° s'agenouillent° en direction de la Mecque,° la ville sainte° de l'Islam.

Les Dakaroises ont la réputation d'être très élégantes. Ces jeunes femmes portent un «boubou» qui est le costume traditionnel du pays. C'est une longue tunique généralement ornée° de broderies.°

Le baobab est éternel comme l'Afrique. (Certains baobabs peuvent vivre° jusqu'à° 5 000 ans!) C'est un arbre très utile. On mange ses fruits. On utilise son écorce° pour faire des cordes. On utilise ses feuilles° dans la préparation de certains plats et de certains médicaments.

Un marché à Abidjan, Côte d'Ivoire. La Côte d'Ivoire produit toutes sortes de produits agricoles: bananes, plantains, ananas,° patates douces,° maïs,° riz, café, etc.

Le Griot

Le «griot» est un personnage typiquement africain. Il est poète, musicien, historien . . . On dit aussi qu'il est un peu sorcier.° Chaque village a son griot. Il assiste à toutes les cérémonies religieuses et familiales. Là, il écoute et il raconte.° Aujourd'hui, il raconte une fable. Dans cette fable, il met en scène° les animaux de la savane et de la forêt: le lion, l'éléphant, la gazelle, la girafe, le singe° . . . Évidemment,° ces animaux sont des symboles. Ils représentent en réalité les habitants du village ou leurs ancêtres. Chacun comprend le sens de la fable. On rit° ou on pleure° . . .

Le griot joue un rôle très important. C'est lui qui transmet l'histoire et les traditions orales des villages d'Afrique.

394

prière *prayer*   **fidèles** *faithful*   **s'agenouillent** *kneel*   **Mecque** *Mecca*   **sainte** *holy*   **ornée** *decorated*
broderies *embroidery*   **vivre** *live*   **jusqu'à** *up to*   **écorce** *bark*   **feuilles** *leaves*   **séché** *dried*   **vidé** *emptied out*
ananas *pineapple*   **douces** *sweet*   **maïs** *corn*   **sorcier** *sorcerer*   **raconte** *tells stories*   **met en scène** *puts on stage, features*   **singe** *monkey*   **Évidemment** *Obviously*   **rit** *laughs*   **pleure** *cries*

Les Touareg sont
les hommes du désert.
Ces courageux nomades
accompagnent les caravanes
qui traversent° le Sahara.
À cause de la couleur
de leurs vêtements,
on les appelle les
«hommes bleus».

Sur les distances moyennes,° l'athlète
marocain Saïd Aouïta est l'homme
le plus rapide du monde. Il a quatre
records du monde: le 1 500 mètres,
le 2 000 mètres, le 3 000 mètres
et le 5 000 mètres. Quand
il est sur le stade,
il est imbattable.°

L'Algérie est membre de
l'OPEP (Organisation
des Pays Exportateurs
de Pétrole). Elle exporte
son pétrole et son gaz
naturel en France et
aussi aux États-Unis.

Abidjan est la capitale économique de
la Côte d'Ivoire. Elle avait 120 000 habitants
en 1960. Aujourd'hui, elle en a 2 500 000.
C'est l'une des villes les plus modernes et
les plus dynamiques d'Afrique.

En 1989, le Pape Jean-Paul II a inauguré
la basilique Notre-Dame-de-la-Paix° à
Yamoussoukro, la nouvelle capitale de la
Côte d'Ivoire. C'est l'une des plus grandes
églises du monde.

traversent *cross*   **moyennes** *middle*   **imbattable** *unbeatable*   **Paix** *Peace*

Masques africains

«Masques! O masques
Masque noir masque rouge, vous masques blanc-et-noir
Masques aux quatre points° d'où souffle° l'Esprit
Je vous salue dans le silence!»

Ces lignes sont les premiers vers° d'un poème intitulé «Prière aux masques». Ce poème a été écrit par Léopold Senghor, l'un des grands poètes africains d'expression française. Dans ce poème, Senghor évoque l'Afrique de ses ancêtres.

Aujourd'hui, les masques africains font partie du patrimoine° artistique universel. Ils ont inspiré des grands peintres européens comme Picasso et Modigliani. On les trouve dans les plus grands musées du monde. Mais en Afrique, le masque n'est pas un objet artistique. C'est avant tout° un objet religieux.

points *directions*   **souffle** *blows*   **vers** *lines*   **patrimoine** *heritage*   **avant tout** *above all*

Selon les religions africaines, la destinée humaine est déterminée par des forces surnaturelles° toujours présentes autour de° nous. Le masque représente le moyen° d'entrer en communication avec ces forces et surtout avec l'esprit des ancêtres. Les masques sont particulièrement importants aux moments critiques de l'existence individuelle et collective: naissance, passage de l'adolescence à l'âge adulte, mariage, funérailles pour l'individu; saison des récoltes° ou période de la chasse° pour le village. À ces moments-là, des cérémonies rituelles sont organisées où les participants portent des masques pour obtenir la protection des déités.

Les masques africains sont très variés. La majorité sont en bois,° mais il y a des masques en bronze et des masques en cuivre.° Certains représentent des figures humaines. D'autres représentent des animaux: lions, girafes, antilopes, boeufs,° crocodiles. Il y a des masques simples et des masques très complexes. Certains ont des formes abstraites; d'autres sont très réalistes et très détaillés. Chaque village et chaque tribu a son style. La variété des masques africains est infinie.

surnaturelles *supernatural* **autour de** *around* **moyen** *means* **récoltes** *harvest* **chasse** *hunting* **bois** *wood* **cuivre** *brass* **boeufs** *oxen*

*R*encontre
avec René Philombe

René Philombe (né en 1930) est un poète camerounais. Dans le poème suivant, il exprime avec beaucoup de sensibilité° l'universalité de la race humaine.

L'homme qui te ressemble

J'ai frappé° à ta porte
J'ai frappé à ton coeur
pour avoir bon lit
pour avoir bon feu°
pourquoi me repousser?°
Ouvre-moi° mon frère! . . .

Pourquoi me demander
si je suis d'Afrique
si je suis d'Amérique
si je suis d'Asie
si je suis d'Europe?
Ouvre-moi mon frère! . . .

Pourquoi me demander
la longueur° de mon nez
l'épaisseur° de ma bouche
la couleur de ma peau°
et le nom de mes dieux?°
Ouvre-moi mon frère! . . .

Je ne suis pas un noir
je ne suis pas un rouge
je ne suis pas un jaune
je ne suis pas un blanc
mais je ne suis qu'un° homme
Ouvre-moi mon frère! . . .

Ouvre-moi ta porte
Ouvre-moi ton coeur
car je suis un homme
l'homme de tous les temps
l'homme de tous les cieux°
l'homme qui te ressemble! . . .

Petites gouttes de chant pour créer l'homme,
in *Le Monde,* 8 février 1973

---

sensibilité *sensitivity*   **J'ai frappé** *I knocked*   **bon feu** *warm fire*   **repousser** *push away*   **Ouvre-moi** *Open up for me*
longueur *length*   **épaisseur** *thickness*   **peau** *skin*   **dieux** *gods*   **je ne suis qu'un** . . . *I am only a* . . .
cieux *heavens*

Activité

1. Expliquez le message de ce poème.
2. Expliquez la simplicité de ce poème.
3. Expliquez la beauté de ce poème.

LE SAVEZ-VOUS?

1. Les pays d'Afrique du Nord sont l'Algérie, la Tunisie et . . .
  a le Niger
  b le Maroc
  c le Sénégal

2. Un autre nom pour l'Afrique du Nord est . . .
  a le Maghreb
  b le Burkina Faso
  c le Zaïre

3. La majorité des habitants d'Afrique du Nord sont . . .
  a protestants
  b catholiques
  c musulmans

4. L'Algérie produit et exporte . . .
  a du pétrole
  b du coton
  c des automobiles

5. Les pays d'Afrique occidentale sont devenus indépendants . . .
  a en 1880
  b en 1910
  c en 1960

6. Au Sénégal et dans les pays africains d'expression française, l'enseignement à l'école secondaire est fait principalement . . .
  a en anglais
  b en français
  c en langue locale

7. Aujourd'hui, les Français qui sont en Afrique occidentale sont principalement . . .
  a des militaires
  b des étudiants
  c des professeurs et des conseillers techniques

8. Le «griot» est . . .
  a un village africain
  b un légume tropical
  c un homme qui raconte des fables

9. Le baobab est . . .
  a un animal
  b un arbre
  c une plante

10. Le «boubou» est . . .
  a un vêtement
  b un fruit
  c un sorcier

11. Les Touareg sont . . .
  a des médecins
  b des administrateurs
  c des nomades du Sahara

12. Abidjan est une grande ville . . .
  a de la Tunisie
  b du Sénégal
  c de la Côte d'Ivoire

13. Saïd Aouïta est . . .
  a un poète
  b un athlète
  c un musicien

14. Pour les Africains, les masques sont des objets . . .
  a artistiques
  b religieux
  c de la vie courante

Bonnes vacances!

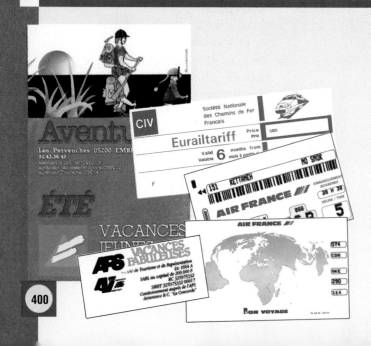

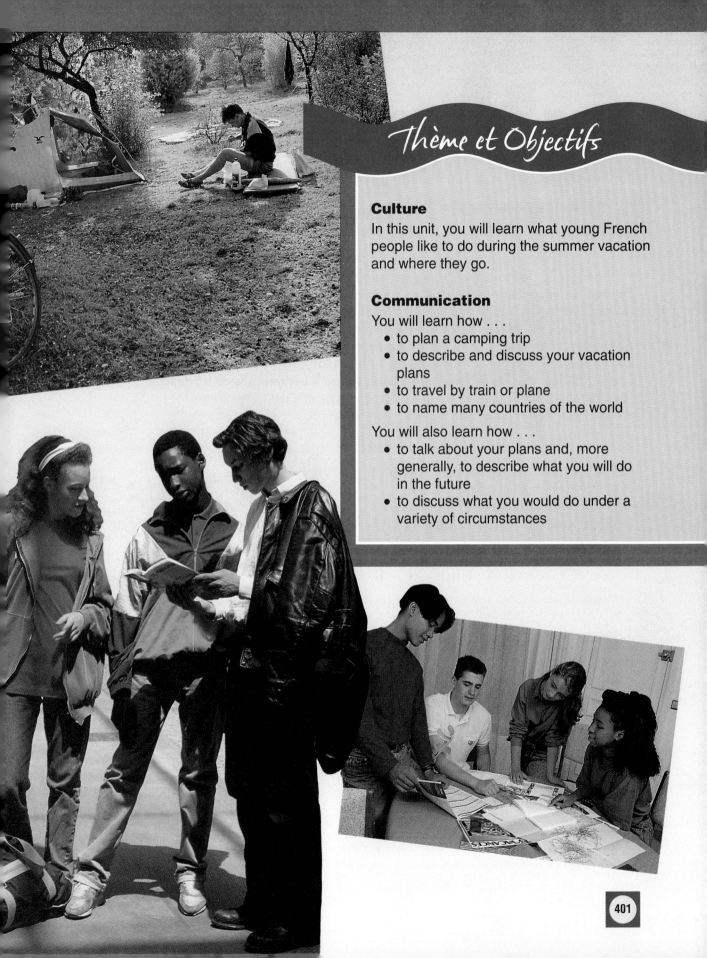

Thème et Objectifs

Culture

In this unit, you will learn what young French people like to do during the summer vacation and where they go.

Communication

You will learn how . . .

- to plan a camping trip
- to describe and discuss your vacation plans
- to travel by train or plane
- to name many countries of the world

You will also learn how . . .

- to talk about your plans and, more generally, to describe what you will do in the future
- to discuss what you would do under a variety of circumstances

Les vacances et les voyages

Aperçu culturel . . . **Les Français en vacances**

Les «grandes vacances» commencent en juillet et finissent en septembre. Pour beaucoup de Français, c'est la période la plus importante de l'année. Pendant les vacances, les Français ne restent généralement pas chez eux. Ils vont à la mer, à la campagne ou à la montagne.

En général, les jeunes Français passent une grande partie des vacances avec leurs parents. Le reste du temps, beaucoup de jeunes vont en «colo», c'est-à-dire en colonies de vacances. Les colonies, ou centres de vacances, sont organisées par les écoles, les municipalités ou les entreprises où travaillent leurs parents. En colonie de vacances, les jeunes pratiquent toutes sortes de sports: natation, voile, canoë, etc.

1. Le 1er juillet, le 15 juillet et le 1er août sont les jours de «grands départs». Ces jours-là, des millions de Français partent en vacances, par le train ou en voiture.

Les «grands départs»

À la plage de Deauville, sur l'Atlantique

2. En été, la mer est la destination préférée des Français. Des millions de gens passent leurs vacances sur les plages de l'Atlantique et de la Méditerranée. Il y a beaucoup de choses qu'on peut faire à la plage: on peut nager, jouer au volley, bronzer . . . La plage est aussi un endroit idéal pour se faire de nouveaux amis.

3. Où loger pendant les vacances? On peut aller
chez des amis, louer une villa ou aller à l'hôtel.
Une autre solution, extrêmement populaire
en France, est de faire du camping. La France
est le pays d'Europe qui a le plus grand nombre
de terrains de camping: 8 760 au total!

En général, ces terrains de camping sont
très bien équipés. Certains ont une piscine,
des terrains de sport, des salles de jeux et
même des restaurants et des boutiques.
Évidemment, si on veut être sûr d'avoir une place,
il faut réserver longtemps à l'avance.

Un terrain de camping à Chamonix

La France en péniche

4. Chaque année, trente-cinq millions de touristes
étrangers visitent la France. Ces touristes
viennent principalement d'Allemagne,
d'Angleterre, de Belgique, de Hollande et d'Italie.
Beaucoup viennent aussi du Canada et
des États-Unis. Il y a mille façons de visiter
la France. On peut prendre le train. On peut
louer une voiture ou une bicyclette. On peut
aussi découvrir la France en roulotte ou
en péniche.

5. En général, les étudiants étrangers qui viennent en France pendant
les vacances sont logés dans des familles françaises. Ceux qui préfèrent
voyager peuvent aller dans les «auberges de jeunesse». Il y a
des auberges de jeunesse dans presque toutes les villes françaises.
Ces auberges offrent un logement temporaire
qui est bon marché et relativement confortable.

À l'auberge de jeunesse Jules-Ferry à Paris

Il n'y a pas de chambres individuelles, mais
des dortoirs pour 4 à 10 personnes. Il y a aussi
une salle de séjour avec des livres et des magazines
et parfois une salle de jeux avec des tables
de ping-pong et de babyfoot. Pour les jeunes,
un avantage très important des auberges
de jeunesse est qu'on y rencontre d'autres jeunes
de tous les pays du monde.

Où vas-tu aller en vacances?

Je vais aller à la mer.

A. Les vacances

—Où vas-tu aller pendant les vacances?

Je vais aller | **à la mer.**
| **à la montagne**
| à la campagne

—Combien de temps est-ce que tu vas rester là-bas?

Je vais passer | quinze jours.
| trois semaines
| deux mois

—Où est-ce que tu vas rester?

Je vais | rester à l'hôtel.
| **loger** chez des amis
| **louer une caravane**
| louer **une villa**
| faire du camping

—Est-ce que tu es **prêt(e) à** partir?

Oui, j'ai | mon **passeport.**
| mon **visa**
| **une carte** de la région

J'ai fait mes valises.

la mer: *ocean, sea*	
la montagne: *mountains*	

FLASH d'information

15 jours = 2 weeks
8 jours = 1 week

loger: *to stay (have a room)*	
louer: *to rent*	
une caravane: *camping trailer*	
une villa: *country house*	

prêt à: *ready to*

une carte: *map*	
une valise: *suitcase*	
faire ses valises: *to pack*	

Le camping

Pour **transporter** ses affaires, on **utilise** . . .

transporter: *to carry*
utiliser: *to use*

un sac à dos

Pour préparer ses repas, on utilise . . .

une tente

une casserole **une poêle**

Pour dormir, il est utile d'avoir . . .

une couverture (blanket)

un réchaud (camping stove)

un sac de couchage (sleeping bag)

une lampe de poche

1 Et vous?

Complétez les phrases en exprimant votre opinion personnelle.

1. Je préfère passer les vacances . . .
   - à la mer
   - à la montagne
   - à la campagne

2. Je préfère voyager avec . . .
   - un sac à dos
   - une petite valise
   - beaucoup de valises

3. Quand on visite une grande ville, il est préférable de . . .
   - rester à l'hôtel
   - loger chez des amis
   - louer un appartement

4. Quand on passe les vacances à la mer, il est préférable de . . .
   - rester dans un hôtel
   - louer une villa
   - faire du camping

5. Quand on veut visiter l'ouest des États-Unis, il est préférable de voyager . . .
   - en train
   - en bus
   - en caravane

6. Quand on est sur une île déserte, l'objet le plus utile est . . .
   - une lampe de poche
   - un sac de couchage
   - un réchaud

7. Quand on est perdu dans la campagne, l'objet le plus utile est . . .
   - une couverture
   - une carte de la région
   - une lampe de poche

8. Si on veut aller en France, il est nécessaire d'avoir . . .
   - un passeport
   - une carte de France
   - beaucoup de valises

2 Le matériel de camping

1. Pour voir la nuit, on utilise . . .
2. Pour transporter ses vêtements, on utilise . . .
3. On peut dormir dans . . .
4. Quand il fait froid le soir, on peut s'envelopper *(wrap oneself up)* dans . . .
5. Quand il pleut, on va dans . . .
6. On fait frire *(fry)* les oeufs dans . . .
7. On fait cuire *(cook)* les spaghetti dans . . .
8. On fait la cuisine sur . . .

3 Questions personnelles

1. Est-ce que tu as déjà voyagé en caravane? À quelle occasion? À ton avis, quels sont les avantages et les désavantages de voyager en caravane?
2. Est-ce que tu as déjà fait du camping? Quand? Où? Avec qui? Est-ce que tu as aimé cette expérience? Pourquoi ou pourquoi pas?
3. Est-ce que tu as un sac à dos? Quand est-ce que tu l'utilises? En général, qu'est-ce que tu transportes dedans *(in it)*?
4. Est-ce que tu as un sac de couchage? Quand est-ce que tu l'utilises? À ton avis, est-ce qu'on dort bien dans un sac de couchage?
5. À ton avis, quels sont les avantages et les désavantages de faire du camping?

B. Les voyages à l'étranger

—Qu'est-ce que tu vas faire cet été?

Je vais | aller
         | voyager
         | **faire un voyage**
         | **faire un séjour**

à l'étranger.

> **à l'étranger:** *abroad*
>
> **faire un voyage:** *to take a trip*
> **faire un séjour:** *to spend some time*

—Quels pays est-ce que tu vas visiter?

Je vais visiter la France, le Portugal et l'Espagne.

Qu'est-ce que tu vas faire cet été?

Je vais faire un voyage à l'étranger.

Quels pays est-ce que tu vas visiter?

Je vais visiter le Portugal et l'Espagne.

Un peu de géographie

un continent   **une région**
un état (state)
un pays (country)

le nord
le nord-ouest   le nord-est
l'ouest   l'est
le sud-ouest   le sud-est
le sud

l'Amérique du Nord	**l'Europe**	**l'Afrique**
le Canada	**l'Allemagne** (Germany)	**l'Égypte**
le Mexique	**l'Angleterre** (England)	**le Sénégal**
les États-Unis	**la Belgique** (Belgium)	
	l'Espagne (Spain)	**le Moyen Orient** (Middle East)
l'Amérique Centrale	**la France**	**Israël**
le Guatemala	**l'Irlande**	**le Liban**
	l'Italie	
l'Amérique du Sud	**le Portugal**	**l'Asie**
l'Argentine	**la Suisse** (Switzerland)	**le Cambodge**
le Brésil	**la Russie**	**la Chine**
		la Corée (Korea)
l'Australie		**l'Inde** (India)
		le Japon
		le Viêt-nam

➡ In French, most geographical names (except names of cities and small islands) are introduced by a definite article.

> **Le** Vermont est un état de **la** Nouvelle Angleterre.
> **Le** Mississippi est un très grand fleuve *(river)*.

LA NOUVELLE ANGLETERRE
DU PRINTEMPS À L'ÉTÉ INDIEN

➡ Names of countries and states that end in **-e** are generally FEMININE.

> **la** France   **la** Louisiane
> EXCEPTIONS: **le Mexique, le Cambodge, le Maine, le Nouveau Mexique**
> Other geographical names are MASCULINE.
> **le** Japon   **le** Colorado

LE MEXIQUE

GUIDES MARCUS

4 Le jeu des capitales

Choisissez une capitale et faites correspondre cette capitale avec son pays.

▶ **Tokyo est la capitale du Japon.**

CAPITALES		PAYS	
Mexico	Ottawa	le Canada	l'Allemagne
Bruxelles	Washington	le Mexique	l'Angleterre
Rome	Londres	le Japon	l'Égypte
Dakar	Berlin	le Liban	l'Italie
Le Caire	Moscou	le Portugal	la Belgique
Tokyo	Lisbonne	le Sénégal	la Chine
Beijing	Beyrouth	les États-Unis	la Russie

▶

5 Tourisme

Utilisez les renseignements *(information)* suivants et dites quel pays les personnes ont visité.

▶ Thomas a pris des photos du Kremlin.
Il a visité la Russie.

1. Sabine a fait une croisière *(cruise)* sur le Nil.
2. Nous avons acheté des cartes postales de Venise.
3. Nous avons écouté un orchestre de mariachi.
4. Vous avez pris des photos du Palais de Buckingham.
5. J'ai fait une promenade sur la Grande Muraille *(wall)*.
6. Tu as vu les vestiges du Mur de Berlin.
7. Nous avons visité les temples bouddhistes à Kyoto.
8. Mes cousins sont allés à Disney World.

6 Questions personnelles

1. Dans quelle région des États-Unis est-ce que tu habites? (l'est? le nord-est? . . .)
2. Est-ce que tu as visité le Colorado? la Californie? la Floride? le Kentucky? le Vermont?
3. Comment s'appelle l'état où tu habites? Quelle est sa capitale? Quels sont les états environnants *(neighboring)*?
4. Quels états aimerais-tu visiter? Pourquoi?

C. À la gare et à l'aéroport

▶ *Pour acheter un billet:*

—Vous désirez, mademoiselle (monsieur)?
  Je voudrais **un billet** | **de train** | pour Bordeaux.
  d'avion

Je voudrais un billet de train pour Bordeaux.

Vous désirez, monsieur?

—**Un aller simple?**
  Non, **un aller et retour.**

un aller simple: *one way* [ticket]
un aller et retour: *round trip* [ticket]

—**En première classe ou en seconde classe?**
  En seconde classe, s'il vous plaît.

—Voilà, c'est 520 francs.

▶ *Pour demander les horaires:*

un horaire: *schedule*

—À quelle heure part | le train?
  | l'avion
  Il part à quatorze heures.

—Et à quelle heure est-ce qu'il arrive à Bordeaux?
  Il arrive à seize heures cinquante-huit.

Guide du Voyageur
TGV Atlantique
SNCF
A Paris, deux gares
pour le Sud-Ouest
(voir p. 12 et 13)

Au Jour Le Jour

PARIS ▶ BORDEAUX

N° du TGV		8401	8405	8507	8407	8409	8515	8419	8423	8527	8433	8535	8441	8543	85
Paris-Montparnasse 1	D	6.50	7.10	7.55	8.15	8.30	10.00	10.45	11.55	12.45	13.55	14.00	15.25	15.55	17
Tours Saint-Pierre-des-Corps	A			8.51	9.11			11.41			14.51		16.21		
Châtellerault	A				9.41						15.21				
Poitiers	A		8.40		9.58	9.58		12.22	13.23	14.13	15.38		17.02		
Angoulême	A		9.27		10.46	10.46			13.08	14.10	15.00	16.25		17.48	
Libourne	A				11.27	11.27			13.48				18.28		
Bordeaux	A	9.48	10.24	11.08	11.46	11.46	12.58	14.08	15.07	15.57	17.22	16.58	18.48	18.53	19

HORAIRES

7 Départs et arrivées

Le TGV (train à grande vitesse) est un train très moderne et très rapide. Vous êtes à la Gare Montparnasse à Paris avec des copains.

Chacun choisit une destination sur la ligne TGV Atlantique et donne l'heure de départ et d'arrivée.

Regardez l'horaire de la ligne TGV Atlantique. Utilisez cet horaire pour trouver les heures de départ et d'arrivée.

Où vas-tu?

À quelle heure part ton train?

Et à quelle heure est-ce qu'il arrive à Bordeaux?

Je vais à Bordeaux.

Il part à quinze heures cinquante-cinq.

Il arrive à dix-huit heures cinquante-trois.

8 Au guichet *(At the ticket window)*

Vous allez voyager en TGV Atlantique. Choisissez une destination, le type de billet (aller simple ou aller et retour) et la classe (première/seconde), et puis achetez votre billet. Jouez le dialogue avec un(e) camarade. (Note: Le prix d'un billet aller et retour est deux fois le prix d'un aller simple.)

Regardez la carte et les prix des billets de la ligne TGV Atlantique. Utilisez ces informations pour faire cet exercice.

▶ —Vous désirez, mademoiselle (monsieur)?
—Je voudrais un billet pour <u>Tours</u>.
—Un aller simple ou un aller et retour?
—Un <u>aller et retour</u>.
—En quelle classe?
—En <u>seconde</u> classe, s'il vous plaît.
—Alors, ça fait <u>256 francs</u>.
—Voilà 256 francs.
—Merci. Au revoir, mademoiselle (monsieur).
—Au revoir, monsieur (madame).

CARTE DE LA DESSERTE

Ligne nouvelle
Lignes parcourues par des TGV
Future desserte TGV

PARIS à :	PRIX DU BILLET	
	1re classe	2e classe
ANGOULÊME	316 F	211 F
BORDEAUX	389 F	260 F
CHÂTELLERAULT	244 F	163 F
LIBOURNE	369 F	246 F
POITIERS	259 F	173 F
TOURS SAINT-PIERRE-DES-CORPS	192 F	128 F

Les collections de Jérôme

Vous vous souvenez de Jérôme et de son accident? Maintenant Jérôme est parfaitement remis° de cet accident.

Hier il a téléphoné à Pierre pour l'inviter à passer chez lui avec Armelle.

Aujourd'hui, Pierre et Armelle sont allés à l'appartement de Jérôme, mais Jérôme n'est pas chez lui.

Tiens, il y a une note de Jérôme. Qu'est-ce qu'il dit?

Il dit qu'il sera ici dans cinq minutes.

Pierre lit la note.

On entre?

Oui, entrons!

Pierre et Armelle entrent chez Jérôme. Armelle regarde les objets qui sont là.

Dis donc, Jérôme a des tas de trucs intéressants!

Tu sais, il aime collectionner les objets.

remis *recovered*

Ça, qu'est-ce que c'est?

Et ce masque?

Il vient de la Côte d'Ivoire.

C'est une tampoura. Ça vient des Indes.

Dis, quand est-ce qu'il est allé aux États-Unis, Jérôme?

Et celui-là, il vient de la Côte d'Ivoire aussi?

Armelle trouve un chapeau qu'elle essaie.

Non, il vient du Mexique.

Il est super, le chapeau de cowboy . .

Aux États-Unis? Il n'y est jamais allé.

Sans blague!

À vrai dire, il n'a pas beaucoup voyagé. Il déteste prendre l'avion.

Tu plaisantes? Mais alors, tous ces objets, comment est-ce qu'il les a trouvés?

Au Marché aux Puces. Jérôme y achète des tas de trucs bizarres!

Compréhension

1. Où Pierre et Armelle sont-ils allés?
2. Qu'est-ce qu'ils ont trouvé sur la porte?
3. Quels sont les divers objets qu'Armelle regarde?
4. Qu'est-ce qu'elle essaie?
5. Où est-ce que Jérôme a acheté tous ces objets?

Pierre explique à Armelle où Jérôme achète tous ses objets.

à suivre . . .

Leçon 30 **411**

A. L'usage des prépositions avec les noms de pays

Note the use of PREPOSITIONS with names of countries.

	FEMININE COUNTRY	MASCULINE COUNTRY	PLURAL COUNTRY
	Je visite **la** France.	Je visite **le** Canada.	Je visite **les** États-Unis.
in *to*	Je suis **en** France. Je vais **en** France.	Je suis **au** Canada. Je vais **au** Canada.	Je suis **aux** États-Unis. Je vais **aux** États-Unis.
from	Je viens **de** France.	Je viens **du** Canada.	Je viens **des** États-Unis.

➡ Note that **en** and **d'** are used with MASCULINE countries beginning with a VOWEL.

Je suis allé **en** Iran.   Je reviens **d'**Uruguay.

➡ When referring to American states, **dans le** is often used instead of **au** with MASCULINE states. Compare:

FEMININE	MASCULINE

Ma cousine habite **en** Floride.   Ma copine habite **dans le** Colorado.

---

1 **Dans quel pays?**

Remplacez le nom des villes par le nom du pays correspondant.

la Belgique	les États-Unis	le Portugal
le Brésil	le Japon	la Russie
l'Espagne	le Maroc	la Suisse

▶ Monsieur Katagiri travaille à Tokyo.   **Il travaille au Japon.**

1. Mon copain habite à Rio de Janeiro.
2. Éric revient de Casablanca.
3. Françoise est à Bruxelles.
4. Je passe les vacances à Genève.

5. Florence arrive de Moscou.
6. Nous passons une semaine à San Francisco.
7. Monsieur Santos téléphone de Lisbonne.
8. Les athlètes arrivent de Barcelone.

2 **D'où reviennent-ils?**

Des amis ont passé les vacances à l'étranger. Dites de quel pays chacun revient.

▶ **Alice revient de France.**

Alice	**1. Jérôme**	**2. Martine**	**3. Isabelle**	**4. Alain**	**5. Thomas**

B. Les verbes *recevoir* et *apercevoir*

Note the forms of the irregular verbs **recevoir** *(to get, receive; to entertain people)* and **apercevoir** *(to see, catch sight of)*.

INFINITIVE	recevoir	apercevoir
PRESENT	Je **reçois** une carte. Tu **reçois** un télégramme. Il/Elle/On **reçoit** une lettre. Nous **recevons** un cadeau. Vous **recevez** une lettre. Ils/Elles **reçoivent** leurs amis.	J' **aperçois** mon copain. Tu **aperçois** le bus. Il/Elle/On **aperçoit** la Tour Eiffel. Nous **apercevons** Notre Dame. Vous **apercevez** les Alpes. Ils/Elles **aperçoivent** leurs amis.
PASSÉ COMPOSÉ	J'**ai reçu** une lettre.	J'**ai aperçu** le prof au café.

3 À Montréal

Des amis visitent Montréal. Ils sont au sommet du Mont Royal. Dites ce que chacun aperçoit.

1. Jean-Paul / l'Île Sainte Hélène
2. vous / le Pont *(bridge)* Jacques-Cartier
3. nous / la Tour Olympique
4. moi / le Vieux Montréal
5. mes cousins / la Basilique Notre-Dame
6. toi / l'Université McGill
7. on / l'Île Notre-Dame
8. Sophie / le Saint-Laurent

4 Questions personnelles

1. Reçois-tu beaucoup de lettres? Est-ce que tu as reçu une lettre ou une carte récemment? De qui?
2. Est-ce que tu reçois tes copains chez toi? Est-ce que tu les reçois au salon ou dans ta chambre?
3. Est-ce que tes parents reçoivent souvent leurs amis?
4. Est-ce que tu as reçu un cadeau récemment?
5. Est-ce que tu as reçu des vêtements pour ton anniversaire? Qu'est-ce que tu as reçu?
6. Qu'est-ce que tu aperçois de la fenêtre de ta chambre?

C. La construction verbe + infinitif

French verbs are frequently used together with an infinitive. Such constructions follow one of three patterns:

VERB + INFINITIVE	VERB + à + INFINITIVE	VERB + de + INFINITIVE
Je **dois travailler.**	Je **commence à travailler.**	Je **finis de travailler.**
Je **veux danser.**	J'**apprends à danser.**	Je **décide de danser.**
Je n'**aime** pas **nager.**	J'**hésite à nager.**	Je **refuse de nager.**

⇒ The choice of the pattern depends on the first verb.

Vocabulaire: Verbes suivis de l'infinitif

VERBE + à + INFINITIF

apprendre à	to learn (how) to	Nous **apprenons à faire** de la planche à voile.
commencer à	to begin to	Je **commence à être** assez bon.
continuer à	to continue, go on	Pauline **continue à prendre** des leçons.
hésiter à	to hesitate, be hesitant about	Éric **hésite à prendre** des risques.
réussir à	to succeed in, manage	J'**ai réussi à gagner** la course (race).

VERBE + de + INFINITIF

accepter de	to accept, agree to	J'**accepte de répondre** à ta question.
arrêter de	to stop	Nous **arrêtons de travailler** à cinq heures.
cesser de	to stop, quit	Monsieur Arnaud **a cessé de fumer** (smoking).
décider de	to decide to	Nous **avons décidé de faire** du sport.
essayer de	to try to	Vous **essayez de rester** en forme.
finir de	to finish	**As**-tu **fini de jouer** au tennis?
oublier de	to forget to	J'**ai oublié de prendre** ma raquette.
refuser de	to refuse to	Marc ne **refuse** jamais **d'aider** ses amis.
rêver de	to dream about	Je **rêve d'avoir** une voiture de sport.

À votre tour!

1 Expression personnelle

Décrivez ce que vous faites et ce que vous ne faites pas. Pour cela, complétez les phrases suivantes avec une expression de votre choix.

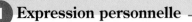

Je voudrais apprendre à . . .
En ce moment, je commence à . . .
J'essaie de . . .
Parfois j'oublie de . . .
Je n'oublie jamais de . . .

J'ai réussi à . . .
Je ne réussis jamais à . . .
Parfois je refuse de . . .
Je ne refuse jamais de . . .
Souvent je rêve de . . .

2 Voyage international

Votre camarade et vous, vous avez reçu un billet d'avion international. Avec ce billet, vous pouvez visiter cinq pays différents. Ensemble, faites une liste de cinq pays que vous avez décidé de visiter et expliquez votre choix.

AMÉRIQUE DU NORD

AMÉRIQUE CENTRALE

If you wish, turn to page R16 for a larger, more detailed map.

5 **Un séjour aux États-Unis**

Ces jeunes Français sont aux États-Unis. Certains aiment parler anglais. D'autres ont des difficultés à parler anglais. Décrivez l'attitude de chacun en complétant les phrases avec **à/de parler anglais.**

1. Jean-Pierre essaie… 3. Philippe n'hésite pas… 5. Stéphanie décide… 7. Alice réussit… 9. Isabelle n'essaie pas…
2. Nathalie apprend… 4. Thomas refuse… 6. Patrick commence… 8. Marc hésite… 10. Jérôme n'arrête pas…

6 **Qu'est-ce qu'ils apprennent?**

Pour chaque personne, choisissez un endroit où aller. Dites ce que cette personne apprend à faire là.

▶ **Nathalie va à la piscine. Elle apprend à nager.**

moi	à la plage	conduire *(to drive)*
toi	à la piscine	danser
vous	au conservatoire	programmer
nous	à l'auto-école	nager
Nathalie	au Racket-Club	chanter
Alice et Pierre	à l'Alliance Française	taper à la machine *(to type)*
mes copains	à l'école d'informatique	jouer du piano
ma cousine	à l'école de secrétariat	jouer au tennis
	au Studio Fred Astaire	faire de la voile
		parler français

7 **Oui ou non?**

Lisez la description des personnes suivantes. Ensuite, dites si oui ou non elles font les choses entre parenthèses.

▶ Paul est timide (hésiter / parler en public)   **Il hésite à parler en public.**

▶ Jacqueline est généreuse. (hésiter / aider ses amis)   **Elle n'hésite pas à aider ses amis.**

1. Sylvie est paresseuse. (refuser/étudier)
2. Catherine n'a pas beaucoup de mémoire. (oublier/téléphoner)
3. Philippe prend des leçons de guitare. (commencer/jouer très bien)
4. Thomas est maladroit *(clumsy)*. (réussir/réparer son vélo)
5. Caroline est ambitieuse. (rêver/être présidente)
6. Jean-Pierre est bavard *(talkative)*. (arrêter/parler)
7. Nicolas est persévérant. (continuer/prendre des leçons d'anglais)
8. Françoise veut parler anglais. (décider/passer ses vacances à Londres)
9. Alice est une mauvaise élève. (essayer/comprendre le prof)

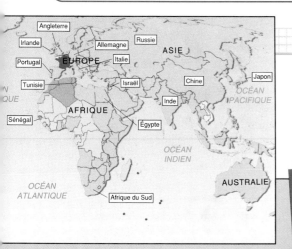

▶ **Nous avons décidé de visiter l'Irlande parce que c'est le pays de nos ancêtres, (parce que nous aimons faire des promenades dans la nature, . . .).**

CINQ PAYS
1. l'Irlande
2. la Russie

LECTURE — Séjours à l'étranger

Pendant les vacances, des copains sont allés à l'étranger. Maintenant ils parlent de leur voyage sans° mentionner le pays où ils sont allés. Lisez ce qu'ils disent. Savez-vous dans quel pays chacun est allé?

sans *without*

AMÉRIQUE
NORD

Grégoire

Pendant mon voyage, j'ai fait beaucoup de choses intéressantes. Un jour, par exemple, j'ai fait une excursion dans le désert à dos de chameau.° La chose la plus intéressante de mon séjour a été la visite de pyramides très anciennes. Comme je ne parle pas arabe, j'ai dû parler anglais. L'anglais est une langue que beaucoup de gens comprennent, mais ce n'est pas la langue de ce pays.

CENTRALE

Où est allé Grégoire?
• en Chine   • en Inde   • en Égypte

chameau *camel*

AMÉRIQUE

Aurélie

J'ai visité un pays qui est l'un des pays les plus modernes et les plus développés d'Afrique occidentale.° Quand j'étais dans la capitale, je n'ai pas eu de difficultés à communiquer avec les gens parce que beaucoup parlent français. Dans la campagne, au contraire, les gens parlent seulement le dialecte régional. Beaucoup de citoyens° américains ont des ancêtres qui ont été déportés par force de ce pays.

OC
ATLAN

Où est allée Aurélie?
• en Tunisie   • au Sénégal   • en Afrique du Sud

occidentale *west*   **citoyens** *citizens*

Juliette

J'ai visité un pays qui est constitué de quatre îles° principales. Pendant mon voyage, j'ai visité beaucoup de temples et j'ai mangé beaucoup de poisson et de riz qui sont les principaux aliments° de ce pays. Les gens étaient toujours très polis avec moi, mais j'ai eu des difficultés à communiquer avec eux parce qu'ils ne parlent pas français.

Où est allée Juliette?
• en Angleterre   • au Japon   • en Israël

îles *islands*   aliments *foods*

Patrick

On peut faire beaucoup de choses dans le pays où je suis allé. On peut visiter des châteaux° et des musées. On peut aller à des concerts de musique classique. On peut assister à des spectacles folkloriques . . . Moi, j'ai préféré faire du sport. J'ai fait de la voile et j'ai fait beaucoup de marche à pied. (Le dimanche, la marche à pied est l'une des distractions° favorites des gens!) Autrefois ce pays était divisé. Maintenant, il est uni.° C'est le plus grand pays d'Europe centrale.

Où est allé Patrick?
• en Allemagne   • en Italie   • au Portugal

châteaux *castles*   distractions *pastimes*   uni *united*

AMÉRIQUE DU NORD

Angleterre

Irlande

Portugal

EUROPE

Allemagne

Italie

Russie

ASIE

OCÉAN ATLANTIQUE

Tunisie

Israël

Chine

Japon

Inde

OCÉAN PACIFIQUE

AMÉRIQUE CENTRALE

Sénégal

AFRIQUE

Égypte

AMÉRIQUE DU SUD

OCÉAN INDIEN

AUSTRALIE

OCÉAN ATLANTIQUE

Afrique du Sud

417

31

LEÇON

Vidéo-scène

Projet de voyage

Dans l'épisode précédent,
Pierre et Armelle sont allés
chez Jérôme, mais Jérôme
n'était pas chez lui.
Alors ils ont regardé
les objets qui étaient
dans la chambre de Jérôme.
Finalement, Jérôme
est arrivé.

Salut!

Salut!

Ça va?

Oui, ça va.

Dites donc, j'ai quelque chose
à vous proposer pour samedi
prochain.

Quoi donc?

Qu'est-ce que vous pensez
d'un voyage à Genève?

C'est une bonne idée.

Moi, je veux bien . . .

Comment est-ce qu'on ira là-bas?

Eh bien, on
prendra le train.

Et qu'est-ce qu'on fera quand on sera à Genève?

Moi, j'aimerais faire le tour du lac en bateau.

Pour ça, je suis d'accord.

On pourra visiter le Musée d'Art et d'Histoire . . .

Bon. Alors, on fera le tour du lac en bateau.

Ah non, moi, les musées ça ne m'intéresse pas du tout.

Et qu'est-ce qu'on fera ensuite?

À quelle heure est-ce qu'on partira?

Il y a des tas de choses à faire à Genève. On verra bien . . .

Il y a un train vers huit heures et quart. C'est pas trop tôt?

Non, ça va.

Bon alors, puisque vous êtes d'accord, j'irai demain à la gare et j'achèterai les billets.

Devant la gare à huit heures. J'espère que vous serez à l'heure.

Et où est-ce qu'on se retrouvera samedi matin?

Et toi aussi!

T'en fais pas. Je serai à la gare à huit heures pile avec les billets!

Compréhension

1. Qu'est-ce que Jérôme propose?
2. Comment les amis iront-ils à Genève?
3. Qu'est-ce que Pierre ne veut pas faire?
4. Qu'est-ce qu'Armelle veut faire?
5. Qui achètera les billets?
6. À quelle heure les amis seront-ils à la gare?

à suivre . . .

A. Le futur: formation régulière

The sentences below describe what WILL HAPPEN in the future. The verbs are in the FUTURE tense.

Cet été, je **voyagerai** avec mes amis.
Nous **visiterons** le Canada.

*This summer, I **will travel** with my friends.*
*We **will visit** Canada.*

Est-ce que tu **prendras** le train?
Non, je **ne prendrai pas** le train.

***Will** you **take** the train?*
*No, I **will not (won't) take** the train.*

The future tense is a *simple* tense that is formed as follows:

> FUTURE STEM **+** FUTURE ENDINGS

Note the future forms of the regular verbs **voyager, finir,** and **vendre,** paying special attention to the endings.

INFINITIVE		voyager	finir	vendre	FUTURE ENDINGS
FUTURE STEM		voyager-	finir-	vendr-	
FUTURE	je **voyagerai**		finirai	vendrai	-ai
	tu **voyageras**		finiras	vendras	-as
	il/elle/on **voyagera**		finira	vendra	-a
	nous **voyagerons**		finirons	vendrons	-ons
	vous **voyagerez**		finirez	vendrez	-ez
	ils/elles **voyageront**		finiront	vendront	-ont
NEGATIVE	je **ne** voyagerai **pas**				
INTERROGATIVE	est-ce que tu **voyageras?** **voyageras-tu?**				

STEM

■ The future stem always ends in **-r** .

For most regular verbs and many irregular verbs, the future stem is derived as follows:

> FUTURE STEM = INFINITIVE (minus final **-e,** if any)

sortir: je **sortir**ai   **écrire:** j'**écrir**ai
partir: je **partir**ai   **boire:** je **boir**ai

➡ Note the following stem changes:

	PRÉSENT	FUTUR
acheter	j'**achète**	j'**achèterai**
payer	je **paie**	je **paierai**

Vous partirez
en vacances?

LAC D'ANNECY
L'oxygène à la source

ANNECY,
LAC PUR

ENDINGS

■ The future endings are the same for all verbs, both regular and irregular.

---

1 **Séjours à l'étranger** ────────

Les étudiants suivants vont voyager cet été. Dites quelle ville chacun visitera et
quelle langue il parlera.

▶ moi / Mexico

> Je visiterai Mexico.
> Je parlerai espagnol.

allemand
anglais
espagnol
français
russe

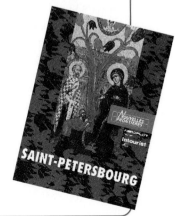

1. Isabelle / Moscou
2. moi / Berlin
3. vous / Bordeaux
4. nous / Boston
5. toi / Buenos Aires
6. Anne et Hélène / Munich
7. Éric et Thomas / Dakar
8. mes copains / Saint Pétersbourg
9. ma soeur / Madrid
10. la cousine de Paul / Québec

2 Voyages en France

Des copains vont visiter les différentes provinces de France cet été. Décrivez leurs projets de vacances.

	moi	Alice	nous	Nicolas et Philippe
• visiter	la Normandie	la Provence	la Bretagne	l'Alsace
• voyager	en mobylette	en voiture	en train	en moto
• rester	chez un copain	dans un camping	dans une ferme	chez leur grand-mère
• partir	le 30 juin	le 1er juillet	le 3 juillet	le 15 juillet
• rentrer	le 15 août	le 1er septembre	le 25 août	le 30 août

▶ Je visiterai la Normandie. Je voyagerai en mobylette, . . .

3 Peut-être

Patrick veut connaître les projets de Florence. Jouez les deux rôles.

▶ voyager / en juin

1. sortir / samedi soir
2. étudier / après le dîner
3. passer à la bibliothèque / après les classes
4. dîner au restaurant / dimanche
5. jouer au basket / vendredi
6. acheter des vêtements / ce weekend
7. te promener / avant le dîner
8. partir en vacances / en juillet
9. apprendre à skier / cet hiver

Tu vas voyager?

Je ne sais pas. Je voyagerai peut-être en juin.

▶ **Je ne voyagerai pas.**

4 Oui ou non?

Dites si oui ou non les personnes suivantes vont faire les choses suggérées cet été. Soyez logique!

▶ Je n'ai pas d'argent. • voyager?

1. Je veux gagner de l'argent.
   - partir en vacances? • travailler?
   - chercher un job?
2. Mes parents sont fatigués.
   - se reposer? • prendre des
   - travailler? vacances?
3. Tu es paresseux.
   - dormir beaucoup? • te coucher tard?
   - te lever tôt?
4. Stéphanie est très sportive.
   - nager? • rester à la maison?
   - jouer au tennis?
5. Vous voulez faire du camping.
   - loger chez des amis?
   - acheter une tente?
   - dormir dans un sac de couchage?
6. Nous allons aller en France.
   - prendre l'avion? • nous amuser?
   - parler espagnol?

B. Futurs irréguliers

A few French verbs are irregular in the future tense. These verbs have:

- an IRREGULAR future STEM
- REGULAR future ENDINGS

Here are five of these verbs:

INFINITIVE	FUTURE STEM	
aller	ir-	Cet été nous **irons** au Sénégal.
avoir	aur-	**Auras**-tu beaucoup d'argent?
être	ser-	Je ne **serai** pas à Paris en juin.
faire	fer-	Pierre **fera** un voyage en Algérie.
voir	verr-	Nous **verrons** la Tour Eiffel.

➡ HAVE YOU NOTED? In French, *all* future stems end in -r .

---

5 Expression personnelle

> **Dans cinq ans, j'aurai une moto.**

Comment imaginez-vous votre existence dans cinq ans?
Dites si oui ou non vous ferez les choses suivantes.

▶ avoir une moto?

1. aller à l'université?
2. avoir un job intéressant?
3. être marié(e)?
4. être millionnaire?
5. avoir une Mercedes?
6. être très heureux (heureuse)?
7. faire beaucoup de voyages?
8. être complètement indépendant(e)?
9. être président(e) d'une compagnie?
10. voir tes copains d'aujourd'hui?

6 Rêve ou réalité?

Comment sera la vie dans 25 ans? Exprimez votre avis, en indiquant
si les prédictions suivantes vous semblent certaines, possibles, probables
ou impossibles. Comparez vos réponses avec vos camarades.

	certain	possible	probable	impossible
1. Les médecins découvriront un vaccin contre le cancer.	☐	☐	☐	☐
2. Les gens vivront en moyenne° jusqu'à° l'âge de cent ans.	☐	☐	☐	☐
3. Tout le monde aura un ordinateur à la maison et on restera à la maison pour travailler.	☐	☐	☐	☐
4. On habitera dans des grandes maisons en verre° qui utiliseront l'énergie solaire pour le chauffage° et l'électricité.	☐	☐	☐	☐
5. Il n'y aura plus de pollution parce que toutes les voitures seront équipées de moteurs électriques.	☐	☐	☐	☐
6. Il fera toujours beau parce que les savants° contrôleront les conditions atmosphériques.	☐	☐	☐	☐
7. Pendant les vacances on ira sur la lune° où il y aura de grands hôtels interspaciaux.	☐	☐	☐	☐
8. Les gens seront plus heureux et moins stressés qu'aujourd'hui.	☐	☐	☐	☐

en moyenne *on the average*   **jusqu'à** *until*   **verre** *glass*   **chauffage** *heat*   **savants** *scientists*   **lune** *moon*

7 Weekend en Touraine

Catherine, une jeune Parisienne, a décidé de passer un weekend en Touraine. La Touraine est une province célèbre pour ses châteaux et sa capitale, Tours. Catherine a préparé son itinéraire pour le weekend. Regardez bien cet itinéraire et répondez aux questions suivantes.

vendredi
départ Paris (train de 16h40)
arrivée à Tours (18h30)
Hôtel de Bordeaux
dîner Chez Balzac

samedi
matin: visite du vieux Tours
        (maisons anciennes)
après-midi: pique-nique
        promenade à vélo (Amboise)
soir: spectacle «Son et Lumière» au
        château

dimanche
matin: repos
après-midi: promenade en voiture
        (châteaux de Villandry et de Langeais)
soir: départ pour Paris
        (train de 20h31 ou de 21h46

1. Quel jour est-ce que Catherine ira à Tours? Comment voyagera-t-elle? À quelle heure est-ce qu'elle arrivera? À quel hôtel est-ce qu'elle ira? Où dînera-t-elle?

2. Qu'est-ce qu'elle fera d'abord samedi matin? Qu'est-ce qu'elle verra?

3. Qu'est-ce qu'elle fera samedi après-midi? Et après, comment est-ce qu'elle ira à Amboise? Qu'est-ce qu'elle verra le soir?

4. Qu'est-ce qu'elle fera dimanche matin? Quels châteaux est-ce qu'elle verra?

5. Quand est-ce qu'elle partira de Tours? À quelle heure est-ce que le premier train partira? À quelle heure est-ce qu'il y aura un autre train?

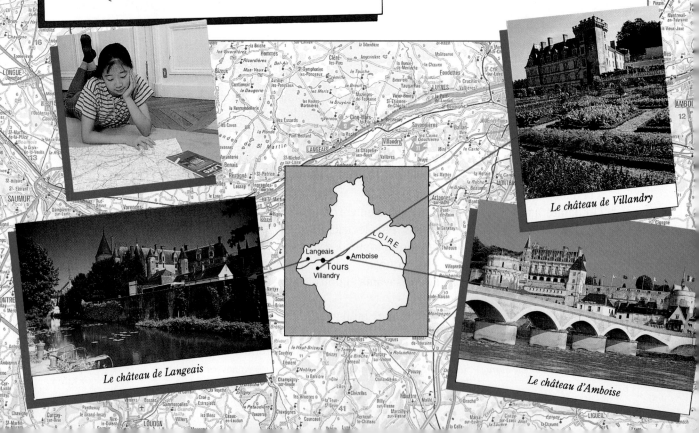

Le château de Villandry

Le château de Langeais

Le château d'Amboise

C. L'usage du futur dans les phrases avec *si*

Note the use of the future in the following sentences.

S'il **fait** beau,   *If the weather **is** nice,*
  nous **irons** à la plage.   *we **will go** to the beach.*

Si j'**ai** de l'argent,   *If I **have** money,*
  je **voyagerai** cet été.   *I **will travel** this summer.*

The above sentences express what WILL HAPPEN *if* a certain condition is met. They consist of two parts:

- the **si** *(if)* clause, which expresses the condition
- the result clause, which tells what WILL HAPPEN

In French, as in English, the pattern of tenses is:

si-clause: PRESENT	result clause: FUTURE
Si nous **achetons** une caravane,	nous **ferons** du camping.

➡ HAVE YOU NOTED? **Si** becomes **s'** before **il** and **ils,** but not before **elle** and **elles.**

---

8 **Fais attention!**

Dites à vos camarades ce qui arrivera s'ils font ou s'ils ne font pas certaines choses. Soyez logique!

1. Si tu lis trop . . .
2. Si tu n'étudies pas . . .
3. Si tu manges trop de bonbons *(candy)* . . .
4. Si tu ne te dépêches pas . . .
5. Si tu ne te reposes pas . . .
6. Si tu dépenses tout ton argent maintenant . . .

> rater *(miss)* le bus
> être fatigué(e) demain
> être fauché(e) *(broke)* pour les vacances
> avoir mal au ventre
> avoir mal aux dents
> avoir mal à la tête
> avoir une mauvaise note à l'examen

▶ Si tu manges trop . . .
  Fais attention! Si tu manges trop, tu auras mal au ventre.

---

9 **Ça dépend!**

Ce que nous allons faire dépend souvent des circonstances. Exprimez cela dans des dialogues.

1. acheter une moto ou un vélo?
  Si j'ai assez d'argent . . .
2. prendre le bus ou un taxi?
  Si je suis pressé(e) . . .
3. dîner chez toi ou au restaurant?
  Si j'ai envie de sortir . . .
4. faire du jogging ou une promenade à pied?
  Si je suis fatigué(e) . . .
5. manger un steak ou un sandwich?
  Si j'ai très faim . . .

Tu vas aller à la plage ou au cinéma ce weekend?

Ça dépend! S'il fait beau, j'irai à la plage.

Et s'il ne fait pas beau?

J'irai au cinéma.

D. L'usage du futur après *quand*

The following sentences describe what WILL HAPPEN *when* another event occurs. Compare the use of tenses in the French and English sentences below.

Quand Sophie **sera** en vacances, *When Sophie **is** on vacation,*
  elle **voyagera**. *she **will travel**.*

Quand nous **irons** au Canada, *When we **go** to Canada,*
  nous **visiterons** Québec. *we **will visit** Quebec City.*

When referring to future events, the French use the future tense in BOTH the main clause and the **quand**-clause. In French, the pattern is:

quand-clause: FUTURE	main clause: FUTURE
Quand nous **aurons** une caravane,	nous **ferons** du camping.

➡ Sentences of this type may begin either with the **quand**-clause or with the main clause.

  Quand j'aurai de l'argent, je voyagerai.
  Nous voyagerons **quand** nous serons en vacances.

---

10 Vacances aux États-Unis

Des étudiants français iront aux États-Unis cet été. Dites ce que chacun visitera quand il sera dans la ville ou l'état où il passera ses vacances.

▶ Paul / à New York
  Quand il sera à New York, Paul visitera la Statue de la Liberté.

1. Jacqueline / à Washington
2. Thomas et André / à San Antonio
3. nous / en Californie
4. vous / en Pennsylvanie
5. moi / dans le Colorado
6. toi / en Arizona

la Maison Blanche
Hollywood
l'Alamo
Mesa Verde
le Parc de Valley Forge
la Statue de la Liberté
le Grand Canyon

11 C'est évident!

Ce que nous ferons plus tard dépend souvent des circonstances dans lesquelles nous nous trouverons. Exprimez cela en phrases logiques en utilisant les éléments des colonnes A, B et C.

A	B	C
moi	avoir 18 ans	voter
toi	avoir une voiture	étudier beaucoup
ma soeur	être riche	s'amuser
nous	être en vacances	se reposer
mes copains	aller en Suisse	voir Genève
vous	aller à l'université	faire du camping
		faire la connaissance de gens sympathiques
		acheter une voiture

▶ **Quand nous aurons 18 ans, nous voterons.**

E. D'autres futurs irréguliers

The verbs below have irregular future stems.

	INFINITIVE	FUTURE STEM	
to know (how)	**savoir**	**saur-**	Je **saurai** la réponse demain soir.
to have to to receive to notice	**devoir** **recevoir** **apercevoir**	**devr-** **recevr-** **apercevr-**	**Devras**-tu travailler cet été? Marc **recevra** une lettre de Sophie. De l'avion, nous **apercevrons** le Mont-Saint-Michel.
to come to come back to become	**venir** **revenir** **devenir**	**viendr-** **reviendr-** **deviendr-**	Mes amis **viendront** demain. Quand est-ce que nous **reviendrons?** Je ne **deviendrai** jamais très riche.
to want	**vouloir**	**voudr-**	Paul ne **voudra** pas sortir s'il pleut.
to send to be able	**envoyer** **pouvoir**	**enverr-** **pourr-**	Je t'**enverrai** mon adresse. **Pourras**-tu me téléphoner ce soir?

12 Oui ou non?

Dites si oui ou non vous ferez les choses suivantes.

▶ recevoir un «A» en français?

Oui, je recevrai
un «A» en français.

(Non, je ne recevrai pas
d'«A» en français.)

1. recevoir un «A» en maths?
2. recevoir un vélo pour mon anniversaire?
3. savoir très bien parler français?
4. savoir faire du parapente?
5. devoir travailler cet été?
6. devoir étudier ce weekend?

7. envoyer une lettre au professeur cet été?
8. vouloir nager ce weekend?
9. pouvoir aller en France au printemps?
10. devenir célèbre *(famous)?*
11. devenir millionnaire?
12. devenir professeur?

À votre tour!

1 Conversation: Voyage

Votre cousin(e) et vous, vous avez décidé de faire un voyage pendant les vacances.
Discutez ensemble des sujets suivants:

- où vous irez
- quand vous partirez
- comment vous voyagerez
- ce que vous ferez quand vous serez
  à votre destination (visites, promenades,
  sports, autres activités)
- ce que vous achèterez pendant votre voyage
- quand vous reviendrez chez vous

Ensuite, écrivez un paragraphe où vous décrirez
vos projets.

Où est-ce que nous irons
pendant les vacances?

Moi, j'aimerais aller
à Disney World.

Bonne idée!
On ira en Floride.

Quand est-ce que
nous partirons?

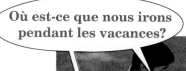

LECTURE — Arrivée en France

Stéphanie habite à Paris. Elle est vice-présidente du club international de son école. De temps en temps, elle va accueillir° des étudiants qui viennent visiter Paris. Lisez les lettres de quatre de ces étudiants. Pouvez-vous les identifier d'après la description qu'ils font d'eux-mêmes?°

accueillir to greet   **eux-mêmes** themselves

A

Je partirai de Munich le 20 juin et j'arriverai à la gare de l'Est par le train de 18 h 22. Tu me reconnaîtras facilement. Je serai en jean et je porterai une chemise rouge à carreaux. Je viendrai avec un sac à dos. Je n'aurai pas d'autre bagage.

À bientôt,
Gaby

B

Merci de venir me chercher à la gare. J'arriverai de Londres samedi prochain par le train de 15 h 12. Je ne sais pas exactement ce que je porterai ce jour-là. Cela dépendra du temps. S'il fait beau, je porterai une jupe grise et le blazer vert de mon école. S'il pleut, je mettrai mon imperméable. Je suis petite et j'ai les cheveux roux.°

Amicalement,

Christy

roux red

C

Je serai à Paris le 3 août. Est-ce que tu viendras me chercher à l'aéroport ce jour-là? J'arriverai de Boston à 8 h 35 par le vol TWA 810. Je ne sais pas comment je serai habillé, mais ce sera facile de me reconnaître parce que j'aurai un foulard rouge autour du cou. Je viendrai avec une valise et ma guitare.

Mes amitiés,

David

D

Dans deux semaines je serai en France! Je prendrai le train Barcelone-Paris qui arrive à la gare d'Austerlitz le 15 août à 10 h 25. Il y aura certainement beaucoup de monde à la gare, mais je ne serai pas difficile à reconnaître: je suis grand et je porte des lunettes. Je serai en short et en chemise à carreaux et je porterai un sac à dos et une valise rouge.

Merci de te déplacer pour moi,
Antonio

32

LEÇON

Vidéo-scène

À la gare

Dans le module précédent, Armelle, Pierre et Jérôme ont décidé d'aller à Genève samedi. C'est Jérôme qui prendra les billets. Il a dit qu'il serait à l'heure à la gare.

Nous sommes samedi matin à la gare d'Annecy.

Armelle est déjà là.

Pierre arrive.

— Salut!

— Salut!

— Tu as les billets?

— Mais non, c'est Jérôme qui les a.

— Tu sais bien, il a dit qu'il les achèterait.

— Ah oui, c'est vrai! Il a aussi dit qu'il serait ici à huit heures pile.

Quelle heure est-il?

Huit heures cinq.

Zut alors!
Mais qu'est-ce qu'il fait??!! Le train va partir dans deux minutes.

Si on montait dans le train?!

Mais on n'a pas les billets! Qu'est-ce qu'on ferait si on était contrôlé?

Eh bien, on expliquerait la situation au contrôleur.

Tu parles! Il nous donnerait une amende!

Tiens, voilà Jérôme.

Finalement, Jérôme arrive.

Il retrouve ses amis.

Mais il est trop tard. . . .
Le train est parti. . . .

Le voyage à Genève sera pour une autre fois.

Compréhension

1. Qui arrive la première à la gare?
2. Qui arrive ensuite?
3. Pourquoi est-ce que Pierre ne veut pas monter dans le train?
4. Comment se termine l'histoire?

FIN

A. Révision: L'imparfait

The IMPERFECT is a past tense that describes what people USED TO DO on a regular basis.

Nous **passions** l'été à la mer.   *We **used to spend** the summer at the ocean.*
J'**allais** tous les jours à la plage.   *Every day I **used to go** to the beach.*

➡ You may want to review the forms of the imperfect on page 317, Leçon 23.

---

1 Souvenirs de vacances

Des copains parlent de leurs vacances. Décrivez ce que chacun faisait tous les jours.

	le matin	l'après-midi	le soir
moi	aller au marché	aller à la plage	retrouver mes copains au café
nous	faire du jogging	jouer au tennis	aller au cinéma
Thomas	faire une promenade	nager	dîner au restaurant
Alice et Sophie	aller en ville	faire de la voile	sortir
vous	travailler dans le jardin	se reposer	aller danser dans les discothèques
toi	se lever à dix heures	se promener en ville	se coucher à une heure

▶ Le matin, j'allais au marché.
L'après-midi . . .

B. Le conditionnel: formation

The CONDITIONAL is used to describe what people WOULD DO, or what WOULD HAPPEN in certain circumstances. Note the use of the conditional in the following sentences.

S'ils avaient de l'argent, . . .   *If they had money, . . .*
- Isabelle **voyagerait**   • *Isabelle **would travel***
- Philippe **visiterait** Paris   • *Philippe **would visit** Paris*
- mes cousins **achèteraient** une moto   • *my cousins **would buy** a motorcycle*
- mes parents **iraient** au Japon   • *my parents **would go** to Japan*

In French, the conditional is a simple tense. It consists of one word and it is formed as follows:

> FUTURE STEM + IMPERFECT ENDINGS

Note the conditional forms of the regular verbs **parler, finir, vendre,** and the irregular verb **aller.**

INFINITIVE	parler	finir	vendre	aller	IMPERFECT
FUTURE	je **parler**ai	**finir**ai	**vendr**ai	**ir**ai	ENDINGS
CONDITIONAL	je **parlerais**	**finirais**	**vendrais**	**irais**	-ais
	tu **parlerais**	**finirais**	**vendrais**	**irais**	-ais
	il/elle/on **parlerait**	**finirait**	**vendrait**	**irait**	-ait
	nous **parlerions**	**finirions**	**vendrions**	**irions**	-ions
	vous **parleriez**	**finiriez**	**vendriez**	**iriez**	-iez
	ils/elles **parleraient**	**finiraient**	**vendraient**	**iraient**	-aient
NEGATIVE	je **ne parlerais pas**				
INTERROGATIVE	est-ce que tu **parlerais?** parlerais-tu?				

➡ Verbs that have an irregular future stem keep this same irregular stem in the conditional. For example:

   avoir: j'**aur**ais   **aller:** j'**ir**ais   **voir:** je **verr**ais
   être: je **ser**ais   **faire:** je **fer**ais

---

2 **La tombola** *(Raffle)*

Imaginez que vos camarades ont participé à une tombola. Demandez-leur s'ils feraient les choses suivantes s'ils gagnaient le grand prix de mille dollars.

▶ voyager?

Si tu gagnais le grand prix, est-ce que tu voyagerais?

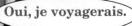
Oui, je voyagerais.

1. partir en vacances?
2. visiter EuroDisney?
3. mettre tout l'argent à la banque?
4. acheter une moto?
5. donner de l'argent à tes amis?
6. organiser une grande fête?
7. aider les pauvres?
8. passer un mois en France?

(Non, je ne voyagerais pas.)

3 Vive les vacances!

Les personnes suivantes rêvent aux vacances d'été. Dites si oui ou non elles feraient les choses suivantes pendant leur vacances.

▶ nous / préparer l'examen?

Nous ne préparerions pas l'examen.

1. moi / voyager?
2. Monsieur Boulot / travailler?
3. les élèves / étudier?
4. toi / finir les exercices?
5. vous / se reposer?
6. nous / s'amuser?
7. on / partir à la mer?
8. Catherine et Hélène / sortir avec des copains?
9. vous / se promener sur la plage?
10. Marc / écrire à ses copains?

4 Décisions, décisions . . .

Imaginez que vous avez le choix entre les choses suivantes. Que choisiriez-vous?

▶ avoir un vélo ou une moto?

J'aurais une moto (un vélo).

1. avoir un chien ou un chat?
2. avoir des patins à glace ou des patins à roulettes?
3. aller au Canada ou au Mexique?
4. aller à un concert ou à un match de baseball?
5. faire du ski ou du ski nautique?
6. faire de la planche à voile ou du parapente?
7. être architecte ou avocat(e)?
8. être en vacances à Tahiti ou en Floride?
9. voir Paris ou Rome?
10. voir un OVNI *(UFO)* ou une éclipse?

C. Le conditionnel de politesse

The conditional is sometimes used to make polite requests. Compare the following sentences.

Je **veux** te parler.	*I **want** to talk to you.*
Je **voudrais** te parler.	*I **would like** to talk to you.*
Peux-tu m'aider?	***Can** you help me?*
Pourrais-tu m'aider?	***Could** you help me?*
Tu **dois** étudier.	*You **must** study.*
Tu **devrais** étudier.	*You **should** study.*

Tu devrais étudier, mais . . . !

5 La politesse

Vous voulez dire les choses suivantes à vos copains. Dites-leur ces choses d'une manière plus polie. Pour cela, utilisez le conditionnel.

▶ Je veux jouer au tennis avec toi.

1. Je veux te demander un service *(favor).*
2. Je veux t'emprunter ton vélo.
3. Est-ce que je peux prendre tes cassettes?
4. Est-ce que tu peux me prêter cinq dollars?
5. Tu dois être plus patient(e) avec moi.
6. Tu dois m'écouter.
7. Est-ce que tu peux m'aider à faire le devoir?
8. Je veux te parler.

Je voudrais jouer au tennis avec toi.

D. Le conditionnel dans les phrases avec *si*

Note the use of the conditional in the following sentences.

Si j'avais de l'argent, . . .   *If I had money (but I don't), . . .*
    j'**achèterais** une voiture.   *I **would buy** a car.*

Si nous étions en vacances, . . .   *If we were on vacation (but we're not), . . .*
    nous **irions** à la plage.   *we **would go** to the beach.*

The CONDITIONAL is used to express what WOULD HAPPEN *if* a certain condition contrary to reality were met.

In such sentences, the construction is:

si-clause: IMPERFECT	result clause: CONDITIONAL
Si tu **étais** au lycée à Paris,	tu **parlerais** français en classe.

➡ The CONDITIONAL is *never* used in the **si**-clause.

---

6 **Oui ou non?**

Supposez que vous êtes dans les situations suivantes. Dites si oui ou non vous feriez les choses suggérées.

▶ avoir beaucoup d'argent
   • voyager tout le temps?

> Si j'avais beaucoup d'argent, je voyagerais tout le temps.

(Si j'avais beaucoup d'argent, je ne voyagerais pas tout le temps.)

1. être en vacances
   • étudier?
   • aller à la piscine?
2. être le professeur
   • donner des examens faciles?
   • être très strict(e)?
3. être le président
   • aider les pays pauvres?
   • faire beaucoup de voyages?
4. habiter dans un château
   • inviter tous mes copains?
   • organiser des concerts chez moi?
5. aller en France
   • voir la «Mona Lisa»?
   • manger des escargots *(snails)?*
6. voir un fantôme
   • rester calme?
   • avoir peur?

À votre tour!

1 **Discussion: Le billet de loterie**

Formez un groupe de quatre ou cinq camarades. Supposez qu'avec vos camarades vous avez acheté un billet de loterie.
Vous avez décidé que si vous gagnez, vous dépenserez votre argent sur un projet commun.

Discutez en groupe de ce que vous feriez si vous gagniez les prix suivants. (Chacun peut exprimer son opinion personnelle, mais vous devez arriver à une décision commune.)

Sur une feuille de papier, inscrivez l'opinion de chacun et la décision commune.

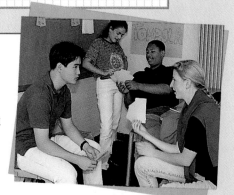

	les prix		
les participants	100 $	1000 $	10 000 $
moi			
Anne			

LECTURE — Pas de panique

Parfois nous nous trouvons dans des circonstances difficiles. Il est alors important de réagir° avec calme et sang-froid.° Analysez les situations suivantes et dites comment vous réagiriez. Ensuite, comparez vos réponses avec vos camarades de classe. Discutez de votre choix.

réagir *to react* **avec calme et sang-froid** *calmly and coolly*

1 Vous passez devant une banque. Deux hommes masqués sortent d'une voiture et entrent dans la banque.

Que feriez-vous?

   A. Vous attaqueriez les bandits.
   B. Vous noteriez le numéro de la voiture des bandits.
   C. Vous partiriez à toute vitesse.

2 Vous êtes seul(e) dans une maison isolée. Pendant la nuit, vous entendez des bruits mystérieux.

Que feriez-vous?

   A. Vous crieriez° très fort.°
   B. Vous allumeriez la lumière° pour identifier la source des bruits.
   C. Vous vous cacheriez° sous le lit.

crieriez *would scream* **fort** *loudly* **lumière** *light*
cacheriez *would hide*

3 Vous faites une promenade à pied dans une région que vous ne connaissez pas très bien. Il est tard et vous vous apercevez° que vous êtes perdu(e).

Que feriez-vous?

   A. Vous feriez un grand feu° pour attirer° l'attention.
   B. Vous grimperiez° dans un arbre pour mieux voir où vous êtes.
   C. Vous continueriez votre route dans l'espoir° de trouver une ferme.

apercevez *realize* **feu** *fire* **attirer** *to attract*
grimperiez *would climb* **espoir** *hope*

4 Vous faites une promenade en bateau avec un copain qui ne sait pas très bien nager. Vous êtes à cinquante mètres de la plage quand vous vous apercevez que le bateau prend l'eau très lentement.

Qu'est-ce que vous feriez?

A. Vous resteriez avec votre copain en attendant le passage d'un autre bateau.
B. Vous nageriez jusqu'à° la plage en supportant votre copain.
C. Vous nageriez seul(e) jusqu'à la plage pour trouver du secours.°

jusqu'à *up to* **secours** *help*

5 Vous avez un rendez-vous très important en ville. Vous prenez le bus pour aller à ce rendez-vous. En route, le bus a un accident léger.° Il n'y a pas de blessés graves° mais le bus est immobilisé.

Que feriez-vous?

A. Vous aideriez les autres passagers.
B. Vous feriez de l'auto-stop° pour être à l'heure au rendez-vous.
C. Vous attendriez le prochain bus, en sachant° que vous serez en retard à votre rendez-vous.

léger *minor* **blessés graves** *seriously injured people*
feriez de l'autostop *would hitchhike* **en sachant** *knowing*

6 Vous êtes à Québec en tant que° délégué(e) à un congrès international de jeunes. Vous avez une belle chambre au premier étage d'un hôtel. Un jour vous sentez° une drôle d'°odeur dans votre chambre. Vous remarquez de la fumée° sous la porte.

Que feriez-vous?

A. Vous téléphoneriez à la réception.
B. Vous ouvririez° la porte pour tirer° la sonnette° d'alarme qui est dans le couloir.
C. Vous ouvririez la fenêtre et vous sauteriez° dans la rue.

en tant que *as* **sentez** *smell* **une drôle d'** *a strange* **fumée** *smoke*
ouvririez *would open* **tirer** *to pull* **sonnette** *bell* **sauteriez** *would jump*

LA CHASSE AU TRÉSOR

Avant de lire

Voici une lecture différente: C'est une chasse au trésor qui permet aux participants de créer leur propre itinéraire. La carte à droite te donnera une idée générale du parcours. À chaque étape tu devras prendre une décision. Cette décision déterminera la suite de ta promenade. Bonne lecture . . . et bonne route!

Veux-tu participer à une chasse au trésor? C'est facile. Lis attentivement les instructions suivantes.

Dans ce texte, tu vas faire une promenade à vélo. Pendant cette promenade, tu devras choisir certaines options. Tu auras aussi l'occasion de découvrir certains objets cachés et de prendre certaines photos. Comment découvriras-tu le trésor? Essaie de rapporter le plus grand nombre d'objets et de photos. (Marque toutes ces choses sur une liste comme celle en bas de la page.) Mais attention, toutes ces choses (objets ou photos) ne sont pas équivalentes. Une seule te donnera l'accès au trésor!

Es-tu prêt(e) maintenant? Va au **DÉPART** et bonne chance!

Mots utiles

une chasse au trésor	treasure hunt	**la suite**	continuation
un parcours	route	**caché**	hidden
une étape	stage, lap	**rapporter**	to bring back

Je m'arrête...	De ma promenade, je ramène ...	
ÉTAPES	OBJETS	PHOTOS
10	•	• photo du lac
20	•	•
	•	•

LA CARTE

DÉPART

ARRIVÉE

1

2 MAISON

RESTAURANT

LAC

PLAGE

CAFÉ

3

FORÊT

FERME

ARBRE

GRANGE

AUTOROUTE A3

ROUTE DU NORD

ROND-POINT

4

ROUTE DU SUD

AUTOROUTE A3

O DÉPART

C'est samedi matin. Qu'est-ce que tu vas faire aujourd'hui? Cela dépend du temps. Tu écoutes la radio. La météo° annonce du beau temps avec possibilité d'averses dans l'après-midi. Tu décides de faire une promenade à vélo dans la campagne. Tu prends ton sac à dos. Dans ton sac, tu mets ton imperméable, ton maillot de bain, une lampe de poche, une carte de la région et ton nouvel appareil-photo Polaroid. Tous ces objets te seront peut-être utiles pendant ta promenade. Tu prends aussi une bouteille de limonade et deux sandwichs.

une averse

Va au 10

météo *weather report*

10 À MIDI

une pancarte

Il est midi. Tu as fait 20 kilomètres. Tu es un peu fatigué(e) et tu as faim. Tu t'arrêtes près d'un lac. Il y a une belle plage. Il y a aussi une pancarte qui indique:
Restaurant du Lac à 200 mètres.

Qu'est-ce que tu feras?

- Tu t'arrêteras cinq minutes. Tu mangeras tes sandwichs, puis tu continueras ta promenade.　　　Va au **20**

- Tu prendras une photo du lac et après tu feras un pique-nique sur la plage.　　　Va au **11**

- Tu iras au Restaurant du Lac.　　　Va au **101**

11 APRÈS LE PIQUE-NIQUE

Tu as mangé tes deux sandwichs et tu as bu de la limonade.
Tu es reposé(e) maintenant.

Qu'est-ce que tu feras après?

- Tu continueras ta promenade.　　　Va au **20**

- Tu iras nager.　　　Va au **12**

- Tu rentreras chez toi.　　　Va au **100**

Mots utiles

véritable	*real, true*
tout à coup	*suddenly*

12 SUR LA PLAGE

Tu mets ton maillot de bain et tu vas nager. C'est un véritable plaisir de nager ici. L'eau est pure et pas très froide. Tu nages pendant dix minutes et tu sors de l'eau.

Qu'est-ce que tu feras après?

- Tu t'habilleras et tu continueras ta promenade à vélo.

  Va au 20

- Tu prendras une photo de la plage et tu feras une petite promenade à pied.

  Va au 13

13 LE PORTE-MONNAIE

Tu marches sur une belle plage de sable fin. Tout à coup ton pied heurte quelque chose. Qu'est-ce que c'est? Tu cherches l'objet caché dans le sable. C'est un porte-monnaie. Tu ouvres ce porte-monnaie. Il n'y a pas de nom, pas d'adresse. Il y a seulement trois choses: un billet de 100 francs, un billet de loterie et une clé. Tu peux choisir seulement une chose.

le sable

un porte-monnaie

Qu'est-ce que tu choisiras?

- le billet de 100 francs

- le billet de loterie

- la clé

- Tu mettras la chose que tu as choisie dans ton sac et tu continueras ta promenade.

  Va au 20

20 LA MAISON ABANDONNÉE

Tu pédales, tu pédales . . . Maintenant, tu montes une côte. Oh là là, c'est difficile. Au sommet de la côte, tu aperçois une belle maison de pierre.

le sommet

une côte

monter la côte; la montée

descendre la côte; la descente

Ça y est! Tu es maintenant au sommet. Tu arrives devant la maison. Surprise, c'est une maison abandonnée! La porte principale est fermée à clé. Sur la porte, il y a un écriteau: «Interdiction d'entrer». Cette maison est mystérieuse et fascinante. Tu as bien envie de la visiter.

INTERDICTION D'ENTRER

un écriteau

Qu'est-ce que tu feras?

- Tu prendras une photo de la maison et tu continueras ta promenade.

Va au **30**

- Tu prendras une photo de la maison et ensuite tu exploreras la maison malgré l'interdiction.

Va au **21**

21 PAR QUELLE ENTRÉE?

D'accord, tu veux explorer la maison, mais comment entrer? Ce n'est pas si difficile. Tu fais le tour de la maison et tu découvres trois entrées possibles. À droite, il y a une échelle qui mène à un grenier. À gauche, il y a une petite trappe qui ouvre sur une cave. Derrière, il y a une fenêtre ouverte qui mène dans la cuisine.

faire le tour de

Qu'est-ce que tu feras?

- Tu monteras au grenier par l'échelle.

Va au **102**

- Tu descendras dans la cave par la trappe.

Va au **22**

- Tu entreras dans la cuisine par la fenêtre.

Va au **25**

Mots utiles			
malgré	*in spite of*	**mener**	*to lead*

22 DANS LA CAVE

Tu descends dans la cave. Il fait froid et humide . . .
Cette cave est vraiment très noire. Heureusement
tu as pris ta lampe de poche, mais est-ce que les piles
sont bonnes?

des piles

Vroum! Euh, qu'est-ce que c'est que ce bruit?
C'est une chauve-souris!

une chauve-souris

Ploc! Qu'est-ce que c'est que cet autre bruit?
C'est une brique qui vient de tomber.

une brique

**Est-ce que tu veux vraiment continuer
l'exploration de la cave?**

- Oui, tu continueras l'exploration de la cave.   **Va au** 23

- Non, mais tu entreras dans la maison
  par la fenêtre de la cuisine.   **Va au** 25

- Non, vraiment, cette maison est trop
  dangereuse. Tu sortiras de la cave et tu
  continueras ta promenade à vélo.   **Va au** 30

23 DANS LE TUNNEL

Tu continues l'exploration de la cave. (Tu as de la chance.
Ta lampe fonctionne bien!) Maintenant tu es dans
un tunnel.

Ploc! Une autre brique tombe.

Vroum! Une autre chauve-souris passe.

Tu avances très lentement. Tu arrives à
une bifurcation. Il y a un passage à droite
et un passage à gauche.

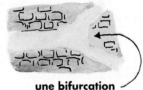

une bifurcation

Qu'est-ce que tu feras?

- Tu iras à droite.   **Va au** 24

- Tu iras à gauche.   **Va au** 104

24 LE PASSAGE DE DROITE

Le passage de droite mène à un mur. Tu ne peux pas continuer.
Le passage est bloqué. Tu es fatigué(e) et, avoue-le, tu as un peu peur!

Qu'est-ce que tu feras?

- Tu exploreras le passage de gauche. **Va au** 104

- Tu sortiras de la cave et tu continueras
  ta promenade à vélo. **Va au** 30

25 DANS LA CUISINE

Tu réussis à entrer dans la cuisine par la fenêtre.
(C'est assez facile parce que tu es très athlétique.)

Cette cuisine n'est vraiment pas très hospitalière.
Les murs, autrefois blancs, sont maintenant gris.
Il y a des toiles d'araignée partout. Au centre
de la cuisine, il y a une vieille table de métal.
Autour de la table, il y a six chaises cassées.
À gauche, il y a un placard avec l'inscription: «Attention! Danger!»
À droite, il y a un buffet. En face de la fenêtre, il y a une porte fermée.
Tu peux faire seulement l'une des choses suivantes.

une toile d'araignée

Qu'est-ce que tu feras?

- Tu ouvriras le placard. **Va au** 103

- Tu ouvriras le buffet. **Va au** 26

- Tu ouvriras la porte. **Va au** 27

Mots utiles

avouer	*to admit*	**au centre de**	*in the middle of*
hospitalier (hospitalière)	*welcoming*	**autour de**	*around*
partout	*everywhere*	**en face de**	*opposite,*
un dessin	*drawing, picture*		*across from*
vide	*empty*		
sauf	*except*		

26   LE BUFFET

Le buffet est un buffet ancien. Il y a trois tiroirs.
Dans chaque tiroir, il y a un objet différent.
Dans le premier tiroir, il y a un pot de confiture.
Dans le second tiroir, il y a une assiette avec
un dessin qui représente un homme à cheval et
l'inscription: «Waterloo 1814». Cette assiette
est cassée. Dans le troisième tiroir, il y a
une enveloppe avec des vieilles photos représentant
des gens habillés à la mode de 1900.

un tiroir

Tu peux prendre seulement un objet avec toi.

Quel objet choisiras-tu?

- le pot de confiture?

- l'assiette?

- l'enveloppe avec les photos?

- Prends l'objet que tu as choisi et
  continue ta promenade à vélo.   **Va au** `30`

27   DANS LA SALLE À MANGER

Tu ouvres la porte. Tu entres dans une grande pièce. C'est
probablement la salle à manger de la maison. Cette pièce est
complètement vide. Il n'y a rien sauf un portrait ancestral au mur.
Ce portrait représente une belle jeune femme avec un grand
chapeau. Tu prends une photo de ce portrait.

Il y a deux autres portes, mais elles sont fermées à clé.

Qu'est-ce que tu feras?

- Tu quitteras la maison et tu continueras
  ta promenade à vélo.   **Va au** `30`

- Tu descendras dans la cave
  par la petite trappe.   **Va au** `22`

30   LA PLUIE

Maintenant tu descends la côte. La descente est beaucoup plus facile que la montée.

Le paysage est magnifique. La route traverse d'abord une forêt de sapins. Ensuite, elle traverse des prairies et des champs couverts de fleurs. Là-bas, au loin, on peut voir une rivière. Malheureusement, il y a maintenant de gros nuages noirs dans le ciel. Bientôt, la pluie commence à tomber. Tu mets ton imperméable. La pluie devient plus forte. Il y a des éclairs et du tonnerre. Tu décides de t'arrêter. Oui, mais où trouver un abri?

Heureusement, il y a plusieurs possibilités. Sur le bord de la route, il y a un grand arbre. Un peu plus loin, il y a une grange. Si tu continues par un petit chemin, il y a une ferme avec une grande cheminée.

un sapin

un nuage

un éclair

du tonnerre

un abri

au bord de

Qu'est-ce que tu feras?

- Tu iras sous l'arbre.   **Va au** 105

- Tu iras dans la grange.   **Va au** 31

- Tu iras dans la ferme.   **Va au** 106

31   DANS LA GRANGE

La grange n'est pas fermée à clé. Tu entres. Cette grange est en réalité un garage. À l'intérieur, il y a une grosse Peugeot noire.

C'est drôle, mais tu as l'impression que tu as vu cette Peugeot quelque part. Oui, mais où? Tu ne te souviens pas. Tu inspectes de près la Peugeot. Tiens, c'est bizarre. Les roues sont blanches. Sur le capot, il y a un masque de ski. Tu regardes à l'intérieur. Sur le siège arrière, il y a un talkie-walkie. Tu es vraiment très intrigué(e).

le capot

le siège arrière

Qu'est-ce que tu feras?

- Tu ouvriras la porte de la Peugeot et tu prendras le talkie-walkie.   **Va au** 107

- Tu prendras le masque de ski.   **Va au** 40

- Tu prendras une photo de la Peugeot.   **Va au** 40

40 LE ROND-POINT

La pluie a cessé de tomber maintenant. Tu peux ôter ton imper, remonter sur ton vélo et continuer ta promenade. Tu regardes ta montre. Oh là là, il est six heures du soir. Tu es pressé(e) de rentrer chez toi, et puis tu commences à être fatigué(e).

Tu arrives à un rond-point. Il y a trois possibilités pour rentrer chez toi. Tu peux prendre l'autoroute A3. Le problème, c'est qu'il y a toujours beaucoup de circulation. Tu peux prendre la route du nord. C'est une petite route pittoresque avec un café où tu peux t'arrêter. Le problème, c'est que cette route n'est pas en très bon état. Tu peux prendre la route du sud. Le problème, c'est que cette route n'est pas très intéressante.

Quelle route choisiras-tu?

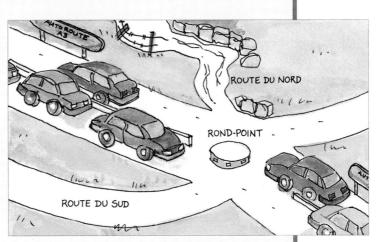

- Tu prendras l'autoroute A3. **Va au** 108

- Tu choisiras la route du nord. **Va au** 109

- Tu prendras la route du sud. **Va au** 110

Mots utiles			
le paysage	landscape, scenery	**ôter**	to take off
le ciel	sky	**une autoroute**	toll road
à l'intérieur	inside	**la circulation**	traffic
quelque part	somewhere	**en bon état**	in good shape (condition)

100

Ce n'est pas chez toi que tu trouveras le trésor.

Retourne au **et choisis une autre option.**

101

Tu n'as pas de chance. Quand tu arriveras au restaurant, tu verras une pancarte qui dit: «Fermé le samedi».

Retourne au **et choisis une autre option.**

102

Fais attention! Ne monte pas sur cette échelle. Elle n'est pas solide. Si tu montais, tu risquerais de tomber et de te casser le cou. Qui viendrait à ton secours?

Choisis une autre option: **ou**

103

Mais pourquoi est-ce que tu as ouvert le placard? À l'intérieur, il y a un squelette! Oui, un squelette humain!

un squelette

Vraiment, tu as très peur! Tu sautes par la fenêtre. Tu montes sur ton vélo et tu quittes la maison à toute vitesse.

Va au

sauter par la fenêtre

(Ne t'inquiète pas. Le squelette que tu as vu est un squelette utilisé dans les laboratoires d'école. L'ancien propriétaire de la maison était en effet un professeur d'anatomie qui, pour des raisons inconnues, gardait ce squelette dans le placard de sa cuisine.)

Mots utiles

casser	to break	**énorme**	enormous
inconnu	unknown	**féroce**	ferocious
garder	to keep		

104

Tu as eu une bonne intuition. Après quelques mètres, tu trouves une porte. Cette porte est ouverte. Elle donne dans une petite salle. Avec ta lampe de poche, tu regardes l'intérieur de la salle. Dans un coin il y a trois sacs.

un coin

Tu prends un sac. Oh là là, il est lourd! Qu'est-ce qu'il y a dedans? Tu regardes avec ta lampe. Il y a des pièces de métal jaune. Est-ce que tu as découvert le trésor?

une pièce

Attends! L'histoire n'est pas finie! Tu prends quelques pièces que tu mets dans ton sac à dos. Tu sors de la cave et tu continues ta promenade à vélo.

Va au 30

105

Ne va pas sous l'arbre. Tu sais bien qu'il est très dangereux de se mettre sous un arbre quand il y a un orage!

Retourne au 30 **et choisis une autre option.**

106

Tu vas vers la ferme. Quand tu arrives à la ferme, tu vois un énorme chien. C'est un berger allemand. Bien sûr, il est attaché avec une chaîne, mais il a l'air très, très féroce.

un berger allemand

Fais demi-tour et va dans la grange. C'est plus prudent.

faire demi-tour

Va au 31

107

Ça, vraiment, ce n'est pas une bonne idée. D'abord, c'est illégal de prendre quelque chose qui n'est pas à soi.° Et puis, la Peugeot est équipée d'un système d'alarme. Si tu ouvrais la porte, tu déclencherais ce système d'alarme.

Retourne au 31 et choisis une autre option.

qui n'est pas à soi *that doesn't belong to you*

108

Oh là là! Qu'est-ce que c'est? Oh là là, mon Dieu! C'est une voiture de la gendarmerie. Ne sais-tu pas qu'il est absolument interdit de circuler à vélo sur une autoroute? Tu dois payer une amende de 100 francs et retourner au rond-point.

une voiture de la gendarmerie

Retourne au 40 et choisis une autre option.

109

C'est vrai, cette route est en mauvais état. Ta roue avant heurte une pierre très pointue° et tu as une crevaison. Impossible de réparer ta roue. Tu n'as pas les outils nécessaires. Tu dois faire de l'auto-stop. Heureusement, un automobiliste généreux s'arrête et t'amène directement chez toi. (Et il a même la gentillesse d'embarquer ton vélo dans son coffre.)

une roue

une pierre

une crevaison

faire de l'auto-stop

Va à 200 ARRIVÉE

un coffre

des outils

pointue *sharp*

Mots utiles			
déclencher l'alarme	*to set off the alarm*	**même**	*even*
interdit	*forbidden, illegal*	**la gentillesse**	*kindness*
une amende	*fine*		

110

C'est vrai, cette route n'est pas très pittoresque, mais elle est en bon état et il n'y a pas beaucoup de circulation. Tu arrives chez toi fatigué(e) mais content(e) de ta journée.

Va à **200** ARRIVÉE

200 ARRIVÉE

Tu es enfin chez toi! Qu'est-ce que tu vas faire maintenant? D'abord, tu vas prendre un bain. Ensuite, tu vas dîner. Pendant le dîner, tu racontes les détails de ta journée à ta famille. Après le dîner, tu ouvres ton sac à dos et tu vérifies la liste de tous les objets que tu as trouvés et de toutes les photos que tu as prises.

un bain

OBJETS	PHOTOS
• clé	• photo du lac
• enveloppe	• photo de la maison

Est-ce qu'il y a les choses suivantes sur ta liste?

- le billet de loterie?
- les pièces de métal jaune?
- la photo de la Peugeot?

• Si tu n'as trouvé aucune de ces choses, **va au** **300**

• Si tu as le billet de loterie,  **va au** **301**

• Si tu as les pièces, **va au** **302**

• Si tu as la photo de la Peugeot,  **va au** **400**

300

Tu as fait une belle promenade, mais tu n'as rien trouvé de très intéressant. Si tu veux découvrir le trésor, recommence ta promenade demain matin.

Retourne à **0** **DÉPART** et essaie de trouver les trois choses de la liste.

À la fin de ta promenade, va au **400**.

301

On ne gagne pas souvent quand on joue à la loterie. Mais aujourd'hui, tu as de la chance. Le billet de loterie que tu as trouvé gagne 1 000 francs. (C'est beaucoup d'argent, mais ce n'est pas le trésor.)

- Si tu as aussi les pièces, **va au** **302**
- Si tu as aussi la photo de la Peugeot, **va au** **400**
- Si tu as seulement le billet de loterie, **retourne demain matin au** **20** et cherche les deux choses que tu n'as pas rapportées de ta promenade.

Continue ta promenade jusqu'à **200** **ARRIVÉE**

Va ensuite au **400**

302

Qu'est-ce que c'est que ce métal jaune? Est-ce que c'est de l'or? Mais non, c'est du cuivre. Et ces pièces de cuivre ne sont pas très anciennes. Leur valeur? À peu près 500 francs. Ce n'est pas le trésor.

- Si tu as aussi la photo de la Peugeot, **va au** **400**
- Si tu n'as pas la photo, **retourne au** **30**

Prends la photo et continue ta promenade jusqu'à **200** **ARRIVÉE**

Va ensuite au **400**

Mots utiles			
la fin	end	**la valeur**	value
le cuivre	copper	**la prime**	reward

Tu as eu raison de prendre la photo de la Peugeot. Évidemment, ce n'est pas le trésor. Mais c'est la clé du trésor.

Souviens-toi! Quand tu es entré(e) dans la grange, tu as eu la vague impression d'avoir vu cette Peugeot quelque part. Après le dîner, tu as montré les photos que tu avais prises à ta sœur. Elle, elle a reconnu immédiatement la Peugeot. La photo était en première page du journal de samedi. C'est la voiture utilisée par le célèbre gangster Jo Lagachette quand il a attaqué la Banque Populaire la semaine dernière. Tu sais où il a caché la voiture. Tu peux apporter ce renseignement à la police. Elle va arrêter le gangster et toi, tu vas gagner la prime offerte par la Banque Populaire: 100 000 francs. Ça, c'est le trésor!

L'ART DE LA LECTURE

Words that look alike in French and English but have *different* meanings are FALSE COGNATES. (The French call them **faux amis** or *false friends*.)

You encountered several as you were searching for the treasure:

une cave	is	*a cellar*	and not	*a cave*	**(une caverne)**
un pot	is	*a jar*	and not	*a pot*	**(une casserole)**
un coin	is	*a corner*	and not	*a coin*	**(une pièce)**
une pièce	is	*a coin*	and not	*a piece*	**(un morceau)**

You also are familiar with these false cognates:

attendre	means	*to wait*	and not	*to attend*	**(assister à)**
assister (à)	means	*to attend*	and not	*to assist*	**(aider)**
quitter	means	*to leave*	and not	*to quit*	**(abandonner)**
rester	means	*to stay*	and not	*to rest*	**(se reposer)**
crier	means	*to yell*	and not	*to cry*	**(pleurer)**
une lecture	means	*a reading*	and not	*a lecture*	**(une conférence)**

UNITÉ

9

Bonne route

Cabine

EN PANNE ?

CHAMBRE DE METIERS DE PARIS
«Artisan Service». Tél. 47.20.91.91.
CHAMBRE SYNDICALE NATIONALE
DU COMMERCE ET DE LA
REPARATION AUTOMOBILE.
Tél. 45.82.71.17

STOP

P

Codoroute

doroute

CAA
QUÉBEC
AAA

SOCIÉTÉ DE L'ASSURANCE
AUTOMOBILE DU QUÉBEC

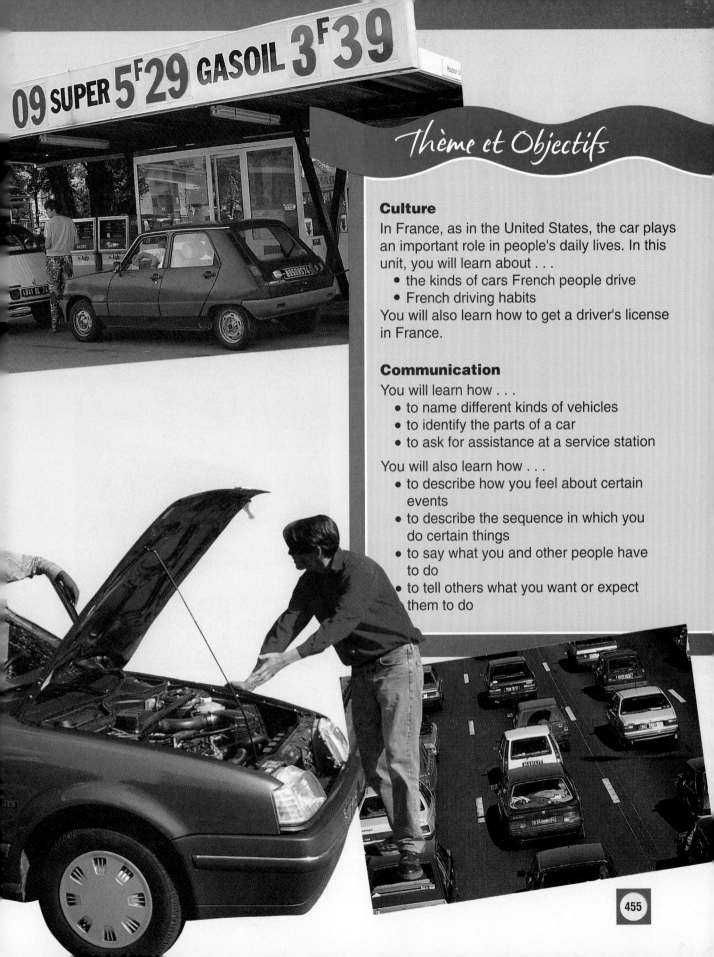

09 SUPER 5F29 GASOIL 3F39

Thème et Objectifs

Culture

In France, as in the United States, the car plays an important role in people's daily lives. In this unit, you will learn about . . .
- the kinds of cars French people drive
- French driving habits

You will also learn how to get a driver's license in France.

Communication

You will learn how . . .
- to name different kinds of vehicles
- to identify the parts of a car
- to ask for assistance at a service station

You will also learn how . . .
- to describe how you feel about certain events
- to describe the sequence in which you do certain things
- to say what you and other people have to do
- to tell others what you want or expect them to do

33

LE FRANÇAIS
PRATIQUE

En voiture

En 1862, un ingénieur français, Alphonse Beau de Rochas, inventait le principe du moteur «à quatre temps». Cette invention a permis le développement de la voiture moderne. Aujourd'hui la France est le quatrième pays producteur d'automobiles du monde, après le Japon, les États-Unis et l'Allemagne. Il y a deux grands constructeurs d'automobiles: Renault et Peugeot-Citroën. Ces constructeurs produisent toute une gamme de véhicules, y compris voitures de tourisme, voitures de sport, minivans, camping cars et camions de toutes sortes.

1. La Peugeot 205 est une des voitures les plus populaires en France. Elle est petite, très économique ... et très rapide. On dit que c'est une voiture «musclée».

2. Les jeunes Français n'apprennent pas à conduire au lycée ou au collège. Pour cela, ils vont dans des «auto-écoles». Ces auto-écoles sont des écoles privées qui coûtent généralement très cher. On estime que pour obtenir le permis de conduire, il faut dépenser en moyenne 4 000 à 5 000 francs (ou 700 à 800 dollars) en leçons.

3. Quand ils sont au volant, les Français conduisent bien . . et vite. Sur les autoroutes, la vitesse est limitée à 130 kilomètres/heure. Dans les villes, elle est limitée à 50 kilomètres/heure. Attention! Si vous ne respectez pas cette limitation de vitesse, vous pouvez recevoir une contravention.

4. Les «24 heures du Mans» sont une grande course automobile. Cette course a lieu chaque année en juin sur le circuit du Mans, une ville qui a joué un rôle important dans le développement de l'industrie automobile en France. Comme son nom l'indique, la course dure exactement 24 heures. Elle commence un samedi après-midi à quatre heures et finit le dimanche à quatre heures aussi. Le vainqueur est le pilote qui a couvert la plus grande distance pendant cette période de temps.

Cinquante-cinq voitures participent à la course. Il y a deux pilotes par voiture. Ces pilotes se relaient pendant le jour et la nuit. Pendant la course, les voitures s'arrêtent pour changer de pneus et prendre de l'essence. Les «24 heures du Mans» sont un test d'endurance pour les pilotes et pour les voitures aussi!

Est-ce que tu as
le permis de conduire?

Non, je ne sais pas conduire.

A. La conduite *(Driving)*

—Est-ce que tu as **le permis de conduire?**
—Non, je ne sais pas **conduire.**

—Est-ce que tu vas apprendre à conduire?
—Oui, je vais **suivre des cours**
   dans **une auto-école.**

> **un permis de conduire:** *driver's license*
> **conduire:** *to drive*

> **suivre un cours:** *to take a class*
> **une auto-école:** *driving school*

	conduire		suivre	
PRESENT	je **conduis** nous **conduisons**		je **suis** nous **suivons**	
	tu **conduis** vous **conduisez**		tu **suis** vous **suivez**	
	il/elle/on **conduit** ils/elles **conduisent**		il/elle/on **suit** ils/elles **suivent**	
PASSÉ COMPOSÉ	j'**ai conduit**		j'**ai suivi**	

➡ **Suivre** has two meanings:

| *to follow* | La voiture rouge **suit** le camion. |
| *to take (a class)* | Hélène **suit** des cours de piano. |

On peut conduire:

une voiture   **une voiture de sport**   **une décapotable**

un camion   **une camionnette**   **un minivan**

1 Questions personnelles

1. As-tu une voiture favorite? Quelle est sa marque *(make)*? Est-ce que c'est une voiture confortable? rapide? spacieuse *(roomy)*? économique?
2. Dans ta famille, qui sait conduire? En général, qui conduit quand vous faites un voyage?
3. Est-ce que tu sais conduire? Si oui, depuis combien de temps est-ce que tu as le permis? Sinon *(If not)*, est-ce que tu suis des cours? Où? Quand est-ce que tu vas avoir le permis?
4. Est-ce que tu voudrais avoir une décapotable? Pourquoi ou pourquoi pas?
5. Préférerais-tu avoir une voiture ou un minivan? Pourquoi?
6. Est-ce que tu as conduit une mobylette *(moped)*? une moto? Quand?
7. Est-ce que tu as suivi des cours de danse? des cours de piano? Quand et où?

■NOTE■ CULTURELLE

Le permis de conduire

Pour conduire en France, il faut avoir le permis de conduire et être âgé de 18 ans. Pour avoir ce permis, il faut réussir à un examen très difficile. Cet examen consiste en deux parties: une partie théorique sur le code de la route° et une partie pratique de conduite. Beaucoup de gens échouent° à cette épreuve° pratique et doivent se présenter plusieurs fois à l'examen avant d'obtenir le permis.

Les jeunes Français de 16 ans peuvent conduire une voiture, mais à deux conditions. D'abord, ils doivent suivre des cours dans une auto-école. Ensuite, quand ils conduisent, ils doivent être accompagnés par un adulte âgé d'au moins 25 ans qui a le permis.

code de la route *highway code*   **échouent** *fail*
épreuve *test*

B. À la station-service

La voiture

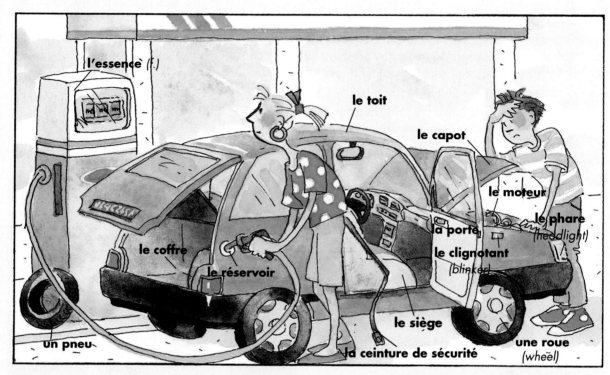

l'essence (f.)

le toit

le capot

le moteur

le phare (headlight)

le coffre

le réservoir

la porte

le clignotant (blinker)

le siège

un pneu

la ceinture de sécurité

une roue (wheel)

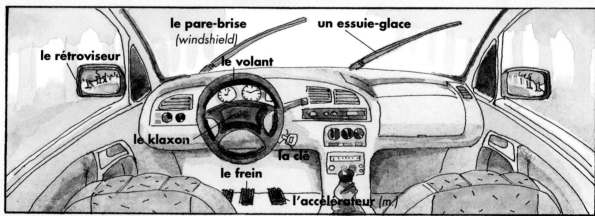

le pare-brise (windshield)

un essuie-glace

le rétroviseur

le volant

le klaxon

la clé

le frein

l'accélérateur (m.)

Avant de partir en voyage, il faut . . .

faire le plein d'essence
nettoyer le pare-brise
vérifier | **l'huile** (f.)
        | **les freins**
        | **les pneus**

> **faire le plein:** *fill it up*

> **vérifier:** *to check*

2 Une leçon de conduite

Complétez les phrases suivantes avec les mots qui conviennent.

1. Quand on conduit, il est prudent de mettre . . .
2. Quand on conduit la nuit, il faut mettre . . .
3. Quand on tourne à droite ou à gauche, il faut mettre . . .
4. Quand il pleut, on met . . .
5. On met l'essence dans . . .
6. On met les valises dans . . .
7. Pour s'arrêter, il faut appuyer sur *(step on)* . . .
8. Quand on veut vérifier l'huile, il faut ouvrir . . .
9. Quand on conduit, on doit garder *(keep)* les deux mains sur . . .
10. Tous les 40 000 ou 50 000 kilomètres, il est recommandé de changer . . .

GARAGE DE L'AVENIR
S.A.R.I.
AGENT RENAULT TOLLARI
Boutique - Pièces
Carrosserie - Mécanique
431, Route de la Gare - 83110 Sanary
☎ 94 07 25 26

Au Jour Le Jour

Si vous conduisez en France et vous arrivez à une intersection, il est essentiel de savoir qui a la priorité.

Voici trois panneaux que vous devez reconnaître:

Vous avez la priorité.   Vous n'avez pas la priorité.   La voiture qui vient de la droite a la priorité.

Regardez les trois illustrations tirées d'un manuel du Code de la Route. Essayez de déterminer l'ordre de passage des voitures. Puis vérifiez vos réponses en lisant les solutions en bas de la page.

A.

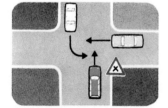

B.

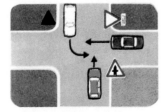

C.

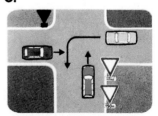

A. ORDRE DE PASSAGE DES VOITURES
1 - LA BLANCHE AVANCE JUSQU'AU CENTRE DE L'INTERSECTION
2 - LA JAUNE PASSE
3 - LA BLEUE PASSE
4 - LA BLANCHE LA DERNIÈRE

B. ORDRE DE PASSAGE DES VOITURES
1 - LA BLEUE PASSE
2 - LA BLANCHE PASSE DERRIÈRE LA BLEUE
3 - LA ROUGE PASSE LORSQUE LA ROUTE EST LIBÉRÉE

C. ORDRE DE PASSAGE DES VÉHICULES
1 - LA ROUGE PASSE
2 - LA JAUNE PASSE DERRIÈRE LA ROUGE
3 - LA BLEUE PASSE ENSUITE

Une leçon de conduite

Jérôme vient d'acheter une voiture. La voiture de Jérôme est une petite décapotable blanche. C'est une voiture d'occasion, mais elle marche bien et elle est assez rapide . . . Jérôme est très fier de sa nouvelle voiture.

Aujourd'hui, il va proposer une leçon de conduite à Pierre.

Tu veux que je te donne une leçon de conduite?

Ça dépend. Qui va conduire?

Moi . . . pour commencer.

Et moi, est-ce que je conduirai?

Bon, d'accord. Je veux bien aller avec toi, mais il faut absolument que je sois de retour à deux heures.

Oui enfin, . . . on verra.

Ah bon? Pourquoi?

Parce que j'ai rendez-vous avec Armelle.

Pierre et Jérôme montent dans la voiture. La leçon de conduite commence . . .

T'en fais pas! On sera de retour pour ton rendez-vous.

6027 TH 74

Pour démarrer, je mets le contact . . . Après, je passe en première.

Et qu'est-ce qu'il faut faire avant de partir?

Je ne sais pas, moi . . . Il faut klaxonner?

Mais non, tu sais bien qu'il est interdit de klaxonner en ville! . . .

Il faut bien regarder devant et derrière . . . et il faut indiquer qu'on va partir en mettant le clignotant. Regarde!

Après ces remarques préliminaires, Jérôme met finalement la voiture en marche . . .

Maintenant la voiture roule° la long du Lac d'Annecy. La vue est magnifique.

Jérôme remarque que Pierre ne fait pas attention.

Et c'est pas non plus en écoutant la radio!

à suivre . . .

Regarde donc ce que je fais . . . ce n'est pas en regardant dehors que tu apprendras à conduire!

● **Compréhension**

1. Qu'est-ce que Jérôme propose à Pierre?
2. Quelle est la condition de Pierre?
3. Qu'est-ce qu'on doit faire avant de partir?
4. Quelle est l'attitude de Pierre pendant la leçon?

roule *drives*

A. La construction: adjectif + *de* + infinitif

Note the use of the infinitive in the following sentences.

Je suis **heureux de faire** ta connaissance.　　*I am **pleased to meet** you.*
Catherine est **contente d'aller** à Genève.　　*Catherine is **happy to go** to Geneva.*
Nous sommes **tristes de partir.**　　*We are **sad to leave.***

Adjectives are often followed by an infinitive according to the construction:

> ADJECTIVE **+ de +** INFINITIVE

➡ A similar construction is used with nouns.

　　Je n'ai pas **le temps de jouer** au tennis.　　*I don't have **the time to play** tennis.*

---

1 Heureux ou tristes?

Dites si les personnes suivantes sont **heureuses** ou **tristes.**

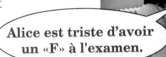

Alice est triste d'avoir un «F» à l'examen.

▶ Alice a un «F» à l'examen.

1. Catherine a un «A».
2. Corinne part en vacances cet été.
3. Philippe reste à la maison ce weekend.
4. Juliette sort avec un garçon sympathique.
5. François perd son match de tennis.
6. Pauline conduit la voiture de sport de son frère.
7. Christophe reçoit des lettres de sa copine.
8. Nicole a des problèmes avec son copain.

---

2 Pourquoi?

Choisissez une destination pour les personnes suivantes et dites pourquoi elles sont allées là-bas.

A	B	C
moi	à Québec	acheter une veste
vous	à la poste	acheter des timbres *(stamps)*
nous	au café	apprendre à conduire
Monsieur Rimbaud	dans les magasins	prendre de l'essence
Anne et Florence	à la station-service	réserver les billets d'avion
ma cousine	à l'agence de voyages	retrouver des copains
	à l'auto-école	apprendre le français

▶ **Vous êtes allés à Québec pour apprendre le français.**

B. La construction: préposition + infinitif

Note the use of the infinitive in the following sentences.

Je travaille **pour gagner** de l'argent. *I work **(in order) to earn** money.*
Prends de l'essence **avant de partir.** *Get gas **before leaving.***
Ne pars pas **sans mettre** ta ceinture. *Don't leave **without fastening** your seat belt.*

In French, the infinitive is used after prepositions such as **pour** *(in order to)*, **avant de** *(before)*, and **sans** *(without)*.

➡ While the expression *in order to* is often omitted in English, **pour** must be used in French.

3 Une question de priorité

On fait certaines choses avant d'en faire d'autres. Exprimez cela en utilisant la construction **avant de** + infinitif.

▶ Frédéric regarde la carte et il part.
Frédéric regarde la carte avant de partir.

1. Vous téléphonez et vous allez chez des amis.
2. Ils étudient et ils vont au cinéma.
3. Sylvie se brosse les cheveux et elle sort.
4. Nous suivons des cours et nous passons *(take)* l'examen.
5. Tu prends de l'essence et tu pars.
6. Nous achetons les billets d'avion et nous allons à Tahiti.
7. Je demande la permission et j'organise une boum.
8. Je me lave les mains et je dîne.
9. Tu mets le clignotant et tu tournes à gauche.
10. Monsieur Arnaud vérifie les pneus et il part en voyage.

4 Conseils *(Advice)*

On ne doit pas faire certaines choses sans en faire d'autres. Exprimez cela dans des dialogues.

▶ **Qu'est-ce que tu fais cet après-midi?**

Je vais aller en ville.

Eh bien, ne va pas en ville sans mettre ton manteau.

1. après le dîner
   sortir
   dire au revoir à tes parents
2. samedi matin
   aller au supermarché
   prendre de l'argent
3. cet été
   partir en vacances
   me donner ton adresse
4. ce soir
   prendre la voiture
   vérifier l'essence

C. La construction: *en* + participe présent

Read the following sentences, paying attention to the verbs in heavy print. These verbs are in a new form: the PRESENT PARTICIPLE.

J'écoute la radio en **étudiant.**   *I listen to the radio while **studying.***
Paul gagne de l'argent en **travaillant**   *Paul earns money by **working** in a*
dans une station-service.   *gas station.*

DIRIGEANTS - INGENIEURS - CADRES
STAGES DE FORMATION CONTINU
Vous étudiez en travaillant
CENTRALE
INSTITUT CENTRALIEN DES TECHNOLOGIES ET DU MANAGEMENT

FORMS

The present participle always ends in **-ant.** It is derived as follows:

STEM	+	ENDING
nous-form of present *minus* **-ons**		**-ant**

travailler:	nous **travaill**ons →	**travaillant**
finir:	nous **finiss**ons →	**finissant**
attendre:	nous **attend**ons →	**attendant**
aller:	nous **all**ons →	**allant**
prendre:	nous **pren**ons →	**prenant**

Kodak Photo CD
En créant une nouvelle dimension,
Kodak fait grandir l'émotion.
•L'ALBUM IDÉAL•

USES

The construction **en** + PRESENT PARTICIPLE is used to express:

- simultaneous action (***while** doing something*)
  Il écoute la radio **en lavant** sa voiture.   *He listens to the radio **while washing** his car.*

- cause and effect (***by** doing something*)
  Il gagne de l'argent **en lavant** des voitures.   *He earns money **by washing** cars.*

---

5 ▶ Comment?

Expliquez comment les personnes suivantes font certaines choses. (Si vous voulez, vous pouvez aussi expliquer comment vous faites les mêmes choses.)

▶ Christine/gagner de l'argent (faire du baby-sitting)

1. Pauline/rester en forme (faire de la gymnastique)
2. Robert/apprendre le français (écouter des cassettes)
3. Juliette/réussir à ses examens (étudier tous les jours)
4. Stéphanie/apprendre les nouvelles *(news)*
   (regarder la télé)
5. Jean-Paul/aider sa mère (faire la vaisselle)
6. Catherine/aider son père (laver la voiture)
7. Olivier/se reposer (écouter de la musique classique)
8. Nicolas/s'amuser (lire des bandes dessinées)

Christine gagne de l'argent en faisant du baby-sitting. Moi, je gagne de l'argent en travaillant dans un supermarché.

6 **Et vous?**

Dites si oui ou non vous faites les choses suivantes en même temps.

▶ écouter mon walkman? (faire du jogging)

1. écouter la radio? (étudier)
2. écouter les nouvelles *(news)*?
   (prendre le petit déjeuner)
3. regarder la télé? (dîner)
4. chanter? (prendre un bain)
5. parler à mes copains?
   (attendre le bus)
6. m'arrêter dans les magasins?
   (rentrer chez moi)

> **J'écoute mon walkman en faisant du jogging.**

(**Je n'écoute pas mon walkman en faisant du jogging.**)

À votre tour!

 1 **Pourquoi?**

Complétez les phrases suivantes en indiquant pour quelles raisons vous voudriez faire ou avoir certaines choses. Utilisez la construction **pour** + infinitif. Ensuite comparez vos réponses avec celles d'un(e) camarade.

- Je voudrais avoir de l'argent . . .
- Je voudrais avoir une voiture . . .
- Je voudrais aller à l'université . . .
- Je voudrais aller en France . . .
- Je voudrais être riche . . .

> **Moi, je voudrais avoir de l'argent pour acheter une guitare.**

▶ —Moi, je voudrais avoir de l'argent pour acheter une guitare.
   Et toi, Philippe?
—Moi, je voudrais avoir de l'argent pour faire un voyage.

	MOI	PHILIPPE
avoir de l'argent	pour acheter une guitare	pour faire un voyage
avoir une voiture	pour venir à l'école	

LECTURE

Le test du bon conducteur

Un jour ou l'autre, vous conduirez une voiture. Pour juger si vous êtes bien qualifié(e), complétez les phrases suivantes avec l'option qui vous semble être la meilleure.

1

Avant de partir pour un long voyage, il est très important de . . .
- A. laver la voiture
- B. vérifier les pneus et les freins
- C. acheter des lunettes de soleil

2

Avant de démarrer, il faut . . .
- A. mettre sa ceinture de sécurité
- B. se regarder dans la glace
- C. mettre les phares

3

En conduisant, il est toujours prudent de . . .
- A. mettre la radio
- B. fermer les fenêtres
- C. regarder souvent dans le rétroviseur

4

Quand il neige, il est recommandé de . . .
- A. mettre de l'eau dans le radiateur
- B. accélérer aux feux rouges°
- C. conduire lentement

5

En traversant une ville, il faut . . .
- A. klaxonner
- B. ralentir
- C. accélérer

feux rouges *red lights*

6

En arrivant devant un feu rouge, il faut . . .
- A. changer de voie°
- B. mettre le frein à main
- C. s'arrêter progressivement

7

Avant de doubler une autre voiture, il faut . . .
- A. nettoyer le pare-brise
- B. vérifier les freins
- C. signaler avec le clignotant

8

Pour s'arrêter, il faut . . .
- A. arrêter le moteur
- B. enlever la ceinture de sécurité
- C. appuyer° sur le frein

9

En sortant de la voiture, il ne faut pas oublier de . . .
- A. ouvrir le coffre
- B. prendre les clés
- C. faire le plein d'essence

voie *lane*   **appuyer** *to step on*

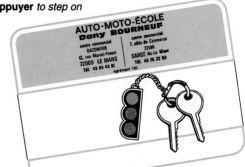

AUTO-MOTO-ÉCOLE
Dany BOURNEUF

centre commercial
GAZONIER
12, rue Marcel-Proust
72000 LE MANS
Tél. 43 85 43 81

centre commercial
7, allée du Commerce
72190
SARGÉ-lès-Le Mans
Tél. 43 76 22 93

agrément 190

Mots utiles: La conduite

Un conducteur/Une conductrice peut . . .

• **mettre/garder/enlever sa ceinture**	*to put on/keep on/take off one's seatbelt*
• **démarrer/s'arrêter/arrêter le moteur**	*to start/stop/stop the engine*
• **accélérer/ralentir**	*to accelerate, speed up/slow down*
• **klaxonner**	*to honk*
• **doubler**	*to pass*

Résultats

Marquez un point pour les réponses suivantes:1-B, 2-A, 3-C, 4-C, 5-B, 6-C, 7-C, 8-C, 9-B.
• Si vous avez huit ou neuf points, vous êtes un excellent conducteur/une excellente conductrice.
• Si vous avez cinq à sept points, vous devez prendre des leçons.
• Si vous avez moins de cinq points, prenez le bus.

Dans l'épisode précédent, Jérôme a proposé à Pierre de lui donner une leçon de conduite. Pierre a accepté l'offre de son frère, mais à deux conditions. Il faut que Jérôme le laisse conduire la voiture et il faut aussi qu'il soit de retour pour son rendez-vous avec Armelle. Jérôme et Pierre sont finalement partis. Maintenant, Pierre veut conduire.

Dis donc, tu me laisses conduire?

Pas sur cette route! C'est trop dangereux. Il faut qu'on trouve une petite route où il n'y a pas trop de circulation.

Jérôme trouve une petite route de campagne.

Pierre attend impatiemment son tour.

Finalement Jérôme décide de le laisser conduire. Il arrête la voiture.

Pierre a hâte de prendre le volant.

Bon, tu vas conduire! Mais il faut que tu sois très prudent!

T'en fais pas. Je suis la prudence même.

Au moment où Pierre va démarrer,° il remarque quelque chose.

Regarde! L'aiguille° est à zéro!

Zut! Il faut qu'on prenne de l'essence.

aiguille *pointer, needle*
démarrer *to start up (a car)*

Mais il n'y a pas de station-service sur cette route.

Il faut qu'on fasse demi-tour. Je vais reprendre le volant.

Pierre et Jérôme changent de place à nouveau . . .

La voiture fait demi-tour.°

Stop . . . stop!

La voiture s'arrête. Jérôme met le triangle signalant que la voiture est en panne.°

Pierre et Jérôme partent dans des directions différentes.

Eh bien, il faut que je trouve une station-service.

Et moi, il faut que je trouve une cabine téléphonique pour téléphoner à Armelle.

Pierre marche sur la route.

Finalement, il trouve une cabine téléphonique.

Il explique à Armelle pourquoi il est retard.

Salut Armelle! Tu ne sais pas ce qui m'arrive . . . Écoute! Ce n'est pas de ma faute . . . Bon, alors, dans ce cas, il faut que tu viennes me chercher . . .

Compréhension

1. Où se passe la scène?
2. Quel est le problème?
3. Que fait Jérôme à la fin de la scène?
4. Que fait Pierre?
5. Qu'est-ce que Pierre demande à Armelle?

à suivre . . .

demi-tour *u-turn*
en panne *broken down*

A. Le subjonctif: formation régulière

In the following sentences, people are being told what to do. To express NECESSITY or OBLIGATION, the French use a verb form called the SUBJUNCTIVE. In the sentences below, the verbs in heavy print are in the subjunctive.

Il faut **que tu conduises** bien.

*It is necessary **that you drive** well.*
(You have to drive well.)

Il faut **que je mette** ma ceinture de sécurité.

*It is necessary **that I fasten** my seat belt.*
(I have to fasten my seat belt.)

> The SUBJUNCTIVE is a verb form that occurs frequently in French. It is used after certain verbs and expressions in the construction:

VERB OR EXPRESSION **+ que +** SUBJECT + SUBJUNCTIVE VERB . . .
Il faut **que** Paul **réponde** à la question.

➡ The subjunctive is always introduced by **que.**

Il faut qu'on avance le monde, sans faire reculer la terre.

Tetra Pak allie les performances de ses emballages avec le respect de l'environnement.

Tout reste intact.

FORMS

For all regular verbs and many irregular verbs, the subjunctive is formed as follows:

SUBJUNCTIVE STEM	+	SUBJUNCTIVE ENDINGS
ils-form of the present *minus* **-ent**		

Note the subjunctive forms of the regular verbs **parler, finir, vendre,** and the irregular verb **sortir.**

INFINITIVE		parler	finir	vendre	sortir	SUBJUNCTIVE ENDINGS
PRESENT STEM	ils	**parlent** **parl-**	**finissent** **finiss-**	**vendent** **vend-**	**sortent** **sort-**	
SUBJUNCTIVE	que je	**parle**	**finisse**	**vende**	**sorte**	-e
	que tu	**parles**	**finisses**	**vendes**	**sortes**	-es
	qu'il/elle/on	**parle**	**finisse**	**vende**	**sorte**	-e
	que nous	**parlions**	**finissions**	**vendions**	**sortions**	-ions
	que vous	**parliez**	**finissiez**	**vendiez**	**sortiez**	-iez
	qu'ils/elles	**parlent**	**finissent**	**vendent**	**sortent**	-ent

1 Le subjonctif, s'il vous plaît!

Pour chaque verbe du tableau, donnez la forme **ils** du présent. Ensuite, complétez les phrases correspondantes avec le subjonctif.

Il faut que j'écoute le professeur.

Il faut que vous écoutiez le professeur.

INFINITIF	PRÉSENT	SUBJONCTIF
▶ écouter	[ils écoutent]	Il faut que (je, vous) . . . le professeur.
1. téléphoner	[ils . . .]	Il faut que (tu, nous) . . . à Jean-Claude.
2. assister	[ils . . .]	Il faut que (Marc, mes copains) . . . à la conférence.
3. finir	[ils . . .]	Il faut que (je, vous) . . . ce livre.
4. réussir	[ils . . .]	Il faut que (tu, les élèves) . . . à l'examen.
5. attendre	[ils . . .]	Il faut que (Madame Moreau, nous) . . . le taxi.
6. répondre	[ils . . .]	Il faut que (tu, Véronique) . . . à l'invitation.
7. lire	[ils . . .]	Il faut que (je, nous) . . . ce roman.
8. écrire	[ils . . .]	Il faut que (vous, Sophie) . . . à Catherine.
9. partir	[ils . . .]	Il faut que (je, Marc et Julie) . . . à deux heures.
10. mettre	[ils . . .]	Il faut que (nous, Olivier) . . . la ceinture de sécurité.

B. L'usage du subjonctif après *il faut que*

Note the use of the subjunctive after **il faut que** in the sentences below.

Il faut que je **finisse** mon travail.   *I **must (have to) finish** my work.*
Il faut que vous **répariez** la voiture.   *You **must (have to) fix** the car.*

To state what specific people *must do* or *have to do,* the French often use the construction:

> **il faut que** + SUBJUNCTIVE

→ Note that:
- **il faut** + INFINITIVE expresses a general, impersonal obligation.
- **il faut que** + SUBJUNCTIVE expresses a personal obligation.

Il faut étudier.   *One has to study.*
Il faut que Marc étudie.   *Marc has to study.*

IL FAUT QU'ON CHANGE «L'EMMENTALITÉ . . . »

Avec l'Emmental Grand Cru sur votre plateau de fromages . . .

---

2 Oui ou non?

Dites si oui ou non vous devez faire les choses suivantes à la maison.

▶ aider ton frère?

Oui, il faut que j' aide mon frère.

(Non, il ne faut pas que j'aide mon frère.)

1. étudier?
2. finir tes devoirs avant de dîner?
3. laver la voiture?
4. ranger ta chambre?
5. mettre la table?
6. sortir les ordures *(take out the garbage)*?
7. passer l'aspirateur *(run the vacuum)*?
8. tondre la pelouse *(mow the lawn)*?

3 Avant le départ

La famille Aubin habite à Montréal. Madame Aubin dit à son fils Guy ce qu'il doit faire avant de partir passer un mois avec une famille en Normandie. Jouez les deux rôles.

MME A: **Guy, il faut que tu cherches ton passeport.**
GUY: **D'accord, je vais chercher mon passeport.**

☐ chercher ton passeport
☐ passer à l'agence de voyages
☐ réserver ton billet d'avion
☐ acheter une carte de France
☐ préparer tes valises
☐ choisir des cadeaux pour tes hôtes

---

4 Je regrette, mais . . .

Vous invitez vos camarades à faire certaines choses. Malheureusement, ils doivent faire d'autres choses. Composez et jouez les dialogues.

▶ —**Dis, est-ce que tu veux <u>aller au cinéma</u> avec moi?**
—**Je regrette, mais je ne peux pas.**
—**Ah bon? Pourquoi?**
—**Il faut que je <u>dîne avec mes parents</u>.**

INVITATIONS	EXCUSES POSSIBLES
▶ aller au cinéma	
1. sortir	• aider ma mère
2. dîner au restaurant	• finir mes devoirs
3. jouer au volley	• rentrer chez moi
4. faire une promenade	• dîner avec mes parents
5. voir un film	• rendre visite à un copain
6. aller au concert	• écrire à ma grand-mère
	• lire un livre

5 Qu'est-ce qu'il faut faire?

Dites ce que chacun doit faire dans les circonstances suivantes.

▶ Nous recevons des invités *(guests)* ce soir.

- toi / mettre la table
  Il faut que tu mettes la table.
- nous / préparer le repas
  Il faut que nous préparions le repas.

1. Nous faisons une promenade en voiture.
   - toi / chercher la carte
   - moi / choisir l'itinéraire
   - vous / mettre vos ceintures
   - Marc / conduire prudemment *(carefully)*

2. Nous avons une panne *(breakdown)*.
   - nous / nous arrêter
   - moi / vérifier les pneus
   - vous / téléphoner au mécanicien
   - le mécanicien / changer la roue

3. Nous allons faire du camping ce weekend.
   - moi / vérifier la tente
   - Mélanie / acheter un sac de couchage
   - toi / réparer le réchaud
   - vous / apporter une lampe électrique

4. Nous organisons une boum.
   - vous / écrire les invitations
   - toi / préparer les sandwichs
   - Sandrine / choisir la musique
   - nous / décorer le salon

6 Bons conseils *(Good advice)*

Vos camarades ont les problèmes suivants. Dites-leur ce qu'ils doivent faire en utilisant une suggestion de la liste.

▶ —Je suis fatigué(e).
—**Il faut que tu te reposes. (Il faut que tu dormes.)**

1. J'ai chaud.
2. J'ai froid.
3. J'ai la grippe.
4. Je ne réussis pas à mes examens.
5. Je n'ai pas d'argent.
6. Je veux maigrir.

SUGGESTIONS
- dormir
- étudier
- trouver un travail
- manger moins
- ouvrir la fenêtre
- mettre un pull
- se reposer
- rester au lit
- ??

À votre tour!

1 Projets

Avec un(e) camarade choisissez l'un des projets suivants. Discutez les choses que vous devez faire dans la réalisation de ce projet et faites une liste de ces choses. Commencez vos phrases par **Il faut que nous** . . . (N'utilisez pas le subjonctif des verbes **être, avoir, faire,** ou **aller**.)

Projets:
- organiser une boum
- organiser un pique-nique
- faire du camping
- faire une promenade en auto
- passer une semaine à Québec

2 Obligations

Avec un(e) camarade, discutez les choses que vous devez faire pour une des périodes suivantes. Ensuite écrivez ce que chacun doit faire. Commencez vos phrases par **Il faut que** . . . (N'utilisez pas le subjonctif des verbes **être, avoir, faire** ou **aller**.)

ce soir   avant le weekend   pendant le weekend
avant les vacances   pendant les vacances

Avant le weekend...
- Il faut que je finisse mon devoir d'anglais. Il faut aussi que j'écrive à ...
- Il faut que Thomas rende des livres à la bibliothèque. Il faut aussi qu'il ...

LISTE Nous allons organiser une boum.
1. Il faut que nous demandions la permission à nos parents.
2. Il faut que nous rangions le salon.
3. Il faut que nous achetions des boissons.
4. ....

LECTURE — La meilleure décision

Dans la vie,° nous devons prendre certaines décisions.
Analysez les situations suivantes et dites quelle est
la meilleure décision à prendre. Discutez de votre choix
avec vos camarades de classe.

vie *life*

1 Jean-Marc a un copain Vincent.
Vincent a une copine, Isabelle,
qu'il aime beaucoup. Un jour, en allant
au cinéma, Jean-Marc voit Isabelle
avec un autre garçon.

Qu'est-ce que Jean-Marc doit faire?

A. Il faut qu'il parle à Vincent.
B. Il faut qu'il dise quelque chose
à Isabelle.
C. Il ne faut pas qu'il s'occupe° de
ce problème.

s'occupe *get involved*

2 Sur la route° de l'école, Irène trouve
un portefeuille. Dans le portefeuille,
il y a 100 dollars, mais il n'y a aucun°
papier concernant l'identité du
propriétaire.°

Que doit faire Irène?

A. Il faut qu'elle apporte
le portefeuille à la police.
B. Il faut qu'elle mette une
annonce° dans le journal.
(Elle pourra garder l'argent
si personne ne répond.)
C. Elle peut garder le portefeuille
à condition de donner 50 dollars
à une organisation charitable.

Sur la route *On her way*   **ne . . . aucun** *no*
propriétaire *owner*   **annonce** *ad*

3 Jacqueline a reçu deux invitations pour le même jour. Son cousin Laurent l'a invitée à sa fête d'anniversaire. Son camarade de classe Jean-Michel l'a invitée à un concert de rock. Le problème est que Laurent et Jean-Michel sont très jaloux l'un de l'autre et qu'on ne peut pas accepter l'invitation de l'un sans offenser l'autre.

Que doit faire Jacqueline?

A. Il faut qu'elle refuse les deux invitations.
B. Il faut qu'elle accepte l'invitation de Laurent parce que c'est son cousin.
C. Il faut qu'elle choisisse l'invitation qu'elle préfère et qu'elle invente une excuse pour l'autre invitation.

4 Par erreur,° Monsieur Masson a ouvert une lettre destinée à son voisin Monsieur Rimbaud. En lisant cette lettre, Monsieur Masson a appris que Monsieur Rimbaud est le cousin d'un trafiquant de drogue.°

Que doit faire Monsieur Masson?

A. Il faut qu'il rende la lettre à Monsieur Rimbaud.
B. Il faut qu'il détruise° la lettre.
C. Il faut qu'il alerte la police.

Par erreur *By mistake*   **détruise** *destroy*
trafiquant de drogue *drug dealer*

Vidéo-scène
Merci pour la leçon

Dans l'épisode précédent, Jérôme a finalement donné le volant à Pierre. Malheureusement, la voiture est tombée en panne. Jérôme est allé chercher de l'essence. Pierre a téléphoné à Armelle. Armelle accepte d'aller chercher Pierre.

Armelle termine sa conversation avec Pierre.

Bien, au revoir Pierre! À tout de suite!

Puis elle quitte sa maison et monte sur son scooter.

La route est longue.

Finalement, Armelle retrouve Pierre.

Salut.

Qu'est-ce qu'on fait maintenant?

On rentre à Annecy.

Et Jérôme? Tu ne veux pas qu'on aille l'aider?

Bon, si tu veux . . .

Pierre et Armelle vont chercher Jérôme.

Ils le retrouvent sur la route . . .

**Pierre décide de jouer un tour°
à son frère.**

**Il fait semblant°
de ne pas s'arrêter.**

Eh! Eh!
Arrêtez-vous!
Arrêtez-vous!

**Armelle et Pierre font
demi-tour.**

Tu veux qu'on t'aide?

Ben oui, je voudrais
bien que vous m'ameniez à
la prochaine station-service.

Tu vois bien qu'il n'y a pas
de place sur ce scooter.

Bon, d'accord! On
peut faire ça pour toi!

**Peu après, Pierre et Armelle
reviennent avec de l'essence.**

Tiens, voilà.

Bon. Eh bien alors,
est-ce que vous pouvez aller
chercher de l'essence?

Pendant ce temps,
je vais retourner à la voiture.

Merci.

**Jérôme prend le bidon
d'essence.**

**Pierre et Armelle repartent.
Pierre est un peu sarcastique . . .**

Et merci pour
la leçon de conduite!

Compréhension

1. Que fait Armelle
au début de la scène?
2. Où Pierre et Armelle
retrouvent-ils Jérôme?
3. Quel service est-ce
qu'ils lui rendent?
4. Que font Pierre et
Armelle à la fin
de la scène?

**Pierre et Armelle rentrent à Annecy.
Au revoir, Pierre! Au revoir, Armelle.**

FIN

jouer un tour *to play a joke on, trick*
faire semblant *to pretend*

The subjunctive forms of **être, avoir, aller,** and **faire** are irregular.

	être	**avoir**	**aller**	**faire**
que je (j')	**sois**	**aie**	**aille**	**fasse**
que tu	**sois**	**aies**	**ailles**	**fasses**
qu'il/elle/on	**soit**	**ait**	**aille**	**fasse**
que nous	**soyons**	**ayons**	**allions**	**fassions**
que vous	**soyez**	**ayez**	**alliez**	**fassiez**
qu'ils/elles	**soient**	**aient**	**aillent**	**fassent**

1 Pour réussir à l'examen

Vous passez l'examen du permis de conduire. Dites si oui ou non vous devez faire les choses suivantes. Commencez vos phrases par **Il faut que** ou **Il ne faut pas que.**

▶ être nerveux (nerveuse)?
  Il ne faut pas que je sois nerveux (nerveuse).

1. être calme?
2. être prudent(e) *(careful)?*
3. être impatient(e)?
4. avoir peur?
5. avoir un accident?

6. faire attention?
7. aller très vite?
8. avoir ma ceinture de sécurité?
9. aller lentement?
10. avoir de bons réflexes?

DISQUE DE LIMITATION DE VITESSE

Limitation de vitesse applicable aux conducteurs nouvellement titulaires du permis de conduire.

2 Que faire?

Dites ce que les personnes suivantes doivent faire. Utilisez la construction
il faut que + subjonctif.

▶ Monsieur Martin veut aller en Chine. (avoir un passeport)
   Il faut qu'il ait un passeport.

Il faut qu'il ait
un passeport.

1. Nous voulons voir un film. (aller au cinéma)
2. Mes copains veulent parler bien français. (aller en France)
3. Tu veux rester en forme. (faire du sport)
4. Ma cousine veut être médecin. (faire de la biologie)
5. Vous voulez avoir des amis. (être polis, généreux et gentils)
6. Je veux prendre l'avion. (être à l'aéroport à l'heure)
7. Vous voulez voyager cet été. (avoir une voiture)
8. Tu veux jouer au tennis. (avoir une raquette)

3 Pas possible!

Proposez à vos camarades de faire certaines choses. Ils vont refuser en expliquant pourquoi
ce n'est pas possible.

▶ aller à la piscine?
   faire les courses

Veux-tu aller
à la piscine?

Ce n'est pas possible.
Il faut que je fasse
les courses.

le New Orleans
CONCERT DE JAZZ
vendredi et samedi

DÉJÀ PLUS DE
1 MILLION DE SPECTATEURS EN FRANCE
UN FILM DE
RIDLEY SCOTT
GERARD DEPARDIEU
1492
CHRISTOPHE COLOMB
UN FILM ENTRE DANS LA LÉGENDE

INVITATIONS	EXCUSES
▶ aller à la piscine?	faire des achats
1. voir un film?	faire les courses
2. sortir ce soir?	faire mes devoirs
3. faire une promenade?	aller chez ma tante
4. dîner en ville?	aller à la bibliothèque
5. venir chez moi cet après-midi?	être chez moi à sept heures
6. aller à un concert de jazz?	faire du baby-sitting pour les voisins

Office National des Forêts
SENTIERS FORESTIERS
Pour la sécurité de vos promenades
et la protection de la forêt,
veuillez rester sur les sentiers balisés
et ne pas allumer de feux.

B. L'usage du subjonctif après *vouloir que*

Note the use of the subjunctive in the sentences below.

Je **voudrais que tu sois** à l'heure.	*I would like you to be on time.*
Marc **veut que je sorte** avec lui.	*Marc wants me to go out with him.*
Mon père **ne veut pas que je conduise.**	*My father does not want me to drive.*

In French, the subjunctive is used after **vouloir que** to express a wish.

➡ Note that the wish must concern someone or something OTHER THAN THE SUBJECT. When the wish concerns the SUBJECT, the INFINITIVE is used. Contrast:

the wish concerns the subject: INFINITIVE	the wish concerns someone else: SUBJUNCTIVE
Je veux **sortir.**	**Je** veux que **tu sortes** avec moi.
Mon père veut **conduire.**	**Mon père** ne veut pas que **je conduise.**

➡ The subjunctive is also used after **je veux bien (que).**

—Est-ce que je peux sortir? — *Can I go out?*

—Oui, **je veux bien que tu sortes.** — *Sure, it's OK with me if you go out.*

---

4 Baby-sitting

Vous faites du baby-sitting pour un enfant français. Expliquez-lui ce qu'il doit faire et ce qu'il ne doit pas faire. (Commencez vos phrases par **Je veux que** ou **Je ne veux pas que.**)

▶ ranger ta chambre?
Je veux que tu ranges ta chambre.

▶ jouer avec des allumettes *(matches)*
Je ne veux pas que tu joues avec des allumettes.

1. être sage *(be good)*
2. faire tes devoirs
3. manger ton dîner
4. finir tes épinards *(spinach)*
5. manger trop de chocolat
6. mettre les pieds sur la table
7. jouer au foot dans la maison
8. tirer la queue *(pull the tail)* du chat

5 Exigences *(Demands)*

Tout le monde exige *(demands)* quelque chose. Expliquez les exigences des personnes suivantes.

▶ le professeur / les élèves / étudier
Le professeur veut que les élèves étudient.

1. le médecin / Monsieur Legros / maigrir
2. le professeur de l'auto-école / tu / conduire moins vite
3. les adultes / les jeunes / être polis avec eux
4. les jeunes / les adultes / être plus tolérants
5. je / tu / aller au cinéma avec moi
6. Hélène / son copain / aller danser à la discothèque avec elle
7. mon père / je / avoir de bonnes notes
8. ma mère / je / faire les courses

6 Oui ou non?

Vos camarades vous demandent
la permission de faire certaines choses.
Acceptez ou refusez.

▶ écouter tes cassettes

Est-ce que
je peux écouter
tes cassettes?

Oui, je veux bien que
tu écoutes mes cassettes.

(Non, je ne veux pas que tu écoutes mes cassettes.)

1. regarder tes photos
2. manger ta pizza
3. finir le gâteau
4. emprunter ta raquette
5. amener mes copains à la boum
6. lire ton journal *(diary)*
7. prendre ton vélo
8. sortir avec ton copain (ta copine)

7 Pas de chance

Aujourd'hui Jérôme et sa mère ne sont pas
d'accord. Composez les dialogues et
jouez les rôles correspondants avec vos
camarades.

▶ sortir ce soir / faire tes devoirs
 —Je voudrais <u>sortir ce soir</u>.
 —Eh bien, moi, je ne veux pas
  que tu sortes.
 —Mais pourquoi?
 —Parce qu'il faut que tu <u>fasses
  tes devoirs.</u>

1. aller chez ma copine / faire les courses
2. conduire la voiture / avoir le permis
3. regarder la télé / aller chez le dentiste
4. déjeuner en ville / être à midi à ta leçon
 de piano
5. rester à la maison ce weekend /
 aller chez tes grands-parents
6. acheter une moto / faire des économies
 (save money)

À votre tour!

1 Désirs

Exprimez le désir que les personnes suivantes fassent
certaines choses pour vous. Commencez vos phrases par
des expressions comme:

Je (ne) veux (pas) que
Je (ne) voudrais (pas) que

| mon meilleur copain . . .
| ma meilleure copine . . .
| mes parents . . .
| le professeur . . .

Ensuite, vous pouvez comparer vos réponses avec
les réponses de vos camarades.

Je voudrais que
mes parents m'achètent une guitare
pour mon anniversaire.

Je ne veux pas que
le professeur nous donne
un examen trop difficile.

2 Tant pis! *(Too bad!)*

Demandez à un(e) camarade de faire trois choses
pour vous. Il / Elle va refuser en donnant une excuse.

▶ —Je voudrais que tu me <u>prêtes tes cassettes.</u>
 —Je regrette mais je ne peux pas.
 — Pourquoi pas?
 — Parce que je veux les écouter ce soir.
 —Tant pis!

▶ me prêter tes cassettes
• m'aider avec les devoirs
• me présenter à tes copains
• faire une promenade avec moi
• faire du jogging avec moi samedi matin
• aller au musée avec moi dimanche après-midi

La vie n'est pas juste

Le petit Pierre (10 ans) pense que la vie° n'est pas juste. Êtes-vous d'accord avec lui?

vie *life*

jeudi soir, à la maison

—Dis, Papa, est-ce que je peux regarder la télé?

—Oui, je veux bien que tu regardes la télé, mais avant je veux que tu finisses ton dîner et que tu fasses tes devoirs . . .

Et à neuf heures, il faut que tu sois au lit.

vendredi après-midi, à la maison

—Dis, Maman, est-ce que je peux aller chez mon copain?

—Mais oui, je veux bien que tu ailles chez lui, mais d'abord je voudrais bien que tu fasses ton lit et que tu ranges ta chambre.

Et je veux absolument que tu sois rentré° à sept heures pour le dîner.

rentré *back home*

samedi matin, chez la voisine Madame Lamballe

—S'il vous plaît, madame, est-ce que je peux jouer dans votre jardin?

—Oui, je veux bien que tu y joues, mais je ne veux pas que tu marches° sur les fleurs.

Je ne veux pas non plus° que tu arroses° le chien ou que tu fasses peur° au chat.

marches *step* **non plus** *neither* **arroses** *spray water on* **fasses peur** *scare*

dimanche matin, chez son copain

—Dis, Éric, est-ce que tu peux me prêter ton vélo?

—Si tu veux que je te prête mon vélo, il faut que tu m'invites chez toi et que tu me laisses jouer avec ton Nintendo.

La vie n'est pas juste!

Et vous?

Pensez à l'époque où vous aussi vous étiez petit(e). Vous vous souvenez probablement d'une situation où vous avez pensé que la vie n'était pas juste. Composez un dialogue et faites un dessin où vous décrivez cette situation de façon humoristique. Comparez votre dessin avec les dessins préparés par vos camarades.

QUELLE SOIRÉE!

Avant de lire

Lisez le titre de ce drame: **Quelle soirée!** *(What an evening!)*
- À votre avis, est-ce que ce titre veut dire que c'était une soirée réussie ou une soirée désastreuse?

Regardez maintenant les illustrations et lisez les titres des trois actes.
- Avez-vous une impression plus précise de la soirée?
- D'après vous, qu'est-ce qui est arrivé?

QUELLE SOIRÉE!

Drame en trois actes

PERSONNAGES:

Olivier

Caroline

Jean-Jacques, *cousin d'Olivier*

Monsieur Jamet, *père d'Olivier*

Madame Jamet, *mère d'Olivier*

Expressions pour la conversation

justement	precisely, exactly
vraiment	really
évidemment	obviously
heureusement	fortunately
en effet	as a matter of fact
cependant	however
lorsque	when

ACTE 1

Olivier trouve une solution

REX-Palace

Expressions utiles

tenter sa chance	*to try one's luck*
être de mauvaise humeur	*to be in a bad mood*
être déçu	*to be disappointed*
perdre l'espoir	*to lose hope*

SCÈNE 1

Aujourd'hui, c'est samedi. Olivier est très content. Ce matin il a fait la queue pendant trois heures devant le Rex-Palace. Finalement il a obtenu les deux derniers billets pour le grand concert de ce soir. La seule° question est de savoir qui il va inviter . . .

Olivier pense à Caroline. Caroline est une fille très sympathique et très jolie. Voilà justement le problème. Elle a des quantités d'admirateurs et, par conséquent, beaucoup d'invitations. Est-ce qu'elle sera libre ce soir? Olivier décide de tenter sa chance. Il téléphone à Caroline.

OLIVIER: Allô, Caroline?

CAROLINE: Ah, c'est toi, Olivier? Ça va?

OLIVIER: Ça va! Tu sais, j'ai pu obtenir des billets pour le concert de ce soir.

CAROLINE: Comment as-tu fait? J'ai téléphoné au Rex-Palace. Tout est vendu! Impossible de trouver des billets! Je voulais absolument aller à ce concert . . .

OLIVIER: Si tu veux, je t'invite.

CAROLINE: Tu es vraiment gentil de m'inviter. Bien sûr, j'accepte avec plaisir.

OLIVIER: Bon! Je viendrai te chercher chez toi à huit heures! D'accord?

CAROLINE: D'accord! À ce soir!

seule *only*

Avez-vous compris?

1. Le premier paragraphe dit qu'Olivier est très content. Pourquoi?
2. Si Caroline a beaucoup d'admirateurs, pourquoi a-t-elle accepté l'invitation d'Olivier?

487

SCÈNE 2

En rentrant chez lui, Olivier pense au rendez-vous de ce soir. Évidemment, il y a un petit problème. Il a promis à Caroline de venir la chercher chez elle. Oui, mais comment?

«Heureusement, pense Olivier, il y a la voiture de Papa! Papa est toujours très généreux. Il me prête souvent sa voiture quand j'en ai besoin. Je suis sûr qu'il me la prêtera ce soir.»

Quand il est rentré à la maison, Olivier a tout de suite remarqué que son père était de très mauvaise humeur.

OLIVIER: Dis, Papa. Est-ce que je peux prendre ta voiture?

M. JAMET: Pour aller où?

OLIVIER: Je voudrais sortir avec une copine.

M. JAMET: Écoute, Olivier, je veux bien que tu sortes, mais je ne veux pas que tu prennes la voiture!

OLIVIER: Mais, tu sais que je suis toujours très prudent.

M. JAMET: Je ne veux absolument pas que tu prennes la voiture ce soir. Un point, c'est tout!° Si tu veux sortir, tu peux prendre le bus!

OLIVIER: Mais . . .

M. JAMET: Vraiment, il est inutile que tu insistes.

SCÈNE 3

Olivier est déçu, très déçu. Il comptait en effet sur la voiture de son père. C'est une voiture de sport toute neuve. Caroline aurait certainement été° très impressionnée° . . . Dommage!

Olivier, cependant, ne perd pas tout espoir. Il sait que ses parents sortent ce soir. Ils sont invités chez les Roussel, des voisins. Olivier sait aussi que lorsque ses parents rendent visite aux Roussel, ils ne rentrent jamais avant une heure du matin.

Olivier réfléchit . . . Le concert finira vers onze heures et demie. Vers minuit il sera de retour chez lui. Ses parents rentreront beaucoup plus tard. Alors?

Alors, Olivier n'hésite plus. Il attend patiemment le départ de ses parents. Puis, à huit heures moins le quart, il prend les clés de la voiture et va dans le garage . . .
Il monte dans la voiture de son père et sort sans faire de bruit . . .
À huit heures, Olivier est chez Caroline.

Un point, c'est tout! *Period*
aurait . . . été *would have been*
impressionnée *impressed*

Avez-vous compris?

Scène 2
1. Olivier a un petit problème. Qu'est-ce que c'est?
2. Quel est le résultat de sa conversation avec son père?

Scène 3
1. Comment Olivier voulait-il impressionner Caroline?
2. Comment Olivier trouve-t-il une solution au problème de transport?

ACTE 2

Olivier a des problèmes

Mots utiles

ravi(e)	*delighted*
fier (fière)	*proud*
désobéir	*to disobey*
la désobéissance	*disobedience*
fou (folle)	*crazy*

SCÈNE 1

Le concert a commencé à huit heures et demie. L'orchestre est excellent. Caroline est ravie et Olivier est très heureux et très fier d'être avec elle.

Soudain, Olivier pense à quelque chose. «Zut, j'ai oublié d'éteindre° les phares° de la voiture! Bon, ça ne fait rien.° Je vais aller les éteindre pendant l'entracte.°»

À dix heures, l'entracte commence. Olivier dit à Caroline de l'attendre cinq minutes. Il va au parking où il a laissé la voiture. Là, il a une très, très mauvaise surprise! Olivier remarque en effet que le feu arrière de la voiture de son père est complètement défoncé.

«Zut, alors! Pendant que j'étais avec Caroline, quelqu'un est rentré dans° la voiture de Papa! Quelle catastrophe! Qu'est-ce que je vais faire? Il faut que je trouve quelqu'un pour changer le feu arrière! Oui, mais qui va réparer la voiture maintenant? À cette heure, tous les garages sont fermés . . . Il faut absolument que je trouve une solution! Il faut absolument que cette voiture soit réparée avant demain matin, sinon° . . .»

éteindre *turn off*   **phares** *headlights*   **ça ne fait rien** *that doesn't matter*
entracte *intermission*   **est rentré dans** *ran into*   **sinon** *if not*

Avez-vous compris?
1. Comment commence la soirée?
2. Où va Olivier pendant l'entracte?
3. Qu'est-ce qu'il découvre?

SCÈNE 2

Olivier pense à son cousin Jean-Jacques. Jean-Jacques est mécanicien.
Il a peut-être les pièces° nécessaires. Olivier lui téléphone. Une voix
légèrement irritée répond.

JEAN-JACQUES: Allô . . .

OLIVIER: Jean-Jacques? Il faut que tu m'aides.

JEAN-JACQUES: Ah, c'est toi, Olivier? Qu'est-ce qui se passe?°

OLIVIER: Un accident!

JEAN-JACQUES: Grave?°

OLIVIER: Je ne sais pas. Quelqu'un est rentré dans la voiture de Papa.

JEAN-JACQUES: Et c'est pour ça que tu me téléphones? Dis donc, je suis en train
de regarder un film à la télé. Tu peux bien attendre lundi.

OLIVIER: Non, non! Il faut que tu répares la voiture.

JEAN-JACQUES: Dis! Tu ne sais pas que c'est samedi soir?

OLIVIER: Écoute, c'est très sérieux.

Olivier a expliqué toute la situation: le refus de son père, sa désobéissance,
le concert, l'accident.

JEAN-JACQUES: Bon, bon! J'ai compris! Si tu veux que je répare ta voiture avant
le retour de tes parents, il faut que tu viennes immédiatement.

OLIVIER: Merci, Jean-Jacques! Tu es un vrai copain!

SCÈNE 3

Maintenant Olivier est rassuré, mais il est aussi inquiet.° Il faut qu'il aille
chez Jean-Jacques immédiatement! Est-ce que Caroline comprendra
la situation? Olivier retourne au concert . . . C'est la fin° de l'entracte.

CAROLINE: Dis, Olivier, où étais-tu? Je commençais à m'impatienter . . .

OLIVIER: Excuse-moi! . . . Euh . . . Il faut que je te raccompagne chez toi . . .

CAROLINE: Mais le concert n'est pas fini.

OLIVIER: Il faut absolument que je rentre.

CAROLINE: Tu es malade?

OLIVIER: Euh, non . . . Il faut que j'aille chez mon cousin qui est garagiste.

CAROLINE: Comment? Il faut que tu ailles chez le garagiste à dix heures
du soir? Si tu n'es pas malade, tu es fou!

OLIVIER: Je suis vraiment désolé, mais il faut que je parte . . .

CAROLINE: Eh bien, moi, je suis furieuse que tu me traites de cette façon!°
Veux-tu que je te dise quelque chose? Tu es un vrai mufle!°
Et la prochaine fois, il est inutile que tu m'invites. Après tout,
j'ai d'autres copains!

pièces *parts*
Qu'est-ce qui se passe? *What's up?*
Grave *Serious*   **inquiet** *worried*
fin *end*   **de cette façon** *like that*
un vrai mufle *a real clod (jerk)*

Avez-vous compris?
Scène 2
1. Qu'est-ce qu'Olivier demande à son cousin Jean-Jacques?
2. Pourquoi est-ce qu'il faut réparer la voiture tout de suite?
Scène 3
1. Pourquoi Olivier est-il inquiet?
2. Est-ce que Caroline comprend la situation d'Olivier?
Quelle est sa réaction?

ACTE 3

Sauvé?
Pas tout à fait!

SAUVÉ! SAUVÉ!

LECTURE

Expressions utiles

être sauvé	to be saved
une pièce de rechange	spare part
une réparation	repair
réparer	to repair
s'apercevoir de	to notice
tant pis	too bad
un type	guy
endommagé	damaged

SCÈNE 1

Olivier a raccompagné Caroline chez elle. Il arrive chez son cousin.
Il est onze heures maintenant. Jean-Jacques examine la voiture.

OLIVIER: Alors?

JEAN-JACQUES: Il faut que je répare le pare-chocs et que je change le feu arrière.

OLIVIER: Ce n'est pas trop sérieux?

JEAN-JACQUES: Non, mais tu as de la chance que j'aie les pièces de rechange.

Jean-Jacques est un excellent mécanicien. À minuit, il a fini
la réparation. Olivier remercie son cousin et rentre chez lui . . .

SCÈNE 2

Olivier est arrivé chez lui à minuit et demi. Ses parents sont rentrés
bien plus tard, vers une heure et demie. Ils n'ont rien remarqué . . .

Olivier s'est couché immédiatement après son retour, mais il n'a pas pu
dormir. Il pense aux événements de la soirée.

«Quelle soirée! Elle avait si bien° commencé. Et puis, il y a eu cet
accident ridicule! Heureusement Jean-Jacques était chez lui! Est-ce que
Papa s'apercevra de la réparation? Non! Jean-Jacques est un excellent
mécanicien et Papa est un peu myope.° Il ne s'apercevra de rien . . .
Sinon, ce serait un drame à la maison!

«Et Caroline? Elle était vraiment furieuse! Bah, tant pis! L'essentiel
c'est que la voiture soit réparée.
Je suis sauvé, sauvé . . .»

si bien *so well*   **myope** *nearsighted*

Avez-vous compris?
Scène 1
1. Que fait Jean-Jacques?
2. Pourquoi dit Jean-Jacques qu'Olivier a de la chance?
Scène 2
1. Que fait Olivier en rentrant chez lui?
2. Pourquoi dit Olivier: «Je suis sauvé, sauvé . . .»?

SCÈNE 3

Dimanche matin, Olivier s'est levé assez tard. Il a trouvé
sa mère dans la cuisine. Madame Jamet est en train de préparer
le déjeuner.

MME JAMET: Tu sais, Olivier, il ne faut pas que tu sois fâché
contre° ton père. S'il ne t'a pas prêté sa voiture hier,
c'est qu'il y avait une raison. Il faut que je t'explique
ce qui s'est passé.° Hier matin, comme tous
les samedis, ton père est allé faire les courses. Pendant
qu'il était au supermarché, quelqu'un est rentré dans
sa voiture. Évidemment, le type qui a fait ça est parti
sans laisser de trace. Il paraît que le pare-chocs et
le feu arrière sont endommagés! Quand Papa est rentré
à la maison, il était absolument furieux. Il était si
furieux qu'il n'a rien dit à personne. Enfin, il s'est calmé
et chez les Roussel il a tout raconté. Tu t'imagines?°
Une voiture toute neuve!° Tu comprends maintenant
pourquoi il n'a pas voulu te prêter la voiture hier soir!

Avez-vous compris?
1. Qu'est-ce qu'Olivier apprend dimanche matin?
2. Est-ce qu'il est vraiment sauvé?

fâché contre *angry with, upset with*   **ce qui s'est passé** *what happened*
Tu t'imagines? *Do you realize?*   **toute neuve** *brand-new*

ÉPILOGUE

À cause de l'accident, Olivier est dans une situation très
embarrassante. Selon vous, quelle est la meilleure solution?

- Il faut qu'il prenne un marteau° et qu'il casse à nouveau
  le feu arrière de la voiture.
- Il faut qu'il propose à son père de réparer lui-même la voiture.
- Il faut qu'il dise la vérité.

Avez-vous une autre solution à proposer à Olivier?

marteau *hammer*

L'ART DE LA LECTURE

French and English both commonly use FIGURES OF SPEECH, such as METAPHORS and SIMILES. Sometimes both languages use the same image. For example, consider the following figures of speech referring to animals:

METAPHOR: Tu es **un âne!**   You're **a jackass!**
SIMILE: Tu es **lent comme une tortue.**   You're **slow as a turtle.**

Other times the images are close, but not identical.

Tu es **une poule mouillée** (a wet hen)!   You're **chicken.**

And there are some images that simply do not translate at all.

Tu es **un mufle** (snout of an ox).   You have **terrible manners!**
Quel **chameau** (camel)!   What a **disagreeable person!**
C'est **une vraie vache** (a real cow).   He / She is **really mean.**

TU ES UN ÂNE !

TU ES LENT COMME UNE TORTUE.

TU ES UNE POULE MOUILLÉE !

TU ES UN MUFLE.

QUEL CHAMEAU !

C'EST UNE VRAIE VACHE.

493

REFERENCE SECTION

Contents

Rappel Les nombres, la date, l'heure et le temps

A. Les nombres

> **How to count:**
>
> | **0 to 19** | | | | **20 to 59** | | | |
> |---|---|---|---|---|---|---|---|
> | 0 | zéro | 10 | dix | 20 | vingt | 30 | trente |
> | 1 | un | 11 | onze | 21 | vingt et un | 31 | trente et un |
> | 2 | deux | 12 | douze | 22 | vingt-deux | 32 | trente-deux |
> | 3 | trois | 13 | treize | 23 | vingt-trois | | . . . |
> | 4 | quatre | 14 | quatorze | 24 | vingt-quatre | 40 | quarante |
> | 5 | cinq | 15 | quinze | 25 | vingt-cinq | 41 | quarante et un |
> | 6 | six | 16 | seize | 26 | vingt-six | 46 | quarante-six |
> | 7 | sept | 17 | dix-sept | 27 | vingt-sept | | . . . |
> | 8 | huit | 18 | dix-huit | 28 | vingt-huit | 50 | cinquante |
> | 9 | neuf | 19 | dix-neuf | 29 | vingt-neuf | 51 | cinquante et un |
> | | | | | | | 59 | cinquante-neuf |
>
> | **60 to 99** | | | | **100 to 1 000** | |
> |---|---|---|---|---|---|
> | 60 | soixante | 80 | quatre-vingts | 100 | cent |
> | 61 | soixante et un | 81 | quatre-vingt-un | 101 | cent un |
> | 62 | soixante-deux | 82 | quatre-vingt-deux | 110 | cent dix |
> | 63 | soixante-trois | 88 | quatre-vingt-huit | 200 | deux cents |
> | | . . . | | . . . | 211 | deux cent onze |
> | 70 | soixante-dix | 90 | quatre-vingt-dix | 300 | trois cents |
> | 71 | soixante et onze | 91 | quatre-vingt-onze | 400 | quatre cents |

➡ Note the use of **et** in the numbers 21, 31, 41, 51, 61, 71.
➡ Note that French uses a space where English uses a comma.   **1 000** *(1,000)*

B. La date

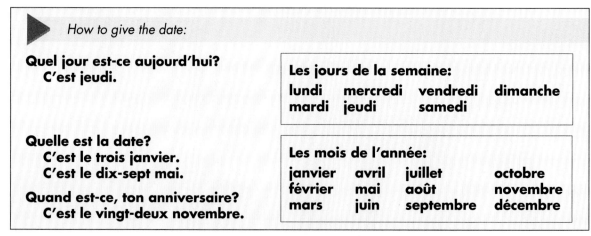

> **How to give the date:**
>
> **Quel jour est-ce aujourd'hui?**
>   C'est jeudi.
>
> | **Les jours de la semaine:** | | | |
> |---|---|---|---|
> | lundi | mercredi | vendredi | dimanche |
> | mardi | jeudi | samedi | |
>
> **Quelle est la date?**
>   C'est le trois janvier.
>   C'est le dix-sept mai.
>
> **Quand est-ce, ton anniversaire?**
>   C'est le vingt-deux novembre.
>
> | **Les mois de l'année:** | | | |
> |---|---|---|---|
> | janvier | avril | juillet | octobre |
> | février | mai | août | novembre |
> | mars | juin | septembre | décembre |

➡ The first of the month is **le premier.**   Demain, c'est **le premier** juillet.

C. L'heure

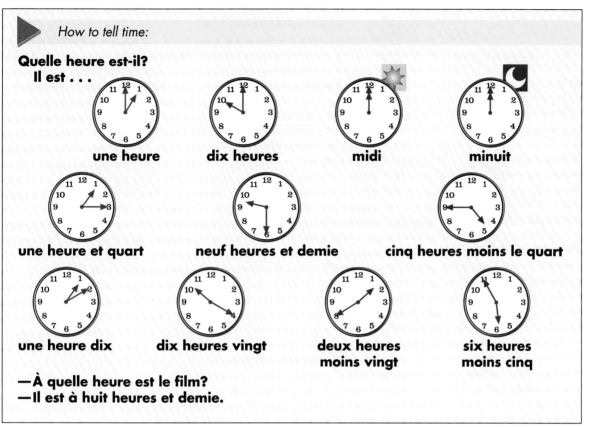

How to tell time:

Quelle heure est-il?
Il est . . .

une heure   dix heures   midi   minuit

une heure et quart   neuf heures et demie   cinq heures moins le quart

une heure dix   dix heures vingt   deux heures moins vingt   six heures moins cinq

—**À quelle heure est le film?**
—**Il est à huit heures et demie.**

⇒ In French, official time is given on a 24-hour clock. Compare:

	CONVERSATIONAL TIME	OFFICIAL TIME
10 A.M.	Il est **dix heures du matin.**	Il est **dix heures.**
1 P.M.	Il est **une heure de l'après-midi.**	Il est **treize heures.**
9 P.M.	Il est **neuf heures du soir.**	Il est **vingt et une heures.**

D. Le temps

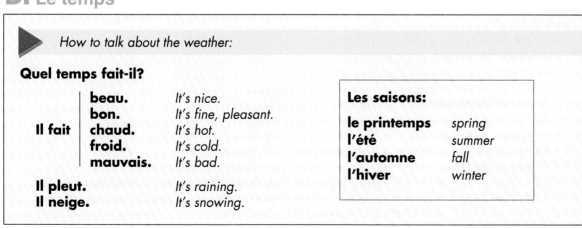

How to talk about the weather:

Quel temps fait-il?

Il fait	**beau.**	It's nice.
	bon.	It's fine, pleasant.
	chaud.	It's hot.
	froid.	It's cold.
	mauvais.	It's bad.
Il pleut.		It's raining.
Il neige.		It's snowing.

Les saisons:

le printemps	spring
l'été	summer
l'automne	fall
l'hiver	winter

Rappel ❷ Les choses de la vie courante

A. Les articles

In French, articles and adjectives agree with the nouns they introduce. They are MASCULINE or FEMININE, SINGULAR or PLURAL.

Definite Articles *(the)*

	SINGULAR	PLURAL		
MASCULINE	le (l')	les	le garçon, l'ami	les garçons, les amis
FEMININE	la (l')	les	la fille, l'amie	les filles, les amies

Elision and Liaison

- Before a vowel sound, **le** and **la** become **l'** and **ne** becomes **n'**.
  This is called ELISION.

   L'appareil-photo **n'**est pas sur la table.

- Before a vowel sound, the final **s** of **les** is pronounced.
  This is called LIAISON.

   Où sont **les** affiches?

Quelques objets

un objet		un vélo	bicycle
un crayon	pencil	un VTT	mountain bike
un stylo	pen	(vélo tout terrain)	
un livre	book	une chose	thing
un sac	bag	une montre	watch
un bureau	desk	des lunettes	glasses
un ordinateur	computer	des lunettes de soleil	sunglasses
un appareil-photo	camera	une table	table
un disque	record	une chaise	chair
un compact (disque),	compact disc, CD	une affiche	poster
un CD		une caméra	camera
un disque optique	CD-ROM disc	une cassette	cassette
une disquette	floppy disc	une chaîne-stéréo	stereo
un vidéo disque,	video disc, laser disc	une chaîne hi-fi	hi-fi
un CD vidéo		une mini-chaîne	compact stereo

Vocabulaire supplémentaire

un lecteur de compact disque	CD player	un téléviseur	TV set
		un jeu électronique	computer game
un lecteur de cassettes	cassette player	le courrier électronique, e-mail	e-mail, electronic mail
un lecteur de CD vidéo	laser disc player	le tapis (de) souris	mousepad
		un casque	headphones
un lecteur optique interne	internal CD-ROM drive	le clavier	keyboard
un magnétoscope	VCR	une imprimante	printer
le logiciel	software	la souris	mouse (computer)

R4

Indefinite Articles *(a, an; some + noun)*

	SINGULAR	PLURAL		
MASCULINE	**un**	**des**	**un** sac, **un** ordinateur	**des** sacs, **des** ordinateurs
FEMININE	**une**	**des**	**une** table, **une** affiche	**des** tables, **des** affiches

➡ **Des** often corresponds to the English *some*. Although the word *some* may be omitted in English, the article **des** must be used in French.

J'ai **des** cousins à Québec. *I have (some) cousins in Quebec.*

➡ After a NEGATIVE verb (other than **être**), **un, une,** and **des** become **de (d').**

Philippe a **un** vélo. Alice **n'**a **pas de** vélo. *Alice **doesn't** have a bike.*

J'ai **des** amis à Paris. Je **n'**ai **pas d'**amis à Rome. *I **don't** have **any** friends in Rome.*

Quelques vêtements

des vêtements	clothes		
un pantalon	pants	**une chemise**	shirt
un pull	sweater	**une cravate**	tie
un sweat	sweatshirt	**une veste**	jacket
un survêtement (un survêt)	jogging suit		
un chemisier	blouse	**une jupe**	skirt
un maillot de bain	bathing suit	**une robe**	dress
un blouson	windbreaker	**des chaussettes**	socks
un manteau	coat	**des chaussures**	shoes
un imperméable (un imper)	raincoat		

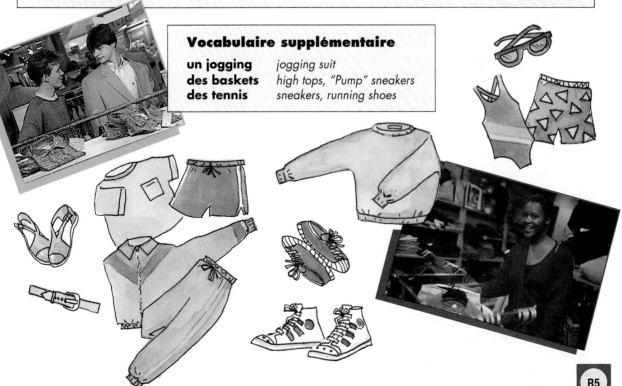

Vocabulaire supplémentaire

un jogging	jogging suit
des baskets	high tops, "Pump" sneakers
des tennis	sneakers, running shoes

B. À et de + l'article défini

The definite articles **le** and **les** contract with **à** *(to, at)* and **de** *(of, from)*.

à + le → au	de + le → du
à + les → aux	de + les → des

Voici **le** café.   Marc va **au** café.   Alice vient **du** café.
Voici **les** élèves.   Le prof parle **aux** élèves.   Vous parlez **des** élèves.

➡ There is no contraction with **l'** and **la.**

Voici **la** plage.   Anne est **à la** plage.   Nous rentrons **de la** plage.
Voici **l'**hôpital.   Le docteur va **à l'**hôpital.   Je rentre **de l'**hôpital.

Quelques endroits

un endroit	place	**une ville**	city, town
un quartier	district, neighborhood	**une maison**	house
		une rue	street
un café	café		
un centre commercial	mall	**une bibliothèque**	library
un cinéma (un ciné)	movie theater	**une boutique**	shop
un hôtel	hotel	**une école**	school
un magasin	store	**une église**	church
un musée	museum	**une piscine**	swimming pool
un restaurant	restaurant	**une plage**	beach
un stade	stadium		
un supermarché	supermarket		

Vocabulaire supplémentaire

un aéroport	airport	**une gare**	station
		une poste	post office

C. La possession avec de

To express possession or relationship, the French often use the following construction:

NOUN + **de (d')** + { NAME OF PERSON / ARTICLE + NOUN

Voici **le vélo de Caroline.**   Here is ***Caroline's bike.***
Voilà **la voiture du professeur.**   There is ***the teacher's car.***

D. Les adjectifs possessifs

Another way to express possession or relationship is to use POSSESSIVE ADJECTIVES. In French, possessive adjectives agree with the nouns they introduce.

Voici **un** stylo.	C'est **mon** stylo.
Voici **une** cassette.	C'est **ma** cassette.
Voici **des** livres.	Ce sont **mes** livres.

THE OWNER	THE POSSESSIVE ADJECTIVE			ENGLISH EQUIVALENT
	before a singular noun		before a plural noun	
	MASCULINE	FEMININE		
je	**mon**	**ma (mon)**	**mes**	my
tu	**ton**	**ta (ton)**	**tes**	your
il, elle	**son**	**sa (son)**	**ses**	his, her, its
nous	**notre**		**nos**	our
vous	**votre**		**vos**	your
ils, elles	**leur**		**leurs**	their

➡ The possessive adjectives in parentheses are used before a vowel sound.

Voici **une** auto. C'est **mon** auto. Ce n'est pas **ton** auto.

➡ The gender and number of a possessive adjective are determined only by the noun it introduces.

Voici Corinne et **sa voiture**.	*Here is Corinne and **her car**.*
Voici Philippe et **sa voiture**.	*Here is Philippe and **his car**.*
Voici Nathalie et **son vélo**.	*Here is Nathalie and **her bicycle**.*
Voici Marc et **son vélo**.	*Here is Marc and **his bicycle**.*

E. Les adjectifs démonstratifs et interrogatifs

Demonstrative Adjectives (*this, that; these, those* + NOUN)

	SINGULAR	PLURAL		
MASCULINE	**ce (cet)**	**ces**	**ce** pull, **cet** ami	**ces** pulls, **ces** amis
FEMININE	**cette**	**ces**	**cette** robe, **cette** amie	**ces** robes, **ces** amies

➡ To distinguish between *this (over here)* and *that (over there)*, the French add **-ci** or **-là** after the noun.

Patrick aime **cette** chemise-**ci**.	*Patrick likes **this** shirt.*
Je préfère **cette** chemise-**là**.	*I prefer **that** shirt.*

Interrogative Adjectives (*which, what* + NOUN)

	SINGULAR	PLURAL		
MASCULINE	**quel**	**quels**	**quel** café, **quel** ami	**quels** cafés, **quels** amis
FEMININE	**quelle**	**quelles**	**quelle** rue, **quelle** amie	**quelles** rues, **quelles** amies

Rappel ③ Les activités

A. Les verbes réguliers en -er: formes affirmatives et négatives

	AFFIRMATIVE		NEGATIVE		ENDINGS
INFINITIVE STEM	**parler** **parl-**				
PRESENT	je	parl**e**	je	**ne** parl**e** **pas**	**-e**
	tu	parl**es**	tu	**ne** parl**es** **pas**	**-es**
	il / elle / on	parl**e**	il / elle / on	**ne** parl**e** **pas**	**-e**
	nous	parl**ons**	nous	**ne** parl**ons** **pas**	**-ons**
	vous	parl**ez**	vous	**ne** parl**ez** **pas**	**-ez**
	ils / elles	parl**ent**	ils / elles	**ne** parl**ent** **pas**	**-ent**

➡ For verbs ending in **-ger,** the **nous-** form is written with **-geons:**

   nous man**geons,** nous na**geons**

➡ The stem of the verb **acheter** is written with **è** in the **je, tu, il,** and **ils-** forms:

   j'ach**è**te, tu ach**è**tes, il/elle ach**è**te, ils/elles ach**è**tent

---

Quelques activités

en semaine	*during the week*		
étudier	*to study*	**manger**	*to eat*
travailler	*to work*	**dîner**	*to have dinner*

parler (anglais, français, espagnol) — *to speak (English, French, Spanish)*
regarder (un magazine) — *to look at (a magazine)*
       (la télé) — *to watch (TV)*
écouter (la radio, le professeur) — *to listen to (the radio, the teacher)*
téléphoner à (un copain) — *to call, to phone (a friend)*
rencontrer (des amis) — *to meet (friends) (by chance)*
retrouver (des amis) — *to meet (friends) (at an arranged time and place)*

habiter (à Paris, en France) — *to live (in Paris, in France)*
rentrer — *to go back, to come home*
rester (à la maison) — *to stay (home, at home)*

aider (ses parents) — *to help (one's parents)*
préparer (le dîner) — *to prepare, to fix (dinner)*
       (ses devoirs) — *to do (one's homework)*

The pronoun *on*

- The pronoun **on** always takes the **il / elle**- form of the verb.
- The pronoun **on** has several English equivalents: *they, you* (in general), *people, one.*

À Montréal, **on** parle français.	*In Montreal, **people (they)** speak French.*
Quand **on** est jeune, **on** aime la musique.	*When **one** is young, **one** likes music.*

In conversation, **on** is frequently used instead of **nous** to mean *we.*

Quand est-ce qu'**on** mange?	*When are **we** eating?*

le weekend	*on weekends*
pendant les vacances	*during vacation*

chanter	*to sing*	**nager**	*to swim*
danser	*to dance*	**marcher**	*to walk*

organiser (une boum, un pique-nique)	*to organize (a party, a picnic)*
apporter (un disque)	*to bring (a record)*
inviter (une copine)	*to invite (a friend)*
acheter (des vêtements)	*to buy (clothes)*
porter (un jean)	*to wear (jeans)*
(un sac)	*to carry (a bag)*
jouer (au volley, au foot, au basket)	*to play (volleyball, soccer, basketball)*
(du piano, de la guitare)	*to play (the piano, the guitar)*
gagner (un match)	*to win (a game)*
(de l'argent)	*to earn (money)*
voyager (en voiture, en train, en avion)	*to travel (by car, by train, by plane)*
visiter (une ville)	*to visit (a city)*

B. Les questions avec *est-ce que*

When you ask a question, you may want a YES or NO answer, or you may be looking for SPECIFIC INFORMATION. In French, you may ask both types of questions using **est-ce que**.

Yes/No Questions

est-ce que + rest of sentence	
Est-ce que tu habites ici?	*Do you live here? (Are you living here?)*
Est-ce qu'Alice travaille?	*Does Alice work? (Is Alice working?)*

➡ In conversation, YES / NO questions can also be formed:

- by letting your voice rise at the end of the sentence

    Tu habites ici?   **Alice travaille?**

- by adding **n'est-ce pas?** (when an affirmative answer is expected)

    Tu habites ici, **n'est-ce pas?**   Alice travaille, **n'est-ce pas?**

Information Questions

QUESTION WORD(s)+ **est-ce que** + rest of sentence	
Où est-ce que tu habites?	*Where do you live?*
Quand est-ce que vous travaillez?	*When do you work?*

➡ In informal conversation, information questions can also be formed by placing the question words at the end of the sentence.

    Tu habites **où?**   Vous travaillez **quand?**

C. Les verbes réguliers en *-ir* et *-re*

INFINITIVE	finir			vendre		
	fin-		ENDINGS	**vend-**		ENDINGS
PRESENT	je	fin**is**	**-is**	je	vend**s**	**-s**
	tu	fin**is**	**-is**	tu	vend**s**	**-s**
	il / elle / on	fin**it**	**-it**	il / elle / on	vend	—
	nous	fin**issons**	**-issons**	nous	vend**ons**	**-ons**
	vous	fin**issez**	**-issez**	vous	vend**ez**	**-ez**
	ils / elles	fin**issent**	**-issent**	ils / elles	vend**ent**	**-ent**
NEGATIVE	je **ne**	finis **pas**		je **ne**	vends **pas**	

<table>
<tr><th colspan="4">Quelques activités</th></tr>
</table>

choisir	to choose, select, pick	**attendre**	to wait, wait for
finir	to finish, end	**entendre**	to hear
grossir	to gain weight, get fat	**perdre**	to lose
maigrir	to lose weight, get thin	**rendre visite à**	to visit (a person)
réussir	to succeed, to be successful	**répondre (à)**	to answer
réussir à un examen	to pass a test	**vendre**	to sell

➡ Note the two ways to say *visit:*

visiter	*to visit (places)*	Je **visite** Paris.
rendre visite à	*to visit (people)*	Je **rends visite** à Sophie.

D. L'impératif

The IMPERATIVE form of the verb is used to give orders and make suggestions.

IMPERATIVE	AFFIRMATIVE		NEGATIVE	
(tu)	**Attends!**	*Wait!*	**N'attends pas!**	*Don't wait!*
(vous)	**Attendez!**	*Wait!*	**N'attendez pas!**	*Don't wait!*
(nous)	**Attendons!**	*Let's wait!*	**N'attendons pas!**	*Let's not wait!*

➡ The forms of the imperative are the same as the present tense.
   EXCEPTION: In the **tu-** form of all **-er** verbs, the final **s** is dropped.
   Écoute! *Listen*   **Ne parle pas!** *Don't speak!*

➡ Note the use of **moi** in affirmative commands:
   Téléphone-moi! *Call me!*   **Apporte-moi** ce livre. *Bring me that book.*

Solutions to the Readings

LEÇON 2

Un jeu: Qui est-ce?

LES NATIONALITÉS

- Pauline n'est pas européenne. Donc, elle est <u>américaine</u>.
- Olga n'est pas française. (Elle parle français seulement assez bien.) Elle n'est pas allemande. Elle n'est pas américaine. (C'est Pauline qui est américaine.) Donc, elle est <u>anglaise</u>.
- Sylvie n'est pas allemande. Donc, elle est <u>française</u>.
- Christine est <u>allemande</u>.

LES PROFESSIONS

- Olga va à l'école. Donc, elle est <u>étudiante</u>.
- Sylvie n'est pas journaliste, mais elle travaille pour un journal. Elle est donc <u>photographe</u>.
- Christine n'est pas musicienne. Elle est donc <u>journaliste</u>.
- Pauline est <u>pianiste</u>.

LEÇON 3

Les objets parlent

A. le réfrigérateur
B. le radiateur
C. le téléviseur
D. la cuisinière
E. le lave-vaisselle
F. la voiture

LEÇON 6

Dans l'ordre, s'il vous plaît

A. UN DÎNER ENTRE COPAINS
Mon copain a fait les courses.
Ma copine a préparé le repas.
Nous avons dîné.
Après le dîner, j'ai fait la vaisselle.

B. LE CONCERT
Hélène et Nicole ont acheté le journal.
Elles ont regardé la page des spectacles.
Elles ont choisi un concert très intéressant.
Nicole a acheté les billets.
Elles ont assisté au concert.
Pendant le concert, elles ont rencontré des copains.
Après le concert, ils ont dîné ensemble.

C. UN MATCH DE TENNIS
Hier après-midi, j'ai joué au tennis avec mon cousin Pascal.
Nous avons fait un match.
Pascal a perdu le premier set.
J'ai gagné le deuxième set et le match.
Nous avons fini le match à quatre heures.
Après le match, nous avons fait une promenade à vélo.

D. UNE INVITATION
Samedi, j'ai téléphoné à Marie-Laure.
Sa soeur Françoise a répondu.
Elle a dit que Marie-Laure n'était pas à la maison.
Alors, j'ai invité Françoise au restaurant.
Elle a accepté mon invitation.
Nous avons dîné dans un restaurant japonais.

E. LES PHOTOS
J'ai cherché mon appareil-photo.
J'ai acheté une pellicule.
J'ai mis la pellicule dans l'appareil-photo.
J'ai pris des photos.
J'ai développé les photos.
J'ai mis les photos dans un album.

F. UN JOB D'ÉTÉ
L'été dernier, je n'ai pas voyagé.
J'ai cherché un job.
J'ai trouvé un job dans un supermarché.
J'ai travaillé là-bas pendant deux mois.
Avec l'argent que j'ai gagné, j'ai acheté une radiocassette.

Quatre amies

a. Les filles numéros 1, 2 et 4 ont dépensé de l'argent. La fille numéro 3 n'a rien dépensé. C'est Michèle.
b. Les filles numéros 1 et 4 aiment la cuisine italienne. Ariane, qui n'aime pas la cuisine italienne, est donc la fille numéro 2.
c. La fille numéro 4 qui a dîné avec ses parents ne peut pas être Béatrice parce que les parents de Béatrice sont divorcés. C'est donc Florence.
d. Béatrice est la fille numéro 1.

LEÇON 18

Quel sport est-ce?

1. le ski
2. le tennis
3. le ski nautique
4. le football
5. le jogging
6. le parapente
7. la planche à roulettes
8. l'aérobic
9. l'équitation

LEÇON 22

Qu'est-ce qu'ils achètent?

Amélie: un poster
Frédéric: une bouteille de parfum
Mme Durand: un four à micro-ondes
M. Pascal: une boîte de chocolats

LEÇON 26

Le 5 000 mètres

ORDRE D'ARRIVÉE	NOM	COULEUR DU MAILLOT
1	*Paul*	*vert*
2	*André*	*rouge*
3	*Stéphanie*	*orange*
4	*Nicolas*	*rose*
5	*Christine*	*bleu*
6	*Thomas*	*jaune*

LEÇON 27

Le savez-vous?

1. *(f)* Le plus grand stade de foot se trouve au Brésil. [Le stade municipal Maracaña de Rio de Janeiro avec 205.000 places.]
2. *(g)* La plus grande piscine se trouve au Maroc. [La piscine de Orthlieb à Casablanca avec une superficie de 8,9 acres.]
3. *(c)* La plus grande statue se trouve en Russie. [La statue commémorant la bataille de Stalingrad (1942-43) a 270 pieds de hauteur.]
4. *(e)* Le tunnel routier *(highway)* le plus long se trouve en Suisse. [Le tunnel du Saint Gotthard sous les Alpes a 10,14 miles de longueur.]
5. *(d)* Le train le plus rapide se trouve en France. [Le TGV (train à grande vitesse) a atteint une vitesse de 320 miles/heure.]
6. *(a)* Le sommet (peak) le plus élevé se trouve en Chine. [Le Mont Everest dans la chaîne de l'Himalaya.]
7. *(h)* La ville la plus peuplée se trouve au Mexique. [Mexico City, avec une population estimée à 20 millions d'habitants.]
8. *(b)* La ville plus ancienne se trouve en Israël. [La ville de Jérico, fondée en 7800 avant Jésus-Christ.]

Quelques records

1. L'antilope. Sur une distance d'un mile, l'antilope peut atteindre une vitesse de 42 miles à l'heure.
2. 26 roues.
3. $55 000.
4. 365 jours (21 décembre 1987 au 21 décembre 1988) par un Soyouz russe. L'astronaute français Jean-Loup Chrétien était membre de l'équipage.
5. Martin.
6. Moins de dix ans. Il a servi de barreur *(cox)* à l'équipe de Hollande.
7. La Tour Eiffel a servi de support publicitaire de 1925 à 1936.
8. Un Japonais a payé 82,5 millions de dollars pour ce portrait.
9. Dix millions de spectateurs assistent au passage du Tour de France.
10. Tous les maires de France ont été invités à ce banquet qu'on appelle «le Banquet des Maires».

 **APPENDIX 1**

France

L'ANGLETERRE

LA MANCHE

LA BELGIQUE

L'ALLEMAGNE

•Lille
NORD[2]

LE LUXEMBOURG

HAUTE-
NORMANDIE

PICARDIE

Le Havre•
•Rouen

Caen•

BASSE-
NORMANDIE

LES VOSGES

LORRAINE

ALSACE

Nancy•

•Strasbourg

Versailles• ⭐•Paris

RÉGION
PARISIENNE[1]

CHAMPAGNE-
ARDENNE

Colmar•

BRETAGNE

Rennes•

PAYS DE
LA LOIRE

CENTRE

•Tours

Dijon•

FRANCHE-
COMTÉ

LA SUISSE

•Nantes

BOURGOGNE

OCÉAN
ATLANTIQUE

POITOU-
CHARENTES

AUVERGNE

Vichy•

Annecy•

LES ALPES

LIMOUSIN

Clermont-
Ferrand•

•Lyon

RHÔNE-ALPES

L'ITALIE

Grenoble•

Bordeaux•

LE MASSIF

CENTRAL

AQUITAINE

Albi•

Nîmes•

Avignon•

PROVENCE-
CÔTE D'AZUR[3]

•—MONACO

•Nice

Cannes

MIDI-PYRÉNÉES

Montpellier•

Toulouse•

LANGUEDOC-
ROUSSILLON

Marseille•

•Saint-
Tropez

Toulon•

LES PYRÉNÉES

L'ESPAGNE

LA MÉDITERRANÉE

LA CORSE

[1]Also known as Île-de-France   [2]Also known as Nord-Pas-de-Calais   [3]Also known as Provence-Alpes-Côte d'Azur *(Bottin 1989)*

R15

The French-Speaking World

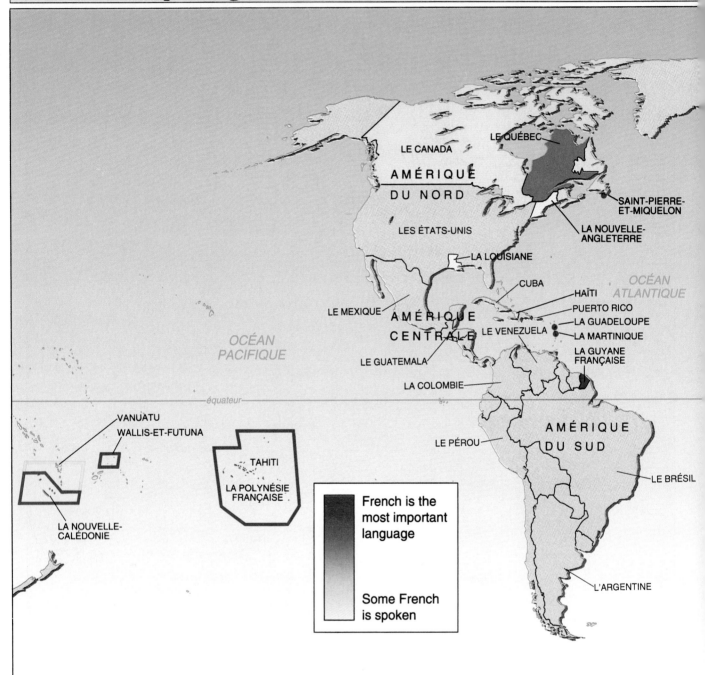

LE CANADA

LE QUÉBEC

AMÉRIQUE
DU NORD

SAINT-PIERRE-
ET-MIQUELON

LES ÉTATS-UNIS

LA NOUVELLE-
ANGLETERRE

LA LOUISIANE

CUBA

OCÉAN
ATLANTIQUE

HAÏTI

PUERTO RICO

LE MEXIQUE

AMÉRIQUE
CENTRALE

LA GUADELOUPE

LE VENEZUELA

LA MARTINIQUE

OCÉAN
PACIFIQUE

LA GUYANE
FRANÇAISE

LE GUATEMALA

LA COLOMBIE

équateur

VANUATU

WALLIS-ET-FUTUNA

AMÉRIQUE
DU SUD

LE PÉROU

TAHITI

LE BRÉSIL

LA POLYNÉSIE
FRANÇAISE

French is the
most important
language

LA NOUVELLE-
CALÉDONIE

L'ARGENTINE

Some French
is spoken

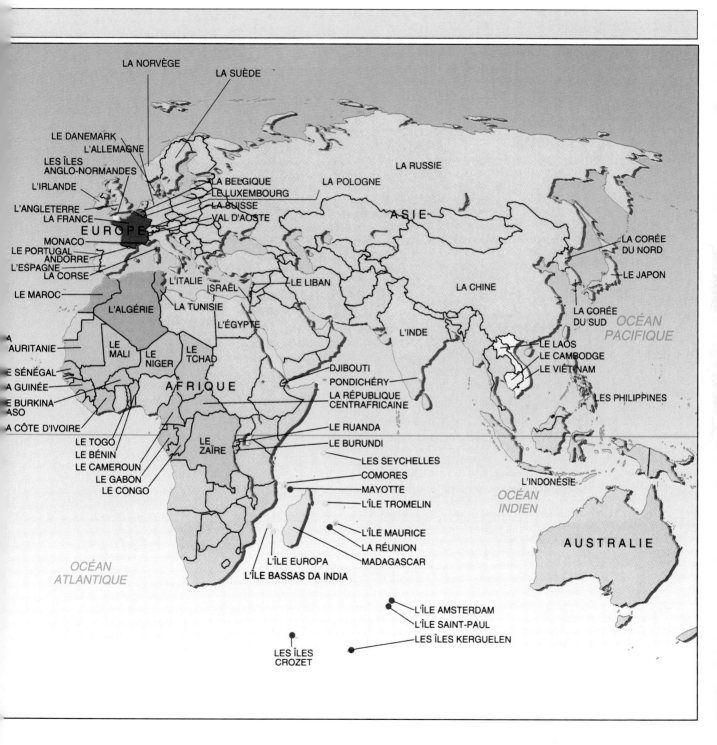

LA NORVÈGE
LA SUÈDE
LE DANEMARK
L'ALLEMAGNE
LES ÎLES
ANGLO-NORMANDES
L'IRLANDE
L'ANGLETERRE
LA FRANCE
EUROPE
MONACO
LE PORTUGAL
ANDORRE
L'ESPAGNE
LA CORSE
LE MAROC
L'ALGÉRIE
L'ITALIE
LA TUNISIE
ISRAËL
L'ÉGYPTE
A
AURITANIE
LE
MALI
LE
NIGER
LE
TCHAD
E SÉNÉGAL
A GUINÉE
E BURKINA
ASO
A CÔTE D'IVOIRE
AFRIQUE
LE TOGO
LE BÉNIN
LE CAMEROUN
LE GABON
LE CONGO
LE
ZAÏRE

LA BELGIQUE
LE LUXEMBOURG
LA SUISSE
VAL D'AOSTE
LA POLOGNE
LA RUSSIE
ASIE
LE LIBAN
LA CHINE
L'INDE
DJIBOUTI
PONDICHÉRY
LA RÉPUBLIQUE
CENTRAFRICAINE
LE RUANDA
LE BURUNDI
LES SEYCHELLES
COMORES
MAYOTTE
L'ÎLE TROMELIN
L'ÎLE MAURICE
LA RÉUNION
MADAGASCAR
L'ÎLE EUROPA
L'ÎLE BASSAS DA INDIA

LA CORÉE
DU NORD
LE JAPON
LA CORÉE
DU SUD
OCÉAN
PACIFIQUE
LE LAOS
LE CAMBODGE
LE VIÊT-NAM
LES PHILIPPINES
L'INDONÉSIE
OCÉAN
INDIEN
AUSTRALIE

OCÉAN
ATLANTIQUE

L'ÎLE AMSTERDAM
L'ÎLE SAINT-PAUL
LES ÎLES KERGUELEN
LES ÎLES
CROZET

Sound-Spelling Correspondences

Vowels

SOUND	SPELLING	EXAMPLES
/a/	a, à, â	Madame, là-bas, théâtre
/i/	i, î	visite, Nice, dîne
	y (initial, final, or between consonants)	Yves, Guy, style
/u/	ou, où, oû	Toulouse, où, août
/y/	u, û	tu, Luc, sûr
/o/	o (final or before silent consonant)	piano, idiot, Margot
	au, eau	jaune, Claude, beau
	ô	hôtel, drôle, Côte-d'Ivoire
/ɔ/	o	Monique, Noël, jolie
	au	Paul, restaurant, Laure
/e/	é	Dédé, Québec, télé
	e (before silent final z, t, r)	chez, et, Roger
	ai (final or before final silent consonant)	j'ai, mai, japonais
/ɛ/	è	Michèle, Ève, père
	ei	seize, neige, Tour Eiffel
	ê	tête, être, Viêt-nam
	e (before two consonants)	elle, Pierre, Annette
	e (before pronounced final consonant)	Michel, avec, cher
	ai (before pronounced final consonant)	française, aime, Maine
/ə/	e (final or before single consonant)	je, Denise, venir
/ø/	eu, oeu	deux, Mathieu, oeufs
	eu (before final se)	nerveuse, généreuse, sérieuse
/œ/	eu, oeu (before final pronounced consonant except /z/)	heure, neuf, Lesieur, soeur, coeur, oeuf

Nasal vowels

SOUND	SPELLING	EXAMPLES
/ɑ̃/	an, am	France, quand, lampe
	en, em	Henri, pendant, décembre
/ɔ̃/	on, om	non, Simon, bombe
/ɛ̃/	in, im	Martin, invite, impossible
	yn, ym	syndicat, sympathique, Olympique
	ain, aim	Alain, américain, faim
	(o) + in	loin, moins, point
	(i) + en	bien, Julien, viens
/œ̃/	un, um	un, Lebrun, parfum

Semi-vowels

SOUND	SPELLING	EXAMPLES
/j/	**i, y** (before vowel sound)	b<u>i</u>en, p<u>i</u>ano, L<u>y</u>on
	-il, -ill (after vowel sound)	oe<u>il</u>, trava<u>ill</u>e, Marse<u>ill</u>e
/ɥ/	**u** (before vowel sound)	l<u>u</u>i, S<u>u</u>isse, j<u>u</u>illet
/w/	**ou** (before vowel sound)	<u>ou</u>i, L<u>ou</u>is, j<u>ou</u>er
/wa/	**oi, oî, oy** (before vowel)	v<u>oi</u>ci, Ben<u>oî</u>t, v<u>oy</u>age

Consonants

SOUND	SPELLING	EXAMPLES
/b/	**b**	<u>B</u>arbara, <u>b</u>anane, <u>B</u>elgique
/k/	**c** (before **a, o, u,** or consonant)	<u>C</u>oca-<u>C</u>ola, <u>c</u>uisine, <u>c</u>lasse
	ch(r)	<u>Ch</u>ristine, <u>Ch</u>ristian, <u>Ch</u>ristophe
	qu, q (final	<u>Qu</u>ébec, <u>qu</u>'est-ce <u>qu</u>e, cin<u>q</u>
	k	<u>k</u>ilo, <u>K</u>iki, <u>k</u>etchup
/ʃ/	**ch**	<u>Ch</u>arles, blan<u>ch</u>e, <u>ch</u>ez
/d/	**d**	<u>D</u>idier, <u>d</u>ans, mé<u>d</u>ecin
/f/	**f**	<u>F</u>élix, <u>f</u>ranc, neu<u>f</u>
	ph	<u>Ph</u>ilippe, télé<u>ph</u>one, <u>ph</u>oto
/g/	**g** (before **a, o, u,** or consonant)	<u>G</u>abriel, <u>g</u>orge, lé<u>g</u>umes, <u>g</u>ris
	gu (before **e, i, y**)	va<u>gu</u>e, <u>Gu</u>illaume, <u>Gu</u>y
/ɲ/	**gn**	mi<u>gn</u>on, champa<u>gn</u>e, Allema<u>gn</u>e
/ʒ/	**j**	<u>j</u>e, <u>J</u>érôme, <u>j</u>aune
	g (before **e, i, y**)	rou<u>g</u>e, <u>G</u>igi, <u>g</u>ymnastique
	ge (before **a, o, u**)	oran<u>ge</u>ade, <u>Ge</u>orges, na<u>ge</u>ur
/l/	**l**	<u>L</u>ise, e<u>ll</u>e, cheva<u>l</u>
/m/	**m**	<u>M</u>aman, <u>m</u>oi, to<u>m</u>ate
/n/	**n**	ba<u>n</u>ane, <u>N</u>ancy, <u>n</u>ous
/p/	**p**	<u>p</u>eu, <u>P</u>apa, <u>P</u>ierre
/r/	**r**	a<u>rr</u>ive, <u>r</u>ent<u>r</u>e, Pa<u>r</u>is
/s/	**c** (before **e, i, y**)	<u>c</u>e, <u>C</u>écile, Nan<u>c</u>y
	ç (before **a, o, u**)	<u>ç</u>a, gar<u>ç</u>on, dé<u>ç</u>u
	s (initial or before consonant)	<u>s</u>ac, <u>S</u>ophie, re<u>s</u>te
	ss (between vowels)	boi<u>ss</u>on, de<u>ss</u>ert, Sui<u>ss</u>e
	t (before **i** + vowel)	atten<u>t</u>ion, Na<u>t</u>ions Unies, nata<u>t</u>ion
	x	di<u>x</u>, si<u>x</u>, soi<u>x</u>ante
/t/	**t**	<u>t</u>rop, <u>t</u>élé, <u>T</u>ours
	th	<u>Th</u>érèse, <u>th</u>é, Mar<u>th</u>e
/v/	**v**	<u>V</u>iviane, <u>v</u>ous, nou<u>v</u>eau
/gz/	**x**	e<u>x</u>amen, e<u>x</u>emple, e<u>x</u>act
/ks/	**x**	Ma<u>x</u>, Me<u>x</u>ique, e<u>x</u>cellent
/z/	**s** (between vowels)	dé<u>s</u>ert, télévi<u>s</u>ion, Loui<u>s</u>e
	z	Su<u>z</u>anne, <u>z</u>ut, <u>z</u>éro

Appendix 2 Sound-Spelling Correspondences

Verbs

A. Regular verbs

INFINITIVE	PRESENT	IMPERATIVE	PASSÉ COMPOSÉ	IMPERFECT
parler *(to talk, speak)*	je **parle** tu **parles** il **parle**	**parle**	j'ai **parlé** tu **as parlé** il **a parlé**	je **parlais** tu **parlais** il **parlait**
	nous **parlons** vous **parlez** ils **parlent**	**parlons** **parlez**	nous **avons parlé** vous **avez parlé** ils **ont parlé**	nous **parlions** vous **parliez** ils **parlaient**
finir *(to finish)*	je **finis** tu **finis** il **finit**	**finis**	j'ai **fini** tu **as fini** il **a fini**	je **finissais** tu **finissais** il **finissait**
	nous **finissons** vous **finissez** ils **finissent**	**finissons** **finissez**	nous **avons fini** vous **avez fini** ils **ont fini**	nous **finissions** vous **finissiez** ils **finissaient**
vendre *(to sell)*	je **vends** tu **vends** il **vend**	**vends**	j'ai **vendu** tu **as vendu** il **a vendu**	je **vendais** tu **vendais** il **vendait**
	nous **vendons** vous **vendez** ils **vendent**	**vendons** **vendez**	nous **avons vendu** vous **avez vendu** ils **ont vendu**	nous **vendions** vous **vendiez** ils **vendaient**
se laver *(to wash oneself)*	je **me lave** tu **te laves** il **se lave**	**lave-toi**	je **me suis lavé(e)** tu **t'es lavé(e)** il/elle **s'est lavé(e)**	je **me lavais** tu **te lavais** il **se lavait**
	nous **nous lavons** vous **vous lavez** ils **se lavent**	**lavons-nous** **lavez-vous**	nous **nous sommes lavé(e)s** vous **vous êtes lavé(e)(s)** ils/elles **se sont lavé(e)s**	nous **nous lavions** vous **vous laviez** ils **se lavaient**

FUTURE	CONDITIONAL	SUBJUNCTIVE	PRESENT PARTICIPLE
je **parlerai**	je **parlerais**	que je **parle**	**parlant**
tu **parleras**	tu **parlerais**	que tu **parles**	
il **parlera**	il **parlerait**	qu'il **parle**	
nous **parlerons**	nous **parlerions**	que nous **parlions**	
vous **parlerez**	vous **parleriez**	que vous **parliez**	
ils **parleront**	ils **parleraient**	qu'ils **parlent**	
je **finirai**	je **finirais**	que je **finisse**	**finissant**
tu **finiras**	tu **finirais**	que tu **finisses**	
il **finira**	il **finirait**	qu'il **finisse**	
nous **finirons**	nous **finirions**	que nous **finissions**	
vous **finirez**	vous **finiriez**	que vous **finissiez**	
ils **finiront**	ils **finiraient**	qu'ils **finissent**	
je **vendrai**	je **vendrais**	que je **vende**	**vendant**
tu **vendras**	tu **vendrais**	que tu **vendes**	
il **vendra**	il **vendrait**	qu'il **vende**	
nous **vendrons**	nous **vendrions**	que nous **vendions**	
vous **vendrez**	vous **vendriez**	que vous **vendiez**	
ils **vendront**	ils **vendraient**	qu'ils **vendent**	
je **me laverai**	je **me laverais**	que je **me lave**	**se lavant**
tu **te laveras**	tu **te laverais**	que tu **te laves**	
il **se lavera**	il **se laverait**	qu'il **se lave**	
nous **nous laverons**	nous **nous laverions**	que nous **nous lavions**	
vous **vous laverez**	vous **vous laveriez**	que vous **vous laviez**	
ils **se laveront**	ils **se laveraient**	qu'ils **se lavent**	

B. *-er* verbs with spelling changes

INFINITIVE	PRESENT		IMPERATIVE	PASSÉ COMPOSÉ	IMPERFECT
acheter *(to buy)*	j'achète tu achètes il achète	nous achetons vous achetez ils achètent	achète achetons achetez	j'ai acheté	j'achetais

Verbs like **acheter:** **amener** *(to take, bring along)*, **se lever** *(to get up)*, **se promener** *(to take a walk, take a ride)*

appeler *(to call)*	j'appelle tu appelles il appelle	nous appelons vous appelez ils appellent	appelle appelons appelez	j'ai appelé	j'appelais

Verbs like **appeler:** **s'appeler** *(to be named)*

préférer *(to prefer)*	je préfère tu préfères il préfère	nous préférons vous préférez ils préfèrent	préfère préférons préférez	j'ai préféré	je préférais

Verbs like **préférer:** **accélérer** *(to accelerate, go faster)*, **espérer** *(to hope)*, **répéter** *(to repeat)*

manger *(to eat)*	je mange tu manges il mange	nous mangeons vous mangez ils mangent	mange mangeons mangez	j'ai mangé	je mangeais nous mangions

Verbs like **manger:** **changer** *(to change)*, **nager** *(to swim)*, **neiger** *(to snow)*, **voyager** *(to travel)*

commencer *(to start, begin)*	je commence tu commences il commence	nous commençons vous commencez ils commencent	commence commençons commencez	j'ai commencé	je commençais nous commencions

Verbs like **commencer:** **annoncer** *(to announce, proclaim)*, **divorcer** *(to divorce)*, **se fiancer** *(to get engaged)*, **menacer** *(to threaten)*

payer *(to pay, pay for)*	je paie tu paies il paie	nous payons vous payez ils paient	paie payons payez	j'ai payé	je payais nous payions

Verb like **payer:** **essayer** *(to try)*

FUTURE	CONDITIONAL	SUBJUNCTIVE	PRESENT PARTICIPLE
j'achèterai	j'achèterais	que j'**achète** que nous **achetions**	achetant
j'appellerai	j'appellerais	que j'**appelle** que nous **appelions**	appelant
je **préférerai**	je **préférerais**	que je **préfère** que nous **préférions**	préférant
je **mangerai**	je **mangerais**	que je **mange** que nous **mangions**	mangeant
je **commencerai**	je **commencerais**	que je **commence** que nous **commencions**	commençant
je **paierai**	je **paierais**	que je **paie** que nous **payions**	payant

C. Irregular verbs

INFINITIVE	PRESENT		IMPERATIVE	PASSÉ COMPOSÉ	IMPERFECT
avoir *(to have)*	j'ai tu as il a	nous avons vous avez ils ont	aie ayons ayez	j'ai eu	j'avais
être *(to be)*	je suis tu es il est	nous sommes vous êtes ils sont	sois soyons soyez	j'ai été	j'étais
aller *(to go)*	je vais tu vas il va	nous allons vous allez ils vont	va allons allez	je suis allé(e)	j'allais
s'asseoir *(to sit down)*	je m'assieds tu t'assieds il s'assied	nous nous asseyons vous vous asseyez ils s'asseyent	assieds-toi asseyons-nous asseyez-vous	je me suis assis(e)	je m'asseyais
boire *(to drink)*	je bois tu bois il boit	nous buvons vous buvez ils boivent	bois buvons buvez	j'ai bu	je buvais
conduire *(to drive)*	je conduis tu conduis il conduit	nous conduisons vous conduisez ils conduisent	conduis conduisons conduisez	j'ai conduit	je conduisais

Verbs like **conduire**: **construire** *(to build)*, **détruire** *(to destroy)*, **produire** *(to produce)*, **traduire** *(to translate)*

connaître *(to know)*	je connais tu connais il connaît	nous connaissons vous connaissez ils connaissent	connais connaissons connaissez	j'ai connu	je connaissais

Verbs like **connaître**: **reconnaître** *(to recognize)*

croire *(to believe)*	je crois tu crois il croit	nous croyons vous croyez ils croient	crois croyons croyez	j'ai cru	je croyais
devoir *(must, to have to, owe)*	je dois tu dois il doit	nous devons vous devez ils doivent	dois devons devez	j'ai dû	je devais
dire *(to say, tell)*	je dis tu dis il dit	nous disons vous dites ils disent	dis disons dites	j'ai dit	je disais

Verbs like **dire**: **contredire** *(to contradict)*, **prédire** *(to predict)*

FUTURE	CONDITIONAL	SUBJUNCTIVE		PRESENT PARTICIPLE
j'aurai	j'aurais	que j'aie	que nous ayons	ayant
		que tu aies	que vous ayez	
		qu'il ait	qu'ils aient	
je serai	je serais	que je sois	que nous soyons	étant
		que tu sois	que vous soyez	
		qu'il soit	qu'ils soient	
j'irai	j'irais	que j'aille		allant
		que nous allions		
je m'assiérai	je m'assiérais	que je m'asseye		s'asseyant
		que nous nous asseyions		
je boirai	je boirais	que je boive		buvant
		que nous buvions		
je conduirai	je conduirais	que je conduise		conduisant
		que nous conduisions		
je connaîtrai	je connaîtrais	que je connaisse		connaissant
		que nous connaissions		
je croirai	je croirais	que je croie		croyant
		que nous croyions		
je devrai	je devrais	que je doive		devant
		que nous devions		
je dirai	je dirais	que je dise		disant
		que nous disions		

INFINITIVE	PRESENT		IMPERATIVE	PASSÉ COMPOSÉ	IMPERFECT
dormir *(to sleep)*	je **dors** tu **dors** il **dort**	nous **dormons** vous **dormez** ils **dorment**	**dors** **dormons** **dormez**	j'ai **dormi**	je **dormais**
écrire *(to write)*	j'**écris** tu **écris** il **écrit**	nous **écrivons** vous **écrivez** ils **écrivent**	**écris** **écrivons** **écrivez**	j'ai **écrit**	j'**écrivais**
	Verbs like **écrire**: **décrire** *(to describe)*, **inscrire** *(to write)*				
envoyer *(to send)*	j'**envoie** tu **envoies** il **envoie**	nous **envoyons** vous **envoyez** ils **envoient**	**envoie** **envoyons** **envoyez**	j'ai **envoyé**	j'**envoyais**
faire *(to make, do)*	je **fais** tu **fais** il **fait**	nous **faisons** vous **faites** ils **font**	**fais** **faisons** **faites**	j'ai **fait**	je **faisais**
lire *(to read)*	je **lis** tu **lis** il **lit**	nous **lisons** vous **lisez** ils **lisent**	**lis** **lisons** **lisez**	j'ai **lu**	je **lisais**
mettre *(to put, place)*	je **mets** tu **mets** il **met**	nous **mettons** vous **mettez** ils **mettent**	**mets** **mettons** **mettez**	j'ai **mis**	je **mettais**
	Verbs like **mettre**: **permettre** *(to let, allow, permit)*, **promettre** *(to promise)*				
ouvrir *(to open)*	j'**ouvre** tu **ouvres** il **ouvre**	nous **ouvrons** vous **ouvrez** ils **ouvrent**	**ouvre** **ouvrons** **ouvrez**	j'ai **ouvert**	j'**ouvrais**
	Verbs like **ouvrir**: **découvrir** *(to discover)*, **offrir** *(to offer)*, **souffrir** *(to suffer)*				
partir *(to leave)*	je **pars** tu **pars** il **part**	nous **partons** vous **partez** ils **partent**	**pars** **partons** **partez**	je **suis parti(e)**	je **partais**
	Verbs like **partir**: **sortir** *(to go out)*				
pleuvoir *(to rain)*	il **pleut**			il a **plu**	il **pleuvait**
pouvoir *(to be able, can)*	je **peux** tu **peux** il **peut**	nous **pouvons** vous **pouvez** ils **peuvent**		j'ai **pu**	je **pouvais**
prendre *(to take, have)*	je **prends** tu **prends** il **prend**	nous **prenons** vous **prenez** ils **prennent**	**prends** **prenons** **prenez**	j'ai **pris**	je **prenais**
	Verbs like **prendre**: **apprendre** *(to learn)*, **comprendre** *(to understand)*				

FUTURE	CONDITIONAL	SUBJUNCTIVE	PRESENT PARTICIPLE
je **dormirai**	je **dormirais**	que je **dorme** que nous **dormions**	dormant
j'**écrirai**	j'**écrirais**	que j'**écrive** que nous **écrivions**	écrivant
j'**enverrai**	j'**enverrais**	que j'**envoie** que nous **envoyions**	envoyant
je **ferai**	je **ferais**	que je **fasse** que nous **fassions**	faisant
je **lirai**	je **lirais**	que je **lise** que nous **lisions**	lisant
je **mettrai**	je **mettrais**	que je **mette** que nous **mettions**	mettant
j'**ouvrirai**	j'**ouvrirais**	que j'**ouvre** que nous **ouvrions**	ouvrant
je **partirai**	je **partirais**	que je **parte** que nous **partions**	partant
il **pleuvra**	il **pleuvrait**	qu'il **pleuve**	pleuvant
je **pourrai**	je **pourrais**	que je **puisse** que nous **puissions**	pouvant
je **prendrai**	je **prendrais**	que je **prenne** que nous **prenions**	prenant

INFINITIVE	PRESENT		IMPERATIVE	PASSÉ COMPOSÉ	IMPERFECT
recevoir *(to receive)*	je **reçois** tu **reçois** il **reçoit**	nous **recevons** vous **recevez** ils **reçoivent**	**reçois** **recevons** **recevez**	**j'ai reçu**	je **recevais**

Verbs like **recevoir:** **apercevoir** *(to see, catch sight of)*, **s'apercevoir** *(to notice, realize)*

INFINITIVE	PRESENT		IMPERATIVE	PASSÉ COMPOSÉ	IMPERFECT
rire *(to laugh)*	je **ris** tu **ris** il **rit**	nous **rions** vous **riez** ils **rient**	**ris** **rions** **riez**	**j'ai ri**	je **riais**

Verbs like **rire:** **sourire** *(to smile))*

INFINITIVE	PRESENT		IMPERATIVE	PASSÉ COMPOSÉ	IMPERFECT
savoir *(to know)*	je **sais** tu **sais** il **sait**	nous **savons** vous **savez** ils **savent**	**sache** **sachons** **sachez**	**j'ai su**	je **savais**
suivre *(to follow)*	je **suis** tu **suis** il **suit**	nous **suivons** vous **suivez** ils **suivent**	**suis** **suivons** **suivez**	**j'ai suivi**	je **suivais**
se taire *(to be quiet)*	je me **tais** tu te **tais** il se **tait**	nous **nous taisons** vous **vous taisez** ils se **taisent**	**tais-toi** **taisons-nous** **taisez-vous**	je me **suis tu(e)**	je me **taisais**
tenir *(to hold)*	je **tiens** tu **tiens** il **tient**	nous **tenons** vous **tenez** ils **tiennent**	**tiens** **tenons** **tenez**	**j'ai tenu**	je **tenais**

Verbs like **tenir:** **appartenir** *(to belong to)*, **obtenir** *(to get, obtain)*, **retenir** *(to reserve, retain)*, **se tenir** *(to keep, stay)*

INFINITIVE	PRESENT		IMPERATIVE	PASSÉ COMPOSÉ	IMPERFECT
venir *(to come)*	je **viens** tu **viens** il **vient**	nous **venons** vous **venez** ils **viennent**	**viens** **venons** **venez**	je **suis venu(e)**	je **venais**

Verbs like **venir:** **devenir** *(to become)*, **prévenir** *(to warn, tell in advance)*, **revenir** *(to come back)*, **se souvenir** *(to remember)*

INFINITIVE	PRESENT		IMPERATIVE	PASSÉ COMPOSÉ	IMPERFECT
vivre *(to live)*	je **vis** tu **vis** il **vit**	nous **vivons** vous **vivez** ils **vivent**	**vis** **vivons** **vivez**	**j'ai vécu**	je **vivais**
voir *(to see)*	je **vois** tu **vois** il **voit**	nous **voyons** vous **voyez** ils **voient**	**vois** **voyons** **voyez**	**j'ai vu**	je **voyais**
vouloir *(to want, wish)*	je **veux** tu **veux** il **veut**	nous **voulons** vous **voulez** ils **veulent**	**veuille** **veuillons** **veuillez**	**j'ai voulu**	je **voulais**

FUTURE	CONDITIONAL	SUBJUNCTIVE	PRESENT PARTICIPLE
je **recevrai**	je **recevrais**	que je **reçoive** que nous **recevions**	**recevant**
je **rirai**	je **rirais**	que je **rie** que nous **riions**	**riant**
je **saurai**	je **saurais**	que je **sache** que nous **sachions**	**sachant**
je **suivrai**	je **suivrais**	que je **suive** que nous **suivions**	**suivant**
je me **tairai**	je me **tairais**	que je me **taise** que nous nous **taisions**	**se taisant**
je **tiendrai**	je **tiendrais**	que je **tienne** que nous **tenions**	**tenant**
je **viendrai**	je **viendrais**	que je **vienne** que nous **venions**	**venant**
je **vivrai**	je **vivrais**	que je **vive** que nous **vivions**	**vivant**
je **verrai**	je **verrais**	que je **vois** que nous **voyions**	**voyant**
je **voudrai**	je **voudrais**	que je **veuille** que nous **voulions**	**voulant**

VOCABULARY: French–English

The French–English vocabulary contains active and passive words from the text, as well as the important words of the illustrations used within the units. Obvious passive cognates and adverbs have not been listed.

The numbers following an entry indicate the first lesson in which the word or phrase is activated. The following abbreviations have been used:

A Appendix A
R Reprise
I Interlude

An asterisk (*) after the lesson or unit number indicates that the word or phrase is presented in the **Mots utiles** section of the reading.

Nouns: If the article of a noun does not indicate gender, the noun is followed by *m. (masculine)* or *f. (feminine).* If the plural *(pl.)* is irregular, it is given in parentheses.

Adjectives: Adjectives are listed in the masculine form. If the feminine form is irregular, it is given in parentheses. Irregular plural forms *(pl.)* are also given in parentheses.

Verbs: Verbs are listed in the infinitive form. An asterisk (*) in front of an active verb means that it is irregular. (For forms, see the verb charts in the Appendix.) Irregular past participle *(p.p.),* present participle *(pres. part.),* future *(fut.),* and subjunctive *(subj.)* forms are listed separately.

Words beginning with an **h** are preceded by a bullet (•) if the **h** is aspirate; that is, if the word is treated as if it begins with a consonant sound.

A

à at, to **R**; in
  à + *hour, day, date, moment* see you (at/on) . . .
  à quelle heure? at what time? **A**
  à qui? to whom? **R**
abandonner to abandon, give up, quit
abord: d'abord first, at first **6**
un **abri** shelter
absolu absolute
absolument absolutely
abstrait abstract
un **acadien (une acadienne)** Acadian
un **accélérateur** accelerator **33**
accélérer to accelerate, go faster **34***
accentué: un pronom accentué stress pronoun
accepter (de) to accept, agree **30**
un **accès** approach
un **accessoire** accessory **25**
un **accident** accident **24**
accompagner to accompany, go along with
accomplir to accomplish
accord: d'accord okay, all right **13**
  être d'accord avec to agree with **2**

accueillir to greet, welcome
un **achat** purchase **5**
  faire des achats to go shopping **5**
acheter (à) to buy (for) **11**
un **acteur** actor **1**
actif (active) active **2**
activement actively **26**
une **activité** activity
une **actrice** actress **1**
actuel (actuelle) present
l' **addition** *f.* check, bill **9**; addition
un **adjectif** adjective
administratif (administrative) administrative **1**
un **admirateur, une admiratrice** admirer
admirer to admire
adorer to love **9**; to worship
une **adresse** address **1**
l' **aérobic** *m.* aerobics **17**
un **aéroport** airport **A**
affaire: ce n'est qu'une affaire de temps it's only a matter of time **I7***
des **affaires** *f.* things, personal belongings **5**
  un homme (une femme) d'affaires businessman (woman) **1**

affectueusement affectionately **14***
une **affiche** poster **A**; sign
affirmatif (affirmative) affirmative
affliger to afflict
affreux (affreuse) awful **25**
l' **Afrique** *f.* Africa **29**
  l'Afrique du Sud South Africa
un **âge** age **3**
âgé old
  plus âgé older **1**
une **agence** agency
  une agence immobilière real estate agency
s' **agenouiller** to kneel
un **agent** agent
  un agent de police policeman
agir to act
agréable pleasant, agreeable
ah bon? really?
aider to help **A**
l' **aiguille** *f.* needle
aille *(subj. of* aller*)* **36**
aimable friendly; pleasant, nice **2**
aimer to like **R**
  aimer mieux to prefer
  j'aimerais I would like
aîné oldest
ainsi therefore; so

l' **air** *m.* air; tune
    avoir l'air to look **3**
    l'air conditionné *m.* air
      conditioning
ait *(subj. of* avoir) **36**
ajouter to add
alarmer to alarm
alerter to alert, warn
algérien (algérienne) Algerian
l' **alimentation** *f.* food,
    nourishment
les **aliments** *m.* foods
l' **Allemagne** *f.* Germany **29**
allemand German **R**
aller to go **4**
    aller + inf. to be going to + *inf.*
    4
    aller à pied to go on foot,
      walk **5**
    aller chercher to go get,
      pick up **4**
    un aller et retour round trip
      (ticket) **29**
    un aller simple one-way
      (ticket) **29**
    est-ce que [ce pantalon] vous
      va? do [the pants] fit you? **25**
    est-ce que [ces chaussures]
      vous vont? do [those
      shoes] fit you? **25**
    il (elle) me va bien it fits me
      well **25**
    il (elle) ne me va pas it
      doesn't fit **25**
    ils (elles) me vont très bien
      they fit very well **25**
allergique allergic
allô hello *(on the telephone)*
allumer to light **I2*, 21**
une **allumette** match
alors then, so
l' **alpinisme** *m.* mountain climbing
l' **Alsace** *f.* Alsace *(province in*
    eastern France)
ambitieux (ambitieuse)
    ambitious **2**
un **aménagement** facility
une **amende** fine **I8***
amener to take, bring (along)
    (mainly people) **11**
américain American **1**
l' **Amérique** *f.* America
    l'Amérique centrale Central
      America **29**
    l'Amérique du Nord North
      America **29**
    l'Amérique du Sud South
      America **29**
un **ami,** une **amie** friend **1**
    un meilleur ami, une
      meilleure amie best friend **1**

amicalement love *(at the end of a*
    letter) **14***
l' **amitié** *f.* friendship
    amitiés best regards *(at the*
      end of a letter)
l' **amour** *m.* love **I4***
amoureux (amoureuse) de in
    love with
une **ampoule** lightbulb
amusant amusing
amuser to amuse
    s'amuser to have fun **20**
un **an** year
    avoir . . . ans to be . . . (years
      old) **3**
    le jour de l'An New Year's
      Day
un **ananas** pineapple
un(e)**ancêtre** ancestor
les **anchois** *m.* anchovies **9**
ancien (ancienne) former; old
    21
un **âne** donkey, jackass
anglais English **1**
l' **anglais** *m.* English *(language)* **R**
l' **Angleterre** *f.* England **29**
un **animal** *(pl.* **animaux)** animal **5**
des **animations** *f.* organized activities
animé animated, lively
une **année** (whole) year **A**
un **anniversaire** birthday **A**
    joyeux anniversaire! happy
      birthday!
une **annonce** ad
    des annonces publicitaires
      advertising
annoncer to announce; to
    proclaim
un **anorak** ski jacket
ans: avoir . . . ans to be . . .
    (years old) **3**
les **Antilles** *f.* West Indies
les **antiquités** *f.* antiques
août August **A**
* **apercevoir** to see, catch sight of
    30
    s'apercevoir (de) to note,
      notice, realize **I9***
    apercevra *(fut. of* apercevoir) **31**
un **aperçu** glimpse
apparaître to appear **I1***
un **appareil** machine, appliance **21**
un **appareil-photo** camera **A**
apparenté: un mot apparenté
    cognate
un **appartement** apartment **21**
appeler to call
    s'appeler to be named **1**
un **appétit** appetite
applaudir to applaud
apporter (à) to take, bring

    (along) *(things)* **A, 14**
* **apprendre** to learn **6;** to teach
    apprendre à + inf. to learn
      (how) to **6**
un **apprenti chimiste** chemist's
    apprentice
s' **apprêter (à)** to get ready
s' **approcher (de)** to approach, get
    near (to)
approprié appropriate
appuyer (sur) to step (on), push
après after **6**
    après tout after all
    d'après (moi) according to
      (me) **18**
l' **après-midi** *m.* afternoon, in the
    afternoon **7**
    cet après-midi this afternoon
      7
    de l'après-midi in the
      afternoon, P.M. **A**
    (lundi) après-midi (on)
      (Monday) afternoon
un **aqueduc** aqueduct
arabe Arabic
un **arbre** tree **5**
un **architecte,** une **architecte**
    architect
l' **argent** *m.* money **A;** silver **25**
    l'argent de poche pocket
      money
l' **Argentine** *f.* Argentina **29**
une **armée** army
l' **arrêt** *m.* **de bus** bus stop
arrêter (de) to arrest, stop
    (someone, something) **30**
    s'arrêter to stop **20**
l' **arrière** *m.* back
une **arrivée** arrival; finish
arriver (à, de) to arrive, come; to
    happen **8**
    j'arrive! I'm coming!
    qu'est-ce qui est arrivé?
      what happened? **24**
un **arrondissement** district,
    borough
arroser to spray (water) on
un **article** article
artistique artistic
l' **ascendance** *f.* ancestry
un **ascenseur** elevator
une **ascension** ascent, climb
asiatique Asian
l' **Asie** *f.* Asia **29**
l' **aspect** *m.* aspect, appearance
un **aspirateur** vacuum cleaner
    passer l'aspirateur to
      vacuum
***s' asseoir** to sit down **I4*, 20**
    asseyez-vous sit down **20**
    assez (de) rather **2,** enough **12**

assieds-toi sit down 20
une **assiette** plate 9
assis seated
assister à to attend 5
l' **assurance** *f.* insurance I7*; assurance
assurer to make, ensure
un **astérisque** asterisk
un(e) **astronaute** astronaut
un **atelier** studio
atmosphérique atmospheric
attaquer to attack
atteindre to reach
attendre to wait, wait for A
attentif (attentive) careful 26
l' **attention** *f.* care, attention
attention! watch out!
faire attention (à) to pay attention (to), be careful (about) 3
attentivement carefully
attirer to attract
attraper to catch
au (à + le) at (the), to (the) R
une **auberge de jeunesse** youth hostel
aucun no
ne . . . aucun not any, no I7*
audacieux (audacieuse) daring
au-dessus above I3*
augmenter to increase, turn up
aujourd'hui today 7
aura *(fut. of avoir)* 31
aussi also, too; that, so, therefore
aussi . . . que as . . . as 27
l' **Australie** *f.* Australia 29
un **auteur** originator, author
une **auto** car
en auto by car
une **auto-école** driving school 33
un **autographe** autograph
l' **automne** *m.* autumn, fall A
un **autoportrait** self-portait
l' **autorité** *f.* authority
une **autoroute** toll road I8*
l' **auto-stop** *m.* hitchhiking
autour (de) around I8*
autre other 12
d'autres other(s) 12
les autres the others; other people
un (une) autre another 12
autrefois in the past 23
l' **Auvergne** *f.* Auvergne *(province in central France)*
aux (à + les) at (the), to (the) R
avance: être en avance to be early 2
avancer to advance
avant before 6; first

avant de before 34
avant tout above all
avec with R
avec qui? with whom? R
une **aventure** adventure
un film d'aventures action movie 13
un **aventurier une aventurière** adventurer
une **avenue** avenue
une **averse** rain shower
un **avion** plane A
en avion by plane A
l' **aviron** *m.* rowing
un **avis** opinion 18
à (mon) avis in (my) opinion 18
un **avocat, une avocate** lawyer 1
* **avoir** *(p.p. eu)* to have 3
avoir . . . ans to be . . . (years old) 3
avoir besoin de to need 3
avoir chaud to be warm, hot 3
avoir de la chance to be lucky 3
avoir envie de to feel like, want 3
avoir faim to be hungry 3
avoir froid to be cold 3
avoir la grippe to have the flu 17
avoir l'air to look 3
avoir un vertige to feel dizzy
avoir lieu to take place 24
avoir l'intention de to intend to, plan to
avoir mal à + *part of body* to have a sore . . . , to have a . . . ache 17
avoir peur to be afraid 3
avoir raison to be right 3
avoir soif to be thirsty 3
avoir sommeil to be sleepy 3
avoir tort to be wrong 3
avoir un rhume to have a cold 17
avouer to admit I8*
avril April A
ayez *(subj. of avoir)* 36

B

le **babyfoot** tabletop soccer game
le **bac** high school diploma
les **bagages** *m.* baggage, luggage
un **bagne** prison
une **bague** ring 25
une **baguette** *long, thin loaf of French bread*
une **baignoire** bathtub 21
un **bain** bath

un **bain de soleil** sunbath 5
un **maillot de bain** bathing suit A, 25
une **salle de bains** bathroom 21
baisser to lower
un **bal** dance
un **ballon** ball
une **banane** banana 9
un **banc** bench
des **bandes** *f.* **dessinées** comics 16
un **bandit** thief
la **banlieue** suburbs 21
une **banque** bank
bas (basse) soft; low
en bas at the bottom; downstairs
basé based
une **basilique** basilica
le **basket (ball)** basketball A
les **baskets** *m.* high tops 25
une **bataille** battle
un **bateau** *(pl. bateaux)* boat
une **batte** (baseball) bat
se **battre** to fight
battu beaten, defeated
bavard talkative
le **bavardage** chatter, gossip
beau (bel, belle; beaux) good-looking, beautiful 2
il fait beau it's nice (weather) A
beaucoup (de) (very) much, a lot, many 12
un **beau-père** stepfather 1; father-in-law
les **beaux-arts** *m.* fine arts
beige beige 25
bel good-looking, beautiful 26
belge Belgian 1
la **Belgique** Belgium 29
belle good-looking, beautiful 2
une **belle-mère** stepmother 1; mother-in-law
ben . . . well . . .
les **béquilles** *f.* crutches
un **berger allemand** German shepherd
besoin: avoir besoin de to need 3
bête stupid, dumb, silly 2
une **bête** animal
la **bêtise** stupidity, foolishness
le **beurre** butter 9
une **bibliothèque** library A; bookcase
une **bicyclette** bicycle
un **bidon** (gas) can
bien well 27; indeed, very much R
bien à toi yours *(at the end of a letter)* 14*
bien entendu of course I7*
bien sûr of course 13

eh bien   well . . .
ou bien   or else
vouloir bien   to want *(used to accept an offer)*, to accept, agree **R**
bientôt   soon **I6***
   à bientôt   see you soon (in a few days)
la bière   beer
une bifurcation   fork
un bijou *(pl.* bijoux) jewel, jewelry **25**
une bijouterie   jewelry store **I7***
un bijoutier   jeweler **I7***
un billet   ticket **I1*, 13**
   un billet (de métro)   subway ticket **5**
   un billet d'avion (de train)   plane (train) ticket **29**
la biologie (bio)   biology **R**
blague: sans blague!   really?
blanc (blanche)   white **25**
un blazer   blazer **25**
blessé   hurt
un blessé, une blessée   injured person
bleu   blue **25**
   bleu clair   light blue **25**
   bleu foncé   dark blue **25**
blond   blond
bloqué   blocked
un blouson   jacket **A, 25**
le boeuf   beef, ox, steer
* boire   to drink **11**
le bois   wood
une boisson   beverage, drink **9**
une boîte   box, can **12**
bon (bonne)   good **2**
   ah bon?   really?
   bon marché *inv.*   cheap, inexpensive **25**
des bonbons *m.*   candy
le bonheur   happiness
un bonhomme de neige   snowman
bonjour   hello, good morning, good afternoon
un bonnet   (wool) hat
le bord   shore
   au bord de   at the edge of **I2***
botanique   botanical
des bottes *f.*   boots **25**
un boubou   traditional Senegalese costume
une bouche   mouth **17**
une boucherie   butcher shop
des boucles d'oreilles *f.*   earrings **25**
bouddhiste   Buddhist
le boudin blanc   meatless milk-based sausage
la bouillabaisse   fish chowder
un boulanger, une boulangère   baker

une boulangerie   bakery
les boules *f.*   bowling
un boulevard   boulevard
une boum   (informal) party **A**
la Bourgogne   Burgundy *(province in central France)*
un bout   end
   au bout de   after **I3***
une bouteille   bottle **12**
une boutique   boutique, shop **A, 25**
   une boutique de soldes   discount shop **25**
un bracelet   bracelet **25**
la branche   branch
un bras   arm **17**
le Brésil   Brazil **29**
brésilien (brésilienne)   Brazilian
la Bretagne   Brittany *(province in western France)*
un bricoleur, une bricoleuse   mechanically inclined person
brièvement   briefly
un brigand   robber
une brioche   *type of French bread with a sweet, light dough*
la brique   brick
britannique   British
la broderie   embroidery
bronzer   to tan **5**
une brosse à cheveux   hairbrush **19**
une brosse à dents   toothbrush **19**
se brosser   to brush **19**
un bruit   noise **I2***
brûler   to burn
brun   dark-haired; dark brown
brusquement   suddenly
Bruxelles *f.*   Brussels
bu *(p. p. of* boire) **11**
un bureau   office **1**; desk **A, 21**
un bus   bus **5**

C

c' *(see* ce)
ça   that **9**
   ça fait combien?   how much does that cost? **9**
   ça ne fait rien   that doesn't matter, no problem
   ça, par exemple!   wow!; what do you know!
   ça va   I'm fine **17**
   ça va?   how are you? **17**
   et avec ça?   anything else? **9**
une cabine téléphonique   telephone booth
caché   hidden **I8***
se cacher   to hide
un cadeau *(pl.* cadeaux) gift, present **14**

un cadre   frame
le café   coffee **9**
un café   café **A, 5**
un cahier   notebook
la caisse   cashbox
une calculatrice   calculator
une calebasse   gourd
un calendrier   calendar
calmement   calmly **26**
un camarade, une camarade   classmate **1**; friend
   un(e) camarade de chambre   roommate
le Cambodge   Cambodia **29**
cambodgien (cambodgienne)   Cambodian **1**
un cambriolage   burglary
cambriolé   burglarized
une caméra   movie camera **A**
camerounais   Cameroonian
un camion   truck **33**
une camionnette   (small) van **33**
la campagne   country, countryside **29**
   à la campagne   in the country **5**
le camping   camping **29**
   faire du camping   to go camping **29**
le Canada   Canada **29**
canadien (canadienne)   Canadian **1**
un canard   duck **5**
un canne   cane
une cantine   cafeteria
un canton   canton, district
le caoutchouc   rubber **25**
une capitale   capital (city)
le capot   hood *(of a car)* **33**
capter   to capture
car   since, because
un car scolaire   school bus
caraïbe   Caribbean
une caravane   camping trailer **29**
un carnet   small notebook
   un carnet d'adresses   address book **I3***
une carotte   carrot **9**
carreau: à carreaux   checked **25**
une carrière   career
une carte   card **16**; map **29**
   les cartes   (playing) cards
   une carte postale   postcard **16**
un cas   case
   dans ce cas   in that case **I6***
   en cas de   in case of
une case   box
un casque   helmet, headphones, **A**
une casquette   cap **25**

casser to break **I8***

    se casser (la jambe) to break (one's leg)

une **casserole** pot, pan **29**

une **cassette** cassette **A**

cause: à cause de because of

une **cave** cellar **21**

une **caverne** cave

un **CD** compact disc **A**

un **CD vidéo** laserdisc

ce it, that **A**

    ce que what

    c'est that's, it's, he's, she's **2**

    c'est-à-dire that is (to say)

    c'est le (3 janvier) it's (January 3rd) **A**

    c'est tout? is that all? **9**

    qu'est-ce que c'est? what is it? what's that? **R**

ce (cet, cette; ces) this, that, these, those **A**

    ce . . . -ci this (over here) **A, 28**

    ce . . . -là that (over there) **A, 28**

ceci this

céder to give up

une **ceinture** belt **25**

    une ceinture de sécurité seat belt **33**

cela that

célèbre famous

célébrer to celebrate

le **céleri** celery **9**

célibataire single **1**

celle the one **28**

    celle-ci this one **28**

    celle de the one of/belonging to/from **28**

    celle-là that one **28**; the latter

celles these, those **28**

    celles-ci these **28**

    celles de the ones of/belonging to/from **28**

    celles-là those **28**

celtique Celtic

celui (celle) the one **28**

    celui-ci this one **28**

    celui de the one of/belonging to/from **28**

    celui-là that one **28**

    celui que the one(s) that/whom **28**

    celui qui the one(s) who/whom **28**

cent one hundred **A, 26**

    pour cent percent

centième hundredth **26**

un **centre** center

    au centre (de) in the center (of)

un **centre commercial** shopping center **A**

le **centre-ville** downtown **21**

cependant however **I9***

les **céréales** *f.* cereal **9**

une **cérémonie** ceremony

une **cerise** cherry **9**

certain certain

    certains some

certainement certainly

un **certificat** diploma

ces these, those **A**

cesser de to stop **30**

c'est (*see* **ce**)

c'est-à-dire that is (to say)

cet this, that **A**

cette this, that **A**

ceux (celles) these, those **28**

    ceux-ci these; the latter **28**

    ceux de the ones of/belonging to/from **28**

    ceux-là those **28**

chacun each one, each person

une **chaîne** chain **25**

une **chaîne hi-fi** hi-fi set **A**

une **chaîne stéréo** stereo set **A**

une **chaise** chair **A, 21**

une **chambre (à coucher)** room; bedroom **5**

un **chameau** (*pl.* **chameaux**) camel

un **champ** field **5**

la **Champagne** Champagne (*province in northeastern France*)

des **champignons** *m.* mushrooms **9**

un **champion, une championne** champion

la **chance** luck

    avoir de la chance to be lucky **3**

    tenter sa chance to try one's luck **I9***

chanceux (chanceuse) lucky

la **Chandeleur** Candlemas

un **changement** change

changer (de) to change

une **chanson** song **13**

chanter to sing **A**

un **chanteur, une chanteuse** singer **13**

un **chapeau** (*pl.* **chapeaux**) hat **25**

chaque each **23**

un **char** float (*in a parade*)

une **charcuterie** delicatessen

chargé de in charge of

la **chasse** hunting; hunt **I8***

un **chat** cat

un **château** (*pl.* **châteaux**) castle

chaud warm, hot **27**

    avoir chaud to be warm, hot **3**

    il fait chaud it's hot (weather) **A**

le **chauffage** heat

des **chaussettes** *f.* socks **A, 25**

des **chaussures** *f.* shoes **A, 25**

une **chauve-souris** bat

un **chef** chef, head; chief, leader

un **chemin** path

    un chemin de fer railroad

    un chemin de terre dirt path

une **cheminée** fireplace; chimney

une **chemise** shirt **A, 25**

un **chemisier** blouse **A, 25**

cher (chère) expensive **25**; dear **14***

chercher to get, pick up **4**; to look for **I2*, 15**

un **chercheur** seeker

chéri darling

un **cheval** (*pl.* **chevaux**) horse **5**

    à cheval on horseback **5**

les **cheveux** *m.* hair **17**

chez home, at home, at the house (office, shop, etc.) of, to the house of **R**

    chez moi (toi, lui . . .) (at) (my, your, his, her . . .) home **R**

un **chien** dog

les **chiffres** *m.* statistics, numbers

la **chimie** chemistry **R**

chimique chemical

un **chimiste, une chimiste** chemist

la **Chine** China **29**

chinois Chinese **1**

un **chocolat** cocoa, hot chocolate **9**

choisir to choose, pick **A**

un **choix** choice

    au choix choose one, your choice

une **chorale** choir

une **chose** thing **A**

    quelque chose something **7**

la **choucroute** sauerkraut

chouette great, terrific, neat

une **chouette** owl **I6***

ci: ce . . . -ci this (over here) **28**

le **cidre** cider

le **ciel** heaven; sky **I8***

le **cimetière** cemetery

un **cinéaste, une cinéaste** filmmaker **1**

un **ciné-club** film club

le **cinéma** movies

    au ciné at/to the movies **5**

un **cinéma** movie theater **A**

un **cinéphile** movie lover

cinq five **A**

une **cinquantaine** about fifty

cinquante fifty **A**

cinquième fifth **26**

un **cintre** hanger **28***

une **circonstance** circumstance

la **circulation** traffic, circulation **I8***

circuler to get around
un citoyen, une citoyenne citizen
un citron pressé lemon juice
clair clear, light
    bleu clair light blue **25**
une clarinette clarinet
une classe class **R**
    en classe to class, in class
    première classe first class **29**
    seconde classe second class **29**
un classement ranking
classique classical
le clavier keyboard (computer) **A**
une clé key **I3***, **21**
    fermer à clé to lock **21**
un client, une cliente client, customer
le clignotant blinker **33**
des clips *m.* music videos
une cloche bell
un club de théâtre drama club
un cochon pig **5**
le code de la route highway code
un coeur heart **17**
un coffre trunk *(of a car)* **33**
un coiffeur hairdresser
un coin corner, spot
des collants *m.* tights, pantyhose **25**
collectionner to collect
un collège junior high school **R**
un collier necklace **25**
une colline hill
un colon colonist
une colonie colony
    une colonie de vacances (summer) camp
une colonne column
combattre to fight
combien how much **12**
    combien de fois? how many times?
une comédie comedy **13**
    une comédie musicale musical comedy **13**
commander to order **9**; to command
comme like; for, as **9**; since **I6***; as well as
commémorer to commemorate
le commencement beginning
commencer to start, begin **I3***, **13**
    commencer à + *inf.* to begin to **30**
comment? how?; what? **R**
    comment est-il/elle? what's he/she like? what does he/she look like?
un commentaire comment

un commerçant, une commerçante shopkeeper, merchant
le commerce business
commercial commercial **1**
* **commettre** to commit **I7***
une commode dresser
commun common
la communauté community
un compact-disque (un compact, un CD) compact disc **A**
une compagnie company
un compagnon friend, companion
une comparaison comparison
comparer to compare
complément: un pronom complément object pronoun
complet (complète) full
complètement completely
compléter to complete
composer to compose, write; to dial
* **comprendre** to understand **6**; to include
compris included **9**
    y compris including
un comptable, une comptable accountant **1**
compter to count **I3***; to intend
le comptoir counter
un comptoir trading post
un concert concert **13**
    un concert de rock rock concert **5**
un concierge, une concierge concierge (building superintendent)
un concours contest
un conducteur, une conductrice driver **24**
* **conduire** *(p. p.* **conduit)** to drive **33**
    un permis de conduire driver's license **33**
la conduite driving **33**
une conférence lecture
la confiture jam **9**
le confort comfort
confortable comfortable
confus ashamed, embarrassed **I1***
un congrès congress, convention
conjuguer to conjugate
connaissance: faire la connaissance de to meet **15**
* **connaître** *(p.p.* **connu)** to know, be acquainted or familiar with **15**; *(in passé composé)* to make the acquaintance of **15**; *(p.p. or* **connu)** known
conquérir to conquer
se consacrer to devote oneself

consciencieux (consciencieuse) conscientious **2**
un conseil piece of advice, council **14***
conseiller to advise **14***
un conseiller adviser
conséquent: par conséquent consequently, therefore
conserver to keep
un constat report
consterné dismayed
constitué (par) made up (of)
un constructeur manufacturer
* **construire** to build
contact: mettre le contact to turn on the ignition
contenir to contain
content happy, content **2**
contenu contained
un continent continent **29**
continuer (à) to continue; to go on **30**
le contraire opposite
    au contraire on the contrary
une contravention traffic ticket
contre against
un contrebandier smuggler
contrôler to control, to check
un contrôleur, une contrôleuse inspector
convenable suitable
convient: qui convient (that is) appropriate
convoquer to call together
un copain pal, friend **1**
une copine pal, friend **1**
un coquillage shellfish
la Corée Korea **29**
coréen (coréenne) Korean **1**
une corde rope
le corps body, corps **17**
correspondant corresponding
un correspondant, une correspondante pen pal
correspondre to correspond
la Corse Corsica *(French island off the Italian coast)*
un cosmonaute astronaut
costaud strong, strapping
un costume suit **25**
la côte coast, shore; hill
un côté side
    à côté (de) beside, next to **R**
le coton cotton **25**
    en coton made of cotton **25**
le cou neck **17**
couchage: un sac de couchage sleeping bag **29**
se coucher to go to bed **19**; to set *(the sun)*
une couleur color **25**

de quelle couleur est . . . ?
what color is . . . ? **25**

un **couloir** corridor **21**

un **coup** stroke, blow

    un **coup de chance** stroke of
luck

    un **coup de téléphone**
telephone call

    un **coup de tonnerre**
thunder clap

    un **coup d'oeil** glance

coupable guilty **I5***

un **coupable, une coupable** guilty
one **I5***

une **coupe** cup, trophy

couper to cut

    se **couper** to cut oneself

la **cour** court(yard) **R**

courageux (courageuse)
courageous

courant running; current

un **coureur** racer, runner **26***

* **courir** (p. p. **couru**) to run **I2***,
17

la **couronne** crown

couronner to crown

le **courrier** mail

le **courrier électronique** e-mail,
electronic mail **A**

un **cours** course **R**

    suivre un cours to take a
course (class) **33**

une **course** race **26***; ride

les **courses** f. shopping **9**

    faire les courses to go
shopping, do the shopping, to
do errands **3**

court short **25**

    un **court métrage** short film

un **cousin, une cousine** cousin **1**

un **couteau** knife **9**

coûter to cost **13**

une **coutume** habit, custom

un **couturier, une couturière**
fashion designer

une **couverture** blanket **29**

* **couvrir** (p. p. **couvert**) to cover
21

craindre to fear

une **cravate** tie **A, 25**

un **crayon** pencil **A**

créer to create, set up

la **crème** custard

    la **crème glacée** ice cream
(Canadian)

une **crémerie** dairy store

le **créole** Creole (French dialect
spoken in the Caribbean)

une **crêpe** pancake

une **crêperie** pancake shop

une **crevaison** flat tire

criard tacky, loud

crier to shout, yell, scream **I1***

critique critical

* **croire (à, que)** (p.p. **cru**) to
believe (in, that) **18**

    je crois que I believe that **18**

une **croisière** cruise

un **croissant** crescent; crescent roll **9**

une **croix** cross

    la **Croix-Rouge** Red Cross

un **croque-monsieur** grilled ham
and cheese sandwich **9**

croustillant crisp, crusty

cru (p. p. of **croire**) **18**

cubain (cubaine) Cuban **1**

une **cuillère** spoon **9**

le **cuir** leather **25**

cuire to cook

la **cuisine** cooking **9**

    faire la cuisine to cook, do
the cooking **3**

une **cuisine** kitchen **9**

un **cuisinier** cook

une **cuisinière** range, stove **21**; cook

le **cuivre** copper **I8***; brass

cultiver to cultivate

curieux (curieuse) curious **2**

les **cybernautes** people who like to
use the Internet

cycliste cycling (adj.)

D ▉▉▉▉▉▉▉▉▉▉▉▉▉▉▉▉▉▉

d' (see **de**)

d'abord first, at first **6**

d'accord! okay, all right **13**

    être d'accord avec to agree
with **2**

une **dame** woman, lady

dangereux (dangereuse)
dangerous

dans in, into; inside **R**

la **danse** dance

danser to dance **A**

d'après according to **18**

    d'après moi according to me
18

la **date** date **1**

    **quelle est la date
aujourd'hui?** what's the
date today? **A**

d'autres other(s) **12**

de of, from; any; with **R**

débarquer to land

le **début** beginning

décamper to leave (fam.)

une **décapotable** convertible **33**

décembre December **A**

décider (de) to decide (to) **25,
30**

une **décision** decision

déclencher (l'alarme) to set off
(the alarm) **I8***

décorer to decorate

* **découvrir** (p. p. **découvert**) to
discover **21**

* **décrire** to describe **16**

déçu disappointed; deceived **I9***

dedans into; inside

défense de + inf. do not . . .

un **défi** challenge, dare **I6***

un **défilé** parade

défini definite

défoncé bashed in

défunt deceased

se **dégonfler** to become deflated

déguisé disguised

dehors outside **I6***

une **déité** deity

déjà already; before, ever **6**

le **déjeuner** lunch **9**

    le **petit déjeuner** breakfast **9**

déjeuner to have (eat) lunch **9**

délicieux (délicieuse) delicious

le **deltaplane** hang gliding

demain tomorrow **7**

    à demain see you tomorrow

demander (à) to ask, ask for **16**

démarrer to start (a car) **34***

le **déménagement** moving

demi half

    . . . heure(s) et demie half
past . . . **A**

un **demi-frère** half brother **1**

une **demi-heure** half-hour

une **demi-soeur** half sister **1**

un **demi-tour** about-face, U-turn

démonstratif (démonstrative)
demonstrative

se **dénoncer** to confess

le **dentifrice** toothpaste **19**

un **dentiste, une dentiste** dentist **1**

une **dent** tooth **17**

    avoir mal aux dents to have
a toothache **I4***

un **départ** departure; start

un **département** department
(administrative division of
France)

se **dépêcher** to hurry **19*, 20**

dépend: ça dépend that depends

dépenser to spend

un **déplacement** move

se **déplacer** to move, go out of one's
way

déporté deported

depuis since **4**

    depuis combien de temps?
for how long? **4**

    depuis quand? since when? **4**

    depuis que since

le **dérangement** turmoil

dernier (dernière) last I1*, 7
derrière behind, in back (of) **R**
des (de + les) some 10; of (the), from (the) **R**
dès as early as, upon
désagréable unpleasant
un **désavantage** disadvantage
descendre to go down 5
le **désert** desert
désert (e) deserted
désespéré desperate, hopeless
se **déshabiller** to get undressed
désigner to designate
un **désir** wish
désirer to wish, desire; to want 9
désobéir to disobey I9*
la **désobéissance** disobedience, failure to obey I9*
désolé sad; very sorry 13
   je suis désolé(e) I am sorry 1
un **dessert** dessert 9
le **dessin** art class **R**
un **dessin** pattern, design 25; drawing I8*
   un dessin animé cartoon 13
un **dessinateur, une dessinatrice** designer, draftsperson 1
dessinées: des bandes *f.* **dessinées** comics 16
destiné intended
la **destinée** destiny
détaillé detailed
détester to hate, dislike 9
* **détruire** to destroy
le **deuil** mourning I4*
deux two
deuxième second 26
deuxièmement secondly 26
devant in front (of) **R**
développer to develop
* **devenir** *(p. p.* **devenu)** to become 4
deviendra *(fut. of* **devenir)** 31
deviner to guess
une **devinette** guessing game
une **devise** motto
un **devoir** homework assignment 3
* **devoir** *(p.p.* **dû)** must, to have to, owe **R**
dévoré eaten up
devra *(fut. of* **devoir)** 31
d'habitude usually 23
un **diable** devil
un **diabolo-menthe** lemonade with mint
un **dialecte** dialect
un **diamant** diamond I7*
un **dieu** god
Dieu: mon Dieu! my goodness!
difficile difficult, hard 27

dimanche *m.* Sunday, on Sunday **A**
le **dîner** dinner 9
dîner to have (eat) dinner, supper **A, 9**
un **diplôme** diploma
* **dire (à)** *(p.p.* **dit)** to say, tell 16
   à vrai dire to tell the truth I7*
   vouloir dire to mean
directement directly
un **directeur, une directrice** director, principal
diriger to steer, direct
dis donc hey!; I say
une **discothèque** disco
un **discours** speech
discret (discrète) discreet 26
discuter to discuss
disparaître to disappear I7*
la **disparition** disappearance I7*
dispersé spread, scattered
disputé fought, held
disputer to compete in
un **disque** record **A**
   un disque laser CD **A**
   un disque optique CD-ROM disc **A**
une **disquette** floppy disc **A**
une **distance** distance
une **distraction** pastime
dites donc! hey! I say I7*
divers various
divisé divided
divorcé divorced 1
dix ten **A**
dix-huit eighteen **A**
dix-neuf nineteen **A**
dix-sept seventeen **A**
une **dizaine** about ten
un **docteur** doctor 1
un **doigt** finger 17
un **dollar** dollar
un **domaine** domain
le **domicile** place of residence
dommage: (c'est) dommage! what a pity! that's too bad!
donc therefore, so I2*
donner (à) to give 14
dont whose
* **dormir** to sleep 8
un **dortoir** dormitory
un **dos** back 17
   un sac à dos backpack, knapsack 29
doubler to pass 34*
une **douche** shower 21
doué gifted
une **douzaine** about twelve, a dozen 9
douze twelve **A**
un **drame** scene, drama

un **drame psychologique** psychological drama 13
un **drapeau** flag
une **drogue** drug
droit right 17
   à droite (de) to the right (of) **R**
le **droit** law, right
drôle funny
   ça, c'est drôle! that's funny!
drôlement extremely
du (de + le) of (the), from (the) **R**; some 10
dû *(p. p. of* **devoir)** 10
durant during
la **durée** duration, length
durer to last
dynamique dynamic, energetic

E

e-mail e-mail, electronic mail
l' **eau** *f. (pl.* **eaux)** water 9
l' **eau minérale** mineral water 9
un **échange** exchange
une **échelle** ladder
échouer to fail
un **éclair** (flash of) lightning I2*
éclater to break out
une **école** school **R**
l' **économie** economics **R**
économique economical
l' **écorce** *f.* bark
écouter to listen to **A**
un **écran** screen (computer)
* **écrire (à)** *(p. p.* **écrit)** to write (to) 16
un **écriteau** notice
un **écrivain** writer 1
un **écureuil** squirrel 15
l' **éducation** *f.* **physique** physical education **R**
effet: en effet in fact; indeed, as a matter of fact I9*
efficace efficient
effrayer to frighten I6*
égal *(pl.* **égaux)** equal
également also
l' **égalité** equality
une **église** church **A**
égoïste selfish 2
l' **Égypte** *f.* Egypt 29
égyptien (égyptienne) Egyptian 1
eh bien well . . .
électrique electric, electrical
électroménager: des appareils *m.* **électroménagers** household appliances
l' **électronique** *f.* electronics
élégamment elegantly 26
élégant elegant 25

un **élève, une élève**   student
élevé   high, raised
élever (des animaux)   to raise (animals)
elle   she, it; her **R**
elles   they, them **R**
élu   elected
embarquer   to take on
embarrassant   embarrassing
embrasser   to embrace, kiss **14***
je t'embrasse   love and kisses *(at the end of a letter)* **14***
une **émeraude**   emerald
émigrer   to emigrate
une **émission (de télé)**   (TV) show
emménager   to move in
un **emplacement délimité**   marked campsite
un **employé (une employée) de bureau**   office worker **1**
employer   to use
emporter   to carry away
un **emprunt**   borrowed thing, loan
emprunter (à)   to borrow (from) **16**
en   some, any, from there, of (about) it/them **18**
en   in, by, to **A**
en + *pres. part.*   while, on, upon, by . . . ing **34**
en (argent, coton)   made of (silver, cotton) **25**
en autobus (avion, bateau)   by bus (plane, boat) **A**
en semaine   during the week **A**
encerclé   encircled
enchanté(e)   glad to meet you **1**
encore   still, yet **14***; again
encore une fois   once more **15***
endommagé   damaged **19***
endormi   sleepy, asleep
un **endroit**   place; spot **A, 5**
l' **énergie** *f.*   energy
l' **enfance** *f.*   childhood
un **enfant, une enfant**   child **1**
un (une) enfant unique   only child **1**
enfin   at last **6**
s' **engager**   to enlist
enlever   to take off **34***
ennuyeux (ennuyeuse)   boring **2**
énorme   enormous, huge **13***
une **enquête**   inquiry, survey
enregistré   recorded
l' **enseignement** *m.*   teaching
ensemble   together
un grand ensemble   high-rise complex
ensuite   then, after **6**
entendre   to hear **A, 13**; to understand

entendre parler   to hear about
entier (entière)   whole, entire
entouré   surrounded
un **entracte**   intermission
s' **entraîner**   to train
entre   between, among **R**
une **entreprise**   company
entrer   to enter **8**
une **enveloppe**   envelope; bag
envelopper   to wrap
s'envelopper   to wrap oneself up
enverra *(fut. of envoyer)* **31**
envers   toward(s)
l' **envie** *f.*   envy
avoir envie de   to feel like, want **3**
environ   approximately
environnant   neighboring
s' **envoler**   to fly off **16***
* **envoyer**   to send **11**
l' **épaisseur** *f.*   thickness
l' **épaule** *f.*   shoulder **17**
une **épicerie**   grocery, grocery store
les **épinards** *m.*   spinach
un **épisode**   episode
une **époque**   period, time
une **épreuve**   competition, hardship, test
l' **équilibre** *m.*   balance
un **équipage**   team, crew
une **équipe**   team **13**
équipé   equipped
l' **équipement** *m.*   equipment **21**
l' **équitation** *f.*   horseback riding **17**
une **erreur**   mistake **13***
faire erreur   to make a mistake **17***
escalader   to climb
un **escalier**   staircase **21**
les escaliers   stairs **13*, 21**
un **escargot**   snail
l' **esclavage** *m.*   slavery
un **esclave, une esclave**   slave
l' **Espagne** *f.*   Spain **29**
espagnol   Spanish **1**
l' **espagnol** *m.*   Spanish *(language)* **R**
espérer   to hope **11**
l' **espoir** *m.*   hope **19***
un **esprit**   spirit, mind
essayer   to try, try out, try on **25**
essayer de   to try to **30**
l' **essence** *f.*   gas **33**
l' **essentiel** *m.*   important thing
l' **essuie-glace** *m.*   windshield wiper **33**
l' **est** *m.*   east **29**
est-ce que   *phrase used to introduce a question* **R**
estimer   to estimate
l' **estomac** *m.*   stomach **17**

et   and **R**
établir   to establish
un **étage**   floor, story **13*, 21**
une **étagère**   bookshelf **21**
étant *(pres. part. of être)*
une **étape**   stage, lap **18***
l' **état**   state, government
un **état**   state **29**; condition
en bon état   in good shape (condition) **18***
les **États-Unis** *m.*   United States **29**
été *(p. p. of être)* **7**
l' **été** *m.*   summer **A**
éteindre   to turn off **21**
étendu   spread out, extensive
une **étoile**   star
étonné   surprised; astonished
étrange   strange
étranger (étrangère)   foreign **29**
à l'étranger   abroad **29**
être *(p.p. été)*   to be **2**
être à   to belong to **2**
être à l'heure   to be on time **2**
être d'accord (avec)   to agree (with) **2**
être de retour   to be back
être en avance   to be early **2**
être en bonne santé   to be in good health **17**
être en forme   to be in shape **17**
être en retard   to be late **2**
être en train de   to be in the midst of **2**
une **étrenne**   New Year's gift
étroit   tight **25**
l' **étude** *f.*   study **R**
un **étudiant, une étudiante**   student
étudier   to study **A**
eu *(p. p. of avoir)* **7**
euh . . .   er . . . , uh . . .
l' **Europe** *f.*   Europe **29**
européen (européenne)   European
eux   them **R**
eux-mêmes   themselves
un **événement**   event **23**
évidemment   obviously **19***
évident   evident, obvious
un **évier**   kitchen sink **21**
évoquer   to evoke, recall
exactement   exactly
exagérer   to exaggerate
exaltant   exciting
un **examen**   exam **A**
s' **excuser**   to apologize **20**
un **exemple**   example
ça, par exemple!   what do you mean!; what do you know!
par exemple   for example
exercer   to do, carry out, perform

une **exigence** demand
un **exode** exodus
    expliquer to explain **I3★**
        s'expliquer to be explained
un **exploit** exploit, feat
un **explorateur, une exploratrice**
    explorer
un **explosif** explosive
un **exportateur** exporter
une **exposition** exhibition, exhibit
    13
une **expression** expression
    d'expression française
        French-speaking
    exprimer to express **18**
        s'exprimer to express oneself
    expulser to expel
un **extrait** extract
    extraordinaire extraordinary,
        unusual
    extrêmement extremely

F

la **fabrication** manufacturing
    fabriqué made
    face: en face (de) across (from),
        opposite **I8★**
    fâché (contre) angry, upset
        (with)
se **fâcher** to get angry
    facile easy **27**
    faciliter to facilitate, make easy
une **façon** manner, way
    facultatif (facultative) optional
    faible weak **27**
    faim: avoir faim to be hungry **3**
★ **faire** *(p. p.* **fait)** to do, make **3**; to
    manage
    faire attention (à) to pay
        attention (to), be careful
        (about) **3**
    faire de + *activity* to play,
        participate in, study, learn,
        learn to play, be active in **3**
    faire des achats to go
        shopping **5**
    faire des économies to save
        money
    faire du camping to go
        camping **29**
    faire du mal to hurt
    faire du [40] to wear size
        [40] **25**
    faire la connaissance de to
        meet **15**
    faire la cuisine to cook, do
        the cooking **3**
    faire la queue to stand in line
    faire la vaisselle to do
        (wash) the dishes **3**

    faire le plein to fill the tank **33**
    faire les courses to go
        shopping, do the shopping **3**
    faire ses devoirs to do one's
        homework **3**
    faire ses valises to pack
        one's suitcase **29**
    faire une promenade (à pied,
      en auto) to go for a walk, go
        for a ride **3**
    faire une randonnée to take
        a hike, a long ride **5**
    faire un match to play a game
    faire un pique-nique to have
        a picnic **5**
    faire un séjour to spend
        some time **29**
    faire un tour to take a walk,
        ride **5**
    faire un voyage to go on a
        trip, take a trip **29**
un **faire-part** announcement
    fais: ne t'en fais pas don't worry
    fait: au fait by the way
        en fait in fact
    fait: ça ne fait rien that doesn't
        matter, no problem
        il fait beau (bon, mauvais,
        chaud, froid) it's nice
        (pleasant, bad, hot, cold)
        (weather) **A**
        quel temps fait-il? how's the
        weather? **A**
un **fait** fact
    falloir to be necessary
    fameux (fameuse) notorious,
        famous; great
    familial *(pl.* **familiaux)** family
    familier (familière) familiar
une **famille** family **1**
un **fan, une fan** fan
un **fantôme** ghost
    fasse *(subj. of* **faire) 36**
    fatigué tired **I2★, 17**
    fauché broke (without money)
    faut: il faut one has to (must,
        should), you should (need to,
        have to), it is necessary **12**
une **faute** fault, mistake
un **fauteuil** armchair **21**
    un fauteuil roulant wheelchair
    faux (fausse) wrong, false
    favori (favorite) favorite
    féliciter to congratulate
    féminin feminine
une **femme** woman; wife **1**
une **fenêtre** window **21**
    fera *(fut. of* **faire) 31**
    férié: un jour férié holiday **I4★**
une **ferme** farm **5**
    fermer to close **21**

    fermer à clé to lock **21**
un **fermier (une fermière)** farmer
    féroce ferocious **I8★**
un **festin** feast
une **fête** holiday, feast; name day,
    party, festival
    la fête du Travail Labor Day
        (May 1)
un **feu** fire **I2★**
    faire un feu to build a fire
    le feu d'artifice fireworks
    un feu de joie bonfire
un **feu arrière** taillight
un **feu rouge** red light
une **feuille** leaf **5**
    une feuille de papier piece
        of paper
un **feuilleton** soap opera, series
    février February **A**
un **fiancé, une fiancée** fiancé(e)
se **fiancer** to get engaged
    fidèle faithful
    fier (fière) proud **I9★**
une **figure** face **17**
un **fil** wire
une **fille** girl; daughter **1**
un **film** movie **5**
    un film d'aventures action
        movie **13**
    un film d'horreur horror
        movie **13**
    un film policier detective
        movie **13**
    un film de science-fiction
        science fiction movie **13**
un **fils** son **1**
la **fin** end **I8★**
    en fin de at the end of **I2★**
    finalement finally **6**
    finir to finish, end **A**
    finir de to finish **30**
    fixe specific
le **flamand** Flemish *(language)*
une **flèche** arrow
une **fleur** flower **5**
    à fleurs flowered **25**
un **fleuve** river
    flipper: jouer au flipper to play
        pinball **5**
la **fois** time **I1★, 13**
    à la fois at the same time
    combien de fois? how many
        times?
    deux fois twice **13**
    plusieurs fois several times
        13
    une fois once, one time **23**
    fonctionner to work, function
    fond: au fond (de) at the back
        (of) **28★**
le **fondateur** founder

fonder to found
fondre to melt
la **fondue** melted cheese dish
le **foot(ball)** soccer **A**
    le **football américain** football
la **force** strength
une **forêt** forest **5**
une **forme** form
    en forme in shape **17**
formidable terrific, super
formuler to formulate
fort strong **27**
fou (fol, folle) crazy, mad **I2***
un **foulard** scarf **25**
un **four** oven **21**
    un four à micro-ondes
    microwave **21**
une **fourchette** fork **9**
la **fourrure** fur **25**
frais (fraîche) fresh, cool
une **fraise** strawberry **9**
une **framboise** raspberry
un **franc** franc *(monetary unit of France, Belgium, and Switzerland)*
français French **1**
le **français** French *(language)* **R**
la **France** France **29**
franco-américain French-American
francophone French-speaking
frapper to knock
la **fraternité** brotherhood
le **frein** brake **33**
fréquenter to keep company with, visit
un **frère** brother **1**
frire to fry
frisé curly
les **frites** *f.* French fries **9**
froid cold **27**
    avoir froid to be cold **3**
    il fait froid it's cold (weather) **A**
le **fromage** cheese **9**
une **frontière** border
un **fruit** fruit **9**
fumé smoked
la **fumée** smoke
fumer to smoke
les **funérailles** *f.* funeral
furieux (furieuse) furious, mad; upset, angry
une **fusée** rocket
le **futur** future

G

gagner to win; to earn **A**
une **galerie** gallery, tunnel
une **galette** cake

une **gamme** range
un **gant** glove **25**
un **garage** garage **5**
un **garagiste** mechanic
un **garçon** boy; waiter
    un garçon de courses errand boy
un **garde-boue** fender
garder to keep **15**
une **gare** station **A**
un **gars** guy, fellow
le **gâteau** *(pl.* **gâteaux)** cake **9**
un **gâteau sec** biscuit
gauche left **17**
    à gauche (de) to the left (of) **R**
gazeux (gazeuse) carbonated
un **gendarme** police officer
la **gendarmerie** highway police
généalogique genealogical
général *(pl.* **généraux)** general
    en général in general
généreux (généreuse) generous **2**
génial *(pl.* **géniaux)** great
un **génie** genius
un **genou** knee **17**
un **genre** type, kind, gender **13**
    quel genre de film est-ce? what type of film is it? **13**
les **gens** *m.* people **1**
gentil (gentille) nice **27**
la **gentillesse** kindness **I8***
la **géographie (géo)** geography **R**
géographique geographic
gigantesque gigantic
la **glace** ice cream **9**; mirror **21**; ice
le **golfe** gulf
la **gomme** chewing gum *(Canadian)*
un **gourmand** glutton
la **gourmandise** gluttony
goûter to taste, try **I3***
une **goutte d'eau** drop of water
gouverné governed
grâce à thanks to **I7***
grand tall, big **2**; great
    un grand magasin department store **25**
grandir to grow
une **grand-mère** grandmother **1**
un **grand-père** grandfather **1**
les **grands-parents** *m.* grandparents
une **grange** barn
un **gratte-ciel** skyscraper
gratuit free of charge
grave serious
un **graveur** engraver
grec (grecque) Greek
un **grenier** attic **21**
le **gril (du four)** broiler
une **grille** grid

un **grille-pain** toaster **21**
grimper to climb
un **grimpeur, une grimpeuse** climber
la **grippe** flu **17**
gris gray **25**
gros (grosse) fat, big **I3***
grossir to gain weight, get fat **A**
un **groupe** band **13**
le **gruyère** Swiss cheese
la **Guadeloupe** Guadeloupe *(French island in the West Indies)*
le **Guatemala** Guatemala **29**
une **guerre** war
un **guichet** ticket window
un **guidon** handlebars
une **guitare** guitar **A**
la **Guyane française** French Guiana
le **gymnase** gymnasium
la **gymnastique** gymnastics **17**

H

s' **habiller** to get dressed **19**
un **habitant** inhabitant
habiter to live **A, 22**
une **habitude** habit, custom **I4***
    d'habitude usually **23**
habituel (habituelle) usual **23**
habituellement usually **23**
haïtien (haïtienne) Haitian
hanté haunted
les •**haricots verts** *m.* (green) beans **9**
la •**hâte** hurry, haste
•**haut** high
    en haut at the top
•**hein?** huh?
•**hélas** unfortunately
un **hélicoptère** helicopter
helvétique Swiss
l' **herbe** *f.* grass
hésiter à to hesitate, be hesitant about **30**
l' **heure** *f.* time, hour, o'clock **A**
    à l'heure on time **2**; per hour
    à quelle heure? at what time? **A**
    à . . . heures at . . . o'clock **A**
    . . . heure(s) (cinq) (five) past . . . **A**
    . . . heure(s) et demie half past . . . **A**
    . . . heure(s) et quart quarter past . . . **A**
    . . . heure(s) moins (cinq) (five) of . . . **A**
    . . . heure(s) moins le quart quarter of . . . **A**

il est . . . heure(s)   it is . . .
(o'clock) **A**
quelle heure est-il?   what time
is it? **A**
heureusement   fortunately **8★**
heureux (heureuse)   happy **2**
heurter   to run into **24**
hier   yesterday **6**
l' **histoire** *f.*   history **R**
une **histoire**   story **16**
historique   historical
l' **hiver** *m.*   winter **A**
•**hollandais**   Dutch
un **homme**   man
**un homme (une femme)
d'affaires**   business person **1**
honnête   honest
l' **honneur** *m.*   honor
un **hôpital**   hospital
un **horaire**   schedule **29**
les•**hors-d'oeuvre** *m.*   appetizers
9
hospitalier (hospitalière)
welcoming **I8★**
un **hôte, une hôtesse**   host, hostess;
flight attendant
un **hôtel**   hotel **A**
l' **huile** *f.*   oil **33**
•**huit**   eight **A**
à (mardi) en huit   see you a
week from (Tuesday)
une **huître**   oyster
humain   human
humeur: de bonne humeur   in
a good mood
de mauvaise humeur   in a
bad mood **I9★**
humoristique   humorous

I ▬▬▬▬▬▬▬▬▬▬▬▬

ici   here
idéaliste   idealistic
une **idée**   idea
identifier   to identify
ignorer   to not know
il   he, it **R**
il faut que + *subjunctive*   it is
necessary that **35**
il n'y a pas   there is no, there
aren't any **R**
il y a   there is, there are **R**
il y a eu   there was **7**
il y a + *time*   time ago **7**
il y avait   there had been **23**
qu'est-ce qu'il y a?   what's
up?; what's wrong? what's the
matter? what's going on? **R**
une **île**   island
illustré   illustrated
ils   they **R**

imaginatif (imaginative)
imaginative **2**
imaginer   to imagine
imbattable   unbeatable
immédiatement   immediately
un **immeuble**   apartment building
I4★, 21
immigré   immigrant
immobiliser   to immobilize
immortaliser   to immortalize
l' **imparfait** *m.*   imperfect *(tense)*
s' **impatienter**   to get impatient
l' **impératif** *m.*   imperative
(command) mood
un **imperméable (imper)**   raincoat
A, 25
**importance: cela n'a pas
d'importance**   that doesn't
matter **I7★**
impoli   impolite **2**
impressionné   impressed
un **imprimante**   printer **A**
impulsif (impulsive)   impulsive **2**
inauguré   inaugurated
inclus gratuitement   included at
no extra cost
incolore   colorless **I5★**
inconnu   unknown **I8★**
incroyable   unbelievable, incredible
l' **Inde** *f.*   India **29**
indéfini   indefinite
indemne   unhurt
indien (indienne)   Indian **1**
indiquer   to indicate, point out
indiscret (indiscrète)   indiscreet
un **individu**   individual
individuel (individuelle)
individual **17**
infini   infinite
un **infinitif**   infinitive
un **infirmier, une infirmière**   nurse **1**
un **informaticien, une
informaticienne**   computer
specialist **1**
l' **informatique** *f.*   computer science **R**
s' **informer**   to find out, make
inquiries
un **ingénieur**   engineer **1**
un **ingrédient**   ingredient **9**
injuste   unfair **2**
innocent: faire l'innocent   to act
innocent **I7★**
inquiet (inquiète)   worried,
concerned
s' **inquiéter**   to worry
★ **inscrire**   to write *(in a notebook)*
s'inscrire   to join
un **inspecteur, une inspectrice**
inspector
s' **installer**   to settle
instituer   to set up

l' **instruction** *f.* **civique**   civics **R**
intellectuel (intellectuelle)
intellectual **2**
intelligent   smart, intelligent
intention: avoir l'intention de
to intend to, plan to
une **interdiction**   prohibition
interdit   forbidden, illegal **I8★**
intéressant   interesting
intéresser   to interest
s'intéresser (à)   to be
interested (in)
l' **intérieur** *m.*   interior
à l'intérieur   inside **18★**
les **internautes**   people who like to
use the Internet
Internet   the Internet
interrogatif (interrogative)
interrogative
interroger   to interrogate
interrompre   to interrupt
interviewer   to interview
intriguer   to puzzle
introduire   to introduce
intuitif (intuitive)   intuitive **2**
inutile   useless; unnecessary **27**
inverse: en sens inverse   in the
opposite direction
à l'inverse   conversely
l' **inversion** *f.*   inversion
un **invité, une invitée**   guest
inviter   to invite **A**
ira *(fut. of* aller*)* **31**
l' **Irlande** *f.*   Ireland **29**
irrégulier (irrégulière)   irregular
irriter   to irritate
isolé   alone, separate
l' **Israël** *m.*   Israel **29**
israélien (israélienne)   Israeli **1**
issu de   from
l' **Italie** *f.*   Italy **29**
italien (italienne)   Italian **1**
un **itinéraire**   itinerary, route
l' **ivoire** *m.*   ivory

J ▬▬▬▬▬▬▬▬▬▬▬▬

j' *(see* je*)*
jaloux (jalouse)   jealous
jamais: ne . . . jamais   never **6**
une **jambe**   leg **17**
le **jambon**   ham **9**
janvier   January **A**
le **Japon**   Japan **29**
japonais   Japanese **1**
un **jardin**   garden **21**
jaune   yellow **25**
je   I **R**
un **jean**   (pair of) jeans **25**
jeter   to throw
un **jeu** *(pl.* jeux*)*   game

les jeux électroniques computer games **A**

les jeux télévisés TV game shows

jeudi Thursday, on Thursday **A**

jeune young **1**

les **jeunes** *m.* young people

la **jeunesse** youth

le **jogging** jogging **17**

joli pretty **2**

c'est bien joli, ça that's all well and good

un **jongleur, une jongleuse** juggler

jouer to play **R**

jouer à + *sport, game* to play **R**

jouer de + *instrument* to play **R**

jouer un tour (à) to play a joke (on)

qu'est-ce qu'on joue? what's playing (at the movies)? **13**

un **joueur, une joueuse** player **13**

un **jour** day **A, 23**

un **journal** *(pl. journaux)* newspaper; diary, journal **16**

un **journaliste, une journaliste** journalist **1**

une **journée** (whole) day

bonne journée! have a good day!

joyeux (joyeuse) joyous

judicieux (judicieuse) judicious, discerning

juger to judge

juillet July **A**

juin June **A**

des **jumeaux** *m.* twins

une **jupe** skirt **A, 25**

le **jus** juice

le jus de fruits fruit juice

le jus de pommes apple juice **9**

le jus d'orange orange juice **9**

le jus de raisin grape juice **9**

jusqu'à until, up to; as far as

juste fair **2**

justement as a matter of fact; precisely, exactly **I9***

K

le **karaté** karate

le **ketchup** ketchup **9**

un **kilo** kilo(gram) **9**

un **kilomètre** kilometer

un **klaxon** horn **33**

klaxonner to honk (the horn) **34***

L

l' *(see* **le, la**)

la **the R**; her, it **15**

là there **28**

ce ... -là that (over there) **28**

là-bas over there **5**

oh là là! oh dear! wow! whew!

le **laboratoire** laboratory

un **lac** lake **5**

la **laine** wool **25**

laisser to leave **15**; to let

laisser le soin à quelqu'un ... to leave it up to someone to **28***

le **lait** milk **9**

le **lambis** conch

une **lampe** lamp **21**

une lampe de poche flashlight **I6*, 29**

lancer to throw **I6***; to launch

une **langue** language **R**

un **lapin** rabbit **5**

laquelle which one **28**

large wide, baggy **25**

un **lavabo** sink **21**

laver to wash **5**

se laver to wash (oneself), wash up **19**

une machine à laver washing machine **21**

un **lave-vaisselle** dishwasher **21**

le the **R**; him, it **15**

une **leçon** lesson

un **lecteur** reader, player

un lecteur de cassettes cassette deck **A**

un lecteur de CD vidéo laserdisc player

un lecteur de compact disque compact disc player **A**

un lecteur optique interne internal CD-ROM player **A**

la **lecture** reading

légal legal **1**

une **légende** legend

léger (légère) light **27**; minor

un **légume** vegetable **9**

le **lendemain** the next day **I4***

lent slow **27**

lentement slowly **27**

lequel (laquelle) which one **28**

les the **R**; them **15**

lesquels (lesquelles) which ones **28**

une **lettre** letter **14*, 16**

leur their **A**; (to) them **16**

se **lever** to get up **17**; to rise

lèvres: le rouge à lèvres lipstick **19**

le **Liban** Lebanon **29**

libérer to liberate

la **liberté** liberty

une **librairie** bookstore

libre free **I3*, 13**

un **lieu** place, area **1**

au lieu de instead of

avoir lieu to take place **24**

les lieux premises

une **ligne** line; figure

la **limitation de vitesse** speed limit

la **limonade** lemon soda **9**

* **lire** *(p. p.* **lu)** to read **16**

lisiblement legibly

un **lit** bed **21**

un **litre** liter **12**

la **littérature** literature

un **living** informal living room **21**

un **livre** book **A**

une **livre** metric pound **9**

une **location** rental

un **logement** lodging

loger to stay (have a room) **29**

le **logiciel** software **A**

logique logical

loin (de) far (from), far away from **R**

de loin by far

lointain distant

un **loisir** leisure-time activity

long (longue) long **25**

le long de along

longtemps (for) a long time **27**

la **longueur** length

lorsque when **I9***

la **loterie** lottery

louer to rent **29**

un **loup** wolf

lourd heavy **27**

le **Louvre** *museum in Paris*

le **loyer** rent

lu *(p. p. of* **lire) 16**

une **lueur** flash of light, glimmer, glow

lui him **R**; (to) him, (to) her **16**

lui-même himself

une **lumière** light **I5***

lumineux (lumineuse) illuminated

lundi Monday, on Monday **A, 7**

la **lune** moon

des **lunettes** *f.* glasses **A, 25**

des lunettes de soleil sunglasses **A, 25**

la **lutte** struggle

un **Luxembourgeois, une Luxembourgeoise** native of Luxembourg

un **lycée** high school **R**

un **lycéen, une lycéenne** high school student

M

M. Mr.

m' *(see* **me)**

ma my **A**

mâcher to chew
une machine à laver washing machine **21**
Madame (Mme) Mrs., ma'am
Mademoiselle (Mlle) Miss
un magasin store **A, 5**
   faire les magasins to go shopping
   un grand magasin department store **25**
le magasinage shopping *(Canadian)*
magasiner to go shopping *(Canadian)*
un magazine magazine **16**
le Maghreb French-speaking northern Africa
un magnétophone tape recorder
un magnétoscope VCR **A**
magnifique magnificent
mai May **A**
maigrir to lose weight, get thin **A**
un maillot jersey, athletic T-shirt **26★**
un maillot de bain bathing suit **A, 25**
une main hand **17**
maintenant now **7**
un maire mayor
mais but
le maïs corn
une maison house **A, 21**
   à la maison at home **5**
   une Maison des Jeunes youth center
   une maison individuelle single-family home **21**
un maître master
mal badly, poorly
   avoir mal à la tête to have a headache **17**
   où est-ce que tu as mal? where does it hurt? **17**
malade sick **17**
un(e) malade patient
maladroit clumsy
la malchance bad luck
un malfaiteur evildoer; criminal **I7★**
malgré despite, in spite of **I8★**
malheureusement unfortunately **8★**
malheureux (malheureuse) unhappy **2**
malhonnête dishonest
Mamie grandma, nana
manger to eat **A**
   une salle à manger dining room **21**
une manière manner, way
un mannequin fashion model **1**
les manoeuvres *f.* maneuvers
manque: il manque . . . . . . is missing **I5★**
un manuel manual, guidebook

un manteau *(pl.* **manteaux)** coat **A, 25**
m'appelle: je m'appelle my name is **A**
se maquiller to put on make-up **19**
un marchand, une marchande merchant, storekeeper
la marche march, course, progress
   la marche à pied hiking **17**
   mettre en marche to start (a car)
une marche step
un marché market **9**; deal
   bon marché *inv.* cheap; inexpensive **25**
   meilleur marché cheaper **27**
   un marché aux puces flea market
   un marché en plein air outdoor market
marcher to walk **A, 5**; to function
mardi Tuesday, on Tuesday **A, 23**
   le mardi on Tuesdays **23**
   un mardi one Tuesday **23**
la margarine margarine **9**
un mari husband **1**
le mariage marriage, wedding
marié married **1**
un marié groom
une mariée bride
se marier (avec) to marry (someone), get married
marin sea *(adj.)*
un marin sailor
le Maroc Morocco
marocain Moroccan
une marque make, brand name
marqué (par) marked (with)
marrant funny
marron brown **25**
mars March **A**
la Marseillaise *French national anthem*
un marteau *(pl.* **marteaux)** hammer
un Martiniquais, une Martiniquaise *person from Martinique*
la Martinique Martinique *(French island in the West Indies)*
une mascotte mascot
un masque mask
masqué masked
un match game, match **13**
   faire un match to play a game
   un match de foot soccer game **5**
matériel (matérielle) material
maternel (maternelle) maternal
les maths *f.* math **R**
la matière material **25**
les matières *f.* school subjects **R**
le matin morning, in the morning **R**

ce matin this morning **7**
du matin in the morning, A.M. **A**
(lundi) matin (on) (Monday) morning
une matinée (whole) morning; afternoon performance
mauvais bad **2**
   il fait mauvais it's bad (weather) **A**
la mayonnaise mayonnaise **9**
me me, to me **14**; myself **19**
un mécanicien, une mécanicienne mechanic
mécanique mechanical
méchant nasty, mean **27**
une médaille medal **25**
un médecin doctor **1**
médical *(pl.* **médicaux)** medical **1**
des médicaments *m.* drugs, medicine
la Méditerranée Mediterranean Sea
meilleur better **27**
   le (la) meilleur(e) the best **27**
   meilleur marché *inv.* cheaper **27**
   un meilleur ami, une meilleure amie best friend **1**
   un meilleur copain, une meilleure copine best friend **1**
un melon melon **9**
   un melon d'eau watermelon *(Canadian)*
un membre member
même same; even **I8★**; exactly
   le (la) même the same one
   même si even if
   tout de même all the same **I4★**
une mémoire memory
ménager household *(adj.)*
mener to lead **I6★**
un mensonge lie **16**
mentionner to mention
mentir to lie **I1★**
la mer sea **29**
merci thank you
mercredi Wednesday, on Wednesday **A**
une mère mother **1**
une merveille wonder
merveilleux (merveilleuse) marvelous
mes my **A**
la messagerie vocale voice mail
la messe Mass
les mesures *f.* measurements **28★**
la météo weather forecast
un métier profession
un mètre meter
le métro subway **5**

**métropolitaine: la France
métropolitaine** *France with
the exception of its overseas
territories*

* **mettre** *(p. p.* **mis)** to put, place
6; to put on, to wear *(clothing)*
25; to turn on *(the radio)* **21**;
to set *(the table)* **9**
mettre la table to set the
table **9**
mettre la ceinture to fasten
one's seatbelt **34***
se mettre à to begin, start **I6***

un **meuble** piece of furniture **21**
mexicain Mexican **1**
le **Mexique** Mexico **29**
midi noon **A**
mieux better **17**
le **mieux** the best
mignon (mignonne) cute **2**
une **migraine** headache, migraine
milieu: au milieu (de) in the
middle (of) **I6***
militaire military
mille one thousand **A, 26**
un **mille** mile
milliers: des milliers thousands
un **million** million **26**
mince thin
une **mini-chaîne** compact stereo **A**
un **minivan** minivan **33**
minuit midnight **A**
mis *(p. p. of* **mettre)** **7**
mixte mixed, coed
Mlle Miss
Mme Mrs.
le **mobilier** furniture **21**
une **mobylette** moped
moche plain, unattractive **25**
la **mode** fashion
à la mode in fashion **25**
un **modèle** model
moderne modern **21**
modifier to modify, alter
moi me **R**
moi non plus neither do I,
"me neither"
moins less, minus **A**
au moins at least **I2***
. . . heure(s) moins (cinq)
(five) of . . . **A**
le (la, les) moins . . . the
least . . . **27**
. . . moins le quart quarter
of . . . **A**
moins . . . que less . . . than
27
un **mois** month **A**
la **moitié** half
un **moment** moment
au moment où when

mon (ma; mes) my **A**
une **monarchie** monarchy
le **monde** world
beaucoup de monde many
people **I1***
du monde (many) people
tout le monde everybody,
everyone **I2***, **12**
mondial *(pl.* **mondiaux)** world
un **moniteur, une monitrice**
counselor
la **monnaie** change (coin)
une pièce de monnaie coin
Monsieur (M.) Mr., sir
la **montagne** mountain(s) **29**
la **montée** climb
monter to go up **8**; to get on *(a
bus, subway)* **8**; to put up
une **montre** watch **A**
montrer (à) to show (to) **14**
un **monument** monument
se **moquer de** to make fun of
un **morceau** piece **12**
mort *(p. p. of* **mourir)**
un **mot** word
un mot apparenté cognate,
related word
un **moteur** motor, engine **33**
un moteur à quatre temps
four-stroke engine
une **moto** motorcycle
mouillé wet
mourir to die
la **moutarde** mustard **9**
mouvementé action-packed
moyen (moyenne) middle
en moyenne on the average
un **moyen** means, resources
le **Moyen-Orient** Middle East **29**
muet (muette) silent
un **mufle** "clod," muzzle, snout
le **multimédia** multimedia
un **mur** wall **21**
musclé muscular, brawny
un **musée** museum **A, 13**
musicien (musicienne) musical
2
la **musique** music **R**
musulman Moslem
myope nearsighted
mystérieux (mystérieuse)
mysterious

N ▬▬▬▬▬▬▬▬▬▬▬▬▬▬

n' *(see* **ne)**
nager to swim **A**
naïf (naïve) naive **2**
la **naissance** birth **1**
naître to be born

la **natation** swimming **17**
une **nationalité** nationality **1**
nature plain *(of food)* **9**
naturel (naturelle) natural **2**
naturellement naturally **26**
nautique: le ski nautique
waterskiing **17**
un **navet** turnip; a flop
ne: ne . . . aucun not any, no **I7***
ne . . . jamais never **6**
ne . . . pas not **R**
ne . . . personne no one,
nobody, not anyone **7**
ne . . . plus no longer, no
more, not anymore
ne . . . presque jamais
almost never **18**
ne . . . rien nothing, not
anything **7**
n'est-ce pas? no? isn't it so?
right? **A**
né *(p. p. of* **naître): je suis né(e)**
I was born **1**
nécessaire necessary
négatif (négative) negative
la **neige** snow
neige: il neige it's snowing **A**
neiger to snow
il neigeait it snowed **23**
nerveusement nervously
nerveux (nerveuse) nervous
n'est-ce pas? no? isn't it so?
right? **A**
netsurfer to "surf the net"
nettoyer to clean **5**
neuf nine **A**
neuf (neuve) brand new **26**
toute neuve brand new
neuvième ninth **26**
un **neveu** *(pl.* **neveux)** nephew **1**
un **nez** nose **17**
ni . . . ni . . . neither . . . nor . . .
une **nièce** niece **1**
nier to deny **I7***
un **niveau** *(pl.* **niveaux)** level
les **noces** *f.* wedding festivities
Noël *m.* Christmas
noir black **25**
il faisait noir it was dark
une **noix de coco** coconut
un **nom** name, last name **1**; noun
un nom de famille last name
un **nombre** number
nombreux (nombreuse)
numerous
nommer to name
non no
non plus neither
non-alcoolisé nonalcoholic
le **nord** north **29**
le nord-est northeast **29**

le **nord-ouest**   northwest **29**
normal *(pl.* **normaux)**   normal **26**
normalement   normally **26**
la **Normandie**   Normandy *(province in northwestern France)*
nos   our **A**
une **note**   note, grade; bill **I4***
noter   to mark (write) down, note
notre *(pl.* **nos)**   our **A**
la **nourriture**   food **9**
nous   we **R**; us **R**; to us **14**; ourselves **19**; each other, one another **19**
nouveau (nouvel, nouvelle; nouveaux)   new **2**
   à nouveau   again **I3***
nouvel   new **26**
nouvelle   new **2**
une **nouvelle**   news item
les **nouvelles**   the news
la **Nouvelle-Angleterre**   New England
la **Nouvelle-Écosse**   Nova Scotia
novembre   November **A**
un **nuage**   cloud
la **nuit**   night, at night
   il fait nuit   it's nighttime, it's dark
un **numéro**   number **1**
   le numéro de téléphone   phone number **1**
le **nylon**   nylon **25**

O

obéir (à)   to obey
obéissant   obedient
les **objectifs** *m.*   objectives
un **objet**   object **A**
   les objets trouvés   lost and found
obligatoire   compulsory, required
obligé   obliged
l' **obscurité** *f.*   darkness
* **obtenir**   to get, obtain
une **occasion**   occasion; opportunity
   d'occasion   second-hand
occidental *(pl.* **occidentaux)**   western
une **occupation**   activity
occupé   busy **13**
s' **occuper (de)**   to take care of someone, keep busy **28***
   occupe-toi (de tes oignons)   mind you own business
l' **Océanie** *f.*   South Pacific
octobre   October **A**
un **oeil** *(pl.* **yeux)**   eye **17**
un **oeuf**   egg **9**
   des oeufs sur le plat   fried eggs **9**

une **oeuvre**   work
offenser   to offend
* **offrir**   to offer, give
un **oiseau** *(pl.* **oiseaux)**   bird **5**
une **ombre**   shadow
une **omelette**   omelet **9**
on   one, you, people, they, we **A**
un **oncle**   uncle **1**
onze   eleven **A**
onzième   eleventh **26**
opérer   to operate
une **opinion**   opinion **18**
optimiste   optimistic
l' **or** *m.*   gold **25**
un **orage**   storm
oralement   orally
orange   orange *(color)* **25**
une **orange**   orange **9**
   le jus d'orange   orange juice **9**
   une orange pressée   fresh orange juice
un **orchestre**   orchestra, band **13**
ordinal: un nombre ordinal   ordinal number
un **ordinateur**   computer **A**
l' **ordre** *m.*   order
les **ordures** *f.*   garbage
une **oreille**   ear **17**
   avoir mal aux oreilles   to have an earache **17**
   des boucles *f.* **d'oreilles**   earrings **25**
un **orfèvre**   silversmith
organiser   to organize **A**
original *(pl.* **originaux)**   original **2**
une **origine**   origin, beginning
orner   to adorn **I7***
oser   to dare
ôter   to take off **I8***
ou   or **R**
où?   where? **R**
   n'importe où   anywhere
ouais   yeah, yup
oublier (de)   to forget (to) **15**
l' **ouest** *m.*   west **29**
oui   yes
un **outil**   tool
outre-mer   overseas
   la France d'outre-mer   *overseas territories of France*
une **ouvreuse**   usherette **I4***
un **ouvrier, une ouvrière**   worker
* **ouvrir** *(p.p.* **ouvert)**   to open **I4***, **21**
un **OVNI (Objet Volant Non-Identifié)**   UFO

P

le **pain**   bread **9**
   le pain grillé   toast

la **paix**   peace
un **palais**   palace
un **pamplemousse**   grapefruit **9**
une **pancarte**   sign
la **panique**   panic
une **panne**   breakdown
   en panne   out of order
   une panne d'électricité   power failure
un **panneau** *(pl.* **panneaux)**   (traffic) sign **24**
un **pantalon**   pants **A, 25**
le **pape**   pope
la **papeterie**   stationery store
le **papier**   paper
Pâques *m.*   Easter
un **paquet**   package, pack **12**
   un paquet-cadeau   gift-wrap
par   by, through; per **13**
   par conséquent   consequently, therefore
   par exemple   for example
le **parachutisme**   parachuting
paraître   to appear **I7***
   il paraît   it seems
le **parapente**   parasailing
un **parapluie**   umbrella **25**
un **parc**   park
parce que   because
parcourir   to cover, travel
un **parcours**   route **I8***
pardon   excuse me
le **pare-brise**   windshield **33**
une **parenthèse**   parenthesis
les **parents** *m.*   parents, relatives **1**
paresseux (paresseuse)   lazy **2**
parfait   perfect
parfois   sometimes **18**
le **parfum**   perfume
une **parfumerie**   perfume store
parie: je parie   I bet
un **parking**   parking lot
parler (à)   to speak, talk **A, 16**
   tu parles!   no way!; you're telling me!
parmi   among
une **paroisse**   parish
parole: prendre la parole   to speak, take the floor **I7***
partager   to share
un(e) **partenaire**   partner
un **participe**   participle
participer (à)   to participate, take part (in)
particulier (particulière)   specific
   en particulier   in particular
une **partie**   part **17**
   faire partie de   to be part of
* **partir**   to leave **8**
   à partir de   beginning with

partitif: l'article partitif partitive article

partout everywhere **I8★**

un parvis square

pas not **R**, no

    ne . . . pas not **R**

    (pas) encore still (not) **19★**

    pas possible! that can't be!

un pas step

un passage route

un passager, une passagère passenger

un passant passer-by

le passé past

le passé composé compound past tense

un passe-partout passkey **I7★**

un passeport passport **29**

passer to spend *(time)* **5**; to pass, come by, go by **8**

    passer un examen to take a test

    qu'est-ce qui se passe? what's happening?

    qu'est-ce qui s'est passé? what happened?

    se passer to take place, happen

un passe-temps pastime

passionnant exciting

passionner to excite, interest greatly

une pastèque watermelon

une patate douce sweet potato

patiemment patiently **26**

le patinage artistique figure skating

un patineur, une patineuse skater

le patin à roulettes roller-skating **17**

le patinage skating **17**

des patins *m*. **à glace** ice skates

une pâtisserie pastry shop

le patrimoine heritage

un patron, une patronne boss **1**; patron saint

une patte foot, paw *(of animal or bird)*

pauvre poor **2**

payer to pay, pay for **9**

un pays country **29**

le paysage landscape **I8★**

la peau skin **I5★**

la pêche fishing **5**

    aller à la pêche to go fishing **5**

un pédalier pedal shaft

le pédalo pedal boat

un peigne comb **19**

se peigner to comb one's hair **19**

peindre to paint

un peintre painter **I4★**

la peinture painting

une pellicule roll of film

pendant during, for **6**

    pendant les vacances during vacation

    pendant que while

pénible boring, "a pain"; painful, unpleasant **2**

une péniche barge

penser (que) to think (that) **18**

    penser à to think about

    penser de to think of

perdre to lose **A**

    perdre son temps to waste one's time

un père father **1**

perfectionner to perfect

★ permettre to let, allow, permit **6**

un permis license

    un permis de conduire driver's license **33**

une perquisition search

persévérant persevering

la personnalité personality **2**

personne: ne . . . personne no one, nobody, not anyone **7**

une personne person **1**

personnel (personnelle) personal

peser to weigh

pessimiste pessimistic

la pétanque *French bowling game*

pétillant sparkling

petit short, small **2**

le petit déjeuner breakfast **9**

la petite-fille granddaughter **1**

le petit-fils grandson **1**

les petits pois *m*. peas **9**

le pétrole oil

peu (de) little, not much, few, not many **12**

    un peu a little; some **12**

un peuple people

peuplé populated

peur: avoir peur to be afraid **3**

peut-être maybe, perhaps

un phare headlight **33**

une pharmacie pharmacy

un pharmacien, une pharmacienne pharmacist **1**

une photo photograph, picture

un photographe, une photographe photographer **1**

un photo-roman "photo novel" *(novel in comic-book format, illustrated with photographs)*

une phrase sentence

la physique physics **R**

physiquement physically

une pièce room *(in general)* **21**; coin; part

    une pièce de monnaie coin

une pièce de rechange spare part **I9★**

une pièce de théâtre play **13**

un pied foot **17**

    à pied on foot **5**

la pierre stone; rock

une pile battery

    à (huit) heures pile at (eight) on the dot

un pique-nique picnic **A**

    faire un pique-nique to have a picnic **5**

piquer to sting

une pirogue canoe

pis: tant pis! too bad! **I9★**

une piscine swimming pool **A, 5**

une piste d'atterrissage landing area

pittoresque picturesque

une pizza pizza **9**

un placard closet **21**

des placards *m*. cabinets **21**

une place place, square; seat **13**

    à la place de instead of

le plafond ceiling **21**

une plage beach **A**

une plaine plain

plaisanter to joke

plaisent: est-ce que [ces lunettes] vous plaisent? do you like [these glasses]? **25**

    ils/elles (ne) me plaisent (pas) I (don't) like them **25**

le plaisir pleasure **13**

    avec plaisir with pleasure **13**

plaît: s'il te (vous) plaît please

    est-ce que [ce pull] vous plaît? do you like [this sweater]? **25**

    il/elle (ne) me plaît (pas) I (don't) like it **25**

un plan plan; (street) map

une planche board

    la planche à roulettes skateboard **17**

    la planche à voile windsurfer **17**

une plante plant **5**

une plaque baking sheet

le plastique plastic **25**

un plat dish, course *(of a meal)* **9**

    le plat principal main dish

un plateau tray **I7★**

un plâtre plaster cast

plein full

    faire le plein to fill the tank **33**

pleurer to cry

pleut: il pleut it's raining **A**

★ pleuvoir to rain

    il pleuvait it rained **23**

plier to bend, fold **17**

la plongée sous-marine scuba diving

un plongeoir diving board

plu: il a plu it rained

la pluie rain

la plupart majority

plus more **27**

  de plus en plus more and more **I6★**

  le (la, les) plus the most, the . . . -est **27**

  moi non plus neither do I, "me neither"

  ne . . . plus no longer, no more, not anymore

  plus . . . que more . . . than, . . . er than **27**

  plus tard later **1**

plusieurs several **12**

  plusieurs fois several times **13**

plutôt rather **I6★**

un pneu tire **33**

une poche pocket **I7★**

  l'argent *m.* **de poche** allowance, pocket money

  une lampe de poche flashlight **I6★, 29**

une poêle frying pan **29**

un poème poem **16**

la poésie poetry

un poète poet

une poignée handle

un point period, point; direction

  les points cardinaux compass points

  pointu sharp

la pointure shoe size **25**

une poire pear **9**

  pois: les petits pois *m.* peas

  à pois dotted, polkadotted **25**

un poisson fish **5**

  un poisson rouge goldfish

le poivre pepper **9**

poli polite **2**

policier: un film policier detective movie **13**

un policier police officer

poliment politely **26**

la politesse politeness

politique political

un polo polo shirt **25**

le polyester polyester **25**

la Polynésie française French Polynesia

une pomme apple **9**

une pomme de terre potato **9**

  ponctuel (ponctuelle) punctual **2**

un pont bridge

le porc pork **9**

une porte door **21**

un porte-bagages luggage rack

un portefeuille wallet **25**

un porte-monnaie coin purse

porter to bring; to wear **A, 25**; to carry **A**

  porter du [40] to wear size [40] **25**

le porte-parole spokesperson

portoricain Puerto Rican **1**

le portugais Portuguese *(language)*

le Portugal Portugal **29**

poser to pose, to ask *(a question)*

posséder to own

possessif (possessive) possessive

  postale: une carte postale postcard **16**

la poste post office **A**

un pot jar **12**

  prendre un pot to have a drink

la poterie pottery

une poule hen **5**

le poulet chicken **9**

  le poulet rôti roast chicken **9**

les poumons *m.* lungs

une poupée doll

pour for; in favor of **R**

  pour + *inf.* (in order) to **34**

  pour cent percent

un pourboire tip **I4★**

un pourcentage percentage

pourquoi? why? **R**

pourra *(fut. of* **pouvoir) 31**

pourtant however, nevertheless

★ **pouvoir** *(p. p.* **pu)** can, may, to be able, to be allowed **R, 10**

  je pourrais I could **R**

une prairie meadow **5**

pratique practical

pratiquer to practice, play, take part in, participate in **17**

précédent preceding

précipitamment quickly

se précipiter to dash into

précis precise, well-defined

des précisions *f.* detailed information

★ **prédire** to predict

préféré favorite **9**

préférer to prefer **R**

premier (première) first **I1★, 26**

  le premier (mars) (March) first **A**

premièrement first **26**

★ **prendre** *(p. p.* **pris)** to take, have, eat, drink **9**; to get, pick up **5**

  prendre la direction [Balard] to take the subway toward [Balard] **5**

prendre la parole to speak, take the floor **I7★**

prendre le petit déjeuner to have breakfast **9**

prendre les mesures de quelqu'un to take someone's measurements **28★**

un prénom first name **1**

se préoccuper to worry

des préparatifs *m.* preparations

préparer to prepare, fix **A**

une préposition preposition

près (de) near **R**

le présent present

présenter . . . à to introduce . . . to **14**

  je te présente I introduce to you **1**

  je voudrais vous présenter . . . I would like to introduce . . . to you **1**

presque almost

pressé in a hurry **19★**

prêt (à) ready **I2★, 29**

prétendre to try, claim **I7★**

prêter . . . à to loan to, lend **14**

  prêter serment to pledge allegiance

★ **prévenir** to warn, tell in advance **I3★**

prévu planned

une prière prayer

primaire primary

la prime reward **I8★**

principal *(pl.* **principaux)** principal, main

une principauté principality

un principe principle

  en principe in principle

le printemps spring **A**

une priorité priority, right of way

pris *(p. p. of* **prendre) 7**

prisonnier (prisonnière) captive

privé private **R**

  en privé in private **I5★**

un prix prize; price

un problème problem **14★**

un procédé procedure, process

prochain next **I1★, 7**

proche de close to

un producteur producer

★ **produire** to produce

un produit product **I5★**

un professeur teacher, professor

une profession profession **1**

professionnel (professionnelle) professional

profiter to take advantage

programmer to program (a computer)

un **programmeur, une**
   programmeuse
      programmer **1**
progrès: faire des progrès to
   make progress
un **projet** plan **13**
   faire des projets to make
   plans
une **promenade** walk, drive
   faire une promenade (à pied,
   en auto) to go for a walk, go
   for a ride **3**
   promener to walk (a dog, etc.)
   se promener to take a walk, a
   ride **19**
une **promesse** promise
* **promettre** to promise **6**
   promouvoir to promote
un **pronom** pronoun
   un pronom complément
      object pronoun
un **pronostic** forecast
   proposer (à) to propose, suggest
   propre own; clean
un **propriétaire, une propriétaire**
      landlord/landlady; owner
la **propriété** property
   prospère prosperous
   protéger to protect
   provençal (pl. **provençaux**)
      from Provence
la **Provence** Provence (province in
      southern France)
   prudemment carefully
   prudent careful; advisable,
      prudent
   pu (p. p. of **pouvoir**) **10**
   public (publique) public **R**
   en public in public
   publicitaire advertising
la **publicité** advertising,
      advertisement
   publié published
   puis then; moreover
   puisque since **I2***
   puissant powerful
un **pull** sweater **A, 25**
   punir to punish
   pur pure
les **Pyrénées** f. Pyrenees (mountains
      between France and Spain)

Q

   qu' (see **que**)
une **qualité** quality
   quand? when? **R**
   depuis quand? since when?
   4
une **quantité** quantity, amount **12**
   quarante forty **A**

quart: . . . heure(s) et quart
   quarter past . . . **A**
. . . heure(s) moins le quart
   quarter of . . . **A**
un **quartier** district, neighborhood
   A, 21
   quatorze fourteen **A**
   quatre four **A**
   quatre-vingt-dix ninety **A**
   quatre-vingts eighty **A**
   que that, whom, which **22**; than
      27; what
les **Québécois** m. people of Quebec
   qu'est-ce que what **R**
   qu'est-ce que c'est? what is
      it? **R**
   qu'est-ce que tu as? what's
      wrong with you? **3**
   qu'est-ce qui est arrivé?
      what happened? **24**
   qu'est-ce qu'il y a? what's
      up?; what's wrong? what's the
      matter? what's going on? **R**
   qu'est-ce qui se passe?
      what's happening?
   qu'est-ce qui s'est passé?
      what happened?
   quel (quelle) what, which **A**
   à quelle heure? at what time?
      A
   quel + noun! what (a) . . . !
   quel temps fait-il? how's the
      weather? **A**
   quelle est la date
   aujourd'hui? what's the
      date today? **A**
   quelle heure est-il? what
      time is it? **A**
   quelque chose something **7**
   quelque chose d'autre
      something else **25**
   quelquefois sometimes **18**
   quelque part somewhere **I8***
   quelques some, a few **12**
   quelques-uns some
   quelqu'un (de) someone,
      somebody **7**
une **querelle** quarrel
   qu'est-ce que? what? **R**
   qu'est-ce qui? what? **R**
une **question** question
une **queue** tail
   faire la queue to stand in line
   tirer la queue to pull the tail
   qui who(m) **R**; that, which;
      people **22**
   à qui? to whom? **R**
   avec qui? with whom? **R**
   qu'est-ce qui? what?
   qui est-ce qui? who? **R**
   quinze fifteen **A**

quinze jours two weeks **29**
quitter to leave
   ne quittez pas hold on (on
      telephone) **1**
quoi? what? **R**
quotidien (quotidienne) daily
   I4*

R

   raccompagner to take back
      (home)
   raconter to tell (a story); to tell
      about **16**
un **radiateur** radiator
une **radio** radio
une **radiocassette** boom box **A**
un **radis** radish
du **raisin** grapes
une **raison** reason
   avoir raison to be right **3**
   raisonnable reasonable
   ralentir to slow down **34***
un **rallye** rally
   ramener to bring back, take
      home **I1***
un **rang** row
   ranger to put away, to pick up **5**
   râpé grated
   rapide rapid; fast **27**
   rapidement rapidly, quickly
   rappeler to call back **1**; to remind
      I4*
   je rappellerai I will call back **1**
un **rapport** relationship, report
   rapporter to bring back **I8***
une **raquette** racket
   rarement rarely **18**
se **raser** to shave **19**
un **rasoir** razor **19**
   rassurer to reassure
   rater to fail (an exam), to miss (a
      train)
   ravi delighted **I9***
un **rayon** department (in a store)
      25; spoke (of a wheel)
   rayure: à rayures striped **25**
   réagir to react
   réaliser to achieve, fulfill, see
      come true, carry out
   réalité: en réalité in reality
   récemment recently
une **recette** recipe
* **recevoir** (p.p. **reçu**) to receive,
      get, entertain (people) **30**
   recevra (fut. of **recevoir**) **31**
   rechange: une pièce de
      rechange spare part **I9***
un **réchaud** (portable) stove **29**
la **recherche** research
   rechercher to search for

un **récipient** container
la **réciprocité** reciprocity, mutual exchange
réciproque reciprocal
réclamer to ask for
reçoit: il reçoit he welcomes, receives **30**
la **récolte** harvest
recommander to recommend
 * **reconnaître** to recognize **15**; to survey
reconstituer to reorganize
une **reconstitution** reenactment
 * **reconstruire** to rebuild
la **récréation** recess
reçu (*p. p. of* **recevoir**) **30**
reculer to back up, back down **16***
la **rédaction** drawing up, writing
réel real
réfléchi reflexive
réfléchir to think over, reflect **15*, 25**
refléter to reflect
un **réfrigérateur** refrigerator **21**
un **refus** refusal
refuser to refuse, say "no"
refuser de to refuse to **30**
se **régaler** to have a great time
regarder to look at, watch **A**
se regarder to look at oneself
un **régime** diet
une **région** region **29**
une **règle** rule
réglé taken care of, settled
regretter to be sorry **13**
régulier (régulière) regular
régulièrement regularly
une **reine** queen
rejoindre to join
relatif (relative) relative
se **relayer** to take turns
relier to join, to link
religieux (religieuse) religious
remarquer to notice, remark
remercier (de) to thank (for)
 * **remettre** to put back
remis recovered
un **rempart** rampart
remplacer to replace
remplir to fill (in)
remporter to win
une **rencontre** meeting
rencontrer to meet **A**
un **rendez-vous** date, appointment, meeting place **14***
avoir rendez-vous to have a date **11***
rendre (à) to give back, return **14**; to make
rendre visite (à) to visit *(a person)* **16**

se **rendre à l'évidence** to face facts
renouveler to renew
un **renseignement** information **14***
renseigner to inform, tell
la **rentrée** opening of school, back to school
rentrer (à, de) to go home, return, come back **A, 8**
rentrer dans to run (bump) into
renvoyer to fire (an employee) **15***
une **réparation** repair **19***
réparer to fix, repair **19***
réparti divided
un **repas** meal **9**
répéter to repeat
répondre (à) to answer **A, 16**
une **réponse** answer, reply **14***
un **reportage** news story
se **reposer** to rest **19**
repousser to push away
un **représentant** representative
une **reprise** rerun, review
à (trois) reprises on (three) occasions
réservé reserved
le **réservoir** gas tank **33**
la **résidence** residence **21**
résoudre to solve
respirer to breathe
se **ressembler** to resemble one another
une **ressource** resource
un **restaurant** restaurant **A**
rester to stay **A, 8**; to remain
restituer to return
un **résultat** *m.* result
un **résumé** résumé, summary
rétablir to reestablish
retard: de retard delay
être en retard to be late **2**
réticulé reticulate
retirer to take out
un **retour** return
être de retour to be back
retourner to return, go back
la **retraite** retirement
un **retraité, une retraitée** retired person
retrouver (des amis) to meet (friends) at an arranged time and place **A;** to recover
se retrouver to meet again
un **rétroviseur** rearview mirror **33**
une **réunion** meeting
se **réunir** to get together
réussir to succeed **A**
réussir à to succeed in **30**
réussir à un examen to pass a test **A**

un **rêve** dream
se **réveiller** to wake up **19**
le **réveillon** Christmas Eve party
 * **revenir (de)** to come back (from) **4**
rêver (de) to dream (about) **12*, 30**
reviendra *(fut. of* **revenir)** **31**
une **révision** review
revoir to see again
au revoir good-bye
se **révolter** to revolt, to rebel
révolutionner to revolutionize
une **revue** magazine **16**
le **rez-de-chaussée** ground floor **21**
un **rhume** cold **17**
riche rich **2**
un **rideau** *(pl.* **rideaux)** curtain **21**
ridicule ridiculous **25**
rien nothing **7**
ça ne fait rien that doesn't matter, no problem
ne . . . rien nothing, not anything **7**
 * **rire** to laugh
risquer to risk, venture
une **rivale** rival
une **rivière** river **5**
le **riz** rice **9**
une **robe** dress **A, 25**
un **rocher** rock
le **rock** rock-and-roll
un **roi** king
un **rôle** role, part
le **roller** rollerblading **17**
romain Roman
un **roman** novel **16**; story
le **romanche** Romansh *(language spoken in a section of Switzerland)*
rond round
un **rond-point** traffic circle
le **rosbif** roast beef **9**
rose pink **25**
une **roue** wheel **33**
rouge red **25**
le **rouge à lèvres** lipstick **19**
rougir to blush
rouler to roll along, drive
roulettes: le patin à roulettes roller-skating **17**
une **roulotte** trailer
une **route** highway, road; way
roux (rousse) red *(hair)*
un **royaume** kingdom
un **ruban** ribbon
un **rubis** ruby **17***
une **rue** street **A**
une **rumeur** rumor
russe Russian **1**
la **Russie** Russia **29**

S

s' *(see* se*) (see* si*)*
sa   his, her, its; one's **A**
le **sable**   sand
un **sac**   bag; sack **A, 12**
    un sac à dos   backpack, knapsack **29**
    un sac de couchage   sleeping bag **29**
sachant *(pres. part. of* savoir*)*
sage: être sage   to be good, well-behaved
sain   healthy
saint   holy
le **Saint-Laurent**   St. Lawrence River
une **saison**   season **A**
la **salade**   salad **9**
le **salaire**   salary
sale   dirty
une **salle**   large room; concert hall **I1***
    une salle à manger   dining room **21**
    une salle de bains   bathroom **21**
    une salle de réunion   conference room
    une salle de séjour   living room
un **salon**   (formal) living room **21**
saluer   to greet, hail
salut   hi
samedi   Saturday, on Saturday **A**
    samedi dernier   last Saturday **6**
des **sandales** *f.*   sandals **25**
un **sandwich**   sandwich **9**
le **sang-froid**   cool
sans   without **34**
    sans engagement   at no obligation
santé: en bonne santé   in good health, healthy **17**
un **sapin**   pine tree
satisfait   satisfied **I7***
des **saucisses** *f.*   sausages
le **saucisson**   sausage **9**
sauf   except **I8***
le **saumon**   salmon **9**
saura *(fut. of* savoir*)* **31**
sauter   to jump
sauvé   saved **I9***
la **savane**   savannah
un **savant, une savante**   scientist
la **Savoie**   Savoy *(province in eastern France)*
* **savoir** *(p.p.* su*)*   to know, know how to **16**
le **savon**   soap **19**
une **scène**   scene, stage

les **sciences** *f.*   science **R**
scolaire   academic **R**
la **scolarité**   schooling
un **scooter**   motorscooter
se   himself, herself, oneself, themselves; each other, one another **19**
une **séance**   performance **13**
séché   dried
le **secours**   help
un **secrétaire, une secrétaire**   secretary **1**
seize   sixteen **A**
un **séjour**   stay
    faire un séjour   to stay **29**
    une salle de séjour   living room
le **sel**   salt **9**
une **selle**   seat
selon (moi)   according to (me) **18**
une **semaine**   week **A**
    en semaine   during the week **A**
semblable   similar
semblant: faire semblant   to pretend
sembler   to seem, appear **I3***
le **Sénégal**   Senegal **29**
un **sens**   sense, meaning
    le bon sens   common sense
la **sensibilité**   sensitivity
sensible   sensitive **2**
sentir   to smell; to feel
    se sentir (bien)   to feel (well) **17**
séparer   to separate
sept   seven **A**
septembre   September **A**
sera *(fut. of* être*)* **31**
sérieusement   seriously **26**
sérieux (sérieuse)   serious **2**
serrer   to shake
serti   set
un **serveur, une serveuse**   waiter, waitress
le **service**   service, change, tip **9**; favor
une **serviette**   napkin **9**
servir   to serve
    se servir   to help or serve oneself **I5***
ses   his, her, its; one's **A**
seul   alone, by oneself, only **I5***
    un seul   only one person **I5***
seulement   only **I2***
sévère   strict, severe
le **shampooing**   shampoo **19**
un **short**   shorts **25**
si   if, whether **31**
    même si   even if
    s'il te (vous) plaît   please **9**

si!   so, yes! *(to a negative question)*
un **siècle**   century **I6***
un **siège**   seat **33**
signaler   to signal, indicate
un **signe**   sign
une **signification**   meaning
signifier   to mean
s'il te (vous) plaît   please **9**
simuler   to fake **I7***
un **singe**   monkey
sinon   otherwise, if not, or else
une **sirène**   siren
situé   located
    être situé   to be (situated, located)
six   six **A**
le **ski**   skiing **17**
    le ski nautique   waterskiing **17**
skier   to ski
snob   snobbish, stuck-up
une **société**   society
un **soda**   carbonated soft drink **9**
une **soeur**   sister **1**
un **sofa**   sofa **21**
soi   himself, herself, oneself
la **soie**   silk **25**
soif: avoir soif   to be thirsty **3**
le **soir**   evening **A**, in the evening **23**
    à ce soir   see you tonight
    ce soir   this evening, tonight **7**
    du soir   in the evening **A**
    tous les soirs   every evening **23**
une **soirée**   (whole) evening, evening party
sois   be **2**
soit *(subj. of* être*)* **36**
soixante   sixty **A**
soixante-dix   seventy **A**
le **sol**   ground **21**
solaire   solar
un **soldat**   soldier
un **solde**   sale
    en solde   on sale **25**
la **sole**   sole **9**
le **soleil**   sun
    des lunettes *f.* **de soleil**   sunglasses **A, 25**
    un bain de soleil   sunbath **5**
solennel (solennelle)   solemn
une **somme**   sum
    sommeil: avoir sommeil   to be sleepy **3**
un **sommet**   top, summit, peak
son (sa; ses)   his, her, its; one's **A**
un **sondage**   poll, survey
sonner   to ring (the bell) **I3***
la **sonnette**   bell
un **sorcier**   sorcerer

une **sorte** sort, type, kind **13**
* **sortir** to go out; to take out **8**
  sortir de to get out of
une **soucoupe volante** flying saucer
  soudain all of a sudden
  souffler to blow
* **souffrir** to suffer
un **souhait** wish
  souhaiter to wish
  souligné underlined
se **soumettre** to submit
la **soupe** soup **9**
le **souper** dinner (*Canadian*)
* **sourire** to smile **I3***
une **souris** mouse (computer) **A**
  un tapis (de) souris mousepad **A**
  sous under; in **R**
    sous-marin underwater
un **sous-marin** submarine
le **sous-sol** basement **21**
la **soustraction** subtraction
  souterrain underground
un **souvenir** remembrance
*se **souvenir (de)** to remember **20**
  souvent often **18**
  soyez be (*subj. of* être) **2**
  soyons let's be **2**
  spacial (*pl.* **spaciaux**) space
  spacieux (spacieuse) roomy
les **spaghetti** *m.* spaghetti **9**
  spécialisé specialized
une **spécialité** specialty
  spécifique specific **23**
le **spectacle** show **13**
un **spectateur, une spectatrice**
    spectator
  spirituel (spirituelle) witty **2**
  spontanément spontaneously **26**
le **sport** sports **R**
  sportif (sportive) athletic, who
    likes sports; active in sports **2**
un **sportif, une sportive** person
    who likes sports, athlete
un **squelette** skeleton
un **stade** stadium **A, 5**
  stage: faire un stage to train
une **station de ski** ski resort
  stationnement: en
    stationnement parked
une **station-service** gas station **33**
un **steak-frites** *m.* steak with French
    fries **9**
un **studio** studio apartment
un **stylo** pen **A**
  su (*p. p. of* **savoir**) **16**
le **subjonctif** subjunctive (mood)
le **sucre** sugar **9**
le **sud** south; southern **29**
    le **sud-est** southeast **29**
    le **sud-ouest** southwest **29**
la **Suède** Sweden

  suédois Swedish
  suffit enough
  suggérer to suggest
  suisse Swiss **1**
la **Suisse** Switzerland **29**
la **suite** continuation **I8***
  à la suite following
  tout de suite right away,
    immediately **19**
  suivant following
    suivant le cas accordingly
* **suivre** to follow **33**
  à suivre to be continued
  suivre un cours to take a
    course (class) **33**
un **sujet** topic, subject
  un pronom sujet subject
    pronoun
  super super **25**
le **superlatif** superlative
un **supermarché** supermarket **A**
  supplémentaire extra
  supplier to beg **I6***
  sur on; about **R**
  sûr sure, certain
    bien sûr of course
  sûrement surely
le **surf** surfboarding **17**
le **surnaturel** supernatural
  surtout especially, above all,
    mainly
un **survêtement (un survêt)**
    jogging suit, track suit **A, 25**
  survivre to survive
un **sweat** sweatshirt **A, 25**
  sympathique (sympa) nice **2**

T

  t' (*see* **te**)
  ta your **A**
le **tabac** tobacco
une **table** table **A, 9**
    à table at the table
un **tableau** (*pl.* **tableaux**) painting,
    picture **21**
un **tablier** smock
une **tache** spot
le **tahitien (tahitienne)** Tahitian
la **taille** (clothing) size **25**
un **tailleur** suit **25**
*se **taire** to be quiet **20**
  tais-toi be quiet **20**
  taisez-vous be quiet **20**
un **tambour** drum
une **tampoura** Indian stringed
    instrument
  tant: en tant que as
  tant pis! too bad! **I9***
une **tante** aunt **1**
  taper (à la machine) to type

un **tapis** rug **I3*, 21**; doormat
un **tapis (de) souris** mousepad **A**
  tard late **I1*, 27**
    plus tard later **1**
la **tarte** pie **9**
des **tas** *m.* (**de**) lots (of)
une **tasse** cup **9**
un **taureau** bull
  te you, to you **14**; yourself **19**
un **technicien, une technicienne**
    technician **1**
  technique technical **1**
un **tee-shirt** T-shirt **25**
  tel (telle) such
la **télé** TV **A**
  téléphoner (à) to call, phone **A,**
    16
un **téléviseur** TV set **A**
la **télévision** television
  tellement that, very; so
    je n'aime pas tellement . . .
    I don't like . . . that much **9**
    tellement de so much, so
    many
un **témoin** witness **24**; best man
une **tempête** storm
    une tempête de neige
    blizzard
le **temps** weather **A**; time **13**
    de temps en temps once in a
    while; from time to time **18**
    depuis combien de temps?
    for how long? **4**
    quel temps fait-il? how's the
    weather? **A**
    tout le temps all the time **12**
  tenez! look!
* **tenir** to hold
des **tennis** *f.* sneakers **A, 25**
le **tennis** tennis
une **tente** tent **29**
  tenter to try
    tenter sa chance to try one's
    luck **I9***
    termes: en bons termes on
    good terms
une **terminaison** ending
  terminer to end
un **terrain** grounds
    un terrain de camping
    campground
la **terre** earth
  terrestre land (*adj.*)
la **terreur** terror
un **territoire** territory
  tes your **A**
une **tête** head **17**
    avoir mal à la tête to have a
    headache **17**
    en tête (de) at the top (of)
les **textiles** *m.* textiles

le thé tea **9**
    le thé glacé iced tea **9**
un théâtre theater **13**
    théorique theoretical
le thon tuna **9**
un ticket de métro subway ticket **5**
    tiens! look! hey!
le Tiers-Monde Third World
un timbre stamp
    timide timid, shy **2**
le tir à l'arc *m.* archery
    tiré taken
un tiroir drawer **I7***
le tissu fabric **25**
    titre: à titre divers in different
        ways
    toc, toc, toc! knock, knock!
    toi you **R**
une toile canvas, linen **25**
    une toile d'araignée spider's
        web **I6***
la toilette washing and dressing **19**
les toilettes *f.* toilet **21**
un toit roof **21**
une tomate tomato **9**
    tomber to fall **8**
    tomber en panne to have a
        breakdown
la tombola raffle
    ton (ta; tes) your **A**
    tondre (la pelouse) to mow the
        lawn
une tonne ton
le tonnerre thunder
    tort: avoir tort to be wrong **3**
une tortue turtle
    tôt early **I1***, **27**
    toujours always; still **19***
    tour: à votre tour it's your turn
    le tour du monde trip
        around the world
    tour à tour one after the other
une tour tower
la Touraine Touraine *(province in
    central France)*
    touristique touristy
le tournage filming
    tourner to turn
un tournoi tournament
    tous (toutes) all, every **12**
    tous les jours every day **23**
    tous les (mardis) every
        (Tuesday) **23**
la Toussaint All Saints' Day
    tout all, everything, any **12**
    tout (toute) all, every **12**
    à tout age at any age **18***
    à tout de suite see you (meet
        you) right away
    après tout after all
    pas tout à fait not quite

tout de suite right away,
    immediately **19**
    tout d'un coup suddenly **I2***
tout (toute) le the whole **12**
    tout le monde everybody,
        everyone **12**
    tout le temps all the time **12**
la trace tracks
    traditionnel (traditionnelle)
        traditional
    * **traduire** to translate
un trafiquant (drug) trafficker
    train: être en train de to be in
        the midst of **2**
un train train **A**
    en train by train **A**
    traîner to lie around
un traité treaty
une tranche slice **12**
    tranquille quiet
    être tranquille to relax, be
        calm
un transistor transistor radio
    * **transmettre** to transmit
    transmis transmitted
le transport transportation
    transporter to transport **29**
une trappe trap door, bulkhead door
le travail work
    la fête du Travail Labor Day
        (May 1)
    travailler to work **A**
    travailleur (travailleuse)
        hardworking
un travailleur, une travailleuse
    worker
un traveller's chèque traveler's check
    travers: à travers across **I6***
    traverser to cross **24**
    treize thirteen **A**
un tremblement de terre
    earthquake
    trente thirty **A**
    très very **2**
un trésor treasure **I8***
une tribu tribe
    triste sad **2**
    trois three **A**
    troisième third **I1***, **26**
se **tromper** to be mistaken, make a
    mistake
une trompette trumpet
    trop (de) too much, too; too
        many **2**
    tropical *(pl.* **tropicaux)** tropical
une troupe troop
    trouver to find **15**; to think **18**
    se trouver to find oneself; to
        be (located)
    trouver le temps long to be
        impatient

    trouvés: les objets *m.* **trouvés**
        lost and found
un truc thing, knick-knack
    tu you **R**
    tuer to kill
une tunique tunic
la Tunisie Tunisia
le tunnel routier highway tunnel
la Turquie Turkey
un type guy, fellow **I9***
    typique typical
    typiquement typically

U

    un one; a, an **R**
    une a, an **R**
    uni solid *(color)* **25**; close, united
    l' Union Soviétique *f.* Soviet Union
    uniquement only
une unité unit
une université university
    urbain urban
l' usage *m.* use
une usine factory
un ustensile utensil
    utile useful **27**
    utilisant: en utilisant (by) using
    utiliser to use **I2***, **29**

V

les vacances *f.* vacation **29**
    en vacances on vacation
    pendant les vacances during
        vacation **A**
un vaccin vaccine
une vache cow **5**
un vainqueur winner
    vaisselle: faire la vaisselle to do
        (wash) the dishes **3**
la valeur value **I8***
une valise suitcase **29**
une vallée valley
    valoir to be worth
la vanille vanilla **9**
    varier to vary
les variétés *f.* variety show
    vas-y! go on! go ahead! keep
        going! **18**
    vaut: il vaut mieux it is better **I2***
le veau veal **9**
    vécu *(p. p. of* **vivre) 22**
une vedette star
un véhicule vehicle
la veille eve, day before **I4***
le vélo cycling **17**
un vélo bicycle **A**
    à vélo by bicycle **5**
    un vélo tout terrain
        mountain bike **A**

le **vélo-cross** dirt bike (circuit)
un **vélomoteur** moped, motorbike
le **velours** velvet **25**
    le **velours côtelé** corduroy **25**
un **vendeur, une vendeuse**
    salesperson **1**
  vendre to sell **A**
    à vendre for sale
  vendredi Friday, on Friday **A**
* **venir** to come **4**
    venir de + *inf.* (to have) just **4**
le **vent** wind
une **vente** sale
le **ventre** stomach **17**
    avoir mal au ventre to have
      a stomach ache **17**
  vérifier to check **33**
  véritable true, real **I8***
la **vérité** truth **16**
  verra (*fut. of* voir) **31**
un **verre** glass **9**
des **verres de contact** contact lenses
  vers toward(s), around **I2***
un **vers** line (of poetry), verse
  vert green **25**
une **veste** jacket **A, 25**
des **vestiges** *m.* ruins, remains
des **vêtements** *m.* clothes **A, 25**
un **vétérinaire** veterinarian
  veuillez m'adresser please send
    me
la **viande** meat **9**
une **victoire** victory
  victorieusement victoriously
  vide empty **I6***
une **vidéo** video
un **vidéodisque** laserdisc, videodisc
  A
la **vie** life **R**; living
    la vie de tous les jours daily
      life
  vieil old **2**
  vieille old **2**
  viendra (*fut. of* venir) **31**
le **Vietnam** Vietnam **29**
  vietnamien (vietnamienne)
    Vietnamese **1**
  vieux (vieil, vieille; vieux) old **2**
une **villa** country house, villa **29**
un **village** town, village **21**
une **ville** city **A, 21**
    en ville downtown **5**
le **vin** wine
le **vinaigre** vinegar
la **vinaigrette** French dressing

  vingt twenty **A**
une **vingtaine** about 20
  violet (violette) purple **25**
un **violon** violin
un **visa** visa **29**
un **visage** face
la **visibilité** visibility
une **visite** visit
    rendre visite (à) to visit (*a
    person*) **A, 16**
  visiter to visit (*a place*) **A**
un **visiteur, une visiteuse** visitor
  vite quickly, fast **27**
la **vitesse** speed
    à toute vitesse full speed **19***
    en vitesse very quickly, fast
      I2*
une **vitre** window pane
la **vitrine** store window **I7***
  vivant lively
  vive . . . ! hurray for . . . !
* **vivre** (*p.p.* vécu) to live **22**
le **vocabulaire** vocabulary
  voici this is, here's, here comes
    R
une **voie** lane
  voilà there's, that is **R**
la **voile** sailing **17**
une **voile** sail
    la planche à voile wind-
      surfing **17**
* **voir** (*p.p.* vu) to see **5**
    se voir to see one another
un **voisin, une voisine** neighbor **1**
une **voiture** car **A, 5**
    en voiture by car **A**
    une voiture de sport sports
      car **33**
une **voix** voice
un **vol** flight **I4***; theft **I7***
un **volant** steering wheel **33**
    au volant at the wheel
  voler to fly
un **voleur** thief **I7***
    au voleur! stop thief!
un **volet** shutter
le **volley** volleyball
  volontaire voluntary
la **volonté** will
  volontiers! sure! I'd love to! **13**
  vos your **A**
  voter to vote
  votre (*pl.* vos) your **A**
  voudra (*fut. of* vouloir) **31**
  voudrais: je voudrais I would

    like **R**
* **vouloir** (*p.p.* voulu) to want; to
    wish **10**
    vouloir bien to want (*used to
    accept an offer*); to accept,
    agree **R**
    vouloir dire to mean
  vous you **R**; to you **14**; yourself,
    yourselves, each other, one
    another **19**
    vous-même yourself
un **voyage** trip **29**
    bon voyage! have a nice trip!
    faire un voyage to go on a
      trip, take a trip **29**
  voyager to travel **A**
un **voyageur, une voyageuse**
    traveler
  voyons! come on!
  vrai true, right
    à vrai dire to tell the truth **I7***
  vraiment really, truly **I9***
le **VTT (vélo tout terrain)**
    mountain bike **A**
  vu (*p. p. of* voir) **7**
la **vue** view

W

les **WC** *m.* toilet **21**
un **weekend** weekend **A**
    le weekend on (the) weekends

Y

  y there, (in) it, (about) them **18**
    allons-y! let's go! **18**
    il n'y a pas there is no, there
      aren't any **R**
    il y a there is, there are **R**
    il y a + *time* time ago **7, 8**
    on y va? should we go? are
      we going? **18**
    qu'est-ce qu'il y a? what's
      up?; what's wrong? what's the
      matter? what's going on? **R**
    vas-y go on! go ahead! keep
      going! **18**
le **yaourt** yogurt **9**
les **yeux** *m.* eyes **17**

Z

  zéro zero **A**
  zut (alors)! darn! rats!

VOCABULARY: English–French

The English–French vocabulary contains active vocabulary as well as words introduced in the **Mots utiles** sections of the Lectures and Interludes.

The numbers following an entry indicate the first lesson in which the word or phrase is activated. The following abbreviations have been used:

A Appendix A
R Reprise
I Interlude

An asterisk (*) after the lesson or unit number indicates that the word or phrase is presented in the **Mots utiles** section of the reading.

Nouns: If the article of a noun does not indicate gender, the noun is followed by *m. (masculine)* or *f. (feminine)*. If the plural *(pl.)* is irregular, it is given in parentheses.

Verbs: Verbs are listed in the infinitive form. An asterisk (*) in front of an active verb means that it is irregular. (For forms, see the verb charts in the Appendix.)

Words beginning with an **h** are preceded by a bullet (•) if the **h** is aspirate; that is, if the word is treated as if it begins with a consonant sound.

A

a, an un, une **R**
 a few quelques **12**
 a little un peu; un peu de **12**
 a lot beaucoup (de) **12**
able: to be able (to) *pouvoir **10**
about: about it/them y, en **18**
 about whom (what)? de qui (quoi)? à qui (quoi)? **R**
 to be careful about faire attention à **3**
 to be hesitant about hésiter à **30**
 to dream about rêver de **30**
 to tell about raconter **16**
 to think about penser à
above: au-dessus **I3***
 above all surtout
abroad à l'étranger **29**
to **accelerate** accélérer **34***
accelerator un accélérateur **33**
to **accept** accepter (de) **30**; vouloir bien **R**
accessory un accessoire **25**
accident un accident **24**
according to d'après, selon **18**
accountant un (une) comptable **1**
acquainted: to be acquainted with *connaître **15**
across (from) en face (de) **I8***; à travers **I6***
act: to act innocent faire l'innocent **I7***
action movie un film d'aventures **13**

active actif (active) **2**
 active in sports sportif (sportive) **2**
actively activement **26**
actor un acteur **1**
actress une actrice **1**
address une adresse **1**
 address book un carnet d'adresses **I3***
to **admit** avouer **I8***
to **adorn** orner **I7***
advance: to tell in advance *prévenir **I3***
adventure une aventure
advice: piece of advice un conseil **14***
advisable prudent
to **advise** conseiller **14***
aerobics l'aérobic *m.* **17**
afraid: to be afraid avoir peur **3**
Africa l'Afrique *f.* **29**
after après **6**; ensuite **6**; au bout de **I3***
 after all après tout
afternoon l'après-midi *m.* **A, 7**
 in the afternoon l'après-midi, de l'après-midi **A**
 on (Tuesday) afternoon (mardi) après-midi
 this afternoon cet après-midi **7**
again à nouveau **I3***
against contre
age l'âge *m.* **3**
 at any age à tout âge **18***
ago il y a + *elapsed time* **7**

to **agree** accepter (de) **30**; vouloir bien **R, 10**
 to agree with être d'accord avec **2**
agreeable agréable
airplane un avion **A**
 airplane ticket un billet d'avion **29**
 by airplane en avion **A**
alarm: to set off the alarm déclencher l'alarme **I8***
alive: to be alive *vivre **22**
all tout **12, 18***; tout (toute; tous, toutes) **12**; tous (toutes) les **23**
 all right d'accord! **13**
 all the tous (toutes) les **23**
 all the time tout le temps **12**
 is that all? c'est tout? **9**
to **allow** *permettre **6**
allowed: to be allowed to *pouvoir **10**
alone seul **I5***
along: to bring/take along *(mainly people)* amener **11**; *(things)* apporter **A, 14**
already déjà **6**
also aussi
always toujours
ambitious ambitieux (ambitieuse) **2**
America: North America l'Amérique *f.* du Nord **29**
 South America l'Amérique *f.* du Sud **29**
American américain **1**
among entre **R**

amount une quantité **12**
amusing amusant
an un, une **R**
anchovies les anchois *m.* **9**
and et **R**
angry furieux (furieuse)
    angry (with) fâché (contre)
animal un animal *(pl.* animaux) **5**
to **announce** annoncer
announcement un faire-part
another un (une) autre **12**
    another (one) un (une) autre **12**
answer une réponse **14***
to **answer** répondre (à) **A, 16**
any du, de la, de l', des, *(in negative*
    sentences) de (d') **R;** en **18**
    any other d'autres **12**
    is there any . . . est-ce qu'il y a
    . . . **R**
    not any ne . . . aucun **I7***
    not any longer ne . . . plus
    there aren't any il n'y a pas de **R**
anymore: not anymore ne . . . plus
anyone: not anyone ne . . .
    personne **7**
anything: not anything ne . . . rien
    7
    anything else? et avec ça? **9**
apartment un appartement **21**
    apartment building un
    immeuble **I4*, 21**
to **apologize** s'excuser **20**
to **appear** apparaître **I1*;** avoir l'air **3;**
    paraître **I7*;** sembler **I3***
appetizers les •hors-d'oeuvre *m.* **9**
apple une pomme **9**
    apple juice le jus de pommes **9**
appliance un appareil **21**
appointment un rendez-vous **I4***
to **approach** s'approcher (de)
April avril *m.* **A**
architect un (une) architecte
are *(see* **to be)**
    there are il y a **R**
    there aren't any il n'y a pas de **R**
area un lieu **1**
Argentina l'Argentine *f.* **29**
arm un bras **17**
armchair un fauteuil **21**
around autour (de) **I8*;** *(time)*
    vers **I2***
to **arrive** arriver (à, de) **8**
art class le dessin **R**
as *(in comparisons)* que; comme **9**
    as . . . as aussi . . . que **27**
    as a matter of fact en effet
    I9*; justement
    as far as jusqu'à
ashamed confus **I1***
Asia l'Asie *f.* **29**
to **ask (for)** demander (à) **16**

aspirin l'aspirine *f.*
at à **R**
    at . . . (o'clock) à . . . heure(s) **A**
    at (home) chez **R**
    at first d'abord **6**
    at last enfin **6**
    at least au moins **I2***
    at the house (office, shop,
    etc.) of chez **R**
    at what time? à quelle heure? **A**
athletic sportif (sportive) **2**
    athletic T-shirt un maillot **26***
to **attend** assister à **5**
attended: well-attended fréquenté
attention: to pay attention (to)
    faire attention (à) **3**
attic un grenier **21**
August août *m.* **A**
aunt une tante **1**
Australia l'Australie *f.* **29**
autumn l'automne *m.* **A**
    in the autumn en automne
avenue une avenue
away: right away tout de suite **19**
awful affreux (affreuse) **25**

B

back un dos **17**
    at the back of au fond de **28***
    in back (of) derrière **17**
    to come back rentrer (à, de) **A,**
    8
    to come back (from) *revenir
    (de) **4**
    to give back rendre **14**
    to go back rentrer **A, 8**
    to have a sore back avoir mal
    au dos **17**
to **back up, back down** reculer **I6***
backpack un sac à dos **29**
bad mauvais **2**
    in a bad mood de mauvaise
    humeur **I9***
    it's bad (weather) il fait
    mauvais **A**
    that's too bad! c'est dommage!
    too bad! tant pis! **I9***
badly mal
bag un sac **A, 12**
    sleeping bag un sac de
    couchage **29**
baggy large **25**
bakery une boulangerie
banana une banane **9**
band un orchestre, un groupe **13**
bank une banque
basement le sous-sol **21**
basketball le basket **A**
bathing suit un maillot de bain **A,**
    25

bathroom une salle de bains **21**
bathtub une baignoire **21**
to **be** être **2;** être situé, se trouver
    be quiet! tais-toi! taisez-vous! **20**
    to be . . . (years old) avoir . . .
    ans **3**
    to be able *pouvoir **10**
    to be acquainted (familiar)
    with *connaître **15**
    to be active in faire de +
    pastime **3**
    to be afraid avoir peur **3**
    to be alive *vivre **22**
    to be allowed to *pouvoir **10**
    to be careful (to) faire
    attention à **3**
    to be cold avoir froid **3**
    to be early (late, on time)
    être en avance (en retard, à
    l'heure) **2**
    to be going to *(do something)*
    aller + *inf.* **4**
    to be hesitant about hésiter à
    30
    to be hot avoir chaud **3**
    to be hungry avoir faim **3**
    to be in good health être en
    bonne santé **17**
    to be in shape être en forme
    17
    to be in the midst of être en
    train de **2**
    to be lucky avoir de la chance **3**
    to be named s'appeler **1**
    to be quiet *se taire **20**
    to be ready être prêt **19***
    to be right avoir raison **3**
    to be sleepy avoir sommeil **3**
    to be supposed to *devoir **10**
    to be thirsty avoir soif **3**
    to be warm avoir chaud **3**
    to be wrong avoir tort **3**
beach une plage **A**
beans: green beans des •haricots
    (verts) **9**
beautiful beau (bel, belle; beaux)
    2, 26
because car, parce que
to **become** *devenir **4**
bed un lit **21**
    to go to bed se coucher **19**
bedroom une chambre **5**
beef: roast beef le rosbif **9**
beer la bière **6**
before avant **6;** avant de **34**
to **beg** supplier **I6***
to **begin** commencer **I3*, 13;** se
    mettre à **I6***
    to begin to commencer à + *inf.*
    30
behind derrière **R**

beige   beige 25
Belgian   belge 1
Belgium   la Belgique 29
to believe   *croire (à, que) 18; penser 18
bell: to ring the bell   sonner I3*
to belong to   *être à 2
belonging to: the one(s) belonging to   celui, celle (ceux, celles) de 28
belt   une ceinture 25
beside   à côté (de) R
best: best friend   un meilleur ami, une meilleure amie 1
   the best   le meilleur, la meilleure 27
better   meilleur 27; mieux 17
   it's (it would be) better   il vaut (il vaudrait) mieux I2*
between   entre R
beverage   une boisson 9
bicycle   un vélo A; une bicyclette
   by bicycle   à vélo (bicyclette) 5
big   grand 2, gros (grosse) I3*
bill   l'addition f. 9; une note I4*
biology   la biologie R
bird   un oiseau (pl. oiseaux) 5
birth   la naissance 1
birthday   un anniversaire A
black   noir 25
blanket   une couverture 29
blazer   un blazer 25
blinker   le clignotant 33
blond   blond
blouse   un chemisier A, 25
blue   bleu 25
   dark blue   bleu foncé 25
   light blue   bleu clair 25
boat   un bateau (pl. bateaux)
   by boat   en bateau
body   le corps 17
book   un livre A
bookshelf   une étagère 21
boom box   une radiocassette A
boots   des bottes f. 25
boring   pénible 2; ennuyeux 2
born: I was born   je suis né(e) 1
to borrow (from)   emprunter (à) 16
boss   un patron, une patronne 1
bottle   une bouteille 12
boulevard   un boulevard
boutique   une boutique A, 25
box   une boîte 12
boy   un garçon
bracelet   un bracelet 25
brake   le frein 33
Brazil   le Brésil 29
bread   le pain 9
to break   casser I8*
   to break (one's leg)   se casser (la jambe)

breakdown   une panne
breakfast   le petit déjeuner 9
   to have breakfast   prendre le petit déjeuner 9
bride   une mariée 1
to bring (along)   (mainly people) amener 11; (things) apporter A
   to bring back   ramener I1*, rapporter I8*
   to bring . . . to   apporter . . . à 14
broke   (without money)   fauché
brother   un frère 1
   half brother   un demi-frère 1
brown   marron (inv.) 25
   dark brown   brun
to brush   (one's teeth)   se brosser (les dents) 19
building: apartment building   un immeuble I4*, 21
to bump into   rentrer dans
bus   un autobus, un bus 5
   by bus   en autobus
businessperson   un homme (une femme) d'affaires 1
busy   occupé 13
but   mais
butcher shop   une boucherie
butter   le beurre 9
to buy   acheter 11
   to buy for   acheter à 16
by: by . . . -ing   en + pres. part. 34
   by boat (bus, car, plane, train)   en bateau (autobus, auto [voiture], avion, train) A
   by oneself   seul I5*
   to come by   passer (par) 8

C

cabinets   des placards m. 21
café   un café A, 5
cake   le gâteau (pl. gâteaux) 9
calculator   une calculatrice
calendar   un calendrier
to call   téléphoner A, 16; appeler
   I'll call back   je rappellerai 1
calm   calme
calmly   calmement 26
Cambodia   le Cambodge 29
Cambodian   cambodgien (cambodgienne) 1
camera   un appareil-photo (pl. appareils-photo) A
   movie camera   une caméra A
camping   le camping 29
   camping trailer   une caravane 29
   to go camping   faire du camping 29
can   une boîte 12
can   *pouvoir 10

Canada   le Canada 29
Canadian   canadien (canadienne) 1
canvas   la toile 25
cap   une casquette 25
car   une auto, une voiture A, 5
   by car   en auto (voiture) A
card   une carte 16
   (playing) cards   les cartes
careful   attentif (attentive) 26; prudent
   to be careful (about)   faire attention (à) 3
careless   imprudent
carrot   une carotte 9
cartoon   un dessin animé 13
case: in that case   dans ce cas I6*
cassette   une cassette A
   cassette deck   un lecteur de cassettes A
cat   un chat
to catch sight of   *apercevoir 30
CD player   un lecteur de CD A
CD-ROM   un disque optique A
ceiling   le plafond 21
celery   le céleri 9
cellar   une cave 21
center: in the center of   au centre de
Central America   l'Amérique centrale f. 29
century   un siècle I6*
cereal   les céréales f. 9
certain   sûr
chain   une chaîne 25
chair   une chaise A, 21
challenge   un défi I6*
to change   changer (de)
cheap   bon marché (inv.) 25
cheaper   meilleur marché 27
check   l'addition f. 9
to check   vérifier 33
checked   à carreaux 25
cheese   le fromage 9
chemistry   la chimie R
cherry   une cerise 9
chicken   le poulet 9
child   un (une) enfant 1
   only child   un (une) enfant unique 1
China   la Chine 29
Chinese   chinois 1
chocolate: hot chocolate   un chocolat 9
   chocolate ice cream   une glace au chocolat 9
to choose   choisir A
church   une église A
city   une ville A, 21
civics   l'instruction f. civique R
class   un cours R; une classe R
   first class   première classe 29

second class   seconde classe **29**
classmate   un (une) camarade **1**
to **clean**   nettoyer **5**
climbing: mountain climbing
   l'alpinisme *m.*
to **close**   fermer **21**
closet   un placard **21**
clothes   des vêtements *m.* **A, 25**
coat   un manteau *(pl.* manteaux) **A,
   25**
cocoa   un chocolat **9**
coffee   le café **9**
cold   froid **27**
   it's cold   il fait froid **A**
   to be cold   avoir froid **3**
cold   un rhume **17**
   to have a cold   avoir un
      rhume **17**
color   une couleur **25**
   what color is . . . ?   de quelle
      couleur est . . . ? **25**
colorless   incolore **I5★**
comb   un peigne **19**
to **comb one's hair**   se peigner **19**
to **come**   arriver (à, de) **8**; ★venir **4**
   to come back   rentrer (à, de) **A,
      8**; ★revenir (de) **4**
   to come by   passer **8**
comedy   une comédie **13**
   musical comedy   une comédie
      musicale **13**
comics   des bandes dessinées *f.* **16**
to **commit**   ★commettre **I7★**
compact disc   un CD **A**, un
      compact disque **A**, un disque
      laser **A**
computer   un ordinateur **A**
   computer games   les jeux
      électroniques **A**
   computer specialist   un
      informaticien, une
      informaticienne **1**
concerned   inquiet (inquiète)
concert   un concert **13**
   rock concert   un concert de
      rock **5**
condition: in good condition   en
      bon état **I8★**
conscientious   consciencieux
      (consciencieuse) **2**
content   content **2**
continent   un continent **29**
continuation   la suite **I8★**
to **continue**   continuer (à) **30**
to **contradict**   ★contredire
convertible   une décapotable **33**
to **cook**   faire la cuisine **3**
cooking   la cuisine **9**
   to do the cooking   faire la
      cuisine **3**
copper   le cuivre **I8★**

corduroy   le velours côtelé **25**
corridor   un couloir **21**
to **cost**   coûter **13**
   how much does that cost?   ça
      fait combien? **9**
cotton   le coton **25**
   made of cotton   en coton **25**
could: I could   je pourrais **R**
to **count**   compter **I3★**
country   un pays **29**
   country house   une villa **29**
   in the country   à la campagne **5**
country(side)   la campagne **29**
courageous   courageux
      (courageuse)
course   un cours **R**; *(of a meal)* un
      plat **9**
   of course   bien sûr **13**, bien
      entendu **I7★**
   to take a course   suivre un
      cours **33**
cousin   un cousin, une cousine **1**
to **cover**   couvrir **21**
cow   une vache **5**
crazy   fou (folle) **I2★**
crescent roll   un croissant **9**
criminal   un malfaiteur **I7★**
to **cross**   traverser **A**
Cuban   cubain (cubaine) **1**
cuisine   la cuisine **9**
cup   une tasse **9**
curious   curieux (curieuse) **2**
curtain   un rideau *(pl.* rideaux) **21**
custom   une habitude **I4★**
cute   mignon (mignonne) **2**
cycling   le vélo **17**

D ━━━━━━━━━━━━━━

daily   quotidien (quotidienne) **I4★**
damaged   endommagé **I9★**
to **dance**   danser **A**
dangerous   dangereux (dangereuse)
dare   un défi **I6★**
dark: dark blue   bleu foncé **25**
   dark brown   brun
   dark-haired   brun
data processing   l'informatique *f.* **R**
date *(on the calendar)*   une date **1**;
      un rendez-vous **I4★**
   date of birth   la date de
      naissance **1**
   to have a date   avoir rendez-
      vous **I1★**
   what's the date today?   quelle
      est la date aujourd'hui? **A**
daughter   une fille **1**
day   un jour **A, 23**
   day before   la veille **I4★**
   every day   tous les jours **23**
   the next day   le lendemain **I4★**

(whole) day   une journée
dear   cher (chère) **14★**
December   décembre *m.* **A**
to **decide (to)**   décider (de) **25**
delighted   ravi **I9★**
dentist   un (une) dentiste **1**
to **deny**   nier **I7★**
department *(in a store)*   un rayon
      25
department store   un grand
      magasin **25**
to **describe**   ★décrire **16**
design   un dessin **25**
designer   un dessinateur, une
      dessinatrice **1**
to **desire**   désirer **9**
desk   un bureau *(pl.* bureaux) **A, 21**
despite   malgré **I8★**
dessert   un dessert **9**
to **destroy**   ★détruire
detective movie   un film policier
      13
diamond   un diamant **I7★**
diary   un journal **16**
to **die**   mourir
difficult   difficile **27**
dining room   une salle à manger **21**
dinner   le dîner **9**
   to have (eat) dinner   dîner **A,
      9**
to **disappear**   disparaître **I7★**
disappearance   la disparition **I7★**
disappointed   déçu **I9★**
discount shop   une boutique de
      soldes **25**
to **discover**   ★découvrir **21**
discreet   discret (discrète) **26**
dish   un plat **9**
   main dish   le plat principal
   dishes: to do (wash) the dishes
      faire la vaisselle **3**
dishwasher   un lave-vaisselle **21**
to **dislike**   détester **9**
disobedience   la désobéissance
      I9★
to **disobey**   désobéir **I9★**
district   un quartier **A, 21**
divided highway   une autoroute **I8★**
divorced   divorcé **1**
to **do**   ★faire *(a pastime)* **3**; faire de +
      pastime **3**
   to do one's homework   faire
      ses devoirs **3**
   to do the cooking   faire la
      cuisine **3**
   to do the dishes   faire la
      vaisselle **3**
   to do the shopping *(for food)*
      faire les courses **3**; faire des
      achats **5**
doctor   un médecin **1**; un docteur **1**

dog   un chien
dollar   un dollar
door   une porte **21**
dotted   à pois **25**
down: to go down   descendre **5**
downtown   en ville **5**; le centre-ville **21**
dozen   une douzaine **9**
drama: psychological drama   un drame psychologique **13**
drawer   un tiroir **I7***
drawing   un dessin **I8***
to dream (about)   rêver (de) **I2***, **30**
dress   une robe **A, 25**
dressed: to get dressed   s'habiller **19**
    to get undressed   se déshabiller
drink   une boisson **9**
to drink   *boire **25**, *prendre **6**
to drive   *conduire **33**
driver   un conducteur, une conductrice **24**
    driver's license   un permis de conduire **33**
driving   la conduite **33**
    driving school   une auto-école **33**
druggist   un pharmacien, une pharmacienne **1**
duck   un canard **5**
dumb   bête **2**; idiot
during   pendant **6**
    during the week   en semaine **A**

E

e-mail   e-mail, le courrier électronique **A**
each   chaque **23**
    each one, each person   chacun
    each other   nous, vous, se **19**
ear   une oreille **17**
    to have an earache   avoir mal aux oreilles **17**
early   tôt **I1***, **27**
    to be early   être en avance **2**
to earn   gagner **A**
earrings   des boucles *f.* d'oreilles **25**
earth   la terre
east   l'est *m.* **29**
easy   facile **27**
to eat   manger **A**; *prendre **6**
    to eat dinner   dîner **9**
    to eat lunch   déjeuner **9**
economics   l'économie *f.* **R**
edge: at the edge of   au bord de **I2***
egg   un oeuf **9**
    fried eggs   des oeufs sur le plat **9**
Egypt   l'Égypte *f.* **29**

Egyptian   égyptien (égyptienne) **1**
eight   •huit **A**
eighteen   dix-huit **A**
eighty   quatre-vingts **A**
eighty-one   quatre-vingt-un **A**
elegant   élégant **25**
elegantly   élégamment **26**
eleven   onze **A**
eleventh   onzième **26**
else: anything else?   et avec ça? **9**
    something else   quelque chose d'autre **25**
empty   vide **I6***
end   un bout; la fin **I8***
    at the end of   en fin de **I2***
to end   finir **A**
engaged: to get engaged   se fiancer
engine   un moteur **33**
engineer   un ingénieur **1**
England   l'Angleterre *f.* **29**
English   anglais **1**
English (language)   l'anglais *m.* **R**
enormous   énorme **I3***
enough   assez **2**; assez de **12**
to enter   entrer **8**
to entertain *(people)*   *recevoir **30**
equipment   l'équipement *m.* **21**
error   une erreur **I3***
especially   surtout
Europe   l'Europe *f.* **29**
eve   la veille **I4***
even   même **I8***
    even if   même si
evening   le soir **A**
    in the evening   le soir **23**; du soir **A**
    on (Wednesday) evening   (mercredi) soir
    this evening   ce soir **7**
    (whole) evening   une soirée
event   un événement **23**
ever   déjà **6**
every   tout (toute; tous, toutes) **12**; tous (toutes) les **23**
    every day   chaque jour **23**, tous les jours **23**
everybody, everyone   tout le monde **I2***, **12**
everything   tout **12**
everywhere   partout **I8***
evidently   évidemment **I9***
exactly   justement **I9***
exam   un examen **A**
except   sauf **I8***
exhibition   une exposition **13**
expensive   cher (chère) **25**
to explain   expliquer **I3***
explanation   une explication
to express   exprimer **18**
    to express oneself   s'exprimer
eye   un oeil *(pl.* yeux) **17**

F

fabric   le tissu **25**
face   une figure **17**
fact: as a matter of fact   en effet **I9***; justement
failure to obey   la désobéissance **I9***
fair   juste **2**
to fake   simuler **I7***
fall   l'automne *m.* **A**
    in the fall   en automne
to fall   tomber **8**
false   faux (fausse)
familiar: to be familiar with   *connaître **15**
family   une famille **1**
famous   célèbre
far, far away (from)   loin (de) **R**
    as far as   jusqu'à
farm   une ferme **5**
fashion: in fashion   à la mode **17**
fast   *(adv.)* vite **27**; *(adj.)* rapide **27**; en vitesse **I2***
faster: to go faster   accélérer **34***
fat: gros (grosse) **I3***
    to get fat   grossir **A**
father   un père **1**
favor: in favor of   pour **R**
favorite   préféré **9**
feast   une fête
February   février *m.* **A**
feel: to feel like (having)   avoir envie de **3**
to feel (well)   se sentir (bien) **17**
fellow   un type **I9***
ferocious   féroce **I8***
few   peu de **12**
    a few   quelques **12**
fiancé(e)   un fiancé, une fiancée
field   un champ **5**
fifteen   quinze **A**
fifth   cinquième **26**
fifty   cinquante **A**
to fill   remplir
    to fill the tank   faire le plein **33**
film   un film **5**
filmmaker   un (une) cinéaste **1**
finally   finalement **6**
to find   trouver **15**
fine: it's fine (weather)   il fait bon **A**
    I'm fine   ça va **17**
fine   une amende **I8***
finger   un doigt **17**
to finish   finir **A**; finir de **30**
finished   fini
fire   le feu **I2***
to fire *(an employee)*   renvoyer **I5***
first   premier (première) **I1***, **26**; premièrement **26**

first name le prénom **1**
(at) first d'abord **6**
(March) first le premier (mars) **A**
fish un poisson **5**
fishing la pêche **5**
to **fit: do these pants (shoes) fit you?** est-ce que ce pantalon (ces chaussures) vous va (vont)? **25**
  it doesn't fit il/elle ne me va pas **25**
  it fits well il/elle me va bien **25**
  they (don't) fit ils/elles (ne) me vont (pas) **25**
five cinq **A**
to **fix** préparer **A**; réparer **I9***
flash: flash of lightning un éclair **I2***
flashlight une lampe de poche **I6***, **29**
flight un vol **I4***
floor un étage **I3***, **21**
  ground floor le rez-de-chaussée **21**
  second floor le premier étage **21**
floppy disc une disquette **A**
flower une fleur **5**
flowered à fleurs **25**
flu la grippe **17**
  to have the flu avoir la grippe **17**
to **fly off** s'envoler **I6***
to **fold** plier **17**
to **follow** *suivre **33**
following suivant
food la nourriture **9**
foot un pied **17**
  on foot à pied **5**
for pour **R**; pendant **6**; depuis **4**; comme **9**
  for a long time longtemps **27**
  for how long? depuis combien de temps? **4**
forbidden interdit **I8***
foreign étranger (étrangère) **29**
forest une forêt **5**
to **forget** oublier **15**
  to forget to oublier de **30**
fork une fourchette **9**
formal living room un salon **21**
former ancien (ancienne) **21**
fortunately heureusement **8***
forty quarante **A**
four quatre **A**
fourteen quatorze **A**
franc un franc
France la France **29**
free libre **I3***, **13**
French français **1**
French (language) le français **R**

French fries des frites *f.* **9**
Friday vendredi *m.* **A**
  on Friday vendredi **7**
  on Fridays le vendredi **23**
friend un ami, une amie **1**; un copain, une copine **1**
  best friend un meilleur ami (copain), une meilleure amie (copine) **1**
fries: French fries des frites *f.* **9**
to **frighten** effrayer **I6***
from de **R**
  from time to time de temps en temps **18**
  from there en **18**
front: in front (of) devant **R**
fruit un fruit **9**
  fruit juice le jus de fruits
frying pan une poêle **29**
full plein **33**
  full speed à toute vitesse **19***
fun: to have fun s'amuser **20**
funny drôle **1**
fur la fourrure **25**
furious furieux (furieuse)
furniture le mobilier **21**
  piece of furniture un meuble **21**

G

to **gain weight** grossir **A**
game un match **13**
  to play a game faire un match
garage un garage **5**
garden un jardin **21**
gas l'essence *f.* **33**
  gas station une station-service **33**
  gas tank le réservoir **33**
generally généralement
generous généreux (généreuse) **2**
geography la géographie (géo) **R**
German allemand **R**
Germany l'Allemagne *f.* **29**
to **get** chercher **4**; *recevoir **30**; *obtenir
  to get dressed s'habiller **19**
  to get on, into (a bus, subway) monter **5**
  to get out (of) sortir (de) **8**
  to get up se lever **17**
gift un cadeau (*pl.* cadeaux) **14**
to **give** donner (à) **14**; *offrir
  to give back rendre (à) **14**
glad content
  glad to meet you enchanté(e) **1**
glass le verre; *(for drinking)* un verre **9**
glasses des lunettes *f.* **A**, **25**
glove un gant **25**

to **go** *aller **4**; passer **8**
  go on! go ahead! keep going! vas-y! **18**
  let's go! allons-y! **18**
  should we go? are we going? on y va? **18**
  to be going to aller + *inf.* **4**
  to go back rentrer **A, 8**; retourner
  to go (camping) faire du (camping) **29**
  to go down descendre **5**
  to go faster accélérer **34***
  to go fishing aller à la pêche **5**
  to go for a ride faire une promenade (en auto) **35**
  to go for a walk faire une promenade (à pied) **35**
  to go get aller chercher **4**
  to go home rentrer (à, de) **A, 8**
  to go in entrer **8**
  to go on continuer à **30**
  to go on a trip faire un voyage **29**
  to go out *sortir **8**
  to go shopping (for food) faire les courses **3**; faire des achats **5**
  to go to bed se coucher **19**
  to go to stores aller dans les magasins **5**
  to go up monter **8**
going: what's going on? qu'est-ce qu'il y a? **R**
gold l'or *m.* **25**
good bon (bonne) **2**
  in a good mood de bonne humeur
  in good health en bonne santé **17**
  it's good il est bon, c'est bon
  good-looking beau (bel, belle; beaux) **2**
granddaughter la petite-fille **1**
grandfather un grand-père **1**
grandmother une grand-mère **1**
grandparents les grands-parents *m.*
grandson le petit-fils **1**
grapefruit un pamplemousse **9**
grapes du raisin
  grape juice le jus de raisin **9**
gray gris **25**
green vert **25**
  green beans des •haricots (verts) **9**
groom un marié **1**
ground le sol **21**
  ground floor le rez-de-chaussée **21**
Guatemala le Guatemala **29**
guilty coupable **I5***
  guilty one un coupable, une coupable **I5***

guitar une guitare **A**
guy un type **I9★**
gymnastics la gymnastique **17**

H

habit une habitude **I4★**
hair les cheveux *m.* **17**
hairbrush une brosse à cheveux **19**
half: it's half past . . . il est . . .
   heure(s) et demie **A**
  half brother un demi-frère **1**
  half sister une demi-soeur **1**
hall une salle
ham le jambon **9**
  grilled ham and cheese sand-
    wich un croque-monsieur **9**
hand une main **17**
hanger un cintre **28★**
to **happen** arriver **8**, se passer
  happened: what happened?
    qu'est-ce qui est arrivé (s'est
    passé)? **24**
  happening: what's happening?
    qu'est-ce qui se passe?
happy content **2**; heureux
  (heureuse) **2**
hard difficile **27**
has: one has to il faut **12**
hat un chapeau *(pl.* chapeaux) **25**
to **hate** détester **9**
to **have** ★avoir **3**; ★prendre **6**
  to have a headache avoir mal
    à la tête **17**
  to have a picnic faire un pique-
    nique **5**
  to have a sore back avoir mal
    au dos **17**
  to have breakfast prendre le
    petit déjeuner **9**
  to have dinner dîner **A, 9**
  to have fun s'amuser **20**
  to have just venir de + *inf.* **4**
  to have lunch déjeuner **9**
  to have the flu avoir la grippe
    17
  to have to ★devoir **10**
  you have to il faut **12**
he il **R**
he's c'est **R**; il est
head une tête **17**
headache: to have a headache
  avoir mal à la tête **17**
headlight un phare **33**
health: in good health en bonne
  santé **17**
healthy en bonne santé **17**
to **hear** entendre **A**
heart un coeur **17**
heavy lourd **27**
to **help** aider **A**

to **help oneself** se servir **I5★**
hen une poule **5**
her elle; la **15**; son, sa, ses **A**
  (to) her lui **16**
here ici
  here is, here comes voici **R**
  this . . . (over here) ce . . . -ci
    A, 28
herself se **19**
hesitant: to be hesitant about
  hésiter à **30**
to **hesitate** hésiter à **30**
hey! tiens!, dites donc! **I7★**
hidden caché **I8★**
to **hide** cacher
hi-fi set une chaîne hi-fi **A**, une
  chaîne stéréo **A**
high school un lycée **R**
high tops *(shoes)* des baskets *f.* **A,**
  25
highway une route
  divided highway une autoroute
    I8★
hike: to take a hike faire une
  randonnée **5**
hiking la marche à pied **17**
him lui **R**; le **15**
  (to) him lui **16**
himself se **19**
his son, sa, ses **A**
history l'histoire *f.* **R**
to **hold** ★tenir
  hold on ne quittez pas **1**
holiday une fête, un jour férié **I4★**
home: (at) home chez + *stress*
  pronoun **R**; à la maison **A, 5**
  to go home rentrer (à, de) **A, 8**
homework: to do one's homework
  faire (préparer) ses devoirs **3**
to **honk (the horn)** klaxonner **34★**
hood (of a car) le capot **33**
hope l'espoir *m.* **I9★**
to **hope** espérer **11**
horror movie un film d'horreur **13**
horse un cheval *(pl.* chevaux) **5**
horseback riding l'équitation *f.* **17**
  on horseback à cheval **5**
hospital un hôpital
hot chaud **27**
  hot chocolate un chocolat **9**
  it's hot il fait chaud **A**
  to be hot avoir chaud **3**
hotel un hôtel **A**
house une maison **A, 21**
  at/to the house of chez +
    person **R**
  country house une villa **29**
  single-family house une
    maison individuelle **21**
how: for how long? depuis
  combien de temps? **4**

how? comment? **R**
how are you? ça va? **17**,
  comment allez-vous?, comment
  vas-tu?
how many? combien (de)? **12**
how many times? combien de
  fois?
how much? combien? **12**
how's the weather? quel
  temps fait-il? **A**
to know how to ★savoir **16**
to learn how to apprendre à +
  inf. **6**
however cependant **I9★**
huge énorme **I3★**
hundred cent **A, 26**
  (one) hundred and one cent
    un **A**
  two hundred deux cents **A**
  hundredth centième **26**
hungry: to be hungry avoir faim **3**
hunting la chasse **I8★**
hurry: in a hurry pressé **I9★**
to **hurry** se dépêcher **19**
hurt: where does it hurt? où est-
  ce que tu as (vous avez) mal? **17**
husband un mari **1**

I

I je **R**
  I would like je voudrais **R**;
    j'aimerais
ice cream la glace **9**
  vanilla (chocolate) ice cream
    une glace à la vanille (au
    chocolat) **9**
iced tea le thé glacé **9**
idiotic idiot
if si **31**
  even if même si
illegal interdit **I8★**
imaginative imaginatif
  (imaginative) **2**
immediately tout de suite **19**
impolite impoli **2**
important important
impulsive impulsif (impulsive) **2**
in à; en **18**; dans **R**
  in a good (bad) mood de
    bonne (mauvaise) humeur **I9★**
  in a hurry pressé **I9★**
  in back (of) derrière **R**
  in favor of pour **R**
  in front (of) devant **R**
  in good health en bonne santé
    17
  in it/them y **18**
  in (my) opinion à (mon) avis
    18
  in order to pour + *inf.* **34**

in shape en forme **I7**
in the middle (of) au milieu (de) **I6***
in the morning (afternoon, evening) le matin (l'après-midi, le soir) **23**
in the (mornings) le (matin) **23**
in the past autrefois **23**
in the spring au printemps
in the summer (autumn, winter) en été (automne, hiver)
included compris **9**
indeed bien; en effet **I9***
India l'Inde *f.* **29**
Indian indien (indienne) **1**
individual individuel (individuelle) **17**
inexpensive bon marché *(inv.)* **25**
information un renseignement **I4***
ingredient un ingrédient **9**
innocent: to act innocent faire l'innocent **I7***
inside dans **R**; à l'intérieur **I8***
insurance l'assurance *f.* **I7***
intellectual intellectuel (intellectuelle) **2**
intelligent intelligent
interested: to be interested (in) s'intéresser (à)
into dans **R**
to introduce (to) présenter (à) **1**
intuitive intuitif (intuitive) **2**
to invite inviter **A**
Ireland l'Irlande **29**
is *(see* to be*)*
    isn't it so? n'est-ce pas? **A**
    there is il y a **R**
    there is no il n'y a pas de **R**
island une île
Israel Israël *m.* **29**
Israeli israélien (israélienne) **1**
it il/elle **A**; le/la **15**
    (in) it y **18**
    it's c'est **A**
    it's . . . (o'clock) il est . . . heure(s) **A**
    it's (easy) to il est (facile) de + *inf.*
    it's (five) of (four) il est (quatre) heures moins (cinq) **A**
    it's (five) past (two) il est (deux) heures (cinq) **A**
    it's half past . . . il est . . . heure(s) et demie **A**
    it's (it would be) better il vaut (il vaudrait) mieux **I2***
    it's (January 3rd) c'est le (3 janvier) **A**

it's necessary to il faut **12**
it's nice (bad, hot, cold) (weather) il fait beau (mauvais), chaud, froid) **12**
it's noon (midnight) il est midi (minuit) **A**
it's a quarter of . . . il est . . . heure(s) moins le quart **A**
it's a quarter past . . . il est . . . heure(s) et quart **A**
it's raining il pleut **A**
it snowed (rained) il a neigé (plu)
it's snowing il neige **A**
Italian italien (italienne) **1**
Italy l'Italie *f.* **29**
its son, sa, ses **A**

J

jacket une veste **A, 25**; un blouson **A, 25**
    ski jacket un anorak
jam la confiture **9**
January janvier *m.* **A**
Japan le Japon **29**
Japanese japonais **1**
jar un pot **12**
jealous jaloux (jalouse)
jeans un jean **25**
jeweler un bijoutier **I7***
jewelry les bijoux *m. pl.* **25**
    jewelry store une bijouterie **I7***
jogging le jogging **A, 17**
    jogging suit un survêtement (un survêt) **A, 25**
journal un journal **16**
journalist un (une) journaliste **1**
juice: apple juice le jus de pommes **9**
    fruit juice le jus de fruits
    grape juice le jus de raisin **9**
    orange juice le jus d'orange **9**
July juillet *m.* **A**
June juin *m.* **A**
just: (to have) just venir de + *inf.* **4**

K

to keep garder **15**
    to keep a promise tenir une promesse
ketchup le ketchup **9**
key une clé **I3*, 21**
kilogram un kilo **9**
kilometer un kilomètre
kind *adj.* gentil (gentille) **27**
kind *n.* un genre **13**, une sorte **13**
kindness la gentillesse **I8***

kisses: love and kisses *(at the end of a letter)* je t'embrasse . . . **14***
kitchen une cuisine **21**
    kitchen sink un évier **21**
knapsack un sac à dos **29**
knee un genou **17**
knife un couteau **9**
to know *connaître **15**; *savoir **16**
    to know how to *savoir **16**
Korea la Corée **29**
Korean coréen (coréenne) **1**

L

lake un lac **5**
lamp une lampe **21**
landscape un paysage **I8***
language une langue **R**
lap *(of a race)* une étape **I8***
large grand **2**
    large room une salle
last dernier (dernière) **I1*, 7**
    at last enfin **6**
    last (Monday) (lundi) dernier **7**
late tard **I1*, 27**
    to be late être en retard **2**
later plus tard **1**
lawyer un avocat, une avocate **1**
lazy paresseux (paresseuse) **2**
to lead mener **I6***
leaf une feuille **5**
to learn *apprendre **6**
    to learn *(a subject)* faire de + *subject* **3**
    to learn how to apprendre à + *inf.* **6**
    to learn to play *(an instrument)* faire de + *instrument*
least: at least au moins **I2***
    the least . . . le/la/les moins + *adj.* **27**
leather le cuir **25**
to leave quitter; *partir **8**; *(a place)* partir de; *(someone or something behind)* laisser **15**
    to leave for *(a place)* partir à
    to leave it up to someone (to) laisser le soin à quelqu'un (de) **28**
left gauche **17**
    to the left (of) à gauche (de) **R**
leg une jambe **17**
lemon soda la limonade **9**
to lend (to) prêter (à) **14**
less . . . than moins . . . que **27**
to let *permettre **6**; laisser
    let's go! allons-y! **18**
letter une lettre **14*, 16**
lettuce la salade
library une bibliothèque **A**

license: driver's license un permis de conduire **33**
lie un mensonge **16**
to **lie** mentir **I1***
life la vie **R**
light léger (légère) **27**
  light blue bleu clair **25**
light une lumière **I5***
to **light** allumer **I2***, **21**
lightning: flash of lightning un éclair **I2***
like comme **9**
to **like** aimer **R**
  do you like [these glasses]? est-ce que [ces lunettes] vous plaisent? **25**
  do you like [this sweater]? est-ce que [ce pull] vous plaît? **25**
  I (don't) like it il/elle (ne) me plaît (pas) **25**
  I (don't) like them ils/elles (ne) me plaisent (pas) **25**
  I would like je voudrais **R**; j'aimerais
linen la toile **25**
lipstick le rouge à lèvres **19**
to **listen to** écouter **A**
liter un litre **12**
little peu (de) **12**
  a little un peu **12**
  a little (+ sing. noun) un peu de **12**
to **live** (in a place) habiter **A, 22**; (in a given place, in a certain way) *vivre **22**
living room un salon **21**, une salle de séjour
  formal living room un salon **21**
  informal living room un living **21**
to **loan (to)** prêter (à) **14**
to **lock** fermer à clé **21**
long long (longue) **25**
  for a long time longtemps **27**
  for how long? depuis combien de temps? **4**
to **look** avoir l'air **3**
  look! tiens!
  to look at regarder **A**
  to look for chercher **I2***, **15**
to **lose** perdre **A**
  to lose weight maigrir **A**
lot; a lot beaucoup **12**
love l'amour m. **I4***
  love and kisses (at the end of a letter) je t'embrasse ... **14***; amicalement **14***
to **love** adorer **9**
  I'd love to! volontiers! **13**

luck la chance
  to try one's luck tenter sa chance **I9***
lucky: to be lucky avoir de la chance **3**
luggage les valises f. **29**
lunch le déjeuner **9**
  to have (eat) lunch déjeuner **9**

M

machine un appareil **21**
  washing machine une machine à laver **21**
mad furieux (furieuse); fou (folle) **I2***
made of (silver) en (argent) **25**
magazine un magazine **16**, une revue **16**
to **make** *faire **3**
make-up: to put on make-up se maquiller **19**
man un homme
many beaucoup (de) **12**
  how many combien (de) **12**
  many people beaucoup de monde **I1***
  so many tellement de
  too many trop (de) **12**
map une carte **29**
  (street) map un plan
March mars m. **A**
margarine la margarine **9**
market un marché **9**
match une allumette; (game) un match **13**
material la matière **25**
math les maths f. **R**
matter: as a matter of fact en effet **I9***; justement
  that doesn't matter cela n'a pas d'importance **I7***
  what's the matter? qu'est-ce qu'il y a? **R**
May mai m. **A**
may *pouvoir **10**
maybe peut-être
mayonnaise la mayonnaise **9**
me moi **R**; me **14**
  to me me **14**
meadow une prairie **5**
meal un repas **9**
mean méchant **27**
to **mean** vouloir dire
measurement: to take someone's measurements prendre les mesures de quelqu'un **28***
meat la viande **9**
mechanic un mécanicien, une mécanicienne
medal une médaille **25**

to **meet** faire la connaissance de **15**; (by chance) rencontrer **A**; (at an arranged time and place) retrouver **A**
  glad to meet you enchanté(e) **1**
  meeting place un rendez-vous **I4***
melon un melon **9**
meter un mètre
metric pound une livre **9**
Mexican mexicain **1**
Mexico le Mexique **29**
microwave oven un four à micro-ondes **21**
middle: in the middle (of) au milieu (de) **I6***
Middle East le Moyen-Orient **29**
midnight: it's midnight il est minuit **A**
midst: to be in the midst of être en train de **2**
mile un mille
milk le lait **9**
million un million **26**
mineral water l'eau f. minérale **9**
minivan un minivan **33**
minute une minute
mirror une glace **21**
Miss Mademoiselle (Mlle)
mistake une erreur **I3***
  to make a mistake *faire (une) erreur **I7***
missing: ... is missing ... manque **I5***
model: fashion model un mannequin **1**
modern moderne **21**
Monday lundi m. **A**
  on Monday lundi **7**
  on Mondays le lundi **23**
money l'argent m. **A**
month un mois **A**
  monthly par mois **13**
mood: in a good (bad) mood de bonne (mauvaise) humeur **I9***
moped une mob (mobylette), un vélomoteur
more plus **27**
  more and more de plus en plus **I6***
  more ... than plus ... que **27**
  no more ne ... plus
  once more encore une fois **I5***
morning le matin **A, 7**
  in the morning le matin
  on (Monday) morning (lundi) matin
  this morning ce matin **7**
mosquito un moustique **I2***
most: the most ... le/la/les plus + adj. **27**

mother une mère **1**
motor un moteur **33**
motorbike une mob (mobylette), un vélomoteur
motorcycle une moto
mountain(s) la montagne **29**
mountain bike un VTT (un vélo tout terrain) **A**
mountain biking le VTT **17**
mountain climbing l'alpinisme *m.*
mourning le deuil **I4***
mouse (computer) une souris **A**
   mousepad un tapis (de) souris **A**
mouth une bouche **17**
movie un film **5**
   action movie un film d'aventures **13**
   at (to) the movies au ciné **5**
   detective movie un film policier **13**
   horror movie un film d'horreur **13**
   science fiction movie un film de science-fiction **13**
movie camera une caméra **A**
movie theater un cinéma **A**
much beaucoup **12**
   how much combien (de) **12**
   not much peu (de) **12**
   so much tellement de
   that much tellement **9**
   too much trop (de) **12**
museum un musée **A, 13**
mushroom un champignon **9**
music la musique **R**
musical musicien (musicienne) **2**
   musical comedy une comédie musicale **13**
must *devoir **10**
   one must il faut **12**
mustard la moutarde **9**
my mon, ma, mes **A**
myself me **19**

N

naive naïf (naïve) **2**
name un nom **1**
   first name le prénom **1**
named: to be named s'appeler **1**
napkin une serviette **9**
nasty méchant **27**
nationality une nationalité **1**
natural naturel (naturelle) **2**
naturally naturellement **26**
near près (de) **R**
necessary nécessaire
   it's necessary to il faut **12**
neck un cou **17**
necklace un collier **25**; une chaîne **25**

to **need** avoir besoin de **3**
   you need to il faut **12**
neighbor un voisin, une voisine **1**
neighborhood un quartier **A, 21**
nephew un neveu (*pl.* neveux) **1**
never ne . . . jamais **6**
   almost never ne . . . presque jamais **18**
new neuf (neuve) **26**; nouveau (nouvel, nouvelle, nouveaux) **2**
newspaper un journal **16**
next prochain **I1*, 7**
   next (Monday) (lundi) prochain **7**
   next to à côté de **R**
   the next day le lendemain **I4***
nice sympathique **2**; aimable **2**; gentil (gentille) **27**
   it's nice (weather) il fait beau **A**
niece une nièce **1**
night la nuit
   on (Thursday) night (jeudi) soir
nine neuf **A**
nineteen dix-neuf **A**
ninety quatre-vingt-dix **A**
ninety-one quatre-vingt-onze **A**
ninth neuvième **26**
no non; ne . . . aucun **I7***
   no? non?; n'est-ce pas? **A**
   no one personne, ne . . . personne **7**
   to say no refuser **30**
nobody ne . . . personne **7**
noise un bruit **I2***
noon: it's noon il est midi **A**
normal normal (*pl.* normaux) **26**
normally normalement **26**
north le nord **29**
North America l'Amérique *f.* du Nord **29**
nose le nez **17**
not ne . . . pas **R**
   not (+ *inf.*) ne pas + *inf.*
   not any ne . . . aucun **I7***
   not anyone ne . . . personne **7**
   not anything ne . . . rien **7**
   not many, not much peu (de) **12**
to **note** *s'apercevoir (de) **I9***; noter
notebook un cahier
   small notebook un carnet
nothing rien, ne . . . rien **7**
to **notice** remarquer; *s'apercevoir (de) **I9***
novel un roman **16**
November novembre *m.* **A**
now maintenant **7**
number un nombre; un numéro **1**
   phone number le numéro de téléphone **1**
nurse un infirmier, une infirmière **1**

nylon le nylon **25**

O

to **obey** obéir (à)
   failure to obey la désobéissance **I9***
object un objet **A**
to **obtain** *obtenir
obviously évidemment **I9***
o'clock heure(s) **A**
   at . . . o'clock à . . . heure(s) **A**
   it's . . . o'clock il est . . . heure(s) **A**
October octobre *m.* **A**
of de **R**
   it's (five) of (four) il est (quatre) heures moins (cinq) **A**
   it's a quarter of . . . il est . . . heure(s) moins le quart **A**
   of it/them en **18**
office un bureau **1**
   at/to the office of chez **R**
   office worker un employé (une employée) de bureau **1**
often souvent **18**
okay d'accord **13**
oil l'huile *f.* **33**
old âgé **1**; vieux (vieil, vieille; vieux) **2**; ancien (ancienne) **21**
   to be . . . years old avoir . . . ans **3**
omelet une omelette **9**
on sur **R**
   on . . . -ing en + *pres. part.* **34**
   on foot à pied **5**
   on Monday lundi **7**
   on Monday morning (afternoon, evening, night) lundi matin (après-midi, soir)
   on (Mondays) le (lundi) **23**
   on the weekend, on (the) weekends le weekend
   on time à l'heure **2**
once une fois **13**
one un, une **R**
   one time une fois **13**
   one-way ticket un aller simple **29**
one (*you, they, people*) on **A**
   another one un (une) autre **12**
   one another nous, vous, se **19**
   one has to (must) il faut **12**
   that one celui-là (celle-là) **28**
   the one celui (celle) **28**
   the one(s) of/belonging to/from celui, celle (ceux, celles) de **28**
   the one(s) that celui que **28**
   the one(s) who/whom celui qui **28**
   the same one le/la même

the same ones   les mêmes
this one   celui-ci (celle-ci) 28
oneself   se 19
by oneself   seul I5*
only   seulement I2*; seul I5*
only child   un (une) enfant unique 1
to open   *ouvrir I4*, 21
opinion   un avis 18, une opinion 18
in (my) opinion   à (mon) avis 18; d'après (moi) 18
opposite   en face (de) I8*
or   ou R
orange (color)   orange 25
orange   une orange 9
orange juice   le jus d'orange 9
orchestra   un orchestre 13
order: in order to   pour + inf. 34
to order   commander 9
to organize   organiser A
original   original (pl. originaux) 2
other   autre 12
(any) other   d'autres 12
others   d'autres 12
our   notre, nos A
ourselves   nous 19
out: to get out (of)   sortir (de) 8
to try out   essayer 25
outside   dehors I6*
oven   un four 21
microwave oven   un four à micro-ondes 21
over: over there   là-bas 5
that . . . (over there)   ce . . . -là A, 28
this . . . (over here)   ce . . . -ci A, 28
to owe   *devoir 10
owl   une chouette I6*

P

Pacific: South Pacific   l'Océanie f.
pack   un paquet 12
to pack one's suitcase   faire ses valises 29
package   un paquet 12
pain: "a pain"   pénible 2
painful   pénible 2
painter   un peintre I4*
painting   un tableau (pl. tableaux) 21
pal   un copain, une copine 1
pan   une casserole 29
frying pan   une poêle 29
pants   un pantalon A, 25
pantyhose   des collants m. 25
paper   le papier
parents   les parents m. 1
park   un parc
part   une partie 17, une pièce

spare part   une pièce de rechange I9*
to take part (in)   participer (à)
to participate (in)   participer (à)
to participate in (a sport)   faire de + sport 3, 17
party   une boum A
evening party   une soirée
to pass (in a car)   doubler 34*
to pass a test   réussir à un examen A
to pass by   passer 8
passkey   un passe-partout I7*
passport   un passeport 29
past: in the past   autrefois 23
it's (five) past (two)   il est (deux) heures (cinq) A
it's half past . . .   il est . . . heure(s) et demie A
it's a quarter past . . .   il est . . . heure(s) et quart A
patiently   patiemment 26
pattern   un dessin 25
to pay (for)   payer 9
to pay attention (to)   faire attention (à) 3
pear   une poire 9
peas   des petits pois m. 9
pen   un stylo A
pen pal   un correspondant, une correspondante
pencil   un crayon A
people   les gens m. 1; on A; du monde
many people   du monde, beaucoup de monde I1*
young people   les jeunes m.
pepper   le poivre 9
per   par 13
performance   une séance 13
perhaps   peut-être
to permit   *permettre 6
person   une personne 1
personal belongings   des affaires f. 5
personality   la personnalité 2
pharmacist   un pharmacien, une pharmacienne 1
phone   un téléphone
to phone   téléphoner (à) A, 16
photograph   une photo
photographer   un photographe, une photographe 1
physical education   l'éducation f. physique R
physics   la physique R
piano   un piano A
to pick   choisir A
to pick up   (go get) chercher 4; (tidy up) ranger 5
picnic   un pique-nique A

to have a picnic   faire un pique-nique 5
picture   une photo; un tableau (pl. tableaux) 21
pie   une tarte 9
piece   un morceau 12
piece of furniture   un meuble 21
pig   un cochon 5
pinball: to play pinball   jouer au flipper 5
pink   rose 25
pity: what a pity!   c'est dommage!
pizza   une pizza 9
place   un endroit A, 5; un lieu 1
meeting place   un rendez-vous 14*
to take place   avoir lieu 24, se passer
to place   *mettre 6
plain   moche 25; (of food) nature 9
plan   un projet 13
to make plans   faire des projets
plane   un avion A
by plane   en avion A
plant   une plante 5
plastic   le plastique 25
plate   une assiette 9
play   une pièce de théâtre 13
to play   jouer R
to (learn to) play (an instrument)   faire de + instrument
to play (a musical instrument)   jouer de R
to play (a sport)   faire de + sport 3
to play (a sport or a game)   jouer à R
to play a game   faire un match
player   un joueur, une joueuse 13
what's playing?   qu'est-ce qu'on joue? 13
pleasant   aimable 2
it's pleasant (weather)   il fait bon A
please   s'il te (vous) plaît 9
pleasure   le plaisir 13
pocket   une poche I7*
poem   un poème 16
polite   poli 2
politely   poliment 26
polka-dotted   à pois 25
polo shirt   un polo 25
polyester   le polyester 25
pool   une piscine A
poor   pauvre 2
poorly   mal
pork   le porc 9
portable stove   un réchaud 29
Portugal   le Portugal 29
postcard   une carte postale 16
poster   un poster, une affiche A

post office la poste **A**
pot une casserole **29**
potato une pomme de terre **9**
pound: metric pound une livre **9**
precisely justement **I9★**
to **prefer** aimer mieux; préférer **11**
to **prepare** préparer **A**
present un cadeau *(pl.* cadeaux) **14**
pretty joli **2**
price un prix
private privé
    in private en privé **I5★**
    private school une école privée
    R
prize un prix
problem un problème **14★**
product un produit **I5★**
profession une profession **1**
professor un professeur
programmer un programmeur,
    une programmeuse **1**
to **promise** ★promettre **6**
proud fier (fière) **I9★**
prudent prudent
public public (publique)
    public school une école
    publique **R**
Puerto Rican portoricain **1**
punctual ponctuel (ponctuelle) **2**
purple violet (violette) **25**
to **put** ★mettre **6**
    to put away ranger **5**
    to put on *(clothing)* ★mettre **6**
    to put on make-up se
    maquiller **19**

Q ▬▬▬▬▬▬▬▬▬▬

quantity une quantité **12**
quarter: it's a quarter of . . . il est
    . . . heure(s) moins le quart **A**
    it's a quarter past . . . il est
    . . . heure(s) et quart **A**
quickly vite **27**
quiet tranquille
    be quiet! tais-toi! taisez-vous! **20**
    to be quiet ★se taire **20**

R ▬▬▬▬▬▬▬▬▬▬

rabbit un lapin **5**
race une course **26★**
racer un coureur **26★**
racket une raquette
radio une radio
    boom box une radiocassette **A**
to **rain** ★pleuvoir
raincoat un imperméable (imper)
    A, 25
rained: it rained il a plu
raining: it's raining il pleut **A**

it was raining il pleuvait **23**
range une cuisinière **21**
rapid rapide **27**
rarely rarement **18**
rather assez **2**; plutôt **I6★**
razor un rasoir **19**
to **read** ★lire **16**
ready prêt **I2★, 29**
real véritable **I8★**
to **realize** ★s'apercevoir (de) **I9★**
really vraiment **I9★**
    really? ah bon?
rearview mirror un rétroviseur **33**
to **receive** ★recevoir **30**
to **recognize** ★reconnaître **15**
record un disque **A**
red rouge **25**
to **reflect** réfléchir **I5★, 25**
refrigerator un réfrigérateur **21**
to **refuse to** refuser de **30**
region une région **29**
relatives les parents *m.* **1**
to **remember** se souvenir (de) **20**
to **remind** rappeler **I4★**
to **rent** louer **29**
repair une réparation **I9★**
to **repair** réparer **I9★**
to **repeat** répéter
reply une réponse **14★**
residence une résidence **21**
to **rest** se reposer **19**
restaurant un restaurant **A**
restless agité
to **return** rentrer (à, de) **A, 8**;
    (something) rendre **14**; retourner
reward la prime **I8★**
rice le riz **9**
rich riche **2**
ride: to go for a ride faire une
    promenade (en auto) **3**
    to take a ride se promener **19**;
    faire un tour **5**; faire une
    randonnée **5**
ridiculous ridicule **25**
right droit **17**; vrai
    all right! d'accord! **13**
    right? n'est-ce pas? **A**
    right away tout de suite **19★**
    to be right avoir raison **3**
    to the right (of) à droite (de) **R**
ring une bague **25**
to **ring (the bell)** sonner **I3★**
river une rivière **5**
road une route
    toll road une autoroute **I8★**
roast: roast beef le rosbif **9**
    roast chicken le poulet rôti **9**
roll: crescent roll un croissant **9**
roller-skating le patin à roulettes **17**
rollerblading le roller **17**
roof un toit **21**

room *(in general)* une pièce **21**
    (bed)room une chambre **5**
    dining room une salle à
    manger **21**
    formal living room un salon **21**
    large room une salle
    living room un salon **21**, une
    salle de séjour, un living **21**
roundtrip (ticket) un aller et
    retour **29**
route un parcours **I8★**
rubber le caoutchouc **25**
ruby un rubis **I7★**
rug un tapis **I3★, 21**
to **run** courir **I2★, 17**
    to run into rentrer dans;
    heurter **24**
running shoes des tennis *f.* **25**
Russia la Russie **29**
Russian russe **1**

S ▬▬▬▬▬▬▬▬▬▬

sack un sac **A, 12**
sad triste **2**
sailing la voile **17**
salad une salade **9**
sale: on sale en solde **25**
salesperson un vendeur, une
    vendeuse **1**
salmon le saumon **9**
salt le sel **9**
same même
    all the same tout de même **I4★**
    the same one le/la même
    the same ones les mêmes
sandals des sandales *f.* **25**
sandwich un sandwich **9**
    grilled ham and cheese sand-
    wich un croque-monsieur **9**
satisfied satisfait **I7★**
Saturday samedi *m.* **A**
    on Saturday samedi **7**
    on Saturdays le samedi **23**
sausage(s) des saucisses *f.*; le
    saucisson **9**
saved sauvé **I9★**
to **say** ★dire **16**
    to say no refuser **30**
scarf un foulard **25**
schedule un horaire **29**
school *(adj.)* scolaire **R**
school une école **R**
    driving school une auto-école
    33
    high school un lycée **R**
    junior high school un collège **R**
    private school une école privée
    R
    public school une école
    publique **R**

science les sciences f. R
science fiction movie un film de science-fiction 13
to scream crier I1*
sea la mer 29
season une saison A
seat un siège 33; une place 13
seat belt une ceinture de sécurité 33
second deuxième 26
secondly deuxièmement 26
secretary un secrétaire, une secrétaire 1
to see *voir 5; *apercevoir 30
see you tomorrow! à demain!
to seem sembler I3*, avoir l'air 3
selfish égoïste 2
to sell vendre A
to send envoyer 11
Senegal le Sénégal 29
sensitive sensible 2
September septembre m. A
serious sérieux (sérieuse) 2
seriously sérieusement 26
service charge le service 9
to set (the table) *mettre la table 6
to set off the alarm déclencher l'alarme I8*
seven sept A
seventeen dix-sept A
seventy soixante-dix A
seventy-one soixante et onze A
seventy-two soixante-douze A
several plusieurs 12
several times plusieurs fois 13
shampoo le shampooing 19
shape: in shape en forme 17
in good shape en bon état I8*
to be in shape être en forme 17
to shave se raser 19
she elle R
she's c'est R
shirt une chemise A, 25
T-shirt un tee-shirt
shoes des chaussures f. A, 25
shop une boutique A, 25
at/to the shop of chez R
discount shop une boutique de soldes 25
shopping les courses f. 9
to go (do the) shopping (for food) faire les courses 3; faire des achats 5
shopping center un centre commercial A
short petit 2; court 25
shorts un short 25
should: you should il faut 12
you should not il ne faut pas 12
shoulder l'épaule f. 17
to shout crier I1*

show un spectacle 13
to show (to) montrer (à) 14
shower une douche 21
shy timide 2
sick malade 17
sight: to catch sight of *apercevoir 30
sign (traffic) un panneau 24
silk la soie 25
silly bête 2
silver l'argent m. 25
since car; depuis 4; depuis que; comme I6*; puisque I2*
since what time? depuis quelle heure?
since when? depuis quand? 4
to sing chanter A
singer un chanteur, une chanteuse 13
single célibataire 1
sink un lavabo 21
kitchen sink un évier 21
sister une soeur 1
half sister une demi-soeur 1
to sit down *s'asseoir I4*, 20
sit down! assieds-toi! asseyez-vous! 20
six six A
sixteen seize A
sixty soixante A
size (clothing) la taille 25; (shoe) la pointure 25
to wear size [40] faire (porter) du [40] 25
skateboarding la planche à roulette 17
skating le patinage 17
roller-skating le patin à roulettes 26
to ski faire du ski, skier
skiing le ski 17
waterskiing le ski nautique 17
skin la peau I5*
skirt une jupe A, 25
sky le ciel I8*
to sleep *dormir 8
sleeping bag un sac de couchage 29
sleepy: to be sleepy avoir sommeil 3
slice une tranche 12
slow lent 27
to slow down ralentir 34*
slowly lentement 27
small petit 2
smart intelligent
to smile *sourire I3*
sneakers des tennis m. A, 25
high top sneakers des baskets m. A, 25
to snow neiger
snowed: it snowed il a neigé

snowing: it's snowing il neige A
it was snowing il neigeait 23
so alors; donc I2*; si; tellement
so much (many) tellement de
soap le savon 19
soccer le foot A
soccer game un match de foot 5
socks des chaussettes f. A, 25
soda (carbonated soft drink) un soda 9
lemon soda la limonade 9
sofa un sofa 21
sole la sole 9
solid (color) uni 25
some des R; du, de la, de l', des 10; quelques 12; en 18; un peu (de) 12
somebody quelqu'un 7
someone quelqu'un 7
something quelque chose 7
something else quelque chose d'autre 25
sometimes parfois 18; quelquefois 18
somewhere quelque part I8*
son un fils 1
song une chanson 13
soon bientôt I6*
see you soon à bientôt
sore: to have a sore . . . avoir mal à + part of body 17
sorry: very sorry désolé 13
I'm sorry je suis désolé 1
to be sorry regretter 13
sort une sorte 13
soup la soupe 9
south le sud 29
South America l'Amérique f. du Sud 29
spaghetti les spaghetti m. 9
Spain l'Espagne f. 29
Spanish espagnol 1
Spanish (language) l'espagnol m. R
spare part une pièce de rechange I9*
to speak parler A; prendre la parole I7*
specific spécifique 23
speed: full speed à toute vitesse 19*
to spend dépenser
to spend (time) passer 5; faire un séjour 29
spider's web une toile d'araignée I6*
spite: in spite of malgré I8*
spontaneously spontanément 26
spoon une cuillère 9
sports le sport R

active in sports sportif (sportive) 2

sports car une voiture de sport 33

spot un endroit **A, 5**

spring le printemps **A**

in (the) spring au printemps

squirrel un écureuil 15

stadium un stade **A, 5**

stage une étape **I8***

staircase un escalier 21

stairs des escaliers *m.* **I3*, 21**

to **start** commencer 13; démarrer **34***; se mettre à **I6***

state un état 29

station une gare **A**

gas station une station-service 33

to **stay** rester **A, 8**; faire un séjour 29; loger 29

steak with French fries un steak-frites 9

steering wheel un volant 33

stepfather un beau-père 1

stepmother une belle-mère 1

stereo set une chaîne stéréo **A**

compact stereo une mini-chaîne **A**

still encore **19***; toujours **19***

stomach le ventre 17, l'estomac *m.* 17

to have a stomach ache avoir mal au ventre 17

to **stop** s'arrêter 20; arrêter de 30; cesser de 30

to stop the engine arrêter le moteur **34***

store un magasin **A, 25**

department store un grand magasin 25

story une histoire 16; *(floor)* un étage **I3*, 21**

stove une cuisinière 21

(portable) stove un réchaud 29

strawberry une fraise 9

street une rue **A**

street map un plan

striped à rayures 25

strong fort 27

student *(high school)* un élève, une élève

studies les études *f.* **R**

to **study** étudier **A**

to study *(a subject)* faire de + *subject* 3

stupid bête 2

subject: school subjects les matières *f.* **R**

suburbs la banlieue 21

subway le métro 5

subway ticket un billet/un ticket (de métro) 5

to **succeed** réussir **A**

to succeed in réussir à 30

suddenly tout d'un coup **I2***

sugar le sucre 9

suit un costume 25, un tailleur 25

bathing suit un maillot de bain **A, 25**

jogging (track) suit un survêtement (un survêt) **A, 25**

suitcase une valise 29

to pack one's suitcase faire ses valises 29

summer l'été *m.* **A**

in (the) summer en été

summer vacation les grandes vacances *f.*

sun le soleil

sunbath un bain de soleil 5

Sunday dimanche *m.* **A**

on Sunday dimanche 7

on Sundays le dimanche 23

sunglasses des lunettes *f.* de soleil **A, 25**

super formidable, super 25

supermarket un supermarché **A**

supper le dîner 9

to have (eat) supper dîner **A, 9**

supposed: to be supposed to *devoir 10

sure sûr; volontiers! 13

surfboarding le surf 17

sweater un pull **A, 25**

sweatshirt un sweat **A, 25**

to **swim** nager **A**

swimming la natation 17

swimming pool une piscine **A**

Swiss suisse 1

Switzerland la Suisse 29

T ▬▬▬▬▬▬▬▬▬▬▬▬▬

table une table **A, 9**

to **take** *prendre 5

to take (along) *(mainly people)* amener 11

to take (along) *(things)* apporter **A**

to take a course (class) suivre un cours 33

to take a hike faire une randonnée 5

to take a trip faire un voyage 29

to take a walk (ride) se promener 19; faire un tour 5; faire une randonnée 5

to take care of someone s'occuper de quelqu'un **28***

to take home ramener **I1***

to take off enlever **34***, ôter **I8***

to take place avoir lieu 24; se passer

to take someone's measurements prendre les mesures de quelqu'un **28***

to take the subway toward [Balard] prendre la direction [Balard] 5

to **talk** parler **A**

to talk to s'adresser à, parler à 16

tall grand 2

to **tan** bronzer 5

tank: to fill the tank faire le plein 33

tape recorder un magnétophone

to **taste** goûter **I3***

tea le thé 9

iced tea le thé glacé 9

to **teach** apprendre 6

teacher un professeur

team une équipe 13

technician un technicien, une technicienne 1

teeth les dents *f.* 17

to **telephone** téléphoner (à) **A, 16**

television la télé **A**

television set un téléviseur **A**

to **tell** *dire 16

to tell *(a story)* renseigner, raconter 16

to tell (about) raconter 16

to tell in advance *prévenir **I3***

ten dix **A**

tent une tente 29

test un examen **A**

to pass a test réussir à un examen **A**

than *(in comparisons)* que 27

thank: thank you merci

thanks to grâce à **I7***

that cela (ça) 9; qui, que 22; ce (cet, cette) **A**

that . . . (over there) ce . . . -là **A, 28**

that one celui-là (celle-là) 28

that's c'est **R**, voilà **R**

the le, la, l', les **R, A**

theater un théâtre 13

theft un vol **I7***

their leur, leurs **A**

them eux, elles **R**; les 15

(in) it/them y 18

(to) them leur 16

themselves se 19

then alors; ensuite 6

there là 5; y 18

from there en 18

over there là-bas 5

that . . . (over there) ce . . . -là **A, 28**

there is (are) il y a **R**; voilà **R**
there is no (there aren't any) il n'y a pas de **R**
therefore donc **I2***
these ces **A**; ceux (celles) **28**, ceux-ci (celles-ci) **28**
they ils/elles **R**; on **A**
thief un voleur **I7***
thin: to get thin maigrir **A**
thing une chose **A**
  things des affaires *f.* **5**
to think penser **18**; *croire; réfléchir **I5***, 25**; trouver (que) **18**
  to think about penser à
  to think of penser de
third troisième **I1***, 26**
thirsty: to be thirsty avoir soif **3**
thirteen treize **A**
thirty trente **A**
this ce, cet, cette **A**; ceci
  this (Friday) ce (vendredi)
  this is voici **R**
  this . . . (over here) ce . . . -ci **A, 28**
  this morning (afternoon, evening) ce matin (cet après-midi, ce soir)
  this one celui-ci (celle-ci) **28**
those ces **A**; ceux (celles) **28**, ceux-là (celles-là) **28**
  those are ce sont **R**
thousand mille **A, 26**
three trois **A**
to throw lancer **I6***
Thursday jeudi *m.* **A**
  on Thursday jeudi **7**
  on Thursdays le jeudi **23**
ticket un billet **I1***, 13**
  airplane (train) ticket un billet d'avion (de train) **29**
  one-way ticket un aller simple **29**
  round trip ticket un aller et retour **29**
  subway ticket un billet/un ticket de métro **5**
tie une cravate **A, 25**
tight étroit **25**
tights des collants *m.* **25**
time l'heure *f.* **A**; le temps **13**; *(occasion)* la fois **I1***, 13**
  all the time tout le temps **12**
  at what time? à quelle heure? **A**
  (for) a long time longtemps **27**
  from time to time de temps en temps **18**
  it's only a matter of time ce n'est qu'une affaire de temps **I7***
  on time à l'heure **2**
  one time (several times) une fois (plusieurs fois) **13**

to spend some time faire un séjour **29**
what time is it? quelle heure est-il? **A**
timid timide **2**
tip le service **9**; un pourboire **I4***
tire un pneu **33**
tired fatigué **I2***, 17**
to à **A**; en **18**; *(in order to)* pour + *inf.* **34**
  to the house (office, shop, etc.) of chez **R**
  to the left/right (of) à gauche/droite (de) **R**
  to whom? à qui? **R**
toaster un grille-pain **21**
today aujourd'hui **7**
toilet les toilettes *f.* **21**; les WC *m.* **21**
toll road une autoroute **I8***
tomato une tomate **9**
tomorrow demain **7**
  see you tomorrow à demain
tonight ce soir **7**, cette nuit
too aussi; trop **2, 25**
  that's too bad! c'est dommage!
  too bad! tant pis! **I9***
  too many trop (de) **12**
  too much trop (de) **12**
tooth une dent **17**
toothbrush une brosse à dents **19**
toothpaste le dentifrice **19**
toward *(a place)* vers **I2***
town une ville **A, 21**; un village **21**
track suit un survêtement (un survêt) **25**
traffic la circulation **I8***
trailer *(camping)* une caravane **29**
train un train **A**
  by train en train **A**
  train ticket un billet de train **29**
to transport transporter **29**
to travel voyager **A**
tray un plateau **I7***
treasure un trésor **I8***
tree un arbre **5**
trip: to go on (take) a trip faire un voyage **29**
truck un camion **33**
true vrai; véritable **I8***
truly vraiment **I9***
trunk *(of a car)* un coffre **33**
truth la vérité **16**
  to tell the truth à vrai dire **I7***
to try goûter **I3***
  to try one's luck tenter sa chance **I9***
  to try (out, on) essayer **25**
  to try to essayer de + *inf.* **30**
T-shirt un tee-shirt **25**
  athletic T-shirt un maillot **26***
Tuesday mardi *m.* **A**

  on Tuesday mardi **7**
  on Tuesdays le mardi **23**
tuna le thon **9**
to turn tourner
  to turn off éteindre **21**
  to turn on *(the radio, etc.)* *mettre **6**
TV la télé **A**
TV set un téléviseur **A**
twelve douze **A**
twenty vingt **A**
twice deux fois **13**
two deux **A**
type un genre **13**; une sorte **13**

U

umbrella un parapluie **25**
unattractive moche **25**
uncle un oncle **1**
under sous **R**
to understand *comprendre **6**
unfair injuste **2**
unfortunately malheureusement **8***; hélas
unhappy malheureux (malheureuse) **2**
United States les États-Unis *m.* **29**
university une université
unknown inconnu **I8***
unnecessary inutile **27**
unpleasant désagréable; pénible **2**
until jusqu'à
up: to get up se lever **19**
  to go up monter **5**
  to wake up se réveiller **19**
  to wash up se laver **19**
upon: upon . . . -ing en + *pres. part.* **34**
upset furieux (furieuse)
us nous **R**
  to us nous **14**
to use utiliser **I2***, 29**
useful utile **27**
useless inutile **27**
usherette une ouvreuse **I4***
usual habituel (habituelle) **23**
usually d'habitude **23**; habituellement **23**

V

vacation les vacances *f.* **29**
  during vacation pendant les vacances **A**
  summer vacation les grandes vacances *f.*
van une camionnette **33**
value la valeur **I8***
vanilla ice cream une glace à la vanille **9**

VCR un magnétoscope **A**
veal le veau **9**
vegetables les légumes *m.* **9**
velvet le velours **25**
very très **2**; bien
  very much beaucoup **12**
  very sorry désolé **1**
Vietnam le Vietnam **29**
Vietnamese vietnamien
  (vietnamienne) **1**
villa une villa **29**
village un village **21**
visa un visa **29**
to **visit** *(place)* visiter **A**; *(people)*
  rendre visite (à) **16**
volleyball le volley **A**

W

to **wait (for)** attendre **A**
to **wake up** se réveiller **19**
walk: to go for a walk faire une
  promenade (à pied) **5**
  to take a walk se promener
  19; faire un tour **5**
to **walk** aller à pied **5**; marcher **A**, **5**
wall un mur **21**
wallet un portefeuille **25**
to **want** *vouloir **10**; avoir envie de **3**;
  désirer **9**
  I want je veux **R**
  to want to vouloir bien **R**
warm chaud **27**
  to be warm avoir chaud **3**
to **warn** *prévenir **I3***
to **wash** laver **5**
  to wash (oneself), wash up se
  laver **19**
  to wash the dishes faire la
  vaisselle **3**
washing machine une machine à
  laver **21**
watch une montre **A**
to **watch** regarder **A**
water l'eau *f.* **9**
  mineral water l'eau minérale **9**
waterskiing le ski nautique **17**
we nous; on **R**
weak faible **27**
to **wear** porter **A**, **25**; *mettre **6**
  to wear size [40] faire (porter)
  du [40] **25**
weather le temps **A**
  how's (what's) the weather?
  quel temps fait-il? **A**
  it's nice (bad, hot, cold)
  (weather) il fait beau
  (mauvais, chaud, froid) **A**
Wednesday mercredi *m* **A**
  on Wednesday mercredi **7**
  on Wednesdays le mercredi **23**

week une semaine **A**
  during the week en semaine **A**
  two weeks quinze jours **29**
weekend un weekend **A**
  on the weekend, on (the)
  weekends le weekend
weekly par semaine **13**
weight: to gain weight grossir **A**
  to lose weight maigrir **A**
welcoming hospitalier
  (hospitalière) **I8***
well bien **27**
west l'ouest *m.* **29**
what: about what? de quoi? à
  quoi? **R**
  at what time? à quelle heure? **A**
  what? qu'est-ce que? **R;** comment?
  R; que? qu'est-ce qui? quoi? **R**
  what (a) . . . ! quel + *noun!*
  what a pity! c'est dommage!
  what happened? qu'est-ce qui
  est arrivé (s'est passé)? **24**
  what is it? qu'est-ce que c'est? **R**
  what's the date today? quelle
  est la date aujourd'hui? **A**
  what's the weather? quel
  temps fait-il? **A**
  what's wrong (the matter, going
  on)? qu'est-ce qu'il y a? **R**
  what time is it? quelle heure
  est-il? **A**
wheel une roue **33**
when quand; lorsque **I9***
  since when? depuis quand? **4**
  when? quand? **R**
where? où? **R**
whether si **31**
which quel (quelle) **A**; qui, que **22**
  which one, which ones lequel,
  laquelle, lesquels, lesquelles **28**
while pendant que
  while . . . -ing en + *pres. part.* **34**
white blanc (blanche) **25**
who qui **A**, **22**
  who? qui? qui est-ce qui? **22**
whole: the whole tout le, toute la
  12
  whole day (evening, morning,
  year) une journée (soirée,
  matinée, année) **7**
whom que, qui **22**
  about whom (what)? de qui
  (quoi)?, à qui (quoi)? **R**
  to whom? à qui? **R**
  whom? qui? qui est-ce que? **R**
  with whom? avec qui? **R**
why? pourquoi? **R;** pour quelle raison?
wide large **25**
wife une femme **1**
to **win** gagner **A**
window une fenêtre **21**

  store window la vitrine **I7***
windshield le pare-brise **33**
  windshield wiper l'essuie-
  glace *m.* **33**
windsurfing la planche à voile **17**
winter l'hiver *m.* **A**
to **wish** désirer **9**; *vouloir **10**
with avec **R**
  with what? avec quoi?
  with whom? avec qui? **R**
without sans **34**
witness un témoin **24**
witty spirituel (spirituelle) **2**
woman une femme
wool la laine **25**
word un mot
to **work** travailler **A**; *(function)*
  fonctionner
  worker: office worker un employé
  (une employée) de bureau **1**
would: I would like je voudrais **R;**
  j'aimerais
  it would be better il vaudrait
  mieux
to **write** *écrire **16**
writer un écrivain **1**
wrong faux (fausse)
  to be wrong avoir tort **3**
  what's wrong? qu'est-ce qu'il y
  a? **R;** qu'est-ce que tu as? **3**

Y

year un an
  last year l'année dernière **7**
  this year cette année **7**
  to be . . . years old avoir . . .
  ans **3**
  (whole) year une année **A**
yearly par an **13**
to **yell** crier **I1***
yellow jaune **25**
yes oui; *(in answer to a negative*
  question) si
yesterday hier **6**
yet encore **I4***
yogurt le yaourt **9**
you tu, vous **R;** toi, vous **R;** on **A;** te,
  vous **14**
  to you te, vous **14**
  you should il faut **12**
  you should not il ne faut pas **12**
young jeune **1**
your ton, ta, tes; votre, vos **A**
  yours *(in a letter)* bien à toi **14***
  yourself te, vous **19**
  yourselves vous **19**

Z

zero zéro **A**

Photo Credits